Medienbildung

Band 51

Reihe herausgegeben von

Johannes Fromme, Otto-von-Guericke Universität Magdeburg, Magdeburg, Deutschland

Sonja Ganguin, Institut für Kommunikations- und Medienwissenschaft, Universität Leipzig, Leipzig, Deutschland

Stefan Iske, Fakultät für Humanwissenschaften, Otto-von-Guericke-Universität Magdeburg, Magdeburg, Deutschland

Dorothee M. Meister, Institut für Medienwissenschaften, Universität Paderborn, Paderborn, Deutschland

Uwe Sander, Fakultät für Erziehungswissenschaft, Universität Bielefeld, Bielefeld, Deutschland

Franziska Margarete Schloots

Mit dem Leben Schritt halten

Eine Analyse des Wearable-Dispositivs

Franziska Margarete Schloots
Paderborn, Deutschland

Dissertation Universität Paderborn, 2022

ISSN 2512-112X ISSN 2512-1146 (electronic)
Medienbildung und Gesellschaft
ISBN 978-3-658-40901-2 ISBN 978-3-658-40902-9 (eBook)
https://doi.org/10.1007/978-3-658-40902-9

Die Deutsche Nationalbibliothek verzeichnet diese Publikation in der Deutschen Nationalbibliografie; detaillierte bibliografische Daten sind im Internet über http://dnb.d-nb.de abrufbar.

© Der/die Herausgeber bzw. der/die Autor(en), exklusiv lizenziert an Springer Fachmedien Wiesbaden GmbH, ein Teil von Springer Nature 2023
Das Werk einschließlich aller seiner Teile ist urheberrechtlich geschützt. Jede Verwertung, die nicht ausdrücklich vom Urheberrechtsgesetz zugelassen ist, bedarf der vorherigen Zustimmung des Verlags. Das gilt insbesondere für Vervielfältigungen, Bearbeitungen, Übersetzungen, Mikroverfilmungen und die Einspeicherung und Verarbeitung in elektronischen Systemen.
Die Wiedergabe von allgemein beschreibenden Bezeichnungen, Marken, Unternehmensnamen etc. in diesem Werk bedeutet nicht, dass diese frei durch jedermann benutzt werden dürfen. Die Berechtigung zur Benutzung unterliegt, auch ohne gesonderten Hinweis hierzu, den Regeln des Markenrechts. Die Rechte des jeweiligen Zeicheninhabers sind zu beachten.
Der Verlag, die Autoren und die Herausgeber gehen davon aus, dass die Angaben und Informationen in diesem Werk zum Zeitpunkt der Veröffentlichung vollständig und korrekt sind. Weder der Verlag, noch die Autoren oder die Herausgeber übernehmen, ausdrücklich oder implizit, Gewähr für den Inhalt des Werkes, etwaige Fehler oder Äußerungen. Der Verlag bleibt im Hinblick auf geografische Zuordnungen und Gebietsbezeichnungen in veröffentlichten Karten und Institutionsadressen neutral.

Planung/Lektorat: Stefanie Probst
Springer VS ist ein Imprint der eingetragenen Gesellschaft Springer Fachmedien Wiesbaden GmbH und ist ein Teil von Springer Nature.
Die Anschrift der Gesellschaft ist: Abraham-Lincoln-Str. 46, 65189 Wiesbaden, Germany

Danksagung

Natürlich habe ich in meiner Dissertation nicht nur über Wearables geschrieben, sondern zu Forschungszwecken auch selbst eines getragen, das meine Daten aufgezeichnet hat. Deshalb weiß ich auch, dass ich während der Hauptphase meiner Promotionszeit von Anfang des Jahres 2019 bis zu meiner Disputation am 5. Juli 2022 8.738.492 Schritte gelaufen bin, einen durchschnittlichen Ruhepuls von knapp 65 Schläge pro Minute hatte und nachts stets einen Schlafindex von 77 bis 82 erreichen konnte, was der Anbieter Fitbit als „in Ordnung" bis „gut" bewertet. Doch das für mich Wesentliche lässt sich nicht quantifizieren, und das sind die zahlreichen Gespräche, motivierenden Worte, hilfreichen Ratschläge und offenen Ohren, die mich auf meinem (laut Wearable) 6.224 Kilometer langen Weg der Promotion begleitet haben. Deshalb möchte ich mich gerne bei einer Reihe von Menschen bedanken, die einige dieser Kilomete mit mir gelaufen sind.

Mein erster Dank gilt Ralf Adelmann und Dorothee M. Meister, die meine Arbeit betreut haben, für die Zeit, die sie sich für mich genommen haben, das stets motivierende und wertschätzende Feedback sowie den Freiraum, den ich zum Promovieren bekommen habe. Danke auch an Tina Bartz, die den Vorsitz meiner Promotionskommission übernommen und mir eine Disputation zu meinem Wunschtermin ermöglicht hat, die ein wirklich schöner Abschluss meiner Promotionszeit war. Teil dieser Kommission war auch Michael Heidgen, bei dem ich mich ebenfalls von Herzen bedanken möchte, auch für die lehrreiche und produktive Zusammenarbeit im Rahmen unserer Kooperationsseminare, die mir immer eine große Freude waren. Ein weiterer Dank gilt meinem ehemaligen Chef Jörg Müller-Lietzkow dafür, dass er mich überhaupt erst auf den Weg der Promotion gebracht und mir am Institut für Medienwissenschaften die perfekten Rahmenbedingungen für meine Promotion geschaffen hat.

Ein besonderer Dank gilt Christian Köhler für die Begleitung meines Promotionswegs, die unzähligen hilfreichen Gespräche und die stetige Ermutigung, für die dringend benötigten Suppenmittwoche und andere Freizeitaktivitäten, die geholfen haben, mal nicht an das nächste unfertige Kapitel zu denken. Auch Jakob Cyrkel trägt einen großen Anteil daran, dass ich es durch die Promotionszeit geschafft habe, insbesondere dank der gemeinsamen Arbeitstage in unserem „Co-Working-Space" auf E0 während der Pandemie weiß ich, dass geteiltes Leid nicht immer doppeltes Leid bedeutet und man auch im Keller viel lachen kann. Bedanken möchte ich mich auch bei meinen anderen Freund*innen, die durch die Universität Paderborn Teil meines Lebens wurden, die mich unterstützt und meine Schritte verfolgt und gefeiert haben, aber auch für den nötigen Ausgleich zum Promovieren gesorgt haben. Danke an Lena Berscheid, Bianca Burgfeld-Meise, Lukas Dehmel, Alena Diedrich, Mareike Donay, Elena Fingerhut, Lars Glindkamp, Anna Hoblitz, Timo Kaerlein, Claudia Kirschtein, Elisa Linseisen, Monique Miggelbrink und Andrea Nolte.

Danke auch an meine Kolleg*innen, die den langen Promotionsweg gekreuzt und ein Stück begleitet haben, für den fachlichen Austausch, ob in Kolloquien oder beim Mittagessen in der Mensa, die lieben Worte, das konstruktive Feedback und das gemeinsame Feiern nach meiner erfolgreichen Disputation: Danke an Stephan Ahrens, Niklas Corall, Michel Diester, Sonja Dolinsek, Julia Eckel, Christian Fuchs, Lara Gerhardts, Birte de Gruisbourne, Jens Hälterlein, Goetz Herrmann, Felix Hüttemann, Tobias Matzner, Alexander Schultz, Christian Schulz, Jeannine Teichert, Henrik Wehmeier und Serjoscha Wiemer. Bedanken möchte ich mich auch bei meinen Interviewpartner*innen für die spannenden Gespräche über ihre Wearable-Nutzung, die mir viel Freude bereitet und meine Arbeit bedeutend vorangebracht haben.

Abschließend gilt mein Dank auch meiner Familie, die mir unterstützend zur Seite gestanden hat und auf die ich immer zählen kann. Mein letzter Dank gilt Manuel, der den gesamten Weg gemeinsam mit mir bestritten hat, mir dabei stets Mut zugesprochen und mich angefeuert hat, auch dann, wenn es mal steiler und beschwerlicher wurde. Ohne dich wäre ich niemals angekommen.

Inhaltsverzeichnis

Teil I Einleitung

1 Keep Pace with your Life 3

Teil II Theoretischer Rahmen

2 Mediendispositive 15
   2.1 Dispositivtheorien 16
   2.2 Dispositivtheorie in den Medienwissenschaften 23
   2.3 Wearables als Mediendispositiv 29

3 Wearables und Selbstvermessung 35
   3.1 Leben in der Quantifizierungsgesellschaft 37
       3.1.1 Datenproduktion und quantitative Mentalität 40
       3.1.2 Wirkungsdimensionen von Quantifizierungspraktiken ... 47
   3.2 Die Vermessung des Selbst 53
       3.2.1 Mediale Selbstvermessung 55
       3.2.2 Wirkungsdimensionen von
              Selbstvermessungspraktiken mit Wearables 78

Teil III Methode

4 Methodisches Vorgehen 89
   4.1 Die Dispositivanalyse als Forschungsstil 90
   4.2 Forschungsdesign: Analyse des Wearable-Dispositivs 94
       4.2.1 Praktiken: Diskursive und nicht-diskursive Praktiken
              im Wearable-Dispositiv 95

		4.2.2	Objektivationen: Bedeutungsrekonstruktion mittels Artefaktanalyse	109

        4.2.2 Objektivationen: Bedeutungsrekonstruktion mittels
Artefaktanalyse 109
        4.2.3 Subjektivierungen: Subjektivierungsprozesse im
Wearable-Dispositiv 115
        4.2.4 Gesellschaftstheoretische Kontextualisierung 122
  4.3 Zusammenfassung: Skizze des Forschungsdesigns 123

Teil IV Dispositivanalyse

5 Praktiken 127
  5.1 Diskursive Praktiken 128
        5.1.1 „The tracker is always there": Wearables im
Spezialdiskurs..................................... 130
        5.1.2 „Handgelenksdämon" und Assistenztechnologie:
Wearables in der Medienberichterstattung 157
        5.1.3 Stabile Aussagemuster im Wearable-Diskurs 179
  5.2 Nicht-Diskursive Praktiken 186
        5.2.1 Fallzusammenfassungen der Interviews 187
        5.2.2 „So Fluch und Segen irgendwie zugleich":
Inhaltsanalyse der Interviews 193
  5.3 Verhältnis diskursive und nicht-diskursive Praktiken 223

6 Objektivationen 233
  6.1 Artefaktanalyse 234
        6.1.1 Dekonstruktive Bedeutungskonstruktion 234
        6.1.2 Distanzierend-integrative Rekonstruktion 242
  6.2 Verhältnis Objektivationen und diskursive Praktiken 248

7 Subjektivierungen 255
  7.1 Subjektivierungsanalyse: Subjektproduktion im
Wearable-Dispositiv 256
        7.1.1 Subjektformierungen und Subjektpositionierungen 257
        7.1.2 Subjektivierungsweisen 265
  7.2 Verhältnis Praktiken, Objektivationen und Subjektivierungen ... 272

8 Gesellschaftstheoretische Kontextualisierung 283
  8.1 Steigende Anforderungen als gesellschaftlicher Notstand 284
  8.2 Funktionen des Wearable-Dispositivs 288
  8.3 Auswirkungen des Wearable-Dispositivs 290

Teil V Schlussteil

9 Fazit und Ausblick 299
   9.1 Schlüsselergebnisse 299
   9.2 Reflektion der Arbeit 303
   9.3 Anschlüsse 306

Literaturverzeichnis 311

Abbildungsverzeichnis

Abbildung 3.1	Motivationen zur Selbstvermessung von Personen der *Quantified Self*-Community	72
Abbildung 4.1	Dimensionen der Dispositivanalyse	91
Abbildung 4.2	Forschungsskizze Dispositivanalyse	124
Abbildung 6.1	Übersicht über die vorinstallierten Apps der Fitbit Versa	246

Teil I
Einleitung

Keep Pace with your Life

Ein Blick auf die Handgelenke zeigt ihre enorme Vielfalt: Ein Wearable mit großem rundem Display, das die Schritte zählt, ebenso wie die Minuten der nächtlichen Schlaflosigkeit, damit „wichtige Informationen immer im Blick"[1] bleiben. „Lerne deinen Körper besser kennen."[2] Ein Wearable mit sichtbarer Anzeige der Herzfrequenz, „sorgt rund um die Uhr für Sicherheit und Gesundheit"[3]. „Sie hat dein Herz im Blick."[4] Ein Wearable mit goldenem Armband, das gerade durch eine kurze angeleitete Entspannungsübung führt, es „passt gut auf dich auf."[5] „So frei bist du noch nie gelaufen."[6] Ein zerkratztes Wearable, der „Begleiter durch 20 Marathons"[7]. „Halten Sie Ihre Hände frei, während Sie mit dem Leben Schritt halten."[8] Ein Wearable mit edlem Lederarmband, das zum kontaktlosen Bezahlen

---

Oura Health: Oura Ring Heritage Silver, https://ouraring.com/product/heritage-silver (zuletzt geprüft 17.02.2022).

[1] Xiaomi: Mi Watch, https://www.mi.com/de/mi-watch/ (zuletzt geprüft 17.02.2022).

[2] Fitbit: Fitbit Sense, https://www.fitbit.com/global/de/products/smartwatches/sense?sku=512BKBK (zuletzt geprüft 17.02.2022).

[3] Xiaomi: Mi Smart Band 4, https://www.mi.com/de/mi-smart-band-4/ (zuletzt geprüft 09.02.2022).

[4] Apple: Apple Watch, https://www.apple.com/de/watch/ (zuletzt geprüft 17.02.2022).

[5] Ebd.

[6] Apple: Apple Watch Nike, https://www.apple.com/de/apple-watch-nike/ (zuletzt geprüft 30.08.2018).

[7] Xiaomi: Mi Watch, https://www.mi.com/de/mi-watch/ (zuletzt geprüft 17.02.2022).

[8] Xiaomi: Mi Smart Band 4, https://www.mi.com/de/mi-smart-band-4/ (zuletzt geprüft 09.02.2022).

© Der/die Autor(en), exklusiv lizenziert an Springer Fachmedien Wiesbaden GmbH, ein Teil von Springer Nature 2023
F. M. Schloots, *Mit dem Leben Schritt halten*, Medienbildung und Gesellschaft 51, https://doi.org/10.1007/978-3-658-40902-9_1

genutzt wird, für noch „mehr Möglichkeiten an deinem Handgelenk."[9] „Sie wird ganz einfach zu deiner."[10] Ein Wearable mit buntem Ziffernblatt, eine Micky Maus, deren Arme die Zeiger darstellen sollen „peppe dein Leben mit noch mehr Individualität auf."[11] „Move your body."[12] Ein schmales Wearable, das leise vibriert und seinen Träger daran erinnert, mal wieder aufzustehen und sich zu bewegen, denn es will nur „das Beste für deinen Körper."[13] Mit Produkttexten wie diesen werden Wearables auf den Websites der Hersteller beworben. Sie sollen uns zu einem gesünderen Leben und zu besserem Schlaf verhelfen, dafür sorgen, dass wir mit ihnen mehr erreichen, uns selbst besser verstehen und fitter werden. Diesem Angebot haben sich mittlerweile rund sieben Millionen Deutsche angeschlossen und nutzen einen Fitnesstracker oder eine Smartwatch.[14] Besagte Werbung vermittelt dabei ein bestimmtes Bild der am Handgelenk getragenen Geräte, ihrer vorgesehenen Nutzung und ihren Nutzer*innen. Imaginiert werden Individuen, die Wert auf einen fitten Lifestyle legen, die ihr Leben in die Hand nehmen und nichts dem Zufall überlassen – schon gar nicht ihre Gesundheit.

Die Ursache für die erfolgreiche Etablierung von Wearables verorte ich in den gesellschaftlichen Entwicklungen. Zeitdiagnostische Arbeiten beschreiben gegenwärtige westliche Gesellschaften als Gesellschaften, die von einer dynamischen Struktur geprägt sind, was ständige Veränderungen und die Beschleunigung sozialer Prozesse zur Folge hat. Auf Seiten des Subjekts sind somit permanente Anpassungsleistungen und Optimierung sozialer Praktiken in unterschiedlichen Lebensbereichen erforderlich, denn „ständige Leistungssteigerung und Selbstverbesserung werden als notwendig erachtet, um im niemals stillstehenden Wettbewerb mithalten zu können."[15] Gekennzeichnet davon, dass man „nie mit

---

[9] Huawei: Huawei Watch Fit, https://consumer.huawei.com/de/wearables/watch-fit-new/ (zuletzt geprüft 17.02.2022).
[10] Apple: Apple Watch, https://www.apple.com/de/watch/ (zuletzt geprüft 17.02.2022).
[11] Xiaomi: Mi Watch, https://www.mi.com/de/mi-watch/ (zuletzt geprüft 17.02.2022).
[12] Garmin: Venu 2 Plus, https://www.garmin.com/de-DE/p/730659 (zuletzt geprüft 17.02.2022).
[13] Fitbit: Startseite, https://www.fitbit.com/de/home (zuletzt geprüft 17.02.2022).
[14] Vgl. Statista Digital Market Outlook: Nutzerentwicklung bei Wearables und Fitness-Apps in Deutschland in den Jahren 2017 bis 2024, 2022, https://de.statista.com/statistik/daten/stu die/1046996/umfrage/marktentwicklung-von-wearables-und-fitness-apps-in-deutschland/ vom 25.01.2022 (zuletzt geprüft 09.02.2022).
[15] King, Vera/Gerisch, Benigma/Rosa, Hartmut/Schreiber, Julia/Salfeld, Benedikt: „Überforderung als neue Normalität. Widersprüche optimierender Lebensführung und ihre Folgen", in: Thomas Fuchs/Lukas Iwer/Stefano Micali (Hg.), Das überforderte Subjekt. Zeitdiagnosen einer beschleunigten Gesellschaft, Berlin: Suhrkamp, 2018, S. 227–257, S. 232.

irgend etwas [sic!] fertig wird"[16], bezeichnet Deleuze unsere Gesellschaft mit Bezug auf Foucault auch als eine Kontrollgesellschaft. Aus diesen Umständen folgt ein ständiger Anpassungs- und Optimierungsdruck, dem Subjekte ausgeliefert sind, was „stabilisierende Ressourcen"[17] erforderlich macht, um der Überforderung entgegenzuwirken. Ich gehe davon aus, dass an diese Stelle unter anderem auch Praktiken treten, die unter dem Begriff der Selbstvermessung subsummiert werden können. These dieser Arbeit ist, dass Wearables als Werkzeuge der Kontrolle und Orientierung eingesetzt und damit von ihren Nutzer*innen als eine stabilisierende Ressource wahrgenommen werden können. In der Forschungsliteratur werden der Selbstvermessung in dieser Hinsicht sowohl stabilisierende Effekte als auch destabilisierende Effekte attestiert: Durch die „Unabschließbarkeit der Optimierungszwänge"[18] und die neoliberale Logik der Effizienzsteigerung[19] auf der einen, der Zuschreibung von Selbsterkenntnis,[20] Empowerment[21] und Achtsamkeit[22] auf der anderen Seite geraten Subjekte in ein Spannungsfeld, was ich in dieser Arbeit untersuchen möchte.

In diesem Zusammenhang konzentriere ich mich auf Wearables, speziell Fitnesstracker und Smartwatches, welche durch integrierte Sensoren u. a. gelaufene Schritte, Schlafphasen, körperliche Aktivität oder die Herzfrequenz messen können. Medien der Selbstvermessung wie diese, können dafür sorgen, dass

---

[16] Deleuze, Gilles: Unterhandlungen. 1972 – 1990, Frankfurt am Main: Suhrkamp, 1993, S. 257.

[17] King et al.: Überforderung als neue Normalität, S. 229.

[18] Bröckling, Ulrich: Das unternehmerische Selbst. Soziologie einer Subjektivierungsform, Frankfurt am Main: Suhrkamp, 2007, S. 17.

[19] Vgl. Mau, Steffen: Das metrische Wir. Über die Quantifizierung des Sozialen, Berlin: Suhrkamp, 2017, S. 47.

[20] Der Slogan der *Quantified Self*-Bewegung, die sich mit Selbstvermessungspraktiken befasst, verspricht ein „self-knowledge through numbers" – so der Slogan auf der Quantified-Self-Webseite. Quantified Self: Startseite, https://quantifiedself.com/ (zuletzt geprüft 14.06.2019).

[21] Vgl. Karsch, Fabian/Roche, Matthias: „Die Vermessung des Selbst. Digitale Selbstvermessung zwischen Empowerment, Medikalisierung und neuer Technosozialität", in: Arne Manzeschke/Fabian Karsch (Hg.), Roboter, Computer und Hybride. Was ereignet sich zwischen Menschen und Maschinen?, Baden-Baden: Nomos, 2016, S. 145–160, S. 152 f.

[22] Vgl. Sharon, Tamar/Zandbergen, Dorien: „From data fetishism to quantifying selves. Self-tracking practices and the other values of data", in: New Media & Society Nr. 11/19. Jg. (2016), S. 1695–1709, S. 1699 ff.

ihre Nutzer*innen das Gefühl einer besseren Kontrolle über ihr Leben wahrnehmen.[23] Gleichzeitig produzieren Selbstvermessungstechnologien aber auch wieder neue Optimierungsanforderungen, die sich immer tiefer in den Alltag einschreiben.[24] Selbstvermessungspraktiken betreffen dabei schon lange nicht mehr nur den Bereich von Sport und Medizin, sondern erstrecken sich auf sämtliche Lebensbereiche, die von Quantifizierungslogiken betroffen sind.[25] Das Wearable fügt sich dabei ein in das Bild einer Datengesellschaft,[26] in der Messroutinen und die daraus entstandenen Daten die Menschen einer „datengestützten Dauerinventur"[27] unterstellen mit der Pflicht zur „permanenten Optimierung und Selbstoptimierung"[28]. Ausgehend von dieser Ambivalenz – der Zuschreibung von Orientierung und Kontrolle auf der einen, von zusätzlichen Anforderungen und Optimierung auf der anderen Seite – stellt das Wearable und seine Nutzung für mich ein interessantes Forschungsfeld dar, in dessen Verzahnung von Selbstvermessungstechnologien, Nutzungspraktiken, Datenproduktion und Subjektivierungsprozessen ich eine Verdichtung von Quantifizierungslogiken sehe.

Für die theoretische Perspektivierung meiner Arbeit orientiere ich mich überwiegend an Michel Foucault. Auch seine Arbeiten setzen in der Regel an einer Konfrontation unterschiedlicher Wissensordnungen in einem diskursiven Feld an.[29] Solche Brüche sehe ich auch im Wearable-Diskurs, in dem sich einige Aussagen identifizieren lassen, die sich diametral gegenüberstehen. Neben den bereits beschriebenen stabilisierenden und destabilisierenden Effekten betrifft dies u. a.

---

[23] Vgl. Lupton, Deborah: „Self-tracking Cultures: Towards a Sociology of Personal Informatics", in: Tuck Leong (Hg.), Proceedings of the 26th Australian Computer-Human Interaction Conference on Designing Futures the Future of Design, New York: ACM, 2014, S. 77–86, S. 79 f.

[24] Schloots, Franziska: „‚Understand what's happening within'. Selbstkontrolle mit Personenwaage, Wearable und habit tracker", in: ffk Journal Nr. 7(2022), S. 74–91.

[25] Duttweiler, Stefanie/Passoth, Jan-Hendrik: „Self-Tracking als Optimierungsprojekt?", in: Stefanie Duttweiler/Robert Gugutzer/Jan-Hendrik Passoth et al. (Hg.), Leben nach Zahlen. Self-Tracking als Optimierungsprojekt?, Bielefeld: transcript, 2016, S. 9–42, S. 17.

[26] Prietl, Bianca/Houben, Daniel: „Einführung. Soziologische Perspektiven auf die Datafizierung der Gesellschaft", in: Daniel Houben/Bianca Prietl (Hg.), Datengesellschaft. Einsichten in die Datafizierung des Sozialen, Bielefeld: transcript, 2018, S. 7–32.

[27] Mau: Das metrische Wir, S. 12.

[28] Bröckling, Ulrich: „You are not responsible for being down, but you are responsible for getting up. Über Empowerment", in: Leviathan Nr. 3/31. Jg. (2003), S. 323–344, S. 339.

[29] Vgl. Diaz-Bone, Rainer: „Die französische Epistemologie und ihre Revisionen. Zur Rekonstruktion des methodologischen Standortes der Foucaultschen Diskursanalyse", in: FQS Forum: Qualitative Sozialforschung Nr. 2/8. Jg. (2007), Art. 24.

die Diskussion darüber, ob die Nutzung von Wearables das eigene Körpergefühl verbessert oder verschlechtert sowie die Frage danach, ob durch die Nutzung langfristige Effekte auf die Gesundheit zu erwarten sind oder nicht. Eine ausschließliche Betrachtung des Wearable-Diskurses kam für mich allerdings nicht in Frage, da mich im Besonderen die Nutzungspraktiken und die Subjektivierungsprozesse interessieren. Um diese komplexe Beziehung zwischen Diskurs, Praktiken, Gegenstand, Subjekt und Gesellschaft zu beschreiben, habe ich mich deshalb dazu entschieden, Wearables als Dispositiv zu modellieren. Bezüglich der Dispositivtheorien beziehe ich mich dabei auf Foucault und seinen Ansatz, Dispositive als dynamisches Netz zwischen diskursiven und nicht-diskursiven Elementen in einem „heterogenen Ensemble"[30] zu betrachten, welches auf einen gesellschaftlichen Notstand antwortet. Als dieser Notstand kann der eingangs skizzierte Optimierungsdruck und der Zuwachs der Subjektivierungsprozesse verstanden werden. Da laut Giorgio Agamben jedes Dispositiv auch Subjektivierungsprozesse mit einschließt[31], sieht er in den unterschiedlichen dispositiven Anordnungen und den damit einhergehenden konfligierenden Zielen auch ein Anwachsen der Subjektivierungsprozesse in gegenwärtigen Gesellschaften.[32] Am Beispiel des Mobiltelefons bezieht Agamben explizit auch mediale Dispositive in sein Konzept mit ein.[33] Die Dispositivtheorien zeigen sich somit auch anschlussfähig für die Medienwissenschaften, wo entweder Einzelmedien als Dispositive modelliert oder aber Medien als Bestandteil umfassenderer Dispositive verstanden werden.[34] So wurden unter anderem schon das Fernsehen[35] oder das Internet[36] als Mediendispositiv beschrieben. Wearables wurden bislang noch nicht unter dieser Perspektive verhandelt.

In bisherigen kultur- und sozialwissenschaftlichen Arbeiten geht es vornehmlich um die Nutzung von Wearables und damit einhergehend um das Versprechen

---

[30] Foucault, Michel: Dispositive der Macht. Über Sexualität, Wissen und Wahrheit, Berlin: Merve, 1978, S. 120.

[31] Vgl. Agamben, Giorgio: Was ist ein Dispositiv?, Zürich/Berlin: Diaphanes, 2008, S. 35.

[32] Vgl. ebd., S. 27.

[33] Vgl. ebd., S. 37.

[34] Vgl. Ritzer, Ivo/Schulze, Peter W.: „Mediale Dispositive", in: Ivo Ritzer/Peter W. Schulze (Hg.), Mediale Dispositive, Wiesbaden: Springer, 2018, S. 3–24.

[35] Vgl. Hickethier, Knut: „Dispositiv Fernsehen. Skizze eines Modells", in: Montage AV Nr. 1/4. Jg. (1995), S. 63–83.

[36] Vgl. Dorer, Johanna: „Das Internet und die Genealogie des Kommunikationsdispositivs. Ein medientheoretischer Ansatz nach Foucault", in: Andreas Hepp/Rainer Winter (Hg.), Kultur – Medien – Macht. Cultural Studies und Medienanalyse, Wiesbaden: VS Verlag, 2006, S. 353–365.

der Optimierung unterschiedlicher Lebensbereiche sowie den Gewinn neuer Erkenntnisse über das Selbst. Dieses Wissen, welches durch die erhobenen Daten der Wearables entstehen soll, sorgt nicht nur für eine erhöhte Aufmerksamkeit seitens der Gesellschaft, sondern weckt auch wissenschaftliche, ökonomische und staatliche Interessen. Dabei werden Wearables sowohl positive wie auch negative Potenziale zugeschrieben: So seien Wearables auf der einen Seite in der Lage, das Gesundheitsverhalten ihrer Nutzer*innen auf positive Weise zu verändern, in dem sie beispielsweise die physische Aktivität erhöhen[37], die eigene Körperwahrnehmung verbessern[38] oder als technische Vermittler des Körperzustands im Sinne der Werbeversprechen für Selbsterkenntnis und Wissen über den eigenen Körper sorgen.[39] In Praktiken der „Sousveillance" könnten Wearables sogar als Mittel der aktiven Auflehnung gegen staatliche Überwachung verstanden werden.[40]

Auf der anderen Seite wird u. a. kritisiert, dass sich Wearables und die Verarbeitung der Daten an statistischen Normalmaßen orientieren und damit die Normalisierung des menschlichen Körpers unterstützen, was gleichzeitig Ausschluss produziert[41], worin sogar eine Gefährdung des Solidarprinzips gesehen

---

[37] Vgl. Kreitzberg, Daniel C./Dailey, Stephanie L./Vogt, Teresa M./Robinson, Donald/Zhu, Yaguang: „What is Your Fitness Tracker Communicating? Exploring Messages and Effects of Wearable Fitness Devices", in: Qualitative Research Reports in Communication Nr. 1/17. Jg. (2016), S. 93–101, S. 94; Gilmore, James N.: „Everywear. The quantified self and wearable fitness technologies", in: New Media & Society Nr. 11/18. Jg. (2016), S. 2524–2539, S. 2526.

[38] Vgl. Prasopoulou, Elpida: „A half-moon on my skin. A memoir on life with an activity tracker", in: European Journal of Information Systems Nr. 3/26. Jg. (2017), S. 287–297, S. 292; Kressbach, Mikki: „Breath work. Mediating health through breathing apps and wearable technologies", in: New Review of Film and Television Studies Nr. 2/16. Jg. (2018), S. 184–206, S. 195.

[39] Vgl. Zimdars, Melissa: „The Self-Surveillance Failures of Wearable Communication", in: Journal of Communication Inquiry Nr. 1/45. Jg. (2021), S. 24–44, S. 26; Schüll, Natasha D.: „Data for life: Wearable technology and the design of self-care", in: BioSocieties Nr. 11/3. Jg. (2016), S. 1–17, S. 9.

[40] Vgl. Mann, Steve/Nolan, Jason/Wellman, Barry: „Sousveillance: Inventing and Using Wearable Computing Devices for Data Collection in Surveillance Environments", in: Surveillance & Society Nr. 3/1. Jg. (2003), S. 331–355.

[41] Vgl. Crawford, Kate/Lingel, Jessa/Karppi, Tero: „Our metrics, ourselves. A hundred years of self-tracking from the weight scale to the wrist wearable device", in: European Journal of Cultural Studies Nr. 4–5/18. Jg. (2015), S. 479–496, S. 483 f.

werden kann.[42] Zudem wird suggeriert, das Leben sei ein „permanentes Optimierungsprojekt"[43] mit Fokus allein auf den Körper und seine Leistungen. Bedenken gibt es auch hinsichtlich der durch die Selbstvermessung entstandenen Daten. Durch den multidirektionalen Datenstrom hätten Nutzer*innen keine Kontrolle darüber, was mit ihren persönlichen Daten passiert.[44] Szenarien, in denen Krankenversicherungen ihre Beiträge an den Tracking-Daten der versicherten Person bemessen oder Arbeitgeber im Rahmen der betrieblichen Gesundheitsvorsorge die Aktivität ihrer Angestellten mit Hilfe von Wearables kontrollieren sind dabei längst auch Bestandteil der öffentlichen Diskussion.[45] Der Diskurs um die Selbstvermessung mit Wearables ist also sowohl mit gesellschaftlichen, technologischen, medizinischen, regulatorischen und wirtschaftlichen Fragen nach der Nutzung und Wirkung von Wearables verknüpft. Forschungsarbeiten konzentrieren sich in der Regel auf einzelne Aspekte aus diesem Bereich, thematisieren z. B. Subjektivierung und Self-Tracking,[46] fokussieren die Daten, die bei der Selbstvermessung entstehen[47] oder fragen nach den gesellschaftlichen Ursachen für die „digitale Selbstüberwachung"[48]. Für meine Arbeit wähle ich hingegen mit der Analyse des Wearables als Dispositiv einen multiperspektivischen Ansatz, der die Beziehungen zwischen den vielen unterschiedlichen Aspekten betrachtet.

---

[42] Vgl. Abend, Pablo/Fuchs, Mathias: „Introduction. The Quantified Self and Statistical Bodies", in: Pablo Abend/Mathias Fuchs/Ramón Reichert et al. (Hg.), Digital Culture & Society (DCS). Vol. 2, Issue 1/2016 – Quantified Selves and Statistical Bodies, Bielefeld: transcript, 2016, S. 5–21, S. 14.

[43] Selke, Stefan: „Einleitung. Lifelogging zwischen disruptiver Technologie und kulturellem Wandel", in: Stefan Selke (Hg.), Lifelogging. Digitale Selbstvermessung und Lebensprotokollierung zwischen disruptiver Technologie und kulturellem Wandel, Wiesbaden: Springer, 2016, S. 1–21.

[44] Crawford/Lingel/Karppi: Our metrics, ourselves, S. 480 f.

[45] Vgl. Lobe, Adrian: Jede Regung im Blick. Zeit Online, 2016, https://www.zeit.de/2016/21/ueberwachung-unternehmen-mitarbeiter-datenschutz vom 12.05.2016 (zuletzt geprüft 12.02.2021); Willmroth, Jan: Regieraum des Lebens. Süddeutsche Zeitung, 2014, https://www.sueddeutsche.de/digital/quantified-self-regieraum-des-lebens-1.2058004 vom 23.07.2014 (zuletzt geprüft 12.02.2021); Schwinn, Michaela: „Gesundheit ist mehr als Ziffern und Kurven". Süddeutsche Zeitung, 2018, https://www.sueddeutsche.de/gesundheit/gesundheit-daten-digitalisierung-1.4119141 vom 23.10.2018 (zuletzt geprüft 12.02.2021).

[46] Vgl. Mämecke, Thorben: Das Quantifizierte Selbst. Zur Genealogie des Self-Trackings, Bielefeld: transcript, 2021.

[47] Vgl. Lupton, Deborah: The Quantified Self, New York, NY: John Wiley & Sons, 2016.

[48] Vgl. Schaupp, Simon: Digitale Selbstüberwachung. Self-Tracking im kybernetischen Kapitalismus, Heidelberg: Verlag Graswurzelrevolution, 2016.

Um ein Dispositiv zu analysieren, gibt es keine eigenständige Methode, im Zuge ihres Konzepts einer Dispositivanalyse zeigen Bührmann und Schneider aber auf, wie sich aus einem mit dem Dispositivkonzept verbundenen Denkstil eine Forschungsperspektive mit entsprechenden Forschungsfragen entwickeln lässt.[49] Aus dieser Forschungsperspektive resultiert dann ein Forschungsstil mit bestimmten methodologischen Vorgaben. Die gewählten methodischen Instrumente mitsamt ihren Einsatzmöglichkeiten und -grenzen führen dann zu entsprechenden Forschungsergebnissen. Somit gibt es keine feste Abfolge von Verfahrensschritten bei einer Dispositivanalyse, Bührmann und Schneider schlagen allerdings einen Kanon an Leitfragen vor, welcher unterschiedliche Verhältnisse zwischen den einzelnen Elementen des Dispositivs in den Blick nimmt.[50] Dabei handelt es sich um diskursive und nicht-diskursive Praktiken, Objektivationen, Subjektivierungen sowie die gesellschaftstheoretische Kontextualisierung. Für meine Arbeit spielt es eine entscheidende Rolle, dass die Elemente des Dispositivs als eigenständige, empirisch zu untersuchende Analysegegenstände berücksichtigt werden. Das Erkenntnisinteresse bei der Erforschung von Dispositiven liegt somit darin, ihre Anlässe und Auswirkungen sowie die enthaltenen Machtkonstellationen zu analysieren.[51] Diese Vorgehensweise erlaubt es mir, das Dispositiv von innen zu beschreiben und auf Fragestellungen unterschiedlicher Ebenen einzugehen.

Mein Forschungsinteresse liegt zum einen bei der Frage danach, welches Wissen über Wearables und ihre Nutzung durch den Diskurs vermittelt werden. Wie bereits aufgezeigt vermute ich hier Diskursmuster, die sich gegenüberstehen und dabei mit unterschiedlichen strategischen Interessen belegt sind. Des Weiteren von Interesse für mich ist, inwiefern sich aus dem Diskurs ein „Alltagswissen"[52] entwickelt und wie sich dieses in den Alltagspraktiken der Wearable-Nutzer*innen widerspiegelt. In diesem Zusammenhang möchte ich auch untersuchen, welche Funktionen das Wearable im Alltag der Nutzer*innen einnimmt. Wie zu Beginn der Arbeit gezeigt, gibt es ein breites Spektrum unterschiedlicher Motivationen und Praktiken, so dass ich annehme, dieses Spektrum auch in meiner empirischen Untersuchung zu finden. Ferner relevant für mich

---

[49] Vgl. Bührmann, Andrea D./Schneider, Werner: Vom Diskurs zum Dispositiv. Eine Einführung in die Dispositivanalyse, Bielefeld: transcript, 2008, S. 15.
[50] Vgl. ebd., S. 95.
[51] Vgl. ebd.
[52] Reisigl, Martin: „Elementardiskurs", in: Daniel Wrana/Alexander Ziem/Martin Reisigl et al. (Hg.), DiskursNetz. Wörterbuch der interdisziplinären Diskursforschung, Berlin: Suhrkamp, 2014, S. 129–130, S. 129.

ist, welches Wissen sich aus dem Wearable als Gegenstand selbst rekonstruieren lässt und wie sich die Eigenschaften des Gegenstands im Diskurs zeigen. Neben diesem Verhältnis von Gegenstand und Diskurs möchte ich auch die Beziehung zwischen Gegenstand und Nutzung betrachten und analysieren, inwiefern der Gegenstand eine bestimmte Nutzung vorgibt. So nehme ich u. a. an, dass die angesprochenen Optimierungslogiken schon im Gerät selbst angelegt sind. Im Hinblick auf die Subjektivierungen liegt mein Interesse bei den diskursiv vermittelten Normen und Regeln und der Frage danach, welche Subjekte das Wearable-Dispositiv produziert. Des Weiteren möchte ich den gesellschaftlichen Notstand beschreiben, auf den das Wearable-Dispositiv antwortet. Diesen verorte ich, wie bereits skizziert, in einem steigenden Anpassungs- und Optimierungsdruck in einer Gesellschaft, die von Unsicherheit und Überforderung geprägt ist. Hier vermute ich die Funktionen des Wearables u. a. als stabilisierende Ressource, die für Kontingenzreduktion, Kontrolle und Sicherheit sorgen kann. Zudem gehe ich davon aus, dass die Nutzung von Wearables Auswirkungen hat, die nicht im Diskurs verhandelt werden. Auch diese erhoffe ich mir durch die Dispositivanalyse hervorzubringen. Für diese Fragestellungen erscheint mir die Perspektivierung von Wearables als Dispositiv gut geeignet, da so die Komplexität abgebildet werden kann.

Den Mehrwert meiner Arbeit sehe ich in der Verbindung von Dispositivtheorie und Empirie. Bisher wurde eine Dispositivanalyse mit einem komplexen Forschungsdesign noch nicht im Zusammenhang mit einer Medientechnologie, bei der die verschiedenen Ebenen von Hardware, Software und Datenübertragung genauso wie die damit in Verbindung stehenden Diskurse, Praktiken, Objektivationen, Subjektivierungen und die gesellschaftliche Einordnung berücksichtigt werden müssen, durchgeführt. Ich schätze meine Vorgehensweise als gewinnbringend ein, da durch die Multiperspektivität neue Aspekte hervorgebracht werden können, die eine Fokussierung auf einzelne Elemente des Wearable-Dispositivs nicht leisten kann. Mein Forschungsinteresse liegt somit also auch auf einer methodologischen Ebene.

Um mein geplantes Vorgehen zusammenzufassen möchte ich im Folgenden kurz den Aufbau meiner Arbeit darlegen: Diese Arbeit beschäftigt sich mit der Analyse des Wearable-Dispositivs, das bedeutet, sie verfolgt einen multiperspektivischen Ansatz und untersucht sowohl diskursive und nicht-diskursive Praktiken, Objektivationen, Subjektivierungen und die gesellschaftstheoretische Kontextualisierung im Zusammenhang mit dem Wearable. Dafür werde ich zunächst meinen Dispositivbegriff herausarbeiten und diesen im Kontext der Verwendung von Dispositivtheorien in den Medienwissenschaften diskutieren (Kapitel 2). Danach folgt die Beschäftigung mit dem Gegenstand des Wearables und Praktiken der

Selbstvermessung, die ich in einer Gesellschaft verorte, die ich als *Quantifizierungsgesellschaft* bezeichne (Kapitel 3). Im nächsten Teil der Arbeit erläutere ich das methodische Vorgehen, indem ich zuerst die Dispositivanalyse als Forschungsstil vorstelle, um im Anschluss das konkrete Forschungsdesign für meine Arbeit darzulegen und zu begründen (Kapitel 4). Die Dispositivanalyse beginnt dann mit der Untersuchung des Wearable-Diskurses, bei dem ich das Wissen rekonstruiere, welches diskursiv über Wearables vermittelt wird. Anschließend analysiere ich die Alltagspraktiken von Wearable-Nutzer*innen, die ich zu diesem Zweck interviewt habe. Diese nicht-diskursiven Praktiken setze ich dann ins Verhältnis zu den diskursiven Praktiken (Kapitel 5). Im nächsten Schritt der Dispositivanalyse geht es im Zuge der Untersuchung der Objektivationen darum, das Wissen aus dem Wearable als Gegenstand selbst zu rekonstruieren. Auch diese Ergebnisse werden wieder auf ihr Verhältnis zu den diskursiven Praktiken hin untersucht (Kapitel 6). Der dritte Teil der Dispositivanalyse umfasst die Untersuchung von Subjektivierungen im Wearable-Dispositiv, analysiert demnach, welche Subjektformen das Dispositiv produziert und wie sich Wearable-Nutzer*innen den entsprechenden Anforderungen unterwerfen. An diese Teilanalyse schließt wieder die Betrachtung der Verhältnisse zwischen den bereits untersuchten Elementen des Dispositivs an (Kapitel 7). Zum Abschluss der Dispositivanalyse nehme ich dann eine erweiterte Perspektive ein und betrachte die gesellschaftstheoretische Kontextualisierung des Wearable-Dispositivs, d. h. ich beschreibe den gesellschaftlichen Notstand, auf den das Dispositiv antwortet, sowie seine Funktionen und möglichen Auswirkungen, die ich auf Basis meiner theoretischen Vorarbeiten und der Analyseergebnisse identifizieren konnte (Kapitel 8). Anschließend werde ich die Kernergebnisse meiner Dispositivanalyse zusammenfassen und mein Vorgehen reflektieren. Den Abschluss bildet eine Darstellung möglicher Anschlüsse für weitere Forschung, die sich aus meiner Analyse heraus ergeben haben (Kapitel 9).

Teil II
Theoretischer Rahmen

Mediendispositive 2

Das Wort Dispositiv ist eine Aufforderung für das Zusammendenken von Elementen, die die gängigen wissenschaftlichen Taxinomien kreuzen, überspringen, verbinden.[1]

Dispositive kann man sich [...] als eine Art ‚Gesamtkunstwerke' vorstellen, die – vielfältig miteinander verzahnt und verwoben – ein gesamtgesellschaftliches Dispositiv ausmachen.[2]

Dispositivtheorien finden seit ihrem Aufkommen Ende der 1970er-Jahre gleichermaßen in den Sozial- und Kulturwissenschaften ihre Anwendung. Gründe für die weite Verbreitung können zum einen in den breiten Einsatzmöglichkeiten des Dispositivkonzepts gesehen werden, welches sich durch seine theoretische und empirische Offenheit in zahlreichen Kontexten produktiv machen lässt, zum anderen, dass es als Erklärungsmodell überall dort herangezogen werden kann, wo komplexe, nicht-lineare Zusammenhänge zwischen unterschiedlichen Elementen untersucht und beschrieben werden sollen. Die scheinbar universelle Einsatzmöglichkeit von Dispositivtheorien hat allerdings auch dazu geführt, dass eine inflationäre Nutzung des Dispositivbegriffs und seine „weltformelähnliche"[3] Verwendung kritisiert werden. Dabei liegt das Problem vor allem darin, dass die Offenheit des Konzepts auf der einen Seite viele Möglichkeiten eröffnet, auf der anderen Seite aber auch eine gewisse Unschärfe birgt. Dispositivtheorien laufen so Gefahr, als „Alibi-Theorien" zu fungieren, die kaum methodische Werkzeuge

---

[1] Hans, Jan: „Das Medien-Dispositiv", in: Tiefenschärfe Nr. WS 2001/02(2001), S. 22–28, S. 25.

[2] Jäger, Siegfried: „Diskurs und Wissen. Theoretische und methodische Aspekte einer Kritischen Diskurs- und Dispositivanalyse", in: Reiner Keller/Andreas Hirseland/Werner Schneider et al. (Hg.), Handbuch sozialwissenschaftliche Diskursanalyse. Band 1: Theorien und Methoden, Wiesbaden: VS Verlag, 2011, S. 91–127, S. 92.

[3] Hans: Das Medien-Dispositiv, S. 22.

vorgeben und den Raum für Spekulationen öffnen.[4] Die Konsequenz daraus ist, dass jede wissenschaftliche Arbeit, die sich Dispositivtheorien bedient, ihren Dispositivbegriff und seine Begrenzungen genau herausarbeiten muss, damit eine solche Unschärfe vermieden wird. Diese Einordnung und Kontextualisierung des Dispositivbegriffs für meine Arbeit werde ich in diesem Kapitel vornehmen.

Um schlussendlich Wearables als Mediendispositive zu modellieren, diskutiere ich in diesem Kapitel zunächst die Grundlagen der Dispositivtheorien, aus denen ich im späteren Verlauf mein Verständnis von Mediendispositiven entwickeln werde. Zu diesem Zweck beschreibe ich die Dispositivkonzepte von Michel Foucault und Giorgio Agamben als für meine Arbeit zentrale Theorien sowie Jean-Louis Baudrys Dispositivkonzept, von dem ich meinen Dispositivbegriff abgrenzen möchte (Abschnitt 2.1).[5] Im Folgenden erläutere ich dann die Anschlüsse an Dispositivtheorien in den Medienwissenschaften und auf welche Weise Medien in Dispositive eingebunden werden können (Abschnitt 2.2). Anschließend werde ich aus diesen theoretischen Vorarbeiten das Modell eines Mediendispositivs entwickeln, welches dieser Arbeit zugrunde liegen soll und begründe, warum Dispositivtheorien eine geeignete Forschungsperspektive sind, um Wearables zu betrachten (Abschnitt 2.3). Aufbauend auf meinen Dispositivbegriff werde ich zu einem späteren Zeitpunkt der Arbeit auch das methodische Vorgehen meiner Dispositivanalyse entwickeln. Das Konzept einer Dispositivanalyse stellt dabei als Forschungsstil einen Rahmen zur Verfügung, ein Dispositiv empirisch zu untersuchen (Abschnitt 4.1).

2.1 Dispositivtheorien

In diesem Teilkapitel möchte ich nun die für diese Arbeit wesentlichen Dispositivtheorien und deren Kernaussagen erläutern. Zentral ist für mich dabei das Dispositivkonzept Michel Foucaults, der den Begriff des Dispositivs im Besonderen geprägt hat und dessen Ausführungen zu Bestandteilen und Funktionen

---

[4] Vgl. Leschke, Rainer: „‚Die Einsamkeit des Mediendispositivs in der Vielheit der Medien.' Zur Logik des Wandels von der Ordnung des traditionellen zu der eines postkonventionellen Mediensystems", in: Julius Othmer/Andreas Weich (Hg.), Medien – Bildung – Dispositive. Beiträge zu einer interdisziplinären Medienbildungsforschung, Wiesbaden: Springer, 2015, S. 71–85, S. 75.

[5] Neben den genannten Dispositivkonzepten haben z. B. auch Gilles Deleuze und Francois Lyotard zum Dispositivbegriff gearbeitet. Da sich aus deren Arbeiten aber für die vorliegende Arbeit kein Mehrwert zum Dispositivbegriff nach Foucault und Agamben ergibt, werden ich diese hier nicht weiter berücksichtigen.

2.1 Dispositivtheorien

von Dispositiven maßgeblich für diese Arbeit sind. Auf Basis von Foucault hat Giorgio Agamben das Dispositivmodell explizit hinsichtlich medialer Dispositive erweitert, weshalb sein Essay zum Dispositivkonzept sich ebenfalls als bedeutend für diese Arbeit erweist. Als drittes gehe ich dann auf Jean-Louis Baudrys Dispositivbegriff ein, um ihn von Foucaults Begriff abzugrenzen. Diese Gegenüberstellung der beiden wesentlichen Strömungen ist insofern von Bedeutung, als dass sich mein Verständnis des Dispositivkonzepts in einem medienwissenschaftlichen Diskurs verortet, in dem sowohl Anschlüsse an Foucault als auch an Baudry zu finden sind (Abschnitt 2.2).

Der Begriff *Dispositiv* beschreibt der Wortherkunft nach erstmal eine Vorrichtung und leitet sich von dem lateinischen „dispositio" ab, welches eine Übersetzung des griechischen Wortes „oikonomia", also der „Verwaltung eines Hauses" ist.[6] Diese beschreibt Giorgio Agamben als

> eine Gesamtheit von Praxen, Kenntnissen, Maßnahmen und Institutionen, deren Ziel es ist, das Verhalten, die Gesten und die Gedanken der Menschen zu verwalten, zu regieren, zu kontrollieren und in eine vorgeblich nützliche Richtung zu lenken.[7]

In dieser Auslegung klingen bereits zwei grundlegende Aspekte an, die auch im Dispositivmodell eine zentrale Rolle spielen: Erstens die Grundidee eines Bündels bzw. einer Gesamtheit unterschiedlicher Elemente, die in ihrer Konstellation bestimmte Effekte herbeiführen und zweitens die damit einhergehende Lenkung der Menschen. Die Bedeutung dieser beiden Punkte werde ich in Abschnitt 2.3 näher erläutern.

Geprägt hat das Dispositiv-Konzept Michel Foucault, der den Begriff des Dispositivs erstmals in seinem Werk „Der Wille zum Wissen" verwendete und später im Rahmen eines Gesprächs näher erläuterte, was er unter diesem Begriff versteht. Für ihn ist ein Dispositiv

> ein heterogenes Ensemble, das Diskurse, Institutionen, architekturale Einrichtungen, reglementierende Entscheidungen, Gesetze, administrative Maßnahmen, wissenschaftliche Aussagen, philosophische, moralische oder philanthropische Lehrsätze, kurz: Gesagtes ebensowohl wie Ungesagtes umfaßt. [...] Das Dispositiv selbst ist das Netz, das zwischen diesen Elementen geknüpft werden kann.[8]

---

[6] Vgl. Agamben: Was ist ein Dispositiv?, S. 23.
[7] Ebd., S. 24.
[8] Foucault: Dispositive der Macht, S. 120.

Dieser häufig zitierte Ausschnitt spricht mehrere zentrale Punkte an, die ein Dispositiv charakterisieren: Erstens das „heterogene Ensemble", also das anfangs angeführte „Zusammendenken von Elementen"[9], welches den Fokus konkret auf die Gesamtkonstellation setzt anstatt auf die Betrachtung der einzelnen Aspekte. Gleichzeitig wird der Hinweis auf die Heterogenität der Elemente gegeben, es gibt in dem Sinne also keine Begrenzung, was alles zum Dispositiv dazugehört. Das führt direkt zum zweiten wichtigen Punkt: Im Dispositiv wird „Gesagtes ebensowohl wie Ungesagtes"[10] berücksichtigt, sprich diskursive und nicht-diskursive Elemente. Unter diese nicht-diskursiven Elemente fallen beispielsweise Institutionen, also jedes „eingeübte Verhalten. Alles was in einer Gesellschaft als Zwangssystem funktioniert und keine Aussage ist"[11], aber auch materielle Objekte. Wie Rainer Leschke es formuliert, holen Dispositive „die [...] Materialität zurück ins Spiel und damit in die Verantwortung der Kulturwissenschaften."[12] Hier geht die Betrachtung von Dispositiven über die sowohl in den Kultur- wie auch Sozialwissenschaften weit verbreitete diskursanalytische Perspektive hinaus. Der dritte Punkt bezieht sich auf die Beziehungen zwischen den einzelnen Elementen. Foucault beschreibt diesen Zustand als Netz, welches flexibel ist und Positionswechsel und Funktionsveränderungen der Verbindungen zwischen den heterogenen Elementen eines Dispositivs erlaubt.[13]

Neben den Bestandteilen des Dispositivs beschreibt Foucault auch die strategische Funktion von Dispositiven. Zu einem bestimmten historischen Zeitpunkt antworten Dispositive auf einen Notstand („Urgence"), also eine bestimmte gesellschaftliche Entwicklung.[14] Damit ist eine Gesamtkonstellation gemeint, denn ein Notstand ist nicht auf ein einzelnes Ereignis zurückzuführen, genauso kann ein Notstand nicht durch ein solches Ereignis beendet werden.[15] Als Reaktion auf den Notstand formieren sich damit in Verbindung stehende Elemente („heterogene Elemente") zu einer zusammenhängenden Anordnung („Netz") und haben auf Individual- und Gesellschaftsebene Effekte auf die Subjekte in dieser Anordnung, denn diese werden in diesem Machtgefüge in einer bestimmten Art und Weise ausgerichtet. Damit verursacht ein Dispositiv gesellschaftlichen

---

[9] Hans: Das Medien-Dispositiv, S. 25.
[10] Foucault: Dispositive der Macht, S. 120.
[11] Ebd., S. 125.
[12] Leschke: Die Einsamkeit des Mediendispositivs, S. 75.
[13] Vgl. Foucault: Dispositive der Macht, S. 120.
[14] Vgl. ebd.
[15] Vgl. Weich, Andreas: Selbstverdatungsmaschinen. Zur Genealogie und Medialität des Profilierungsdispositivs, Bielefeld: transcript, 2017, S. 77.

2.1 Dispositivtheorien

Wandel[16], bei dem unter Umständen auch neue Notstände produziert werden können.[17] Die dynamischen Veränderungen in diesem Machtgefüge sind charakteristisch für Foucaults Dispositiv-Konzept, nach dem ein Dispositiv auch „immer in ein Spiel der Macht eingeschrieben [ist]"[18]. Er untersucht die Spannungsfelder dieser Machtbeziehungen in unterschiedlichen historischen Kontexten, sprich in Dispositive.[19] Der Begriff der Macht ist dabei in seinem Verständnis nicht negativ besetzt, im Sinne einer Unterdrückung oder Unterwerfung, sondern er versteht sie als etwas produktives, wodurch beispielsweise Wissenskomplexe hervorgebracht werden.

> Dass die Macht Bestand hat, dass man sie annimmt, wird ganz einfach dadurch bewirkt, dass sie nicht bloß wie eine Macht lastet, die Nein sagt, sondern dass sie in Wirklichkeit die Dinge durchläuft und hervorbringt, Lust verursacht, Wissen formt und einen Diskurs produziert; man muss sie als produktives Netz ansehen, das weit stärker durch den ganzen Gesellschaftskörper hindurchgeht als eine negative Instanz, die die Funktion hat zu unterdrücken.[20]

Die als produktiv verstandene Macht kann sowohl auf Individual- als auch auf Gesellschaftsebene wirken. Ein Beispiel für die Effekte von Macht auf Individualebene ist die Disziplinarmacht des *Panopticon*. Dies ist architektonisch so konzipiert, dass Gefangene in Zellen kreisrund um einen in der Mitte stehenden Wachturm untergebracht sind. Eine Aufsichtsperson in diesem Wachturm reicht aus, um alle Gefangenen zu überwachen, da durch diese besondere Anordnung für sie nichts unsichtbar bleibt. Die einzelnen Gefangenen selbst wissen nicht, ob sie gerade beobachtet werden oder nicht, sie werden „gesehen, ohne selber zu

---

[16] Vgl. Bührmann/Schneider: Vom Diskurs zum Dispositiv, S. 93.
[17] Vgl. Weich: Selbstverdatungsmaschinen, S. 80.
[18] Foucault: Dispositive der Macht, S. 123.
[19] Als Beispiel bringt Foucault hier das Gefängnisdispositiv an, welches auf den gesellschaftlichen Notstand der wachsenden Kriminalität im 18. Jahrhundert reagiert. Durch die Etablierung eines Strafvollzugsystems und die Möglichkeit der Inhaftierung von Straftäter*innen sind Machtgefüge entstanden, die wiederum allerdings neue Effekte produziert haben, wie der Entstehung von delinquenten Milieus. Vgl. ebd., S. 121 f. Eine ausführliche Untersuchung der Machtwirkungen des Gefängnisdispositivs findet sich in Foucault, Michel: Überwachen und Strafen. Die Geburt des Gefängnisses, Frankfurt am Main: Suhrkamp, 1977.
[20] Foucault, Michel: Schriften in vier Bänden. Dits et Ecrits. Band III. 1976–1979, Frankfurt am Main: Suhrkamp, 2002, S. 197.

sehen"[21]. Da sie sich jedoch darüber bewusst sind, dass jederzeit die Möglichkeit der Überwachung bestehen kann, verhalten sie sich auch dementsprechend und die tatsächliche Überwachung durch Aufseher ist gar nicht mehr notwendig. Die durch die besondere Anordnung entstandene Macht wurde also durch die Gefangenen so verinnerlicht, dass sie sich dieser anpassen und ihr Verhalten dementsprechend gelenkt wird. Man hat es hier mit einer Machtausübung im Sinne einer „Regierung" zu tun, also „das mögliche Handlungsfeld anderer zu strukturieren"[22].

Auch auf Gesellschaftsebene lassen sich durch Machtgefüge entstandene Effekte beobachten, betrachtet man zum Beispiel die Macht der Normalisierung, im Zuge derer diverse Lebensbereiche der Bevölkerung statistisch erfasst, ausgewertet und eingeordnet werden. Mit dem Ziel, unter anderem die Gesundheit der Bevölkerung zu erhalten, wird das Verhalten der Menschen so gelenkt, dass es einem ‚normalen' Verhalten bzw. einem erstrebenswerten Ideal entspricht. Auf der einen Seite zeigt sich hier das Produktive der Macht, indem Subjekte so regiert und gelenkt werden, wie es gesamtgesellschaftlich als förderlich angesehen wird. Auf der anderen Seite kann dem Dispositiv in dem Verständnis auch eine orientierende Funktion zugesprochen werden, denn es bietet durch die Produktion von Macht und Wissen einen Orientierungsrahmen für die Subjekte.[23] Das Dispositiv richtet Subjekte in bestimmter Weise aus, sie sind somit „Effekte der Bedingungen ihrer Lebenswelt"[24]. Allgemein gesprochen lassen sich diese Subjektivierungsweisen beschreiben als

> gesellschaftlich vorgegebene, über Dispositive produzierte und vermittelte Art und Weise, wie sich Individuen im Verhältnis zu und im sozialen Austausch mit anderen bzw. mit der Welt selbst wahrnehmen, (leibhaftig) fühlen und in ihren verkörperten Praktiken mehr oder weniger habitualisiert präsentieren.[25]

Einen Fokus auf Subjektivierungsprozesse in Dispositiven legt auch Giorgio Agamben in seinem Essay „Was ist ein Dispositiv?", mit welchem er direkt an Foucaults Dispositiv-Konzept anschließt. Zunächst arbeitet Agamben die drei unterschiedlichen Bedeutungen des Dispositiv-Begriffs heraus. So handelt es sich

---

[21] Foucault: Überwachen und Strafen, S. 257.
[22] Foucault, Michel: Schriften in vier Bänden. Dits et Ecrits. Band IV. 1980–1988, Frankfurt am Main: Suhrkamp, 2005, S. 287.
[23] Vgl. Leistert, Oliver: „Das ist ein Dispositiv, das geht, es läuft!", in: Tiefenschärfe Nr. WS 2002/03(2002), S. 7–9, S. 7.
[24] Ebd.
[25] Bührmann/Schneider: Vom Diskurs zum Dispositiv, S. 60.

2.1 Dispositivtheorien

erstens um einen juristischen Begriff, der den Teil des Urteils bezeichnet, welcher den Rechtsspruch enthält, also anordnenden Charakter hat. Zweitens bezeichnet das Dispositiv aus technischer Perspektive die Weise, in der Teile einer Maschine oder eines Mechanismus angeordnet sind. Drittens lässt sich der Begriff militärisch verstehen und bezeichnet die Gesamtheit der zur Ausführung eines Plans angeordneten Maßnahmen. Alle drei Bedeutungen des Dispositiv-Begriffs finden sich laut Agamben in Foucaults Verwendung wieder.[26] Auch Agamben selbst betont in seinem Verständnis von Dispositiven diese Multiperspektivität:

> Als Dispositiv bezeichne ich alles, was irgendwie dazu imstande ist, die Gesten, das Betragen, die Meinungen und die Reden der Lebewesen zu ergreifen, zu lenken, zu bestimmen, zu hemmen, zu formen, zu kontrollieren und zu sichern.[27]

Er schließt damit in den zentralen Punkten direkt an Foucault an: Erstens die Offenheit bezüglich der im Dispositiv enthaltenen Elemente („alles, was irgendwie..."), zweitens die in eine Machtbeziehung eingeschriebene strategische Funktion von Dispositiven Menschen zu regieren sowie drittens, die Effekte auf die Subjekte. Damit greift Agamben die Bedeutung des Dispositivbegriffs auf, nach dem Dispositive darauf zielen, Lebewesen im Sinne der *oikonomia* zu regieren und zu führen. Aus „dem Nahkampf"[28] zwischen Lebewesen, die Agamben als Substanzen bezeichnet, und den sie umgebenen Dispositiven entstehen dann Subjekte. Wichtig ist dabei, dass sich Substanz und Subjekt nur teilweise überlagern, denn ein Individuum kann durch die Vielzahl von Dispositiven zahlreichen Subjektivierungsprozessen unterliegen. Agamben geht in diesem Zusammenhang davon aus, dass es in unserer Zeit ein Anwachsen der Dispositive gibt und es demnach auch zu einer Vermehrung der Subjektivierungsprozesse kommt.[29]

> Heute scheint es keinen Augenblick im Leben eines Individuums mehr zu geben, der nicht von irgendeinem Dispositiv geformt, kontaminiert oder kontrolliert wird.[30]

Das korrespondiert mit den zu Beginn der Arbeit skizzierten ständigen Anpassungsleistungen der Menschen, die sich als Teil unterschiedlicher dispositiver Anordnungen mit teils konfligierenden Zielen auseinandersetzen müssen. Das

---

[26] Agamben: Was ist ein Dispositiv?, S. 16.
[27] Ebd., S. 26.
[28] Ebd., S. 27.
[29] Ebd.
[30] Ebd., S. 29.

Anwachsen der Subjektivierungsprozesse ist also insofern einer der zentralen Punkte für diese Arbeit, als dass ich diese in meiner Dispositivanalyse untersuchen möchte und u. a. die Rolle des Wearables als „stabilisierende Ressource"[31] im Rahmen dieser Anforderungen betrachte. Des Weiteren bedeutsam an Agambens Dispositivkonzept ist, dass er explizit auch mediale Dispositive berücksichtigt. So beschreibt er exemplarisch Subjektivierungs- und Desubjektivierungsprozesse der Dispositive Mobiltelefon und Fernsehen, womit ein direkter Anschluss zu den Medienwissenschaften gegeben ist.[32]

Mit einem Fokus auf ein speziell mediales Dispositiv – dem Kino – publiziert Jean-Louis Baudry etwa zeitgleich zu Foucault sein Dispositiv-Konzept. In seinem 1978 veröffentlichten Aufsatz „Das Dispositiv. Metapsychologische Betrachtungen des Realitätseindrucks" modelliert er das Dispositiv als eine bestimmte technisch-räumliche Konstellation und bezieht sich dabei speziell auf das Dispositiv des Kinos. Zunächst differenziert er dafür zwischen dem sogenannten Basisapparat und dem Dispositiv selbst. Unter dem Basisapparat versteht er in Bezug auf das Kino das gesamte technische Ensemble sowie alle dazugehörigen Vorgänge, welche bei der Filmproduktion und -projektion zum Tragen kommen.[33] Das Kino-Dispositiv hingegen umfasst nur den Prozess der Projektion selbst. Es zeichnet sich durch eine präzise technisch-räumliche Anordnung aus: Der Filmprojektor befindet sich hinter den Zuschauer*innen, außerhalb ihres Sichtfeldes. Durch die typische Kino-Bestuhlung ist der Körper zur Unbeweglichkeit gezwungen, der Blick auf die Leinwand gerichtet. Diese Anordnung hat zur Folge, dass das Subjekt als Bestandteil des Dispositivs Kino vorbestimmten ideologischen Effekten ausgesetzt ist[34], die allerdings nicht auf der Inhaltsebene zu suchen sind, sondern bereits durch den Basisapparat erzeugt werden.[35] Baudry möchte damit deutlich machen, dass Kino eben kein „ideologisch

---

[31] King et al.: Überforderung als neue Normalität, S. 229.

[32] Agamben: Was ist ein Dispositiv?, S. 37.

[33] Vgl. Baudry, Jean-Louis: „Das Dispositiv. Metapsychologische Betrachtungen des Realitätseindrucks", in: Robert F. Riesinger (Hg.), Der kinematographische Apparat. Geschichte und Gegenwart einer interdisziplinären Debatte, Münster: Nodus, 2003, S. 41–62, S. 45.

[34] Vgl. ebd., S. 57.

[35] Siehe dazu auch den Baudrys gleichnamigen Aufsatz: Baudry, Jean-Louis: „Ideologische Effekte erzeugt vom Basisapparat", in: Robert F. Riesinger (Hg.), Der kinematographische Apparat. Geschichte und Gegenwart einer interdisziplinären Debatte, Münster: Nodus, 2003, S. 27–39. Auch Hartmut Winkler führt mit Verweis auf Marcelin Pleynet an: „Die Kinomaschinerie ist eine vollständig ideologische Maschine, d. h. ein Apparat, der bürgerliche Ideologie verbreitet, bevor er was auch immer verbreitet. Bevor sie einen Film produziert, produziert die technische Konstruktion der Kamera bürgerliche Ideologie." Winkler, Hartmut:

neutraler Apparat"[36] ist. Diese unmittelbare Konstellation von Technik, Raum und Subjekt und die dadurch verursachten Machtgefüge sind Kern von Baudrys Dispositiv-Konzept. Nicht berücksichtigt werden dabei Akteure und Institutionen, die außerhalb dieser direkten Anordnung positioniert sind. Es unterscheidet sich in diesem Punkt also zentral von Dispositiv-Konzepten, die an Foucault anschließen und über die unmittelbar technisch-räumliche Anordnung und ihre Machtkonstellation hinausgehen.

Ein weiter Unterscheidungspunkt ist, dass Baudry durch das Dispositiv determinierte Effekte voraussagt.[37] Macht hat in dieser räumlichen Anordnung einen klaren Ursprung und eine Richtung[38], sie lässt sich als repressiv bezeichnen, denn die Situation widerspricht Foucaults Machtverständnis, nach der Subjekte „jeweils über mehrere Verhaltens-, Reaktions- oder Handlungsmöglichkeiten verfügen" müssen.[39] Insofern lässt sich Baudrys Dispositivmodell nur schwer mit dem von Foucault vereinbaren, der von einer produktiven Macht und einzigartigen Anordnungen jedes einzelnen Dispositivs ausgeht. Insbesondere die Aspekte der produktiven Macht und der Handlungsmöglichkeiten, die auch Widerstand innerhalb des Dispositivs erlauben, ist für meine Auffassung des Dispositivbegriffs von zentraler Bedeutung, wie ich in Abschnitt 2.3 genauer erläutern werde. Insofern werde ich mich in meiner Arbeit an Foucaults Dispositivbegriff orientieren, auch wenn Baudrys Konzept in den Medienwissenschaften sehr präsent ist. Dies und die medienwissenschaftlichen Anschlüsse an Dispositivtheorien möchte ich im folgenden Teilkapitel diskutieren.

2.2 Dispositivtheorie in den Medienwissenschaften

Die Dispositivtheorie zeigt sich in unterschiedlicher Weise auch für die Medienwissenschaften anschlussfähig. So lassen sich sowohl Einzelmedien als Dispositive beschreiben, Medien können aber auch als Bestandteil von Gesamtdispositiven verstanden werden. In der medienwissenschaftlichen Literatur überwiegt

---

Der filmische Raum und der Zuschauer. ‚Apparatus' – Semantik – ‚Ideology', Heidelberg: Winter, 1992, S. 20.
[36] Baudry: Das Dispositiv, S. 57.
[37] Vgl. Distelmeyer, Jan: Machtzeichen. Anordnungen des Computers, Berlin: Bertz + Fischer, 2017, S. 60.
[38] Vgl. Röhle, Theo: Der Google Komplex. Über Macht im Zeitalter des Internets, Bielefeld: transcript, 2010, S. 61.
[39] Foucault: Dits et Ecrits IV, S. 287.

erstere Verwendung, also die Betrachtung einzelner medientechnischer Konstellationen als Dispositiv.[40] In den deutschsprachigen Medienwissenschaften schließt der Dispositivbegriff in erster Linie an Baudry und die *Apparatusdebatte* an. Diese Debatte wurde Anfang der 1970er-Jahre in Frankreich dadurch angestoßen, dass Theoretiker wie Marcelin Pleynet, Jean-Louis Baudry, Jean-Louis Comolli und Christian Metz damit begonnen haben, das Kino als „Apparat zur Vermittlung bürgerlicher Ideologien"[41] zu perspektivieren und sich damit von einer Betrachtung des Kinos auf Ebene des Inhalts entfernt haben.[42] Die Apparatusdebatte setzte sich im englischen und angloamerikanischen Raum fort und wurde von dort aus Anfang der 1980er-Jahre auch im deutschsprachigen wissenschaftlichen Diskurs aufgegriffen.[43] In diesem Zusammenhang fand insbesondere ein Anschluss an Baudry statt, der durch seinen 1978 publizierten Aufsatz[44] den Dispositivbegriff in die Apparatusdebatte einbrachte.[45] Wie bereits in Abschnitt 2.1 beschrieben, wird die Apparatur im Kino durch die Zuschauer*innen nicht wahrgenommen, da sie sich außerhalb von deren Blickfeld befindet. Mit Baudrys Entwurf des Kino-Dispositivs steht bei diesem Verständnis des Begriffs demnach eine bestimmte technisch-räumliche Anordnung im Fokus, die konkrete Effekte auf das eingebundene Subjekt hat. Die Aneignung des Dispositivbegriffs in der deutschsprachigen Wissenschaft geht auf dieses Konzept von Baudry zurück, Jan Hans macht in diesem Zusammenhang allerdings auf eine Reihe von Verkürzungen aufmerksam.[46] Diese sorgen dafür, dass das „deutsche Dispositiv"[47] in den Medienwissenschaften vor dem Hintergrund des foucaultschen Dispositivbegriffs als eingeschränkt kritisiert wird, denn es beschränkt sich oftmals eben auf diese

---

[40] Exemplarisch zu nennen sind hier das Fernseh-Dispositiv: Hickethier: Dispositiv Fernsehen. Das Computerspiel-Dispositiv: Mosel, Michael: „Das Computerspiel-Dispositiv. Analyse der ideologischen Effekte beim Computerspielen", in: Michael Mosel (Hg.), Gefangen im Flow? Ästhetik und dispositive Strukturen von Computerspielen, Boizenburg: Hülsbusch, 2009, S. 153–179. Das Dispositiv der Virtuellen Realität: Schröter, Jens: Das Netz und die virtuelle Realität, Bielefeld: transcript, 2004.

[41] Tinsobin, Eva: Das Kino als Apparat. Medientheorie und Medientechnik im Spiegel der Apparatusdebatte, Boizenburg: Hülsbusch, 2008, S. 13.

[42] Vgl. ebd. Eine ausführliche Beschreibung der Apparatus-Debatte findet sich beispielsweise auch bei Winkler, Hartmut: Der filmische Raum und der Zuschauer. ‚Apparatus' – Semantik – ‚Ideology', Heidelberg: Winter, 1992 oder Tinsobin: Das Kino als Apparat.

[43] Vgl. ebd., S. 13.

[44] Vgl. Baudry: Das Dispositiv.

[45] Vgl. Tinsobin: Das Kino als Apparat, S. 16.

[46] Vgl. Hans, Jan: „Das Medien-Dispositiv", in: Tiefenschärfe (2001), S. 22–28.

[47] Hans: Das Medien-Dispositiv, S. 26.

2.2 Dispositivtheorie in den Medienwissenschaften

sichtbare Subjekt-Technik-Anordnung und leitet auch die entstehenden Effekte direkt aus dieser ab. Bezieht man an dieser Stelle Foucaults Verständnis von Dispositiven mit ein, wird deutlich, dass die Betrachtung des Netzes aus Macht, Wissen und Subjekt über diese Anordnung hinausgehen muss.

Theoretisch ist in Foucaults Konzept mit der Berücksichtigung von nichtdiskursiven Elementen die Integration von Medien in übergreifende Dispositive bereits angelegt. Bei der Betrachtung von Einzelmedien als separate Mediendispositive kommt es allerdings zu einer Reihe von Unschärfen im Hinblick auf Foucault. So lässt sich im Diskurs auf der einen Seite die Kritik finden, dass die Modellierung von einzelnen Medientechnologien dem Verständnis von Dispositiven als heterogene Ensembles widerspricht.[48] Auf der anderen Seite wird gerade die Möglichkeit, die heterogenen Elemente eines bestimmten Mediums zusammen zu betrachten, als Vorteil des Mediendispositiv-Konzepts bezeichnet.[49] In Bezug darauf merkt Rainer Leschke allerdings kritisch an, dass die Idee, die heterogenen Elemente eines Mediums zu betrachten, sowieso schon zur „Grundausstattung"[50] der Medienwissenschaften gehöre und es sich ohne eine Anpassung des Dispositivkonzepts „um eine banale Beschreibung des Status Quo ohne zusätzlichen Erkenntnisgewinn" handele.[51] Leschke sieht den Mehrwert einer medienwissenschaftlichen Dispositivtheorie als Forschungsperspektive vielmehr darin, dass Dispositive die komplexen ästhetischen, ökonomischen, sozialen und kommunikativen Dynamiken der Mediensysteme erst beschreibbar machen, indem sie die Verbindungen der verschiedenen Ebenen der Funktionsketten unterschiedlicher Einzelmedien theoretisch zugänglich machen.[52] Auch hier geht das Dispositivkonzept also weit über die Betrachtung der technischen Anordnung hinaus. Die Perspektivierung eines Einzelmediums als Mediendispositiv muss also stets im Kontext des Mediensystems geschehen, wenn man nicht Gefahr laufen will, das isolierte Medium fälschlicherweise mit dem Dispositiv gleichzusetzen.

Ein weiterer Kritikpunkt bezüglich der medienwissenschaftlichen Verwendung des Dispositivbegriffs kommt von Markus Stauff, der kritisiert, dass innerhalb des Dispositivs entstehenden Machteffekte meist als repressiv gehandelt werden. Dies

---

[48] Vgl. Stauff, Markus: Das neue Fernsehen, Münster/Berlin/Hamburg/London/Wien: LIT, S. 121 f.
[49] Thiele, Matthias: „Vom Medien-Dispositiv- zum Dispositiv-Netze-Ansatz. Zur Interferenz von Medien- und Bildungsdiskurs im Klima-Dispositiv", in: Julius Othmer/Andreas Weich (Hg.), Medien – Bildung – Dispositive. Beiträge zu einer interdisziplinären Medienbildungsforschung, Wiesbaden: Springer, 2015, S. 87–108, S. 87.
[50] Leschke: Die Einsamkeit des Mediendispositivs, S. 76.
[51] Ebd., S. 77.
[52] Vgl. ebd., S. 78 ff.

sei schon bei Baudry erkennbar, wenn es beispielsweise um die „erzwungene Bewegungslosigkeit"[53] des Zuschauers im Kino geht. Dabei werde der Aspekt der Produktivität der Macht im Sinne Foucaults außer Acht gelassen.[54] Stauff betont deshalb die Relevanz, zum einen die spezifische Produktivität der Medien in den Blick zu nehmen und zum anderen die Subjekte als Wirkung in der medialen Anordnung zu berücksichtigen.[55] Dabei kommt er zu dem Schluss, dass es wichtig sei zu bedenken, dass man bei der Betrachtung von Medien als Dispositiven dazu neigt, die Macht- und Subjekteffekte automatisch auf die spezifischen technischen Anordnungen zurückzuführen. Das sei aber zu kurz gegriffen, da diese Effekte auch auf einer höheren Ebene entstehen können.[56]

Bei Knut Hickethiers Entwurf eines Fernseh-Dispositivs[57] lässt sich exemplarisch zeigen, wie das Einzelmedium als abgrenzbarer Komplex verstanden wird, mit dem Vorteil, technische, ökonomische, ästhetische und praktische Aspekte zusammenzudenken. Hickethier beruft sich dabei zunächst auf Baudry und das Dispositiv des Kinos und beschreibt, wie sich das Dispositiv Fernsehen aus den Konstellationen des Kinos heraus entwickelt hat. So existieren einige Gemeinsamkeiten, angefangen bei einer ähnlichen Anordnung von Subjekt und Apparat sowie einem vergleichbaren Realitätseindruck bis hin zur Produktion von Inhalten und ihrer gesellschaftlichen Funktion. Aber auch deutliche Unterschiede lassen sich erkennen, unter anderem die umgekehrte Projektionsrichtung, die beim Fernsehen anders als beim Kino entgegen der Blickrichtung der Zuschauer*innen verläuft sowie die Rezeptionssituation im heimischen Umfeld im Gegensatz zum öffentlichen Raum des Kinos mitsamt seinen Konventionen. Parallelen lassen sich auch zum Radiodispositiv ziehen: Wie das Fernsehen ist auch das Radio in das häusliche Umfeld integriert und erlaubt anders als das Kino eine höhere Flexibilität und Bewegungsfreiheit der Rezipient*innen. Neuartig war von Anfang an auch die Möglichkeit der unmittelbaren Übertragung von Ereignissen und Nachrichten, die Fernsehen und Radio gemeinsam haben. Es lassen sich in Bezug auf die räumlich-technische Anordnung also Überschneidungen der Dispositive Kino und Fernsehen sowie Radio und Fernsehen feststellen, die hier als Vergleichsfolie dienen. Hickethier entwickelt Baudrys Dispositiv-Konzept dann jedoch weiter. So betont er zunächst, dass in seinem Konzept eine historische Veränderbarkeit enthalten sei, sprich, dass auch Entwicklungen im Laufe der

---

[53] Baudry: Das Dispositiv, S. 46.
[54] Vgl. Stauff: Das neue Fernsehen, S. 110.
[55] Vgl. ebd., S. 125.
[56] Vgl. ebd., S. 133.
[57] Hickethier: Dispositiv Fernsehen.

2.2 Dispositivtheorie in den Medienwissenschaften

Zeit berücksichtigt werden, und begründet das mit der besonderen Dynamik des Mediums Fernsehen.[58] Des Weiteren ergänzt er sein Konzept um eine weitere Ebene, indem er einen größeren gesellschaftlichen Rahmen in den Blick nimmt und in Rückgriff auf Foucault die enthaltenen Machtaspekte einbindet. Damit sind beispielsweise Gesetze, Konventionen, die ökonomischen Potentiale und die mögliche Einflussnahme der Fernsehanstalten und der in der Fernsehproduktion tätigen Unternehmen und Medieninstitutionen gemeint.

> Die apparative Anordnung von Zuschauer und Fernsehgerät verlängert sich damit um einen institutionellen Apparat hinter dem Empfänger, [...] Der Empfänger ist also direkt mit dem Netz der medialen Institutionen verbunden.[59]

Der Begriff des Netzes schließt auch hier wieder an Foucault an.[60] Innerhalb dieses Netzes wirken unterschiedliche Machtverhältnisse aufeinander, um nur zwei Beispiele zu nennen, haben die Landesmedienanstalten, die in der apparativen Anordnung des Fernsehdispositivs erstmal nicht direkt sichtbar sind, einen Einfluss auf die Ausstrahlung der Inhalte und die Programmgestaltungen der Sender wirken auf Rezeptionshaltung und Habitualisierung der Zuschauer*innen. Hier erlaubt die Multifunktionalität des Fernsehens viele unterschiedliche Nutzungsweisen, welche Hickethier in Abgrenzung zum Kino-Dispositiv als spezifische Eigenschaft des Fernseh-Dispositivs identifiziert.[61] Generell kommt dem Subjekt in Hickethiers Konzept des Fernseh-Dispositivs eine andere Rolle zu als in Baudrys Kino-Dispositiv.

> Im Dispositiv des Fernsehen ist der Zuschauer eben nicht mehr Objekt, das durch die audiovisuelle Bilderwelt zu überwältigen ist, sondern als Subjekt ein das Dispositiv wesentlich mitbestimmender Faktor.[62]

Die Fokussierung der Verbindungen zwischen Medium und Subjekt sind ein bedeutender Aspekt für die Attraktivität des Dispositivkonzepts für die Medienwissenschaften. Dabei spielen nicht die inhaltliche Ebene und ihre spezifischen Bedeutungen die entscheidende Rolle, sondern, wie die mediale Struktur Bedeutung herstellt.[63]

---

[58] Vgl. ebd., S. 64.
[59] Ebd., S. 69 f.
[60] Vgl. Foucault: Dispositive der Macht, S. 120.
[61] Vgl. Hickethier: Dispositiv Fernsehen, S. 74.
[62] Ebd., S. 80.
[63] Vgl. Hans: Das Medien-Dispositiv, S. 24.

Durch die Dynamik von Hickethiers Konzept können auch neue mediale Entwicklungen berücksichtigt werden, welche zur Folge haben, dass sich auch das Fernseh-Dispositiv verändert hat. Bereits in seinem 1995 erschienenen Aufsatz prognostiziert Hickethier einen möglichen „historischen Ablösungsprozeß des vom Programmfernsehen bestimmten Fernseh-Dispositivs durch ein vom Computer geprägtes neues Dispositiv der Bildschirmmedien"[64]. An diesem Beispiel sieht man die zuvor herausgearbeiteten Aspekte des Mehrwerts der Dispositivtheorie für die Medienwissenschaften: Die Betrachtung des Einzelmediums Fernsehen geschieht im Kontext des übergreifenden Mediensystems, es erfolgt die Einbindung eines aktiven Subjekts und man kann eine produktive Entstehung von Macht und Wissen beobachten. Besonders wichtig ist Hickethier die Flexibilität von Mediendispositiven, die es ermöglicht, auch Veränderungen zu erfassen.[65] Folgendermaßen fasst er sein Verständnis von Mediendispositiven zusammen:

> Mediendispositive konstruieren eine größere Ordnung, in der mediale Kommunikation zu sehen ist, primär vom Spannungsverhältnis ‚Technik-Subjekt' her. Sie gehen vom Einzelnen und seiner Rezeption aus und untersuchen aus der Perspektive des Subjekts, wie Machtinstanzen auf die mediale Wahrnehmung des Einzelnen einwirken. Es ist in diesem Sinne ein medienkritisches Konzept, das versucht, die unbewussten und verborgenen Mechanismen der Medienkommunikation sichtbar zu machen und damit auf inhärente Beeinflussungsstrukturen hinzuweisen.[66]

Gegenüber der Kritik von Hans, der die Verkürzung des foucaultschen Dispositivkonzepts in den Medienwissenschaften anmerkt[67], wendet er ein, dass es nicht zielführend ist, bei der „‚reinen Lehre' des Dispositivs, [...] die von der begriffsgenauen Exegese der Foucaultschen Schriften lebt"[68] zu bleiben, sondern dass stets Weiterentwicklungen des Konzepts notwendig sind.

Neben der Modellierung eines Einzelmediums als Mediendispositiv möchte ich der Vollständigkeit halber auch noch kurz die Möglichkeit skizzieren, Medien als Bestandteil eines Gesamtdispositivs zu verstehen, wie es in den Medienwissenschaften ebenfalls geschieht. Diese andere Herangehensweise findet sich

---

[64] Hickethier: Dispositiv Fernsehen, S. 81.

[65] Vgl. ebd., S. 64.

[66] Hickethier, Knut: Einführung in die Medienwissenschaft, Stuttgart/Weimar: Metzler, 2010, S. 200.

[67] Vgl. Hans: Das Medien-Dispositiv, S. 26.

[68] Hickethier, Knut: „Das Medien-Dispositiv oder eine Theorie des Mediensubjekts. Eine Erwiderung", in: Tiefenschärfe Nr. SoSe 2002(2002), S. 28–30, S. 30.

beispielsweise bei Andreas Weich, der aus einer mediengenealogischen Perspektive heraus die Entstehung des Profilierungsdispositivs untersucht, indem er die spezifischen medialen Eigenschaften als zentrale Bestandteile des Gesamtdispositivs des Profils versteht.[69] Dabei rekonstruiert er das Profilierungsdispositiv aus den einzelnen Funktionen registrieren, erheben, auswerten, einordnen, auffinden, authentifizieren, (re)präsentieren und anpassen im Kontext ihrer medialen Spezifika. Auch diese Betrachtungsweise von Mediendispositiven ergibt forschungsperspektivisch viele spannende Anknüpfungspunkte. Für diese Arbeit fokussiere ich allerdings die Modellierung von Einzelmedien als Dispositiv, da ich dies für die Untersuchung von Wearables als gewinnbringend einschätze. Dabei werde ich, anders als viele andere Betrachtungen von Einzelmedien aber nicht an Baudrys Dispositivkonzept anknüpfen, sondern, wie dargestellt, an Foucault. Im folgenden Kapitel werde ich diese Herangehensweise näher beschreiben und begründen.

2.3 Wearables als Mediendispositiv

Im Folgenden möchte ich Wearables als zentralen Gegenstand dieser Arbeit als Mediendispositiv perspektivieren. Für dieses Vorhaben ist es zunächst nötig, aus den theoretischen Vorarbeiten der beiden vorangegangenen Abschnitt 2.1 und 2.2 mein Verständnis eines Mediendispositiv-Begriffs herauszuarbeiten. Die explizite Entscheidung für die Fokussierung auf das Wearable als Mediendispositiv ist gefallen, da dies so bisher noch nicht erfolgt ist und durch den multiperspektivischen Ansatz einen Mehrwert zu bereits bestehenden Forschungsarbeiten zum Thema Wearable bietet. So berücksichtigt meine geplante Dispositivanalyse die unterschiedlichen Elemente des Wearable-Dispositivs und ihre Verhältnisse zueinander (siehe Abschnitt 4.1), anstatt sich auf einzelne Bereiche (z. B. Nutzung, Auswirkungen oder Diskurs) zu konzentrieren. Es wäre auch möglich gewesen, Wearables nicht als Mediendispositiv zu betrachten, sondern als Teil eines umfassenderen Dispositivs, beispielsweise eines Selbstoptimierungs-, Fitness- oder Daten-Dispositivs. Diese Dispositive werde ich in meiner Analyse hin und wieder ‚streifen', mein Fokus liegt aber auf dem Wearable.

Für die Forschungsperspektive haben sich aus den theoretischen Vorarbeiten heraus vier Aspekte als zentral erwiesen, die ich als signifikant für mein Verständnis eines Mediendispositivs sehe: Das Netz heterogener Elemente, die Lenkung durch einzigartige Machtgefüge, Subjektivierungsprozesse als deren

---

[69] Vgl. Weich: Selbstverdatungsmaschinen, S. 84 ff.

Effekt und die gesellschaftliche Entwicklung mit dem verbundenen Notstand. Der erste Punkt bezieht sich auf die Modellierung des Mediendispositivs und die Frage, was eigentlich alles als Bestandteil des Dispositivs berücksichtigt werden soll. Hier möchte ich noch einmal die Bedeutung der Heterogenität der Elemente betonen sowie deren Betrachtung als zusammenhängendes Ensemble. Dabei ist es grundlegend, dass keine Gewichtung der Elemente vorgenommen wird, der Fokus also nicht auf bestimmten einzelnen Aspekten liegt, sondern der Blick insofern erweitert wird, als dass „diskursive und nicht-diskursive Faktoren gleichberechtigt nebeneinander zu sehen [sind]".[70] Es wird also darum gehen, Diskurse, Praktiken, Objektivationen und Subjektivierungen des Mediendispositivs zu identifizieren und in einen Zusammenhang zu bringen (Kapitel 4).[71] In Bezug auf Wearables zeigt sich diese Perspektive als besonders geeignet, denn wie eingangs beschrieben, lassen sich Hardware, Software und Datenübertragung bei Fragen nach Nutzung und Effekten der Geräte kaum voneinander trennen. Dementsprechend ist es auch wenig sinnvoll, einzelne Bestandteile der Medientechnologie zu untersuchen, sondern eben die Gesamtkonstellation aller diskursiven und nicht-diskursiven Bestandteile des Mediendispositivs. Bisher lag der Fokus bei der wissenschaftlichen Betrachtung von Wearables meistens auf bestimmten Einzelaspekten; exemplarisch ließen sich hier Arbeiten zu Effekten der Nutzung von Wearables auf das Gesundheitsverhalten[72], zur Diskursanalyse von Werbung und Disability im Kontext von Wearables[73] oder zur Motivation bei der Nutzung von Wearables[74] anführen. Eine ausführliche empirische Untersuchung der komplexen Zusammenhänge unterschiedlicher Ebenen der Nutzung von Wearables, so wie ich sie mit meiner Dispositivanalyse durchführen möchte, hat bisher noch nicht stattgefunden und geht dementsprechend über die bisherigen Forschungsarbeiten hinaus. Auch die Verbindungen zu anderen medialen Elementen des Wearable-Dispositivs (z. B. Apps) kann diese Vorgehensweise berücksichtigen. Dies schließt auch an Leschke an, der Mediendispositive als die Gesamtheit der

---

[70] Röhle: Der Google Komplex, S. 61.

[71] Vgl. Bührmann/Schneider: Vom Diskurs zum Dispositiv, S. 56 ff. Eine detaillierte Erläuterung bezüglich der Bestandteile des Wearable-Dispositivs im Rahmen meines Forschungsdesigns findet sich in Abschnitt 4.2.

[72] Vgl. Cercós, Robert/Goddard, William/Nash, Adam/Yuille, Jeremy: „Coupling Quantified Bodies. Affective Possibilities of Self-Quantification", in: Pablo Abend/Mathias Fuchs/Ramón Reichert et al. (Hg.), Digital Culture & Society (DCS). Vol. 2, Issue 1/2016 – Quantified Selves and Statistical Bodies, Bielefeld: transcript, 2016, S. 177–182.

[73] Vgl. Elman, Julie P.: „"Find Your Fit". Wearable technology and the cultural politics of disability", in: New Media & Society Nr. 10/20. Jg. (2018), S. 3760–3777.

[74] Vgl. Gilmore: Everywear.

2.3 Wearables als Mediendispositiv

spezifischen Funktionsketten von Einzelmedien versteht und die Leistung des Mediendispositivbegriffs darin sieht, dass Verbindungen zwischen den Ebenen der Funktionsketten innerhalb eines Dispositivs und Grenzen zu anderen Mediendispositiven geschaffen werden können.[75] Wie sich das im Wearable-Dispositiv ausgestaltet, zeigt die spätere Analyse.

Der zweite Punkt betrifft die Lenkung der Menschen durch die Machtgefüge innerhalb des Mediendispositivs. Sowohl auf Individual- wie auch auf Gesellschaftsebene lässt sich zeigen, wie Menschen durch die Nutzung von Wearables in Richtung eines erwünschten Verhaltens gelenkt werden. Einen ersten Eindruck davon erhält man bereits bei der Beschäftigung mit den Produkttexten der Wearable-Anbieter, die darauf abzielen, Nutzer*innen in bestimmter Weise zu beeinflussen und auch wissenschaftliche Arbeiten fokussieren oftmals die Möglichkeit, dass Wearables beispielsweise die physische Aktivität erhöhen und somit die Nutzer*innen zu einem vermeintlich gesünderen Verhalten erziehen.[76] Wie sich diese Lenkung der Subjekte konkret manifestiert, möchte ich ebenfalls anhand meines empirischen Materials in der späteren Analyse thematisieren. Grundsätzlich müssen für diese Lenkung der Menschen durch Machtgefüge aber zwei Voraussetzungen erfüllt sein: Zum einen ist dies nach Foucault die Annahme eines „freien Subjekts", da nur dieses über Verhaltens-, Reaktions- und Handlungsmöglichkeiten verfügen kann[77]. Durch diese Offenheit der Möglichkeiten unterscheiden sich die Subjekte von denen in einem Dispositivmodell nach Baudry, wo sie innerhalb der apparativen Anordnung passiv vorbestimmten Effekten ausgeliefert sind.[78] Im Wearable-Dispositiv sind Spielräume in Bezug auf Verhalten und Handlungen insofern gegeben, als dass sich die Nutzung von Wearables in der Regel als freiwillig einordnen lässt, im Gegensatz zu erzwungenen Formen des Trackings wie beispielsweise dem Tragen einer elektronischen Fußfessel im Strafvollzug.[79] Des Weiteren von Bedeutung ist, dass es sich um einen produktiven Machtbegriff nach Foucault in Abgrenzung zu einem repressiven Verständnis wie bei Baudry handelt. In meinem Verständnis von Mediendispositiven kommt es also nicht zu einer zwanghaften oder ausweglosen Unterwerfung

---

[75] Vgl. Leschke: Die Einsamkeit des Mediendispositivs, S. 78.
[76] Vgl. z. B. Kreitzberg et al.: What is Your Fitness Tracker Communicating? oder Cercós et al.: Coupling Quantified Bodies.
[77] Foucault: Dits et Ecrits IV, S. 287.
[78] Ritzer/Schulze: Mediale Dispositive, S. 10.
[79] Vgl. Lupton, Deborah: Self-Tracking Modes. Reflexive Self-Monitoring and Data Practices, 2014, https://papers.ssrn.com/sol3/papers.cfm?abstract_id=2483549 vom 19.08.2014 (zuletzt geprüft 24.06.2021), S. 5 ff. Auf die unterschiedlichen Arten des Trackings gehe ich in Abschnitt 3.2.1 genauer ein.

der Subjekte, sondern es geht um die Vielfältigkeit von in der Gesellschaft verteilten Kraftverhältnissen, die „unablässig Machtzustände erzeugen"[80] und dabei Effekte hervorbringen. Gleichzeitig geht mit den Voraussetzungen des freien Subjekts und der Produktivität von Macht die Möglichkeit einher, dass es innerhalb des Dispositivs auch Widerstandspunkte gibt, die zwar selten radikale Brüche bewirken, durchaus aber sich verschiebende Spaltungen in der Gesellschaft.[81] Im Falle des Wearable-Dispositivs könnte man beispielsweise Praktiken der aktivistischen Sousveillance-Bewegung[82] oder als „soft resistance"[83] eingestufte Gegenpraktiken als einen solchen Widerstand innerhalb des Dispositivs sehen. Die Möglichkeiten der widerständigen Nutzung werde ich in meiner Analyse aufgreifen (Abschnitt 7.1).

Drittens spielen für mein Verständnis von Mediendispositiven die mit ihnen verbundenen Subjektivierungsprozesse eine wichtige Rolle. Dieser Aspekt ist eng verbunden mit dem vorangegangenen, denn Subjekte lassen sich als Effekt der skizzierten Machtgefüge bezeichnen.[84] Dispositive stellen nach Jan Hans „Gussformen" für die Subjekte dar, die „ein System [...] zum Erhalt seiner Macht benötigt"[85]. Anstatt des Begriffs der „Gussformen", den ich als zu starr empfinde, möchte ich hier allerdings mit dem *Spirograph* eine Metapher nutzen, die durch ihre Flexibilität eher geeignet ist, Subjektivierungsprozesse abzubilden: Mit einem Spirograph, der aus unterschiedlichen Zahnrädern und Zahnkränzen besteht, lassen sich komplexe Muster zeichnen, die sich mathematisch beschreiben lassen.[86] Dabei wird durch den Zahnkranz zwar ein Handlungsspielraum vorgegeben, die Gestaltung des Musters geschieht innerhalb dieses Spielraums aber frei. Auch kann ein Subjekt in Anschluss an Agamben unterschiedlichen Subjektivierungsprozessen unterliegen,[87] die sich ähnlich wie die verschiedenen Figuren der Zahnräder auch überlagern und überschneiden können. Anders als

---

[80] Foucault, Michel: Der Wille zum Wissen. Sexualität und Wahrheit 1, Frankfurt am Main: Suhrkamp, 1983, S. 94.

[81] Vgl. ebd., S. 96.

[82] Vgl. Mann/Nolan/Wellman: Sousveillance.

[83] Vgl. Nafus, Dawn/Sherman, Jamie: „This One Does Not Go Up to 11: The Quantified Self Movement as an Alternative Big Data Practice", in: International Journal of Communication/8. Jg. (2014), S. 1784–1794, S. 1790 f.

[84] Vgl. Röhle: Der Google Komplex, S. 61.

[85] Hans: Das Medien-Dispositiv, S. 23.

[86] Siehe auch https://3dprint.com/wp-content/uploads/2015/07/spirograph2.png oder https://de.wikipedia.org/wiki/Spirograph_(Spielzeug). Unter https://nathanfriend.io/inspiral-web/ findet sich ein digitaler Spirograph (alle zuletzt geprüft 01.04.2022).

[87] Agamben: Was ist ein Dispositiv?, S. 27.

2.3 Wearables als Mediendispositiv

bei Hans und seines Bilds der Gussformen dargestellt, produzieren Dispositive zwar Subjekte, die so ausgerichtet sind, dass sie die Anforderungen des Dispositivs erfüllen, sie sind jedoch nicht alle in exakt gleicher Weise von diesen Anforderungen betroffen. Ich gehe davon aus, dass auch Mediendispositive in bestimmter Art und Weise Subjekte produzieren, die so ausgerichtet sind, dass sie Wissen und Praktiken so verinnerlicht haben, dass das entsprechende Dispositiv bestehen bleibt oder sich weiterentwickelt. Das könnten im Rahmen eines Wearable-Dispositivs beispielsweise Quantifizierungslogiken sein, die so internalisiert werden, dass immer weitere (Körper)Daten erhoben und ausgewertet werden, da sich diese Praktiken durch das Dispositiv in die Subjekte eingeschrieben haben. In der späteren empirischen Analyse werde ich mich der Frage nach den Subjektformierungen und Subjektpositionen (Abschnitt 7.1.1) sowie der Subjektivierungsweisen (Abschnitt 7.1.2) des Wearable-Dispositivs weiter annähern.

Als vierten und letzten zentralen Aspekt sehe ich das Bestehen eines gesellschaftlichen Notstands als Voraussetzung für die Entstehung eines Mediendispositivs. Auch das Wearables-Dispositiv antwortet auf einen Notstand, der diesem vorausgeht. Vermutungen über diesen Notstand klingen bereits in der Einleitung dieser Arbeit an, sollen aber in der noch folgenden Dispositivanalyse näher betrachtet werden (Abschnitt 8.1). Teil dieses Notstands ist die Entwicklung hin zu einer Gesellschaft, die Individuen und gesellschaftlichen Gruppen ständige Leistung und Anpassung abverlangt. Diese Steigerung der Anforderungen kann in Überforderung münden, die „stabilisierende Ressourcen"[88] notwendig macht. Als solche lassen sich Wearables verstehen, die dementsprechend eine Antwort auf den Notstand der Überforderung darstellen können. Ein Dispositiv ist dann erfolgreich, wenn es die Bedürfnisse, die durch den Notstand entstanden sind, erfüllen kann, auch wenn diese Bedürfnisbefriedigung nur temporär erfolgt.[89] Dispositive produzieren so sozialen Wandel, können aber auch neue Notstände hervorrufen. Auch auf diesen Aspekt werde ich in meiner Dispositivanalyse eingehen (Abschnitt 8.3). Um nun diese vier zentralen Punkte zusammenzufassen, möchte ich meiner Arbeit folgende Arbeitsdefinition von Mediendispositiven zugrunde legen: Mediendispositive antworten auf einen gesellschaftlichen Notstand und können die in diesem Zusammenhang entstandenen Bedürfnisse befriedigen. Der Begriff bezeichnet die heterogene Gesamtkonstellation aus Diskursen, Praktiken und Objektivationen eines Einzelmediums. Dispositive sind in der Lage, durch spezifische Machtgefüge zwischen den einzelnen Elementen das Verhalten von

---

[88] King et al.: Überforderung als neue Normalität, S. 229.
[89] Vgl. Hans: Das Medien-Dispositiv, S. 24.

Menschen zu lenken und produzieren bestimmte erwünschte Subjekte, die zum Bestehen des Dispositivs beitragen.

Dieses Kapitel hat die Eignung von Dispositivtheorien als Forschungsperspektive auf Wearables gezeigt. Nach der Vorstellung der für diese Arbeit wichtigen Dispositivkonzepte folgte die Diskussion der unterschiedlichen Ansätze, Dispositive in den Medienwissenschaften zu betrachten. Auf Basis dieser Vorarbeiten habe ich dann mein Verständnis eines Mediendispositivs herausgearbeitet und grob skizziert, wie sich dieses Verständnis auf Wearables als zentralen Forschungsgegenstand dieser Arbeit anwenden lässt. Die daraus entstandene Arbeitsdefinition soll als Grundlage für die empirische Untersuchung des Wearable-Dispositivs dienen. Zunächst werde ich mich im folgenden Kapitel aber näher mit dem Gegenstand beschäftigen, wobei auch immer wieder Rückgriffe auf die vier zentralen Aspekte meines Verständnisses von Mediendispositiven geben soll, bevor es dann in Kapitel 4 um das konkrete methodische Vorgehen einer Dispositivanalyse des Wearable-Dispositivs[90] geht.

---

[90] Ich differenziere in diesem Kapitel zwar zwischen übergreifenden Dispositiven wie dem „Fitness-Dispositiv" oder dem „Selbstvermessungs-Dispositiv" auf der einen und (Einzel)Mediendispositiven wie dem Wearable-Dispositiv auf der anderen Seite, werde aber im Folgenden dazu übergehen, nur vom „Dispositiv" zu sprechen, wenn das Wearable-Dispositiv gemeint ist.

3 Wearables und Selbstvermessung

„Every breath you take and every move you make,
every bond you break, every step you take,
I'll be watching you." [1]
„Every move I make produces a number of steps." [2]
„Understand your every move." [3]

Die Vermessung des eigenen Körpers unter Zuhilfenahme von Medientechnologien ist kein exklusives Phänomen des 21. Jahrhunderts, wie sich exemplarisch anhand der Geschichte der Personenwaagen illustrieren lässt. Die Nutzung von Personenwaagen gegen Ende des 19. Jahrhunderts und die damit verbundenen Motive weisen bereits einige Parallelen zu heutigen Wearable-Technologien auf. In beiden Fällen ist die Datenerhebung mit dem Versprechen verbunden, individuellen Bedürfnissen nach Erkenntnisgewinn, Orientierung und Kontrolle entgegenzukommen. Spätere Werbeanzeigen von Herstellern von Personenwaagen Mitte des 20. Jahrhunderts erinnern dann sogar sehr an die Produkttexte aktueller Wearables, indem den potenziellen Nutzer*innen Gesundheitsverbesserungen, die ‚Wahrheit' über den eigenen Körper, Attraktivität oder Selbsterkenntnis auf Basis ‚objektiver' Daten zugesichert wird. Insbesondere der Aspekt der Objektivität der gemessenen Werte ist technologieübergreifend prägend für Praktiken der Selbstvermessung. Gemäß dem Motto „Daten lügen nicht" wird den Daten – damals wie heute – eine hohe Glaubwürdigkeit zugeschrieben.

---

[1] *Every Breath You Take*, The Police, 1983.
[2] Prasopoulou: A half-moon on my skin, S. 291.
[3] Xiaomi: Mi Band, https://www.mi.com/global/miband#04. (zuletzt geprüft 19.02.2020).

Die Voraussetzung dafür, dass Selbstvermessungspraktiken und die Nutzung von Wearables heute überhaupt so verbreitet sind, kann als Effekt einer Gesellschaft gesehen werden, in der sich eine „quantitative Mentalität"[4] entwickelt hat und die ich aus diesem Grund auch als *Quantifizierungsgesellschaft* bezeichnen möchte. Dabei habe ich versucht, der Frage nachzugehen, welche Gründe dafür vorliegen könnten, dass quantitative Daten eine solche Durchschlagskraft und gesellschaftliche Bedeutung haben. Diese Überlegungen knüpfen unter anderem an die Arbeiten von Steffen Mau an, der befindet, dass sich „die Gesellschaft [..] auf den Weg zur datengestützten Dauerinventur [macht]"[5], sowie an Alberto Cevolini, der die Frage in den Raum stellt, ob die Gesellschaft einer „Zahlensucht" unterliegt.[6] Thorben Mämecke et al. beobachten ebenfalls, dass quantitative Daten eine Basis dafür bieten, Zusammenhänge zu erkennen, Vergleichs- und Orientierungsmöglichkeiten bereitzustellen, durch statistische Verfahren Entscheidungen zu beeinflussen und Steuerungsfunktion zu besitzen.[7] Um dies zu gewährleisten, müssen Daten zunächst transformiert werden. *Daten* selbst sind dabei immer schon konstruiert, sie müssen verstanden werden als „framed and framing"[8] und können stets nur Ausschnitte der sozialen Wirklichkeit abbilden. Gleichzeitig spielen sie aber auch eine bedeutende Rolle bei der Konstruktion dieser Wirklichkeit. Der Begriff der *Information* bezeichnet Datenmaterial, was bereits aufgearbeitet wurde und an welches Kommunikations-, Interaktions- oder Deutungsprozesse sinnhaft anschließen können. Wenn diese Informationen dann in ein sprachliches, organisatorisches, planendes soziales Handeln überführt werden, entsteht letztendlich *Wissen*.[9] Die Differenzierung dieser Begriffe ist insofern wichtig, als dass die Transformation von erhobenen Daten zu exklusivem Wissen ein zentrales Versprechen der Wearable-Anbieter darstellt. Wie sich dies in der tatsächlichen Nutzung der Geräte ausgestaltet, ist ein Aspekt,

---

[4] Porter, Theodore M.: Trust in Numbers. The Pursuit of Objectivity in Science and Public Life, Princeton, N.J.: Princeton University Press, 1996, S. 118.

[5] Mau: Das metrische Wir, S. 12.

[6] Vgl. Cevolini, Alberto: „Zahlen, Zahlenverhältnisse, Zahlensucht", in: Alberto Cevolini (Hg.), Die Ordnung des Kontingenten. Beiträge zur zahlenmäßigen Selbstbeschreibung der modernen Gesellschaft, Wiesbaden: Springer, 2014, S. 9–37.

[7] Vgl. Mämecke, Thorben/Passoth, Jan-Hendrik/Wehner, Josef: „Bedeutende Daten – Einführende Überlegungen", in: Thorben Mämecke/Jan-Hendrik Passoth/Josef Wehner (Hg.), Bedeutende Daten. Modelle, Verfahren und Praxis der Vermessung und Verdatung im Netz, Wiesbaden: Springer VS, 2018, S. 1–14, S. 3.

[8] Gitelman, Lisa/Jackson, Virginia: „Introduction", in: Lisa Gitelman (Hg.), ‚Raw data' is an oxymoron, Cambridge (Massachusetts): The MIT Press, 2013, S. 1–14, S. 5.

[9] Vgl. Prietl/Houben: Einführung Datengesellschaft, S. 15 ff.

den ich im Rahmen meiner Dispositivanalyse anhand der Alltagspraktiken von Wearable-Nutzer*innen empirisch untersuchen werde (Abschnitt 5.2).

Um die Etablierung von Vermessungstechnologien zu kontextualisieren, werde ich zunächst in Abschnitt 3.1 die Charakteristika der Quantifizierungsgesellschaft und die Auswirkungen von Quantifizierungspraktiken auf unterschiedliche Gesellschaftsbereiche herausarbeiten. Speziell um Selbstvermessung und die Nutzung von Wearables geht es dann in Abschnitt 3.2. Hier möchte ich zeigen, wie sich diese Selbstvermessungspraktiken an die Wirkungsdimensionen von Quantifizierungen anschließen, die ich in Abschnitt 3.1 bestimmen konnte. Zudem thematisiere ich historische Vorläufer heutiger Selbstvermessungspraktiken, exemplarisch gezeigt am Medium der Personenwaage. Diese Skizze des Körpervermessungs-Dispositivs im späten 19. und frühen 20. Jahrhundert dient als Vergleichsfolie für das aktuelle Wearable-Dispositiv.

3.1 Leben in der Quantifizierungsgesellschaft

„It's a competitive world,

everything counts in large amounts."[10]

„Nur wer sich zählen lässt, zählt auch dazu."[11]

„Not everything that can be counted counts, and not everything that counts can be counted."[12]

Unsere Gesellschaft wurde in den letzten Jahrzehnten mit unterschiedlichen Begriffen beschrieben, unter anderem mit dem einer Wissensgesellschaft[13], einer Leistungsgesellschaft[14], einer Informationsgesellschaft[15] und als Folge des wachsenden Anforderungsdrucks in der Gesellschaft auch mit dem einer Müdigkeitsgesellschaft.[16] Gemeinsam haben diese Konzepte, dass sie alle bereits

---

[10] *Everything Counts*, Depeche Mode, 1983.

[11] Mau: Das metrische Wir, S. 234.

[12] Cameron, William B.: Informal Sociology. A casual introduction to sociological thinking, New York: Random House, 1963, S. 13.

[13] Vgl. Drucker, Peter F.: The Age of Discontinuity. Guidelines to Our Changing Society, Burlington: Elsevier Science, 2013.

[14] Vgl. McClelland, David C.: The achieving society, New York: Irvington, 1976.

[15] Vgl. Mattelart, Armand: Kleine Geschichte der Informationsgesellschaft, Berlin: Avinus, 2003, S. 7.

[16] Vgl. Han, Byung-Chul: Müdigkeitsgesellschaft, Berlin: Matthes & Seitz, 2010.

Quantifizierungslogiken implizieren.[17] Neu hinzugekommen sind Bezeichnungen, die Daten als zentrales gesellschaftliches Moment ausmachen. So wählen beispielsweise Bianca Prietl und Daniel Houben den Begriff der „Datengesellschaft" in ihrem gleichnamigen Sammelband, um aktuelle gesellschaftliche Prozesse zu beschreiben.[18] Darin definieren sie ihr Verständnis einer Datengesellschaft folgendermaßen:

> Eine Gesellschaft, die fortwährend reflektiert und reflexiv Daten produziert, sich mittels dieser Daten in ihren zentralen Bereichen reproduziert, Lebenschancen datenbasiert verteilt, sich zunehmend anhand von Daten selbst beschreibt, das Thema Daten intensiv diskutiert und sich in vielerlei Hinsicht in eine (un)bewusste Abhängigkeit gegenüber ihren eigenen Datenbeständen begibt, wollen wir hier als Datengesellschaft bezeichnen.[19]

Hier werden bereits einige Aspekte genannt, die auch für diese Arbeit von Bedeutung sind und die ich später aufgreifen möchte: Die ständige Datenproduktion, datenbasierte Handlungen und Entscheidungen und die Selbstbeschreibung anhand von Daten.

Auch Florian Süssenguth bedient sich des Begriffs der „Datengesellschaft" und beschreibt, wie damit ein empirisches Interesse daran einhergeht, „wie sich Daten in unterschiedlichen gesellschaftlichen Kontexten mal als Problem, mal als Lösung, immer aber als Irritation eingespielter Routinen zeigen."[20] Auch wenn es im Rahmen dieser Arbeit nicht möglich sein wird, einen umfänglichen Überblick über alle diese Kontexte zu geben, sollen zumindest einige Bereiche, in denen Daten relevante Auswirkungen auf individueller oder gesellschaftlicher Ebene haben, skizziert werden.

Eine Berücksichtigung nicht nur von Daten, sondern speziell von Zahlen, sprich quantitativen Werten, nimmt Steffen Mau vor, wenn er unsere Gesellschaft

---

[17] Die verschiedenen Beschreibungen von Gesellschaft sind immer in gewisser Weise mit Quantifizierungen verknüpft. So verbindet Armand Mattelart die Informationsgesellschaft mit einem „Zahlenkult", vgl. Mattelart: Kleine Geschichte der Informationsgesellschaft, S. 9 ff., und Byung-Chul Han führt die Entstehung der Müdigkeitsgesellschaft auf quantifizierbare Dimensionen wie Effizienz- und Leistungssteigerung zurück, vgl. Han: Müdigkeitsgesellschaft, S. 54 ff.

[18] Vgl. Daniel Houben/Bianca Prietl (Hg.): Datengesellschaft. Einsichten in die Datafizierung des Sozialen, Bielefeld: transcript, 2018.

[19] Prietl/Houben: Einführung Datengesellschaft, S. 7.

[20] Süssenguth, Florian: „In Gesellschaft der Daten. Ein kurzer Problemaufriss", in: Florian Süssenguth (Hg.), Die Gesellschaft der Daten. Über die digitale Transformation der sozialen Ordnung, Bielefeld: transcript, 2015, S. 7–14, S. 7.

3.1 Leben in der Quantifizierungsgesellschaft

beschreibt als „datengetriebene Prüf-, Kontroll- und Bewertungsgesellschaft, die nur noch glaubt, was in Zahlen vorliegt."[21] Diese leichte Fokusverschiebung von den Daten hin zu Quantifizierungsprozessen möchte ich aufgreifen und an dieser Stelle den Begriff einer *Quantifizierungsgesellschaft* vorschlagen, um später Phänomene, wie das der Selbstvermessung mit Wearables zu verorten.[22] Zum einen beinhaltet dieser Begriff die übergreifende Tendenz zur Quantifizierung, die auch schon in den anderen Begriffen der Gesellschaftsbeschreibungen anklingt und zum anderen verspreche ich mir mit der Quantifizierungsgesellschaft, im Gegensatz zum Begriff der Datengesellschaft, eine Betonung der Prozesse *aktiver* Quantifizierung aller Lebensbereiche. Damit gemeint ist in Anlehnung an Mau eine „Übersetzungsleistung" in die „standardisierte Sprache der Zahlen".[23] Diese aktive Quantifizierung und damit einen Beitrag zum Bestehen einer Quantifizierungsgesellschaft findet auch durch die Nutzung von Wearables statt, wie ich zu einem späteren Zeitpunkt der Arbeit aufzeigen werde.

Eine „Allgegenwart zahlenbasierter Darstellungen"[24] schlägt sich unter anderem nieder in Erfolgsmessungen, Prognosen oder Vergleichen, durch Quoten und Kennwerte, Noten und Prozentpunkte, meistens in standardisierten Maßeinheiten, die sich quer durch unterschiedliche Sektoren ziehen: Politik, Bildung, Gesundheit, Unterhaltung, Wirtschaft. Quantifizierungsphänomene lassen sich kaum eingrenzen, da sie sich über weite gesellschaftliche Felder erstrecken und zahlreiche Akteure mit einbinden. Dabei geht es nicht immer nur um ‚allmächtige Daten', sondern auch um „die kleinen digitalen Datenpraktiken des Alltags, die sich innerhalb weniger Jahre in unser Lieben, Lernen, Konsumieren und unsere Körper selbst eingeschrieben haben."[25] Speziell um diese soll es in dieser Arbeit im Zuge der Selbstvermessungspraktiken auch gehen. Dafür möchte ich zunächst die Rahmenbedingungen skizzieren, in denen diese „kleinen Datenpraktiken" stattfinden. Aus diesem Grund ist es wichtig zu bestimmen, was für mein Verständnis eine Quantifizierungsgesellschaft ausmacht und

---

[21] Mau: Das metrische Wir, S. 46.

[22] Der Begriff der Quantifizierungsgesellschaft wird nach aktuellem Stand bisher noch nicht im deutschsprachigen Raum verwendet, im englischsprachigen Raum ist „Quantified Society" gelegentlich als Bezeichnung für gegenwärtige Gesellschaften zu finden, siehe z. B. unter https://netzpolitik.org/tag/quantified-society/ oder https://datasociety.net/library/data-ethics-in-the-age-of-the-quantified-society/ (beide zuletzt geprüft 22.03.2022).

[23] Ebd., S. 27.

[24] Passoth, Jan-Hendrik/Wehner, Josef: „Quoten, Kurven und Profile – Zur Vermessung der sozialen Welt. Einleitung", in: Jan-Hendrik Passoth/Josef Wehner (Hg.), Quoten, Kurven und Profile. Zur Vermessung der sozialen Welt, Wiesbaden: Springer, 2013, S. 7–23, S. 7.

[25] Süssenguth: In Gesellschaft der Daten, S. 7.

wie sich Quantifizierungsprozesse auf individueller und gesellschaftlicher Ebene auswirken.

3.1.1 Datenproduktion und quantitative Mentalität

Die zahlenbasierte Beschreibung gesellschaftlicher Prozesse selbst lässt sich bereits in der Antike feststellen, betrachtet man die durchgeführten Volkszählungen und die daraus abgeleiteten Erkenntnisse über die Gesellschaft.[26] Doch nicht nur Volkszählungen haben die globale Vergleichbarkeit sozialer Aspekte vorangetrieben, auch die langsame Durchsetzung von Währungssystemen und gemeinsamen Messsystemen hat dazu beigetragen, dass quantitative Daten an Bedeutung gewonnen haben.[27] Dabei war es lange der Staat, der im Grunde das Monopol auf die Erhebung und Sammlung von Bevölkerungsdaten innehatte, erst seit etwa Mitte des 20. Jahrhunderts sind es zunehmend weitere Akteure, wie Markt- und Meinungsforschungsinstitute, die für eigene Zwecke selbst Daten erheben.[28] Weitere Meilensteine der „Datafizierung" sehen Prietl und Houben in der Etablierung digitaler Bezahlsysteme auf Basis von EC- und Kreditkarten, der zunehmenden Internetnutzung und der damit verbundenen passiven und aktiven Aufzeichnung von Daten sowie zuletzt die Verbreitung mobiler Endgeräte und smarter Sensortechnologien.[29] Dies alles hat zur Folge, dass nicht nur die Datenmenge, sondern auch die Varietät von Daten stark zugenommen hat, welche als Basis für algorithmische Analysen dienen können. Die technologische Entwicklung steht also in einem engen Zusammenhang mit der Herausbildung einer Quantifizierungsgesellschaft. Auch Mau sieht die Verbindung zwischen der Digitalisierung und der Zuspitzung des „Quantifizierungskults".[30] Daran schließt die Frage an, wodurch die Quantifizierungsgesellschaft gekennzeichnet ist und inwiefern sie über die anfangs zitierten Überlegungen von Prietl und Houben zur Datengesellschaft und zu Maus „datengetriebener Prüf-, Kontroll- und Bewertungsgesellschaft"[31] hinausgehen. Eingehen möchte ich diesbezüglich auf drei

---

[26] Vgl. dafür beispielsweise Frank, Tenney: „Roman Census Statistics from 508 to 225 B.C", in: The American Journal of Philology Nr. 4/51. Jg. (1930), S. 313–324.

[27] Vgl. Cevolini: Zahlen, Zahlenverhältnisse, Zahlensucht, S. 20.

[28] Vgl. Prietl/Houben: Einführung Datengesellschaft, S. 8.

[29] Vgl. ebd., S. 9.

[30] Vgl. Mau: Das metrische Wir, S. 10.

[31] Ebd., S. 46.

Aspekte, die sich für mein Verständnis der Quantifizierungsgesellschaft als zentral erwiesen haben.

Den ersten Punkt möchte ich erneut von Prietl und Houben aufgreifen, nämlich den der ständigen Produktion quantitativer Daten. Zunächst ist es so, dass Daten nicht mehr nur *über* die Nutzer*innen gesammelt werden, sondern sie generieren und teilen sie auch ständig selbst. Einige dieser Prozesse der Datengenerierung geschehen unbemerkt und automatisiert, andere gestalten sie aktiv mit, auch wenn oftmals intransparent bleibt, wie und zu welchem Zweck die eigenen Daten weiterverarbeitet werden. Ein Beispiel dafür ist die Verwendung von Smartphones, welche Daten nicht nur während der aktiven Nutzung aufzeichnen, sondern auch in der Lage sind, Bewegungsmuster und Aufenthaltsorte zu analysieren. Dabei ergibt sich auch das Problem einer Transparenzasymmetrie, denn während die datensammelnden Institutionen immer mehr Informationen über die Aktivitäten der Nutzer*innen generieren, verbleibt es für die Nutzer*innen nicht ohne weiteres nachvollziehbar und kontrollierbar, was mit ihren Daten passiert.[32] Dies ließe sich unter anderem in Bezug auf unterschiedliche Modelle der Überwachung hinsichtlich *Surveillance* und *Capture*-Modelle diskutieren.[33]

Doch nicht nur die Menge in Bezug auf Volumen und Varietät der Datengenerierung hat zugenommen, hinzu kommt auch, dass sich Quantifizierungslogiken seit einigen Jahren zunehmend in Bereichen niederschlagen, in denen sie bis dato eine untergeordnete Rolle gespielt haben. So haben sich beispielsweise in der Wissenschaft in vielen Disziplinen Reputationsscores als wichtiges Merkmal der Leistungsmessung etabliert, mit denen die Arbeit von Wissenschaftler*innen mess- und vergleichbar gemacht werden soll.[34] Diese „Ideologie der Messbarkeit von Qualität"[35] wird stark kritisiert, lässt sie doch viele nur schwer quantitativ erfassbare Merkmale („...Individualität, Witz und geistige Originalität..."[36]) außen vor.

Ein zweiter Aspekt der Kennzeichen der Quantifizierungsgesellschaft ergibt sich aus den Arbeiten von Mau sowie Prietl und Houben und zeichnet sich

---

[32] Vgl. ebd., S. 232 f.

[33] Vgl. Agre, Philip E.: „Surveillance and capture. Two models of privacy", in: The Information Society Nr. 2/10. Jg. (1994), S. 101–127.

[34] Vgl. Mau: Das metrische Wir, S. 127 ff.

[35] Vec, Miloš: Qualitätsmessung: M. Vec: Die vergessene Freiheit. Steuerung und Kontrolle der Geisteswissenschaften unter der Prämisse der Prävention. H-Soz-Kult, 2009, https://www.hsozkult.de/debate/id/diskussionen-1107 vom 05.06.2009 (zuletzt geprüft 28.12.2019). Abschnitt VII.

[36] Ebd.. Abschnitt X.

dadurch aus, dass auf Basis quantitativer Daten immer mehr Bewertungen vorgenommen werden, auf denen relevante Entscheidungen und Handlungen beruhen, häufig in Kombination mit algorithmischer Verarbeitung der Daten.[37] Anhand bestimmter Kriterien werden Subjekten und Objekten ein Wert zugeschrieben, sei es der Bonitätsscore eines Unternehmens, die Benotung von Studierenden oder die Besucher*innenzahlen eines Kinofilms. Diese Bewertung kann ausschlaggebend sein für nachfolgende Entscheidungen, beeinflusst in diesem Falle die Kreditvergabe, den Master-Studienplatz oder das kulturelle Angebot, entscheidet über Erfolg und Misserfolg, Option A oder B. Das führt direkt zum Problemkomplex der Benennungsmacht und der Frage danach, wer in der Quantifizierungsgesellschaft eigentlich die Definitionshoheit über die Zuschreibung von Wert hat.[38] Um überhaupt Bewertungen vorzunehmen, müssen Kategorien und Kriterien etabliert werden, anhand derer die Bewertung geschieht. Institutionen, die diese Etablierung vorantreiben, haben es in der Hand, anhand der Indikatoren und Daten ihre Prinzipien durchzusetzen und unter Umständen damit Entscheidungen, die den entsprechenden Sektor betreffen, zu beeinflussen. Ein Beispiel dafür, welches Mau detailliert erläutert, ist das der PISA-Studie. Indem etabliert wurde, was genau die Vergleichsdimensionen in der Leistungsmessung von Schulkindern sind und nach welchen quantitativen Kriterien eine globale Hierarchisierung vorgenommen wird, hat sich der Bildungssektor in Deutschland den Vorgaben entsprechend ausgerichtet.[39] Weitere Beispiele dafür, wie quantitative Daten zur Bewertung eingesetzt werden, die Entscheidungen und Handlungen nach sich ziehen, sind Praktiken des Ratings[40], des Screenings[41] und

---

[37] Vgl. Prietl/Houben: Einführung Datengesellschaft, S. 10.

[38] Bourdieu beschreibt die Benennungsmacht als „Monopol auf legitime Benennung als offizielle […] Durchsetzung einer legitimen Sicht von sozialer Welt…" Bourdieu, Pierre: Sozialer Raum und ‚Klassen'. Leçon sur la leçon. Zwei Vorlesungen, Frankfurt am Main: Suhrkamp, 1985, S. 23 ff.

[39] Vgl. Mau: Das metrische Wir, S. 197 ff.

[40] „Ein Rating ist ein Verfahren zur Beurteilung von Sachverhalten, Personen oder abgrenzbaren Entitäten, bei dem diese hinsichtlich einer oder mehrerer Dimensionen […] bewertet werden. Die Bewertung erfolgt in der Regel anhand einer Ratingskala, zum Beispiel von Noten oder Symbolen." ebd., S. 74.

[41] „Screenings werden genutzt, um Individuen mit bestimmten Charakteristika oder Merkmalskombinationen aus einem größeren Pool herauszufiltern […] zumeist auf der Grundlage quantitativer Daten. Screenings sind Verfahren der sozialen Selektion, durch die Ein- und Ausschlüsse vorgenommen werden." ebd., S. 103 f.

des Scorings.[42] Alle Verfahren haben gemeinsam, dass es sich dabei um scheinbar objektive Verfahren handelt, die allerdings einer „algorithmischen Autorität"[43] unterliegen. Algorithmen sind eben nicht neutral und entziehen sich außerdem der Transparenz und Nachvollziehbarkeit. Hinzu kommt die Kritik, dass „die algorithmische Datenauswertung Bauchgefühl und Erfahrung in den Hintergrund [drängt]."[44]

Auch auf Ebene der Statistik ist die Tatsache, dass Entscheidungen auf Basis von Daten gefällt werden, kritisch zu bewerten. Von Anfang an wurde Statistik für sozialpolitische Entscheidungen herangezogen und das, obwohl statistische Häufigkeiten, auf denen die Berechnung von Wahrscheinlichkeiten beruht, im Moment ihrer Messung bereits überholt sind.[45] Trotzdem gilt nach wie vor, dass eine statistische Wahrscheinlichkeit Entscheidungsverfahren begünstigt.[46] Auch die Fokussierung auf den berühmten „Durchschnittswert", oftmals in Form eines „Durchschnittsmenschen", ist kritikwürdig, denn die reine Orientierung an einem Durchschnittswert ohne weitere statistische Kennwerte, wie beispielsweise Dispersionsmaße[47], macht es im Umkehrschluss unmöglich, vom statistischen Durchschnitt auf den empirischen Einzelfall zu schließen. Denn: Jeder „Einzelfall ist das unwahrscheinliche Ergebnis unendlicher Zufälligkeiten und kann nie auf einen idealtypischen Durchschnittswert reduziert werden."[48] Gerade das ‚Spiel mit Zahlen' in der Statistik erfordert ein genaues Hinsehen und eine grundlegende Datenkompetenz, denn mit der entsprechenden Fachkenntnis lässt sich mit den zur Verfügung stehenden Daten fast jedes gewünschte Ergebnis plausibilisieren.[49] Auch Wendy Espeland und Mitchell Stevens weisen darauf hin, dass

---

[42] Beim Scoring wird Individuen nach bestimmten Kriterien ein Wert zugewiesen. Angewendet wird Scoring beispielsweise bei der Berechnung der Rückfallwahrscheinlichkeit von Straftätern oder der Bestimmung der Bonität bei der Schufa. Vgl. ebd., S. 106 ff.

[43] Vgl. ebd., S. 203 ff.

[44] Ebd., S. 107.

[45] Vgl. Cevolini: Zahlen, Zahlenverhältnisse, Zahlensucht, S. 23 f.

[46] Vgl. ebd., S. 26.

[47] Dispersionsmaße geben Aufschluss über die Variabilität von Stichproben und erhöhen so die Informationstiefe. Auch wenn zwei Stichproben ähnliche Lagemaße aufweisen, können die Dispersionsmaße stark voneinander abweichen. Zu den gängigen Dispersionsmaßen gehören u. a. die Varianz und die Standardabweichung. Vgl. Bortz, Jürgen/Schuster, Christof: Statistik für Human- und Sozialwissenschaftler, Berlin/Heidelberg: Springer, 2010, S. 29 ff.

[48] Cevolini: Zahlen, Zahlenverhältnisse, Zahlensucht, S. 14 f.

[49] Einen ersten Überblick über die Möglichkeiten der Manipulation im Bereich der Statistik bietet z. B. Krämer, Walter: So lügt man mit Statistik, Frankfurt/New York: Campus Verlag, 2015.

quantitative Darstellungen vielschichtig, limitiert und sogar „hinterlistig" sind. Sie betonen, dass Quantifizierungen in vielen Aspekten notwendig und hilfreich sind und zu vielen gesellschaftlichen Entwicklungen beigetragen haben, man jedoch niemals denken solle, dass Quantifizierungen einen exklusiven Zugang zur Realität anbieten.[50]

Einen dritten zentralen Punkt, welcher die Quantifizierungsgesellschaft kennzeichnet, ist, angelehnt an Theodore Porter, die Durchsetzung einer „quantitativen Mentalität"[51] und damit verbunden die Frage, warum Quantifizierungen eigentlich so gut funktionieren. Dafür bietet die Forschungsliteratur unterschiedliche Erklärungen an. Ein erster Erklärungsansatz wäre die Zuschreibung von Objektivität in Bezug auf quantitative Werte und zahlenbasierte Darstellungen. Ist etwas objektiv, erachten wir es als fair, unparteilich, glaubwürdig.[52] Bianca Heintz erläutert, wie dies in besonderer Weise auf Zahlen zutrifft und warum eine zahlenbasierte Argumentation oftmals konsenserzeugender ist. So geschieht die Zurechnung von Objektivität in zwei Phasen, sowohl bei der Generierung als auch bei der Vermittlung. In Bezug auf die Generierung sind die Vorstellungen darüber, wie ‚objektives Wissen' produziert wird, historisch wandelbar. Heute gelten empirische Erfahrung und intersubjektive Überprüfbarkeit als Kriterien für „objektive Zahlen".[53] Bei der Vermittlung stellen die Zahlen dann eine Art *Black Box* dar, denn die Komplexität ihrer Herstellung wird weitestgehend ausgeblendet, trotzdem gelten sie meist als unstrittig.[54] Das hängt auch damit zusammen, dass im Vermittlungsprozess ad hoc keine „alternativen Zahlen" generiert werden können, eine Negation der präsentierten Daten also aktiv erzeugt werden müsste.[55] Zahlenbasierte Argumentationen haben es also grundsätzlich leichter, eine persuasive

---

[50] Vgl. Espeland, Wendy N./Stevens, Mitchell L.: „A Sociology of Quantification", in: European Journal of Sociology Nr. 3/49. Jg. (2008), S. 401–436, S. 432.

[51] Porter: Trust in numbers, S. 118.

[52] Vgl. ebd., S. 4.

[53] Vgl. Heintz, Bianca: „Zahlen, Wissen, Objektivität: Wissenschaftssoziologische Perspektiven", in: Andrea Mennicken/Hendrik Vollmer (Hg.), Zahlenwerk. Kalkulation, Organisation und Gesellschaft, Wiesbaden: VS Verlag, 2007, S. 65–85, S. 66 ff.

[54] Vgl. ebd., S. 75/ 81.

[55] Ebd., S. 77 ff.

Wirkung zu erzielen.[56] Durch die Produktion von Objektivität, Vertrauenswürdigkeit und Evidenz werden Zahlen in immer mehr gesellschaftlichen Feldern als Maß herangezogen.[57]

> Zahlen vermitteln also Präzision, Eineindeutigkeit, Vereinfachung, Nachprüfbarkeit und Neutralität. Das prädestiniert sie auch dazu, eine herausgehobene Rolle in Gesellschaften zu spielen, die sich als rational und aufgeklärt verstehen.[58]

Hinzu kommt, dass insbesondere durch die Massenmedien ein „statistischer Blick"[59] beim Publikum eingeübt wurde, zum Beispiel indem Ereignisse präferiert werden, die sich quantifizieren, vergleichen und bewerten lassen. Zudem werden Massenmedien auch selbst mit Messverfahren erklärt und gesteuert. In der Forschungsliteratur stehen sich in Bezug dazu unterschiedliche Perspektiven gegenüber: Auf der einen Seite wird in der Ausrichtung nach Messergebnissen eine Simplifizierung und Kommerzialisierung der Medienrezeption gesehen, auf der anderen Seite eine Notwendigkeit für Differenziertheit, Geschwindigkeit und Reichweite des Mediensystems.[60] Heute sehen wir uns damit konfrontiert, dass durch neue digitale Medien fast jede Aktivität zu einer messbaren Größe geworden ist und immer mehr Möglichkeiten zur Quantifizierung gegeben werden, denn jegliche Nutzungsaktivität lässt sich in Echtzeit vermessen und ist damit vergleich- und steuerbar.[61]

Des Weiteren schließt an die quantitative Mentalität die These von Bettina Heintz an, die besagt, dass die besondere Suggestivität von Zahlen nicht nur auf

---

[56] Vgl. Heintz, Bianca: „Numerische Differenz. Überlegungen zu einer Soziologie des (quantitativen) Vergleichs", in: Zeitschrift für Soziologie Nr. 3/39. Jg. (2010), S. 162–181, S. 171 ff. Außerhalb des wissenschaftlichen Bereichs kann sich die Zuschreibung von Objektivität unter Umständen als schwieriger erweisen, da zwischen Personen innerhalb und außerhalb von Wissenschaftskontexten eine Informationsasymmetrie herrscht und die Entstehungsprozesse der Daten für Laien kaum nachvollziehbar sind. Vgl. Heintz: Zahlen, Wissen, Objektivität, S. 80.
[57] Vgl. Passoth/Wehner: Quoten, Kurven und Profile, S. 8 f.
[58] Mau: Das metrische Wir, S. 27.
[59] Vgl. Wehner, Josef/Passoth, Jan-Hendrik/Sutter, Tilmann: „Gesellschaft im Spiegel der Zahlen – Die Rolle der Medien", in: Friedrich Krotz/Andreas Hepp (Hg.), Mediatisierte Welten. Forschungsfelder und Beschreibungsansätze, Wiesbaden: VS Verlag, 2012, S. 59–85, S. 62.
[60] Ebd., S. 66 f.
[61] Vgl. Passoth/Wehner: Quoten, Kurven und Profile, S. 10 f. Nicht zuletzt erfolgt auch ein großer Teil der Erforschung von Massenmedien und ihrer Nutzung mit quantitativen Methoden.

der bereits beschriebenen Zurechnung von Objektivität und Wissenschaftlichkeit beruht, sondern dass auch der soziale Kontext einer Vergleichskommunikation eine Rolle spielt. Sie argumentiert, dass Menschen oftmals zur Erstellung einer „numerischen Differenz"[62] streben. Durch die fortschreitende Quantifizierung vieler Lebensbereiche entstehen auch zahlreiche neue Vergleichsbeziehungen, Quantifizierung wird so zu einem Kommunikationsmedium.[63] Ein sozialer Vergleich, und dazu zählt auch die Suche nach der numerischen Differenz, bietet nach Leon Festinger eine Möglichkeit der Orientierung.[64] Je nach Vergleichsresultat passt die betreffende Person gegebenenfalls ihr Verhalten und ihre Handlungen an. Diese Ausrichtung des eigenen Handelns nach quantitativen Werten sehe ich ebenfalls als charakteristisch für eine quantitative Mentalität an.

Ebenfalls anschließend an eine quantitative Mentalität ist das Streben nach Standardisierung und Simplifizierung. Messverfahren können immer nur Ausschnitte der Wirklichkeit berücksichtigen, und das sind in der Regel jene, die gut quantifizierbar sind. Merkmale, die nicht oder nur schwer quantifizierbar sind, werden dabei ausgeblendet, ohne dass das Verfahren selbst etwas von seiner scheinbaren Objektivität einbüßt.[65] Damit steht Quantifizierung im gewissen Maße auch Diversität entgegen, denn durch die Erzeugung und Etablierung standardisierter Kriterien, nach der Daten eingeordnet, verglichen und bewertet werden, wird Homogenität generiert.

Zusammenfassend sind dies also die Aspekte, die ich als kennzeichnend für die Quantifizierungsgesellschaft erachte: Erstens die zunehmende Generierung quantitativer Daten, bei der nicht quantifizierbare Merkmale mehr und mehr in den Hintergrund rücken. Zweitens, dass quantitative Daten als Basis von Bewertungen fungieren, die relevante Entscheidungen und Handlungen beeinflussen, wobei oftmals die Autorität der Benennungsmacht nicht hinterfragt wird. Und drittens die Herausbildung einer quantitativen Mentalität, die sich auf gesellschaftlicher Ebene durch eine gewisse „Zahlengläubigkeit" und die Ausrichtung des eigenen Handelns nach quantitativen Werten ausdrückt. Diese zentralen Punkte werde ich zu einem späteren Zeitpunkt im Kontext der Selbstvermessungspraktiken wieder aufgreifen. Nun möchte ich aufbauend auf die herausgearbeiteten Aspekte dieses Teilkapitel zunächst mögliche Wirkungsdimensionen von Prozessen der Quantifizierung thematisieren.

---

[62] Vgl. Heintz: Numerische Differenz, S. 171 ff.
[63] Vgl. Heintz: Zahlen, Wissen, Objektivität, S. 65.
[64] Vgl. Festinger, Leon: „A Theory of Social Comparison Processes", in: Human Relations Nr. 2/7. Jg. (1954), S. 117–140, S. 138.
[65] Vgl. Passoth/Wehner: Quoten, Kurven und Profile, S. 9.

3.1.2 Wirkungsdimensionen von Quantifizierungspraktiken

Quantifizierungsphänomene haben Auswirkungen auf viele Lebensbereiche, sowohl auf gesellschaftlicher als auch auf individueller Ebene. Angelehnt an die Forschungsliteratur möchte ich drei Dimensionen, die mit unterschiedlichen Quantifizierungspraktiken zusammenhängen, herausarbeiten und kritisch beleuchten. Diese Dimensionen haben somit eine analytische Funktion für diese Arbeit und werden im Verlauf immer wieder aufgegriffen. Da sie ineinandergreifen, lassen sie sich nicht komplet getrennt voneinander beschreiben, sondern sind mehr als kybernetischer Prozess zu verstehen.

Der erste Komplex der Wirkungsdimensionen, den ich skizzieren möchte, ist der des *Vergleichs*. Wie zuvor beschrieben, ist die Quantifizierungsgesellschaft davon geprägt, dass es immer mehr Vergleichsoptionen gibt, auch in Bereichen, wo quantitative Kennwerte bisher nicht in den Vordergrund getreten sind. Damit ein Vergleich überhaupt vorgenommen werden kann, muss zunächst eine Kommensurabilität hergestellt werden, denn „Vergleiche sind eine Kombination von Gleichheitsunterstellung und Differenzbeobachtung".[66] In der Folge lässt sich aus den Beobachtungen heraus eine Hierarchie erstellen, im Fokus des Vergleichs stehen also diejenigen Vergleichswerte, die sich mindestens auf einem ordinalen Niveau darstellen und kommunizieren lassen.[67] Dabei darf eben nicht außer Acht gelassen werden, dass, um diese Kommensurabilität herzustellen, diesem Prozess bereits eine Kategorisierung und damit eine Komplexitätsreduktion vorgeschaltet ist.[68] Selbst wenn keine bewussten Hierarchisierungen der Vergleichsobjekte stattfinden, ist der Prozess nicht neutral, da schon durch die Vorauswahl des Vergleichskriteriums und der Annahme eines Normalitätsbereichs eine Entscheidung getroffen wurde.[69]

Praktiken des Vergleichens können unterschiedliche Auswirkungen haben. So beschreibt Mau in seiner Arbeit zum „Metrischen Wir", wie durch das ständige Herstellen von Vergleichbarkeit und Hierarchisierung das gesellschaftliche Verlangen nach Vergleichen gleichzeitig befriedigt, immer aber auch weiter verstärkt wird, da Wettbewerbe inszeniert werden, die niemals stillstehen. Was daraus folgt,

---

[66] Heintz: Numerische Differenz, S. 164.
[67] Vgl. Espeland, Wendy N./Stevens, Mitchell L.: „Commensuration as a Social Process", in: Annual Review of Sociology/24. Jg. (1998), S. 313–343, S. 316. Ein ordinales Skalenniveau von Daten liegt vor, wenn sich die Werte in eine Rangreihenfolge bringen lassen. Vgl. Bortz/Schuster: Statistik für Human- und Sozialwissenschaftler, S. 13.
[68] Vgl. Heintz: Zahlen, Wissen, Objektivität, S. 74.
[69] Vgl. Heintz: Numerische Differenz, S. 165.

bezeichnet er als „komparatives Panoptikum"[70], denn es entsteht ein Machtgefüge, welches die betroffenen Akteure antreibt, den Wettbewerb weiter zu fördern. Auch Josef Wehner et al. sehen in quantifizierenden Verfahren die implizite Aufforderung zu „wettbewerbsförmigen Beziehungen"[71] mit der Folge, sich zu vergleichen, zu messen, zu steigern. Quantitative Vergleiche haben also zur Folge, dass sozialer Wettbewerb eigentlich überall stattfinden kann und Hierarchien gebildet werden.[72] Diese Inszenierung von Wettbewerb betrifft nicht nur Individuen, sondern kann auch in Bereichen stattfinden, die in der Vergangenheit nicht in erster Linie von ökonomischen Logiken durchzogen waren, wie zum Beispiel der Bildungs- oder der Gesundheitssektor. Durch Quantifizierungsprozesse entstehen hier sogenannte *Quasi-Märkte*, in denen anhand quantitativer Kennwerte alles messbar, bewertbar und optimierbar erscheint.[73]

Neben der Inszenierung von Wettbewerb kann Hierarchisierung auch dadurch produziert werden, indem „qualitative Unterschiede in quantitative Ungleichheiten [transformiert werden]."[74] Das trifft beispielsweise auf die bereits angesprochenen Reputationsscores in der Wissenschaft zu. Hier wird mit quantifizierenden Verfahren versucht, etwas eigentlich Unvergleichbares in ein Raster einzupassen, welches Vergleiche und Hierarchisierung ermöglicht. Diese Prozesse können weitere Auswirkungen nach sich ziehen, wie es Robert Merton mit Hilfe des *Matthäus-Effekts* erläutert. Dieser besagt, dass gerade diejenigen Wissenschaftler*innen häufig zitiert werden, die bereits einen hohen Zitationsscore aufweisen, was wiederum mit einer hohen Reputation in Verbindung gebracht wird.[75] Dieser sich selbst verstärkende Effekt kann auch auf andere Bereiche übertragen werden, in denen eine solche ‚Schere der Ungleichheit' dann eine mögliche Auswirkung darstellen kann.

---

[70] Mau: Das metrische Wir, S. 258 f.

[71] Vgl. Wehner/Passoth/Sutter: Gesellschaft im Spiegel der Zahlen, S. 59 f.

[72] Vgl. Mau: Das metrische Wir, S. 259 f.

[73] Vgl. ebd., S. 67 f. Quasi-Märkte sind keine konventionellen Märkte, da auf Anbieterseite zwar Wettbewerb herrscht, es aber nicht zwangsläufig um Profitmaximierung geht, vor allem bei Institutionen wie Schulen, Universitäten, Krankenhäusern etc., wenn sie sich nicht gerade in privater Hand befinden. Auch auf Nachfragerseite drückt sich die ‚Kaufkraft' nicht unbedingt in Geld aus. Le Grand, Julian: „Quasi-Markets and Social Policy", in: The Economic Journal Nr. 408/101. Jg. (1991), S. 1256–1267, S. 1259 f.

[74] Mau: Das metrische Wir, S. 17.

[75] Vgl. Merton, Robert K.: „The Matthew Effect in Science. The reward and communication systems of science are considered", in: Science (New York, N.Y.) Nr. 3810/159. Jg. (1968), S. 56–63, S. 60.

3.1 Leben in der Quantifizierungsgesellschaft

Ein Bereich, der noch Forschungslücken aufweist, wie auch Bettina Heintz feststellt, ist der der Alltagspraktik des Vergleichens, und dass, obwohl soziales Geschehen eigentlich ständig vergleichend beschrieben wird.[76] Dieser Lücke soll sich diese Arbeit ein Stück weit widmen und genau diese Wirkungsdimensionen des Vergleichens im Alltag am Gegenstand der Wearables beschreiben. Zunächst soll es aber um einen zweiten Wirkungsbereich der Quantifizierungspraktiken und dessen Auswirkungen gehen.

In einem direkten Zusammenhang mit der Wirkungsdimension des Vergleichens steht die der Orientierung. In einer Gesellschaft, in der sich die Menschen mit einem Anwachsen von Dispositiven und ständigen Optimierungsanforderungen in sämtlichen Lebensbereichen konfrontiert sehen, entsteht auch viel Unsicherheit und der Bedarf nach Orientierung.[77] Die wachsende Menge und Varietät von Daten in der Quantifizierungsgesellschaft bieten diese Möglichkeit zur Bewältigung von Unsicherheiten, indem sie ständig den Vergleich anbieten und durch die Herstellung der numerischen Differenz ein Feedback darüber geben, wo man selbst steht.[78] Gleichsam birgt diese Form des sozialen Vergleichs aber auch Gefahren, wenn es darum geht, seinen eigenen Rang zu erhalten oder zu verbessern.[79] Denn dort, wo Daten immer mehr auch individuelle Zukunftsoptionen bestimmen, wie Praktiken im Bereich des Screenings und Scorings erahnen lassen, wird Status immer ‚auf Widerruf' erteilt.[80] Das kann zu Überforderung, zu Statusstress bis hin zu „Überforderungskrankheiten"[81] wie dem Burnout führen. Orientierungspunkte suchen und finden die Menschen dann in den beschriebenen Verfahren wie Rankings, Ratings, Screenings und Scorings, in Bewertungen, graphischen Darstellungen von Daten und Kennzahlen. Sie alle helfen dabei, aus der unübersichtlichen Menge an Informationen eine orientierende Struktur zu bilden, und bieten eine scheinbar objektive Entscheidungshilfe.[82] Kritisch zu betrachten ist auch hier, dass es sich dabei um Simplifizierungsprozesse handelt und alle genannten Verfahren die vorhergegangenen Herstellungs- und

---

[76] Vgl. Heintz: Numerische Differenz, S. 162 f.
[77] Vgl. King et al.: Überforderung als neue Normalität, S. 228 f.
[78] Vgl. Mau: Das metrische Wir, S. 66.
[79] Vgl. ebd., S. 66.
[80] Vgl. ebd., S. 277 ff.; Mau, Steffen: Lebenschancen. Wohin driftet die Mittelschicht?, Berlin: Suhrkamp, 2012, S. 120 ff.
[81] Fuchs, Thomas/Iwer, Lukas/Micali, Stefano: „Einleitung", in: Thomas Fuchs/Lukas Iwer/Stefano Micali (Hg.), Das überforderte Subjekt. Zeitdiagnosen einer beschleunigten Gesellschaft, Berlin: Suhrkamp, 2018, S. 7–24, S. 7.
[82] Vgl. Mau: Das metrische Wir, S. 97.

Entscheidungsprozesse ausblenden, in diesem Sinne also alles andere als objektiv sind.

Die Orientierung an quantitativen Werten kann auch eine stärkende Wirkung auf Individuen und gesellschaftliche Gruppen haben. Sarah E. Igo erklärt dies damit, dass durch Datenerhebungen und statistische Darstellungen Sichtbarkeit erzeugt werden kann, auch von marginalisierten Gruppen. Daraus kann eine *statistical community* entstehen, die wiederum die soziale Realität beeinflussen kann.[83] Als Beispiel hierfür kann die Studie *Sexual Behavior in the Human Male* von Alfred Kinsey et al. angeführt werden. Diese hatte in den 1940er Jahren unter anderem sichtbar gemacht, dass ein hoher Prozentsatz der amerikanischen Männer im Laufe ihres Lebens bereits homosexuelle Kontakte hatte.[84] Dieser statistische Relevanz für die Verbreitung von Homosexualität gilt mit als Anstoß für die Selbstbeschreibung als Minderheitengruppe und die politische Organisation als solche, aus deren Folge die erste *Gay Rights Organization* entstand.[85] Hier zeigt sich also exemplarisch, wie sich Quantifizierungen im Bereich der Orientierungsdimension auswirken können. Inwiefern der Bedarf nach Orientierung in der Alltagspraxis der Selbstvermessung eine Rolle spielt, möchte ich zu einem späteren Zeitpunkt aufgreifen.

Die dritte und letzte Wirkungsdimension von Quantifizierungen soll die der Steuerung sein, die ebenfalls wieder Überschneidungen mit Dimensionen des Vergleichs und der Orientierung aufweist. Mit Hilfe quantitativer Erfassung und statistischer Auswertungsmethoden hat man von Seiten des Staates schon in der Vergangenheit versucht, die Gesellschaft „lesbar zu machen"und sie infolgedessen auch regulieren zu können.[86] Dabei macht man sich den Umstand zu eigen, dass Quantifizierungen in der Lage sind, Dinge sichtbar und damit beurteilbar und kontrollierbar zu machen, denn „seeing something is the first step to controlling it."[87] Heute trifft dies auf fast alle Lebensbereiche zu, denn im Hinblick auf quantitative Datenerhebungen gibt es kaum Einschränkungen. Gerade die Entwicklung von neuen Aufzeichnungssystemen macht vieles kommunikativ verfügbar und damit auch steuerbar, aus Objekten werden Zeichensysteme, die

---

[83] Vgl. Igo, Sarah E.: The averaged American. Surveys, citizens, and the making of a mass public, Cambridge (Massachusetts): Harvard University Press, 2008, S. 21.

[84] Vgl. Kinsey, Alfred C./Pomeroy, Wardell B./Martin, Clyde E.: Sexual Behavior in the human male, Philadelphia: Saunders, 1949; Igo: The averaged American, S. 247.

[85] Vgl. Espeland/Stevens: A Sociology of Quantification, S. 413.

[86] Vgl. Mau: Das metrische Wir, S. 34 f.

[87] Espeland/Stevens: A Sociology of Quantification, S. 415.

transportierbar, kombinierbar und manipulierbar sind.[88] Dementsprechend gibt es auch überall die Möglichkeit, dass das eigene Verhalten und Handlungen gesteuert werden. Dies kann durch Belohnung und Sanktionierung geschehen, zum Beispiel bei Bonussystemen im Einzelhandel, bei denen das Erreichen von bestimmten Punktzahlen mit Vorteilen belohnt bzw. diese bei Nicht-Erreichen verwehrt werden.[89] Ein extremeres Beispiel ist das Social Credit-System in China. Dort berechnet sich ein Wert, der die „Vertrauenswürdigkeit" von Personen messen soll, unter anderem aus deren Kaufverhalten, den persönlichen Beziehungen und der ideologischen Übereinstimmung. Belohnungen umfassen die Bevorzugung in vielen Prozessen, wie der Zugang zu Krediten oder Reisen, Sanktionen für einen schlechten Score können in Ausreisebeschränkungen, Drosselung des Internets, Ausschluss von Bewerbungsverfahren und Steuererhöhungen münden.[90] Die dahinterstehenden Algorithmen sind ähnlich wie bei der Berechnung des Bonitäts-Scores der SCHUFA intransparent. Auch hier kommt es zu dem Problem, dass nur bestimmte, quantifizierbare Merkmale erfasst werden, es also immer nur zu einer Berücksichtigung der „blanken Zahlen" kommt, während andere Merkmale, welche die individuelle Lebenssituation betreffen, ausgeblendet werden.

Eine Steuerung des Verhaltens kann man auch im Alltag beobachten. Jede Person stellt ein „Bündel von Daten" dar und in diesen Daten steckt implizit immer eine Handlungsaufforderung zur Optimierung.[91] Beispielsweise im Gesundheitsbereich lässt sich dann eine „Verschränkung von staatlichen Regierungspraktiken und Selbstregulierungstechniken"[92] feststellen, die sich unter anderem in Selbstvermessungspraktiken ausdrücken. Gerade im Gesundheitsbereich sind Menschen einer ständigen Vergleichskommunikation ausgesetzt und im Wissen um ihre Beobachtung und die Bewertung ihres Körpers richten sie ihr Verhalten dementsprechend aus.[93] Verbunden mit den steigenden Optimierungsanforderungen und der beschriebenen quantitativen Mentalität ist eine neoliberale Steigerungs- und Leistungslogik, die „im Regime der Quantifizierung zusammenlaufen"[94].

---

[88] Vgl. Heintz: Numerische Differenz, S. 166.
[89] Vgl. Mau: Das metrische Wir, S. 231.
[90] Vgl. Kostka, Genia: „China's social credit systems and public opinion. Explaining high levels of approval", in: New Media & Society Nr. 7/21. Jg. (2019), S. 1565–1593, S. 1566 f.
[91] Vgl. Mau: Das metrische Wir, S. 265.
[92] Vgl. ebd., S. 37.
[93] Vgl. Heintz: Numerische Differenz, S. 166 f.
[94] Mau: Das metrische Wir, S. 47.

Zusammenfassend lässt sich sagen, dass die unterschiedlichen Quantifizierungspraktiken in den Wirkungsdimensionen des Vergleichs, der Orientierung und der Steuerung Effekte auf individueller und gesellschaftlicher Ebene haben können. So führen quantifizierende Vergleiche zu Hierarchisierungen, künstlichem Wettbewerb und zur Produktion von Ungleichheit. Eine Orientierung an Quantifizierungslogiken kann Umstände sichtbar machen, für eine positive Stärkung sorgen und Struktur in unübersichtliche Prozesse bringen, aber auch für Statusstress sorgen und die Ausblendung nicht quantifizierbarer Merkmale vorantreiben. Steuerung durch quantifizierende Verfahren kann in allen Lebensbereichen geschehen, in denen etwas quantifizierbar, sichtbar und dadurch kontrollierbar erscheint. Diese Form der Regierung knüpft an implizite Optimierungsanforderungen an und wird oftmals internalisiert.

Ein gutes Beispiel dafür, wie alle Dimensionen ineinandergreifen, sind Rangtabellen bzw. Rankings, beispielsweise im Bereich des Hochschul-Rankings. Bereits in das methodische Vorgehen zur Erstellung von Rankings sind u. a. durch die Auswahl der Indikatoren oder die Konstruktion der Stichprobe politisch-normativ geprägte Vorstellungen eingeschrieben, trotzdem gelten sie meist als objektive Bewertungsverfahren.[95] Durch Praktiken des Vergleichs, wird eine Rangfolge mit einer vollständigen hierarchischen Ordnung gebildet, die klar benennt, wer oder was auf den besten und den schlechtesten Rangplätzen steht. Da viele Akteure Rankings eine große Bedeutung beimessen, können sie einen erheblichen Einfluss auf die beteiligten Parteien und den gesamten Sektor haben, denn Rankings bieten eine Orientierungsmöglichkeit, gerade in den Bereichen, in denen man es mit einer großen Menge an Informationen zu tun hat.[96] Rankings können in diesem Fall einer „kognitiven Entlastung" und der „Herstellung von Kommensurabilität"[97] dienen, indem sie strukturierende Kriterien vorgeben. Auf der anderen Seite haben Rankings für die bewerteten Parteien aber auch den Effekt, dass diese sich, entweder um den Rang zu halten oder um ihn zu verbessern, entsprechend der Rankingkriterien versuchen zu optimieren, sich also nur noch nach den vorgegebenen Kriterien ausrichten. Hier kommen also Steuerungsmechanismen ins Spiel. Dadurch besteht die Gefahr, einer, wie Wendy N. Espeland und Michael Sauder es beschreiben, „selbsterfüllenden Prophezeiung"[98], wenn sich die Parteien immer nur mehr an das anpassen, was

---

[95] Vgl. ebd., S. 101.
[96] Vgl. ebd., S. 86.
[97] Ebd., S. 75.
[98] Espeland, Wendy N./Sauder, Michael: „Rankings and diversity", in: Southern California Review of Law and Social Justice Nr. 3/18. Jg. (2009), S. 587–608, S. 605.

3.2 Die Vermessung des Selbst

die Rankings auch messen. Dabei kann es zu dem unerwünschten Nebeneffekt kommen, den Mau als „gaming the system"[99] bezeichnet, dass also die ausschlaggebenden Kriterien so berechnend bedient werden, mit dem einzigen Ziel, den eigenen Status formal zu verbessern. Die hier beschriebenen Wirkungsdimensionen lassen sich auch im Zuge von Selbstvermessungspraktiken zeigen. Das soll im Verlauf des nächsten Teilkapitels geschehen.

3.2 Die Vermessung des Selbst

Zahlen erzählen nichts über das Selbst. Zählung ist nicht Erzählung.[100]

With counting everything and anything, it is possible that we are losing track of what really counts.[101]

Die Nutzung einer Personenwaage und die systematische Notation des eigenen Körpergewichts gehören für viele Menschen zur Routine. Andere zeichnen mit Hilfe von Armbanduhren regelmäßig ihre Joggingrunde auf, um ihre Leistungssteigerung zu dokumentieren. Wieder andere überwachen ihren Blutdruck, ihren Zyklus oder ihre Produktivität. Von der gelegentlichen zielgerichteten Datenerhebung bis hin zu einer „Totalprotokollierung des Lebens"[102] ist im Feld der Selbstvermessungspraktiken vieles möglich. Bei dieser Form der Quantifizierung des Selbst werden Daten erhoben und anschließend festgehalten und ausgewertet, so dass Informationen entstehen, die weiterentwickelt werden zu Wissen über die eigene Person. Die in Abschnitt 3.1 beschriebenen Quantifizierungsprozesse rund um die Wirkungsdimensionen Vergleich, Orientierung und Steuerung lassen sich auch hier beobachten. Bevor ich diese drei Dimensionen fokussiere, möchte ich zunächst in das Thema der medialen Selbstvermessung einführen. Dabei soll nicht nur das Wearable als Technologie der Selbstvermessung beschrieben werden, sondern auch die Personenwaage als historische Vergleichsfolie. Zudem möchte ich auch einen Blick auf die Nutzer*innen und ihre Motivation zur Selbstvermessung werfen, anschließend erfolgt dann ein Überblick über die Forschungsperspektiven auf Wearables und mediale Selbstvermessung.

---

[99] Mau: Das metrische Wir, S. 218.
[100] Han, Byung-Chul: Psychopolitik. Neoliberalismus und die neuen Machttechniken, Frankfurt am Main: Fischer Taschenbuch, 2015, S. 83.
[101] Mahdawi, Arwa: The unhealthy side of wearable fitness devices. The Guardian, 2014, https://www.theguardian.com/commentisfree/2014/jan/03/unhealthy-wearable-fitness-devices-calories-eating-disorders-nike-fuelband vom 03.01.2014 (zuletzt geprüft 30.01.2022).
[102] Han: Psychopolitik, S. 84.

Bevor es allerdings um Praktiken der Selbstvermessung gehen soll, möchte ich den Begriff der Selbstvermessung an dieser Stelle vom manchmal synonym verwendeten Begriff des *Lifelogging* abgrenzen. Stefan Selke schlägt diesen Begriff vor, da er flexibler sei, um diverse Formen, Phänomene, Akteure und Märkte zu beschreiben. Er konzentriert sich dabei nicht nur auf den Bereich der Vermessung des Körpers, sondern benennt als vier Grundtypen des Lifeloggings das *Gesundheitsmonitoring*, worunter zum Beispiel die Vermessung des Körpers aus präventiven oder kuratorischen Motiven zählt, das *Human Tracking*, also die Ortserfassung von Personen, Tieren oder Objekten, den Bereich des *Human Digital Memory* im Sinne eines umfassenden Lebensarchivs und die *Sousveillance* im Sinne einer totalen Transparenz des Lebens als ein Entgegensetzen zur Überwachung.[103] Auch aus diesen Bereichen des Lifeloggings ergeben sich zahlreiche Anknüpfungspunkte an die Praktiken der Quantifizierungsgesellschaft und die Quantifizierung des Selbst. Man denke beispielsweise an die im Unterhaltungsmedienbereich zahlreich vorkommenden „Bucket Lists" mit Titeln wie „99 Bücher, die man gelesen haben muss"[104] oder „The 100 best films of the 21st century."[105] Diese Aufforderungen zur Vermessung des eigenen kulturellen Kapitals[106] fallen in den Bereich des *Human Digital Memory*. Auch hier kommt es also zu Prozessen des Vergleichs, der Orientierung und der Steuerung. Nicht zuletzt aus diesem Grund stehen Listen und Rankings auch im Fokus medienwissenschaftlicher Forschung.[107] Da der Fokus dieser Arbeit allerdings auf dem Wearable-Dispositiv liegen soll, werde ich die anderen Bereiche des Lifeloggings nicht weiter berücksichtigen und mich im Folgenden ausschließlich auf die mediale Selbstvermessung konzentrieren.

---

[103] Vgl. Selke: Einleitung Lifelogging, S. 6 ff.

[104] Vgl. „99 Bücher, die man gelesen haben muss. Eine Leseliste zum Freirubbeln", https://www.buecher.de/shop/buecher/99-buecher-die-man-gelesen-haben-muss/poster/products_products/detail/prod_id/52543099/ (zuletzt geprüft 23.03.2022).

[105] Vgl. „The 100 best films of the 21st century", https://www.theguardian.com/film/2019/sep/13/100-best-films-movies-of-the-21st-century (zuletzt geprüft 23.03.2022).

[106] Dabei handelt es sich in diesem Fall um objektiviertes kulturelles Kapital, vgl. Bourdieu, Pierre: „Ökonomisches Kapital – Kulturelles Kapital – Soziales Kapital", in: Margareta Steinrücke (Hg.), Die verborgenen Mechanismen der Macht, Hamburg: VSA Verlag, 2015, S. 49–80, S. 59 ff.

[107] Siehe z. B. Adelmann, Ralf: Listen und Rankings. Über Taxonomien des Populären, Bielefeld: transcript, 2021.

3.2.1 Mediale Selbstvermessung

Selbstvermessung ist eine Form der Selbstthematisierung und beinhaltet Praktiken, die sich im Laufe der Zeit verändert, intensiviert und stärker in den Alltag integriert haben. Immer aber waren diese Prozesse schon auf den Gebrauch von Medien angewiesen, welche im Umkehrschluss auch die Praktiken selbst geprägt haben.[108] Foucault zeigt, dass u. a. das Schreiben von Tagebüchern und Briefen bereits in der Antike eine bedeutenden Selbsttechnik darstellte, „um sich selbst zu verstehen."[109] Diese und weitere Praktiken begreift er als *Technologien des Selbst*,

> die es dem Einzelnen ermöglichen, aus eigener Kraft oder mit Hilfe anderer eine Reihe von Operationen an seinem Körper oder seiner Seele, seinem Denken, seinem Verhalten und seiner Existenzweise vorzunehmen, mit dem Ziel, sich so zu verändern, dass er einen gewissen Zustand des Glücks, der Reinheit, der Weisheit, der Vollkommenheit oder der Unsterblichkeit erlangt.[110]

Der Einsatz von solchen Selbsttechnologien im Rahmen von Subjektivierungsprozessen stellt einen zentralen Aspekt meiner Arbeit dar, den ich in meiner Dispositivanalyse anhand der Selbstvermessung mit Wearables untersuchen möchte.

Unter dem Begriff der Selbstvermessung sammeln sich Praktiken, die mit unterschiedlichen Zielen und Motiven verbunden sind. In der Forschungsliteratur finden sich verschiedene Ansätze, Selbstvermessungspraktiken zu kategorisieren. So unterscheiden Stefanie Duttweiler und Jan-Hendrik Passoth bei der Beschreibung von Selbstvermessung zwischen der Messung von Verhaltensweisen (z. B. Schlafrhythmus, Produktivität), Körperzuständen (z. B. Herzfrequenz, Blutzucker), emotionalen Zuständen (z. B. Stimmung) und Körperleistungen (z. B. zurückgelegte Schritte, Trainingseinheiten) über eine bestimmte Zeit.[111] Dabei differenzieren sie grundsätzlich zwischen aktiver und passiver Vermessung, also Daten, die manuell erhoben werden müssen (z. B. Nahrungsaufnahme) gegenüber beispielsweise durch ein Wearable automatisch erfasste Daten (z. B. Herzfrequenz). Eine detaillierte Aufzählung der möglichen Selbstvermessungsdaten findet sich im späteren Verlauf des Kapitels. An dieser Stelle möchte ich erstmal

---

[108] Vgl. Fröhlich, Gerrit: Medienbasierte Selbsttechnologien 1800, 1900, 2000. Vom narrativen Tagebuch zur digitalen Selbstvermessung, Bielefeld: transcript, 2018, S. 10 f.
[109] Foucault: Dits et Ecrits IV, S. 968; Vgl. ebd., S. 977 f.
[110] Ebd., S. 968.
[111] Vgl. Duttweiler/Passoth: Self-Tracking als Optimierungsprojekt?, S. 10.

festhalten, dass es sich bei den Daten, um die es in dieser Arbeit gehen soll, um die passiv aufgezeichneten Daten entsprechend dem Funktionsumfang von Wearables handelt, die im Folgenden auch als *Körperdaten* bezeichnet werden.

Eine weitere wichtige Einordnung nimmt Deborah Lupton vor, die anhand der Messvoraussetzungen eine Typologie fünf verschiedener Modi der Selbstvermessung entwirft.[112] So handelt es sich beim *private self-tracking* um ein selbst initiiertes, freiwilliges Vermessen, welches aus einer gewissen Neugier und Experimentierfreude heraus motiviert ist oder mit einem spezifischen Ziel, beispielsweise einer Gewichtsabnahme, einhergeht. Daraus entstandene Daten verbleiben bei den Nutzer*innen selbst oder werden mit ausgewählten Personen geteilt. Beim *pushed self-tracking* kommt der initiale Anreiz zur Vermessung von außen, die Durchführung erfolgt aber freiwillig. Diese Form der Selbstvermessung findet sich häufig im Bereich der Gesundheitsförderung, wo es darum geht, eine Verhaltensänderung herbeizuführen. Beim *communal self-tracking* sind die Nutzer*innen Teil einer Gemeinschaft, beispielsweise organisiert über die sozialen Medien oder spezielle Plattformen. Zentral ist das Teilen von persönlichen Daten mit anderen, ein gegenseitiger Austausch über die Messerfahrungen und den Nutzen, den jede*r Einzelne daraus ziehen kann. Bei Formen des *imposed self-tracking* geschieht die Vermessung einer Person nicht freiwillig für diese und es profitieren andere. Beispiele dafür sind die Überwachung der Produktivität von Arbeitnehmer*innen durch Arbeitgeber*innen oder der Einsatz von elektronischen Fußfesseln. Der letzte Modus der Selbstvermessung, das *exploited self-tracking*, beschreibt die Art der Vermessung, bei der persönliche Daten zu fremden Zwecken genutzt werden. Diese Form findet sich meist im kommerziellen Bereich, wo beispielsweise Daten aus Kundenbindungsprogrammen zur Berechnung von Kaufgewohnheiten herangezogen werden. Auch zählt dazu die Ausgabe von Fitnesstrackern in einem Unternehmen, bei denen die Daten der Arbeitnehmer*innen dazu genutzt werden, deren Produktivität zu überwachen.[113] Der individuelle Nutzen steht häufig in keinem Verhältnis zum Fremdnutzen. Luptons Modi der Selbstvermessung lassen sich auch im Kontext der Wearable-Nutzung anwenden. So soll in dieser Arbeit ein *private self-tracking* im Mittelpunkt stehen, also eine Wearable-Nutzung, die seitens der Nutzer*innen freiwillig geschieht und aus eigenem Interesse angestoßen wurde. Bevor ich weiter auf die Selbstvermessung mit Wearables eingehe, möchte ich

---

[112] Vgl. Lupton: Self-Tracking Modes, 2014, S. 5 ff.
[113] Siehe dazu z. B. Moore, Phoebe: „Agiles Arbeiten und Messung des Affektiven". Aus dem Englischen übersetzt von Britta Grell, in: Florian Butollo/Sabine Nuss (Hg.), Marx und die Roboter. Vernetzte Produktion, Künstliche Intelligenz und lebendige Arbeit, Berlin: Dietz, 2019, S. 237–254.

Selbstvermessungspraktiken zunächst anhand eines anderen Mediums beschreiben. Dabei handelt es sich um die Personenwaage, die sich im 19. und frühen 20. Jahrhunderts als bedeutende Vermessungstechnologie durchgesetzt hat.

Historische Vorläufer: Die Personenwaage
Auch wenn die Praxis der Selbstvermessung in aktuellen Diskussionen mit Wearables wie Fitnesstrackern und Smartwatches in Verbindung gebracht wird, handelt es sich dabei um kein neues Phänomen. Zwar hat die Etablierung von Smartphones und Wearables die Erhebung bestimmter Körperdaten überhaupt erst ermöglicht oder zumindest erleichtert, die Vermessung des Körpers kann aber auf eine wesentlich längere Tradition zurückblicken.[114] Angefangen von der antiken Diätetik, über christliche Reflexionspraktiken hin zum bürgerlichen Tagebuchschreiben, waren die Medien der Selbstvermessung lange Zeit Wort und Schrift, später ergänzt durch Pläne und Tabellen. Ab Ende des 19. Jahrhunderts kamen dann Technologien wie die Personenwaage, Fieber- bzw. Basalthermometer und Blutdruckmessgeräte hinzu.[115] Schon früh lässt sich auch beobachten, dass die Vermessung des Selbst mit dem Versprechen einer Selbsterkenntnis einhergeht. Heutige Praktiken der Selbstvermessung sind stark von diesen Techniken geprägt.[116] Um dies zu illustrieren, möchte ich die Personenwaage als lange etabliertes Medium der Selbstvermessung als Vergleichsfolie heranziehen. Diese eignet sich in besonderer Weise, da sich eine Reihe von Parallelen zur Wearable-Nutzung aufzeigen lassen. Zudem gibt es auffällige Ähnlichkeiten in den Produkttexten beider Technologien, die nahe legen, dass ähnliche Logiken zum Tragen kommen.[117]

---

[114] Vgl. Meißner, Stefan: „Selbstoptimierung durch Quantified Self? Selbstvermessung als Möglichkeit von Selbststeigerung, Selbsteffektivierung und Selbstbegrenzung", in: Stefan Selke (Hg.), Lifelogging. Digitale Selbstvermessung und Lebensprotokollierung zwischen disruptiver Technologie und kulturellem Wandel, Wiesbaden: Springer, 2016, S. 217–236. Erleichtert wird z. B. das Zählen der zurückgelegten Schritte, ermöglicht wird bspw. die Aufzeichnung der Schlafphasen in einem nicht-medizinischen Kontext.
[115] Vgl. Duttweiler/Passoth: Self-Tracking als Optimierungsprojekt?, S. 14 f.
[116] Vgl. Abend/Fuchs: Introduction. The Quantified Self and Statistical Bodies, S. 9.
[117] So heißt es z. B. auf einer öffentlichen Personenwaage: „Wer sich öfter wiegt, kennt sich gut. Wer sich gut kennt, fühlt sich gut!" Borgelt, Claus: „Historische Personenwaagen. Eine Bilder-Reise von den Anfängen um 1880 bis in die Mitte des 20. Jahrhunderts", in: Maß und Gewicht Nr. 12(2011), S. 69–88, S. 71. Produkttexte aktueller Wearables lauten z. B. „Gesundheits- und Sportfunktionen ermöglichen es dir, deinen Körper besser zu verstehen." Garmin: Venu 2 Plus, https://www.garmin.com/de-DE/p/730659 oder „Lerne deinen Körper besser kennen" Fitbit: Fitbit Sense, https://www.fitbit.com/global/de/products/smartwatches/sense?sku=512BKBK (beide zuletzt geprüft 17.02.2022).

Als ein erstes historisches Schlaglicht im Kontext heutiger Selbstvermessungspraktiken, insbesondere bei der Betrachtung der Wearable-Nutzung als Selbstverwissenschaftlichung[118], lässt sich die Tradition der medizinischen Selbstexperimente anführen. Ein bekanntes Beispiel dafür sind die Selbstexperimente des Arztes Santorio Sanctorius im frühen 17. Jahrhundert, welcher sich, geprägt von Neugier und wissenschaftlichem Interesse, über 30 Jahre lang gewogen und dabei Erkenntnisse über den menschlichen Stoffwechsel gewonnen hat.[119] Das Thema des Selbstexperiments ist auch heute noch ein bedeutendes Motiv im Zuge der Selbstvermessungspraktiken, insbesondere bei Nutzer*innen, die sich als Teil der *Quantified Self*-Community verstehen. Diesen Aspekt werde ich im Verlauf des Kapitels aufgreifen.

Auch die Geschichte der Personenwaage ließe sich als Dispositiv beschreiben, welches auf einen spezifischen gesellschaftlichen Notstand antwortet. Durch falsche Ernährung und Übergewicht häuften sich im 19. Jahrhundert Krankheiten wie chronische Darmerkrankungen oder Diabetes, welche auch eine hohe Sterblichkeitsrate nach sich zogen. Der Tradition der Selbstexperimente folgend, entwickelten sich unterschiedliche Diät-Programme, deren Lehren auf den Erkenntnissen ihrer Entwickler*innen beruhen. Exemplarisch lässt sich hier der Ernährungsreformer Sylvester Graham nennen, der ‚Völlerei' als Grund für die Verbreitung der chronischen Erkrankungen sah und eine strenge Diät und Verzicht propagierte. Graham ging es dabei nicht vornehmlich um eine Gewichtsabnahme und einen schlanken Körper, sondern um die Entwicklung eines gesunden Appetits im Kontrast zur Maßlosigkeit, die er für viele gesundheitliche Probleme verantwortlich machte. Die sogenannten *Grahamites*, die dieses etwa 1834 entwickelte Diät-Programm verfolgten, sind die erste nachgewiesene Gruppe von Menschen in den USA, die ihre Ernährung und ihr Gewicht systematisch dokumentierten.[120]

Grundlage für dieses und ähnliche zu dieser Zeit aufkommenden Diätprogramme war die technische Entwicklung der Personenwaage. Zunächst war es bis etwa Mitte des 19. Jahrhunderts in der Regel nur möglich, sein Körpergewicht mit Hilfe von landwirtschaftlichen Waagen zu ermitteln. Dies stellte häufig auch eine

---

[118] Vgl. Zillien, Nicole/Fröhlich, Gerrit: „Reflexive Selbstverwissenschaftlichung. Eine empirische Analyse der digitalen Selbstvermessung.", in: Thorben Mämecke/Jan-Hendrik Passoth/Josef Wehner (Hg.), Bedeutende Daten. Modelle, Verfahren und Praxis der Vermessung und Verdatung im Netz, Wiesbaden: Springer VS, 2018, S. 233–249.

[119] Vgl. Altman, Lawrence K.: Who Goes First? The Story of Self-Experimentation in Medicine, Berkeley: University of California Press, 1998, S. 22.

[120] Vgl. Schwartz, Hillel: Never satisfied. A cultural history of diets, fantasies and fat, New York: Free Press, 1986, S. 23 ff.

3.2 Die Vermessung des Selbst

Vergnügungsattraktion im Rahmen von Volksfesten dar. Erst später wurden dann spezielle Personenwaagen entwickelt, die in Arztpraxen und Drogerien aufgestellt wurden.[121] Erst mit der Entwicklung der technischen Münzüberprüfung für Automaten war es dann etwa ab den 1890er Jahren auch möglich, Personenwaagen im öffentlichen Raum aufzustellen und sie zu betreiben, ohne dass Personal dafür notwendig war. Öffentliche Personenwaagen gehörten somit zur ersten Generation von Münzautomaten und prägten vielerorts das Stadtbild. Damit kam man dem Bedürfnis der Menschen entgegen, die sich regelmäßig wiegen wollten, um ihr Körpergewicht zu kontrollieren, denn dieses galt zunehmend als wichtiger Indikator für die eigene Gesundheit und Lebenserwartung. Die Waage war somit ein wichtiges Mittel zur Selbstvergewisserung.[122]

In den 1920er und 1930er Jahren verbreiteten sich die öffentlichen Waagen über den Stadtraum, die Gewichtskontrolle gewann weiter an Bedeutung, geschah aber immer weniger aus Vergnügen, sondern aus ästhetischen und gesundheitlichen Gründen. Schlankheit galt längst als neues Körperideal und um diesem Ideal zu entsprechen, war für sein „Bodymanagement" jede*r selbst verantwortlich.[123] Peter Payer sieht darin „das ideale Medium für die urbane Massengesellschaft [...]: schnell, anonym und jederzeit verfügbar."[124] Regelmäßig überprüften und kontrollierten Nutzer*innen ihr Gewicht und die Waage wurde somit zu einer Selbstvermessungstechnologie im Alltag, mit der die Nutzer*innen nicht nur das eigene Gewicht erheben, sondern aus den Daten heraus Wissen über sich selbst erlangen konnten.[125]

Wo es allerdings anfangs keine Scham gab, sein Gewicht für Umstehende sichtbar zu präsentieren, wandelte sich das Ansehen von Menschen, die nicht dem Idealgewicht entsprachen. Statt einer sichtbaren Gewichtsanzeige druckten die Münzwaagen nun kleine Kärtchen aus, von denen das Gewicht ablesbar war.[126] Einige Waagemodelle integrierten auf diesem Wege auch Spielelemente.

---

[121] Ebd.
[122] Vgl. Payer, Peter: „Zur Geschichte der öffentlichen Personenwaagen in Wien", in: Forum Stadt Nr. 3/39. Jg. (2012), S. 308–314, S. 310.
[123] Vgl. ebd., S. 311.
[124] Ebd., S. 309.
[125] Vgl. Crawford/Lingel/Karppi: Our metrics, ourselves, S. 483.
[126] Eine Anzeige der Firma Klein aus Düsseldorf erläutert die Funktionsweise einer solchen Waage: „Diese Personenwaage mit selbsttätiger Kartenausgabe ist überall dort am Platze, wo reger Verkehr stattfindet. Die Personenwaage kann überall ohne jegliche Vorarbeiten aufgestellt werden, benötigt keinen elektrischen Strom bzw. Anschluß an einen solchen und ist sofort betriebsfertig. Durch Betreten der Plattform wird der Wiege- und Druckapparat aufgezogen und eingestellt. Nach Geldeinwurf, entsprechend der angebrachten Vorschrift,

So konnte man bei den *Guess-Your-Weight-Scales* auf sein eigenes Gewicht wetten und bekam den gezahlten Einsatz bei richtiger Schätzung wieder zurück. Andere Waagen gaben den Nutzer*innen nicht nur ihr Gewicht aus, sondern auch eine Art Sammelkarte oder ein gedrucktes Horoskop. Diese Gamification von Körpervermessung wird sich auch später bei der Wearable-Nutzung wiederfinden lassen. Auch als Werbefläche waren die gedruckten Gewichtskarten beliebt und so stellten die Personenwaagen eine gute Verdienstmöglichkeit für ihre Aufsteller dar.[127] Ebenfalls war es mit einer Art Kombination aus Waage- und Passbildautomat möglich, auf die Wiegekarten neben Datum und Gewicht auch ein Portrait abzudrucken.[128]

Parallel zu den Waageautomaten wurden seit den 1910er-Jahren die ersten ‚Badezimmerwaagen' entwickelt. Diese ermöglichten erstmals ein privates Wiegen im heimischen Umfeld. Damit wirkten sie auch dem ‚Problem' entgegen, dass für ein wirklich präzises Messergebnis der Körper unbekleidet sein sollte. Dieses exakte Messergebnis war auch wichtig, um sich mit den ‚Normwerten' abzugleichen. Bereits seit den 1840er Jahren wurden erste Standardtabellen für Größe und Gewicht entwickelt.[129] Diese Tabellen wurden später dann auch in

---

erfolgt der Druck der Gewichtskarte mit dem Datum des Wiegetages und dem genauen Gewicht, sowie die selbsttätige Ausgabe der Gewichtskarte. Die Wägung kann nur einmal nach erfolgtem Geldeinwurf stattfinden. Eine mißbräuchliche Benutzung bzw. ein Wägen ohne jedesmalige Bezahlung ist nicht möglich. Der Mechanismus selbst ist auf Grund jahrelanger Erfahrungen so konstruiert, daß er durch Manipulationen irgendwelcher Art von außen her nicht zu beeinflussen ist. [...]" Borgelt: Historische Personenwaagen, S. 87.

[127] Eine Werbeanzeige der Seitz-Werke aus Kreuznach im Rheinland bewirbt die Verdienstmöglichkeiten der Seitz'schen Personenwaagen so: „Der Erwerb einer oder mehrerer Seitz'schen Personenwaagen gibt Ihnen die Möglichkeit, mit geringem Kapitalaufwand ohne besondere Mühe, regelmäßig gute Einnahmen zu erzielen. Sie werden überrascht sein, wie hoch die Einnahmen sind, die Ihnen die Seitz'sche Personenwaage verschafft. Die Anschaffungskosten der Waage amortisieren sich in kurzem, alsdann verbleiben die reinen Einnahmen. Die elegante und farbenfrohe Ausstattung der zuverlässig arbeitenden Seitz Waage zieht die Aufmerksamkeit des Publikums auf sich. Ihre Waage wird zu einem Schmuckstück Ihres Betriebes. Der moderne Sportgeist, der Wunsch recht schlank und gesund zu sein, auch das Bestreben, den Gesundheitszustand durch regelmäßige Überwachung des Körpergewichts zu beobachten, sorgt dafür, daß es Ihrer Waage an Wiegelustigen niemals fehlt. Man wiegt sich nicht nur einmal, sondern in regelmäßiger Folge immer wieder. Die Kinder freuen sich an den Wiegekärtchen, auf denen Tiere, Märchen und Sportbilder aufgedruckt sind, und werfen ihren Sonntagsgroschen gerne in die Waage." ebd., S. 80.

[128] Vgl. ebd., S. 85.

[129] Vgl. Czerniawski, Amanda M.: „From Average to Ideal. The Evolution of the Height and Weight Table in the United States, 1836–1943", in: Social Science History Nr. 2/31. Jg. (2007), S. 273–296, S. 274.

3.2 Die Vermessung des Selbst

öffentliche Personenwaagen integriert, so dass deren Nutzer*innen direkt ablesen konnten, ob ihr Gewicht als ‚ideal' oder ‚gesund' einzustufen ist. Dabei hat sich der Maßstab dessen, was als Idealgewicht gilt, in den letzten 150 Jahren mehrfach aktualisiert und die Standardtabellen wurden dementsprechend angepasst. Im Zusammenhang mit diesen Tabellen und der Entwicklung des Body-Mass-Index (BMI) seit 1869[130] stellten Personenwaagen damit eine machtvolle Technologie dar, um Normen gesellschaftlich zu etablieren.[131] Gleichzeitig ergeben sie auch einen Steuerungsmechanismus, der sich bis heute als wirkmächtig erweist, denn nach wie vor spielt der Abgleich mit Normwerten eine bedeutende gesellschaftliche Rolle. Bereits in der Schwangerschaft werden die Körpermaße des Fötus mit Werten von Wachstumstabellen[132] abgeglichen, obwohl solche Messungen immer nur Schätzungen sein können. Nach der Geburt geht es dann weiter mit Perzentilentabellen und BMI-Perzentilentabellen[133], die nicht selten geeignet sind, Eltern unnötig zu beunruhigen, wenn die Werte ihres Kindes aus unterschiedlichen Gründen nicht den Normbereichen der mittleren Perzentilen entsprechen.[134]

An dieser Stelle lässt sich im Zuge der Praktiken der Körpervermessung rund um das Körpergewicht auf die in Abschnitt 3.1.2 entwickelten Wirkungsdimensionen des Vergleichs, der Orientierung und der Steuerung verweisen. Die Selbstvermessung hat auch hier eine orientierende Funktion, denn im Vergleich mit den Standardtabellen erhalten die Nutzer*innen ein Feedback darüber, ob

---

[130] Vgl. Frommeld, Debora: „„Fit statt fett": Der Body-Mass-Index als biopolitisches Instrument", in: Curare: Zeitschrift für Medizinethnologie Nr. 1 + 2/36. Jg. (2013), S. 5–16, S. 6 f.

[131] Vgl. Crawford/Lingel/Karppi: Our metrics, ourselves, S. 483.

[132] Vgl. Rempen, Andreas: „Standards zur Ultraschalluntersuchung in der Frühschwangerschaft. Empfehlung der DEGUM-Stufe III der Deutschen Gesellschaft für Ultraschall in der Medizin", in: Zeitschrift fur Geburtshilfe und Neonatologie Nr. 4/205. Jg. (2001), S. 162–165

[133] Vgl. Kromeyer-Hauschild, K./Wabitsch, M./Kunze, D./Geller, F./Geiß, H. C./Hesse, V./Hippel, A. von/Jaeger, U./Johnsen, D./Korte, W./Menner, K./Müller, G./Müller, J. M./Niemann-Pilatus, A./Remer, T./Schaefer, F./Wittchen, H.-U./Zabransky, S./Zellner, K./Ziegler, A./Hebebrand, J.: „Perzentile für den Body-mass-Index für das Kindes- und Jugendalter unter Heranziehung verschiedener deutscher Stichproben", in: Monatsschrift Kinderheilkunde Nr. 8/149. Jg. (2001), S. 807–818

[134] Unter Annahme einer Normalverteilung bei Körperdaten ist davon auszugehen, dass 68,2 % aller Werte mit der einfachen Standardabweichung um das arithmetische Mittel streuen. Vgl. Bortz/Schuster: Statistik für Human- und Sozialwissenschaftler, S. 71. Dies entspricht bei den üblichen Perzentilentabellen für Kinder einem Bereich zwischen dem 2. und 8. Dezil.

das eigene Gewicht und ergo sie selbst als ‚gesund', ‚normal' oder ‚ideal' gelten. Dabei wird der Personenwaage eine objektive Bewertung zugeschrieben, was sich beispielsweise auch in der Benennung der Modelle niederschlägt. So lässt eine der damals erfolgreichsten Modelle, die *Detecto*-Waage der gleichnamigen US-amerikanischen Firma darauf schließen, dass es die Waage ist, die den Zustand seiner Nutzer*innen auch in der intimen Privatsphäre des eigenen Schlaf- oder Badezimmers ermittelt und aufdeckt.[135] Eine Orientierung an statistischen Normalmaßen und sich daraus ableitende Steuerung des Verhaltens findet sich auch in heutigen Selbstvermessungspraktiken im Rahmen der Wearable-Nutzung wieder.[136] Darauf möchte ich als nächstes eingehen.

Wearables als Medien der Selbstvermessung
Medientechnologien der Vermessung stellen einen wachsenden Markt dar, der Tools für alle Lebensbereiche bereithält und Überwachung und Kontrolle vom eigenen Zuhause (*smart home*), über das Auto (*smart car*) bis hin zu ganzen Städten (*smart city*) umfasst. Auch die Überwachung von Personen und Tieren mit Hilfe von Sensortechnologien ist mittlerweile weit verbreitet. Mit Kaufargumenten wie „mehr Sicherheit" und „Gewissheit" zu erhalten, werden zahlreiche Produkte vertrieben, die unterschiedliche Zielgruppen ansprechen.[137] Speziell für die Vermessung des eigenen Körpers gibt es Technologien wie Personenwaagen, digitale Zyklustracker, Pulsgurte oder diverse Smartphone-Applikationen.[138] Im Fokus dieser Arbeit soll es explizit um Selbstvermessungstechnologien gehen, die unter dem Begriff der *Wearables* verhandelt werden.

Wearables sind Geräte, die im oder am Körper getragen werden und durch spezielle Sensoren Körperdaten erheben. Zu diesen Wearables gehören unter anderem Fitnesstracker und Smartwatches, die sich seit der Präsentation des ersten Schrittzählers von *Fitbit* im Jahr 2008 erfolgreich am Markt etablieren

---

[135] Vgl. Schwartz: Never satisfied, S. 216.
[136] Duttweiler/Passoth: Self-Tracking als Optimierungsprojekt?, S. 9.
[137] Beispiele für diese Produkte sind Babyphones mit Video- und Bewegungsüberwachung durch Sensormatten („Höchste Sicherheit fürs Baby, maximaler Komfort für Eltern"/ „Mit Gewissheit ruhig schlafen" https://angelcare.de/babyphones/angelcare-babyphone-ac720-d/ und https://www.angelcare.de/babyphones/babyphones_mit_sensormatte/), GPS-Tracker für Hunde und Katzen („Immer wissen, wo dein Liebling ist." https://tractive.com/eu_de) oder GPS-Tracker für Kinder („Selbstständigkeit bei völliger Sicherheit" https://www.weenect.com/de/gps-tracker-fur-kind-weenect-kids.html) sowie Senior*innen („Unabhängigkeit bei völliger Sicherheit") https://www.weenect.com/de/ortungsgerat-gps-senior-alzheimer-weenect-silver.html) (alle zuletzt geprüft 24.03.2022).
[138] Der Begriff der Smartphone-Applikation wird im Folgenden mit der gängigen Bezeichnung „App" abgekürzt.

konnten und deren Absatz seitdem stetig gestiegen ist.[139] Andere Arten von Wearables, wie z. B. *Smart Glasses* oder *Smart Clothes* stellen bisher eher Nischenprodukte dar, weshalb der Fokus dieser Arbeit auf Fitnesstrackern und Smartwatches, welche die Funktionen eines Fitnesstrackers integrieren, liegen soll.

Fitnesstracker zeichnen sich laut Matthew B. Hoy im Wesentlichen durch folgende Eigenschaften aus: Zunächst muss es das Design erlauben, dass der Tracker direkt am Körper der Nutzer*innen getragen werden kann. Des Weiteren muss der Tracker integrierte Beschleunigungsmesser, Höhenmesser oder andere Sensoren besitzen, welche die Bewegungen der Nutzer*innen messen.[140] Daten, die typischerweise von Fitnesstrackern erhoben werden, sind beispielsweise gelaufene Schritte, Schlafphasen, körperliche Aktivität oder die Herzfrequenz. Diese Daten müssen dann via Bluetooth an eine App übertragen, dort verarbeitet und in einem zeitlichen Verlauf dargestellt werden können. Dies geschieht meist auf einem weiteren Gerät, wie dem Smartphone, wo die übertragenen Daten von einer entsprechenden App verarbeitet und visualisiert werden. Nutzer*innen können durch diese App dauerhaft auf detaillierte Aufzeichnungen ihrer Aktivitäten zugreifen. Ist also in dieser Arbeit von Wearables die Rede, sind am Arm getragene Selbstvermessungs-Technologien in Form von Fitnesstrackern und Smartwatches gemeint, die Körperdaten aufzeichnen und deren Nutzung sich nach Deborah Lupton im Bereich eines *private self-tracking*, also einer freiwilligen und selbst-initiierten Vermessung, verorten lässt.[141]

In Abgrenzung zu anderen Geräten der Selbstvermessung, wie zum Beispiel Personenwaagen, möchte ich einige Besonderheiten von Wearables herausstellen: Ein zentraler Unterschied zu vorherigen Praktiken der Selbstvermessung ist die Zirkulation der Daten. Während Technologien wie die Waage die erhobenen Daten nur unidirektional an die Nutzer*innen kommuniziert, zirkulieren

---

[139] Zurzeit geht man von einem weltweiten Absatz von mehr als 533 Millionen Wearables aus, darunter Smartwatches, Fitnesstracker und Earables, was einer Steigerung von 20 Prozent im Vergleich zum Vorjahr entspricht. Vgl. International Data Corporation (IDC): Wearables Deliver Double-Digit Growth for Both Q4 and the Full Year 2021, According to IDC, 2022, https://www.idc.com/getdoc.jsp?containerId=prUS48935722 vom 08.03.2022 (zuletzt geprüft 08.04.2022). Auch in Deutschland ist eine Steigerung des Absatzes von Wearables zu beobachten, von etwa 6,7 Millionen verkauften Geräten in 2020 zu etwa 7,3 Millionen in 2021, vgl. gfu Consumer & Home electronics: Home Electronic Market Index Quartal 1–4 / 2021, 2021, https://gfu.de/wp-content/uploads/2022/03/HEMIX_Q1-4_2021.pdf (zuletzt geprüft 08.04.2022).

[140] Vgl. Hoy, Matthew B.: „Personal Activity Trackers and the Quantified Self", in: Medical reference services quarterly Nr. 1/35. Jg. (2016), S. 94–100, S. 95.

[141] Vgl. Lupton: Self-Tracking Modes, 2014, S. 5 ff.

die eigenen Daten bei Nutzung eines Wearables nun ohne Kontrolle, denn sie fließen auch zurück zum Anbieter, in soziale Netzwerke oder an Dritte.[142] Das hat die Konsequenz, dass auf Seiten der Nutzer*innen kein Einblick mehr darin besteht, was mit den eigenen Daten passiert, und dass eine Wiederverwertung dieser kaum vermieden werden kann.[143] Ein weiterer Unterschied kann in der Art der Datenerfassung gesehen werden. Diese geschieht mit den Wearables überwiegend automatisch und sorgt dafür, dass sich Praktiken der Selbstvermessung unbemerkt in den Alltag eingliedern.[144] Diese Punkte schließen an das an, was ich in Abschnitt 3.1 als erstes Charakteristikum der Quantifizierungsgesellschaft herausgearbeitet habe: Digitale Technologien weiten die Bereiche aus, die vermessen werden können und erhöhen zudem die Messfrequenz.[145] Menge und Varietät der Daten nehmen also durch die steigende Anzahl von Aufzeichnungsmöglichkeiten immer weiter zu. Dies beobachten auch Duttweiler und Passoth, welche die Ausdehnung von Selbstvermessungspraktiken sowohl auf quantitativer als auch auf qualitativer Ebene feststellen, denn zum einen erhöht sich die Anzahl der Praktiken, die zur Optimierung der eigenen Leistung oder des Körpers beitragen sollen und zum anderen erweitern sich die Bereiche der technisierten Rechenbarmachung des Alltags.[146] Ferner sind Wearables dadurch geprägt, dass sie allgegenwärtig sind, sich unauffällig in den Alltag eingliedern und in der Lage sind, dabei ständig Daten zu erheben. Das schließt daran an, was Anne Galloway unter einer *calm technology* versteht: „technology that moves between the *periphery* and *centre* of our attention, outside of conscious awareness (but not completely absent) until we actively focus on it."[147] James Gilmore greift diese Ubiquität auf und bezeichnet Wearable-Technologien deshalb auch als *everywear*, die als technische Vermittler des Körperzustands dafür sorgen,

---

[142] Vgl. Crawford/Lingel/Karppi: Our metrics, ourselves. In der Regel können Fitnesstracker mit Smartphone-Apps von Drittanbietern gekoppelt werden, z. B. kann das eigene Ernährungsverhalten durch Apps wie z. B. *My Fitness Pal* (https://www.myfitnesspal.com/de) aufgezeichnet werden, indem Produkte und Mahlzeiten aus einer (nach eigenen Angaben) rund 11 Millionen Nahrungsmittel gewählt werden können. Deren bereits hinterlegte Nährwerte können dann von der App des Fitnesstrackers weiterverarbeitet und mit dem individuellen Trainingsplan abgestimmt werden (zuletzt geprüft 24.03.2022).

[143] Vgl. Lupton: Self-Tracking Modes, 2014, S. 13.

[144] Vgl. Selke: Einleitung Lifelogging, S. 3.

[145] Vgl. Neff, Gina/Nafus, Dawn: Self-Tracking, Cambridge, Massachusetts/London, England: The MIT Press, 2016, S. 2 f.

[146] Vgl. Duttweiler/Passoth: Self-Tracking als Optimierungsprojekt?, S. 18.

[147] Galloway, Anne: „Intimations of everyday life. Ubiquitous computing and the city", in: Cultural Studies Nr. 2–3/18. Jg. (2004), S. 384–408, S. 388. Hervorhebungen im Original.

3.2 Die Vermessung des Selbst

dass der menschliche Körper immer als aktiv („always on") wahrgenommen wird.[148] Selbstvermessungspraktiken tragen also zur Datenproduktion der Quantifizierungsgesellschaft bei und fügen sich auf Grund ihrer Eigenschaften ideal in unseren „Quantifizierungs-Flow" ein.[149]

Auch das zweite Kennzeichen der Quantifizierungsgesellschaft, die datenbasierten Bewertungen und darauf fußende Handlungen, kann man im Rahmen der Selbstvermessungspraktiken erkennen. Erhobene Körperdaten führen dazu, dass Entscheidungen hinsichtlich des Ernährungs-, Trainings- oder Schlafverhaltens getroffen werden und drücken sich so in konkreten Handlungen aus. Darauf werde ich im Verlauf des Kapitels zurückkommen.

Als letzten Punkt möchte ich die quantitative Mentalität herausheben, die sich ebenfalls in der Verbreitung der Selbstvermessung widerspiegelt. Die Gleichsetzung von Daten und objektivem Wissen über den eigenen Körper legen den Grundstein dafür, dass sich Versprechungen ergeben, durch die Datengenerierung neue Erkenntnisse über unterschiedliche Lebensbereiche zu gewinnen. Nicht zuletzt dadurch wird der Komplex der Selbstvermessung aus Perspektive von Wissenschaft, Industrie und Öffentlichkeit zu einem interessanten Gegenstand, zumal durch die erhobenen Daten Auswirkungen auf Dritte zu erwarten sind.[150]

Neben der quantitativen Mentalität als eine der zentralen Voraussetzungen für die Popularität von Selbstvermessungstechnologien treten die technologische Entwicklung – dazu zählen unter anderem eine Verbesserung der Infrastruktur und die Miniaturisierung der Sensoren – sowie der kulturelle Wandel hin zu einem Paradigma eines positiven Gesundheitsverhaltens.[151] Auf diesen Zug springen Arbeitgeber, Gesundheitsversorger und Versicherungen auf, die den Markt um Selbstvermessungstechnologien zusätzlich antreiben, immer mit den Zielen der Produktivitätssteigerung und der Kostensenkung durch gesunde und damit leistungsstarke Arbeitnehmer*innen vor Augen.[152] Die Sammlung und Auswertung von persönlichen Daten ist längst nicht mehr auf den Privatgebrauch reduziert,

---

[148] Vgl. Gilmore: Everywear. S. 2525.

[149] Lomborg et al. beschreiben Selbstvermessungspraktiken als Möglichkeit des Flow-Erlebens. Vgl. Lomborg, Stine/Thylstrup, Nanna B./Schwartz, Julie: „The temporal flows of self-tracking. Checking in, moving on, staying hooked", in: New Media & Society Nr. 12/20. Jg. (2018), S. 4590–4607, S. 4590 f.

[150] Vgl. Neff/Nafus: Self-Tracking, S. 8 f. Exemplarisch lassen sich hier die Potenziale von Wearable-Daten für die medizinische Forschung nennen. Auf diesen Aspekt werde ich zu einem späteren Zeitpunkt genauer eingehen.

[151] Vgl. ebd., S. 18 f.

[152] Vgl. Bode, Matthias/Kristensen, Dorthe B.: „The digital doppelgänger within. A study on self-tracking and the quantified self movement", in: Domen Bajde/Robin Canniford (Hg.),

sondern spielt mittlerweile in vielen Kontexten eine zentrale Rolle. Gleichzeitig weichen so die Grenzen zwischen Privatheit und Öffentlichkeit, Freiwilligkeit und Zwang, Eigen- und Fremddaten immer mehr auf.[153]

Wearables sind als konvergente Endgeräte Medium und Kommunikationstechnologie zugleich und integrieren die Möglichkeiten der interpersonalen, Gruppen- und Massenkommunikation. Eine Differenzierung zwischen Hardware, Software und Kommunikationsprozess ist bei der Frage nach der Nutzung und Wirkung von Wearables nicht praktikabel. Wird also im Folgenden von Wearables gesprochen, schließt das neben dem Gerät des Trackers selbst auch die App und den Prozess der Datenübertragung mit ein. Hier zeigt sich auch noch einmal der Vorteil der Betrachtung von Wearables als Dispositiv, da so die Gesamtkonstellation berücksichtigt werden kann.

Eine Relevanz dafür, Wearables als Forschungsgegenstand zu adressieren, ergibt sich neben der Marktverbreitung im Besonderen aus der wachsenden Akzeptanz der Technologie. In der Art, wie Wearables als Lifestyle-Produkte vermarktet werden, treffen sie auf eine große Zielgruppe, die sich von den durch die Anbieter kommunizierten Versprechen von Selbsterkenntnis, mehr Produktivität, Effizienz und Aktivität angesprochen fühlen. Wissenschaftlich gesicherte Erkenntnisse über die tatsächliche Nutzung von Wearables und damit verbundene Selbstvermessungspraktiken sind bisher jedoch kaum vorhanden.[154] Zudem lohnt sich ein genauerer Blick auf Wearables, da sie als persuasive Medien auch bestimmte Vorstellungen kommunizieren und Auswirkungen auf die Nutzer*innen haben können.[155] So kommen bei Wearables verschiedene

---

Assembling Consumption. Researching Actors, Networks and Markets, New York: Routledge, 2015, S. 119–134, S. 260 ff. Siehe auch Moore: Agiles Arbeiten und Messung des Affektiven.

[153] Vgl. Lupton: Self-Tracking Modes, 2014, S. 5.

[154] Studien zur Nutzung und Wirkung von Selbstvermessungspraktiken arbeiten eher explorativ, untersuchen Stichproben in speziellen Anwendungsfeldern oder fokussieren keine Wearables. Siehe z. B. Didžiokaitė, Gabija/Saukko, Paula/Greiffenhagen, Christian: „The mundane experience of everyday calorie trackers. Beyond the metaphor of Quantified Self", in: New Media & Society Nr. 4/20. Jg. (2017), S. 1470–1487, Duttweiler, Stefanie: „Daten statt Worte?! Bedeutungsproduktion in digitalen Selbstvermessungspraktiken", in: Thorben Mämecke/Jan-Hendrik Passoth/Josef Wehner (Hg.), Bedeutende Daten. Modelle, Verfahren und Praxis der Vermessung und Verdatung im Netz, Wiesbaden: Springer VS, 2018, 251–276, Lomborg, Stine/Frandsen, Kirsten: „Self-tracking as communication", in: Information, Communication & Society Nr. 7/19. Jg. (2015), S. 1015–1027; Bode/Kristensen: The digital doppelgänger within.

[155] Sowohl bei Reichert, Ramón: „Social Surveillance. Praktiken der digitalen Selbstvermessung in mobilen Anwendungskulturen", in: Stefanie Duttweiler/Robert Gugutzer/Jan-Hendrik Passoth et al. (Hg.), Leben nach Zahlen. Self-Tracking als Optimierungsprojekt?,

motivierende Faktoren ins Spiel, beispielsweise über *ludic interfaces* der Geräte, denn die Visualisierungen der durch den Tracker erhobenen Daten werden häufig mit spieltypischen Mechaniken angereichert, die das menschliche Verhalten motivierend beeinflussen sollen.[156] Diese Visualisierungen sind ein wichtiger Aspekt der Wissensproduktion, suggerieren sie doch eine Art „Lesbarkeit" des menschlichen Körpers.[157] Ergänzt werden persuasive Effekte durch weitere Gamification-Elemente, Erinnerungsfunktionen, Warnungen und Belohnungen, welche in der Lage sind, die Nutzung zu steuern.[158] Das Verhältnis der Funktionen von Wearables, der kommunizierten Versprechen und der Wissensproduktion möchte ich anhand der Alltagspraktiken von Wearable-Nutzer*innen in meiner Dispositivanalyse später untersuchen.

Alltagsnutzer*innen und „N-of-1 researchers"
Im Folgenden geht es um die Nutzung von Wearables und darunterliegende Nutzungsmotive. Dafür gilt es zunächst kurz die Rahmenbedingungen zu skizzieren, die eine Nutzung überhaupt erst ermöglichen. Für jede Form der regelmäßigen Selbstvermessung sind Medientechnologien für die Erhebung notwendig. Das kann von Stift und Zettel über eine Personenwaage auch ein Blutdruckmessgerät oder eben ein Wearable sein. Des Weiteren wird ein methodisches Vorgehen benötigt. Wie und wann wird vermessen? Inwiefern wird das Gemessene dokumentiert und weiterverarbeitet? Zusätzlich müssen hier die Kompetenzen vorliegen, die für den Vorgang der Datenerhebung benötigt werden, ebenso muss es eine Motivation bzw. einen Anlass zur Selbstvermessung geben.[159] Die Gründe dafür, sich selbst zu vermessen, können vielfältig sein: Es kann darum gehen, herauszufinden, welche Faktoren die wiederkehrenden Kopfschmerzen auslösen oder welche Aktivitäten am Abend zu einem besseren Schlaf verhelfen. Oder darum, seine Aktivität im Alltag zu erhöhen oder sich bewusste Entspannungsphasen einzuräumen. Praktiken, Motive und Auswirkungen hängen auch im Themenkomplex

---

Bielefeld: transcript, 2016, S. 185–200, S. 185, als auch bei Kreitzberg et al.: What is Your Fitness Tracker Communicating?, S. 94 werden Wearables die Möglichkeit der persuasiven Wirkung zugesprochen.

[156] Vgl. Reichert, Ramón: „Digitale Selbstvermessung. Verdatung und soziale Kontrolle", in: ZfM – Zeitschrift für Medienwissenschaft Nr. 2/7. Jg. (2015), S. 66–77, S. 67.

[157] Pantzar, Mika/Ruckenstein, Minna: „The heart of everyday analytics. Emotional, material and practical extensions in self-tracking market", in: Consumption Markets & Culture Nr. 1/18. Jg. (2014), S. 92–109.

[158] Vgl. Kreitzberg et al.: What is Your Fitness Tracker Communicating?, S. 98.

[159] Vgl. Duttweiler/Passoth: Self-Tracking als Optimierungsprojekt?, S. 11.

der Selbstvermessung eng zusammen und lassen sich kaum getrennt voneinander beschreiben. Um sich einer besseren Einordnung zu nähern, möchte ich zunächst einige Versuche der Kategorisierung von Selbstvermessungspraktiken aus der Forschungsliteratur skizzieren. Anne-Sylvie Pharabod et al. unterscheiden grundsätzlich drei Logiken, die Selbstvermessungspraktiken unterliegen. Die erste wird mit dem Begriff der *surveillance* bezeichnet und beschreibt Formen der Selbstvermessung im Sinne einer Selbstüberwachung, bei denen gewisse Grenzwerte existieren, die nicht überschritten werden sollen. Diese Grenzen oder auch ‚Budgets' können sowohl selbst als auch von außen auferlegt sein. Darunter fällt beispielsweise die Bestimmung eines konkreten Körpergewichts, das nicht überschritten werden soll. Als zweite Praktik geht es bei der *regularité* oder *routinisation* um gute und schlechte Gewohnheiten. Selbstvermessungspraktiken sollen dabei unterstützen, sich entweder schlechte Gewohnheiten abzugewöhnen, gute Gewohnheiten zu entwickeln oder bei einer guten Gewohnheit zu bleiben. Exemplarisch zu nennen wäre hier der Vorsatz, mehr Schritte am Tag zu Fuß zurückzulegen und dies mit Hilfe von Selbstvermessungstechnologien zu einer Gewohnheit werden zu lassen. Eine dritte Logik ist die der *performance*, bei der bestimmte Aspekte gesteigert beziehungsweise verbessert werden sollen.[160] Häufig findet sich diese Praktik im Sportbereich wieder, wenn es zum Beispiel darum geht, die eigenen Laufzeiten zu verbessern. Bei dieser Typologie der Selbstvermessungspraktiken ist es wichtig zu betonen, dass die Praktiken nicht exklusiv sind, sondern eine Person auch gleichzeitig mehrere Logiken verfolgen kann.

Empirische Nutzungsstudien identifizieren unterschiedliche Motivationen der Selbstvermessung. Laut Stine Lomborg und Kirsten Frandsen dienen die bei der Wearable-Nutzung am häufigsten getrackten Daten der Gewichtsabnahme oder Trainingszwecken und sind damit im Bereich der *surveillance* oder der *performance* zu verorten.[161] Ebenfalls in den Bereich der *performance* fallen die Motive aus einer Studie von Stefanie Duttweiler, welche die Selbstvermessungspraktiken von Sportstudierenden untersucht, die sich in erster Linie vermessen, um ihre aktuellen sportlichen Leistungen mit früheren oder den Leistungen anderer zu vergleichen, um sich selbst zu verbessern oder um gezielter zu trainieren. Duttweiler beobachtet hier eine spezifische Verknüpfung von Vermessung und Leistung, was darauf schließen lässt, dass die Motivation zur Selbstvermessung

---

[160] Vgl. Pharabod, Anne-Sylvie/Nikolski, Véra/Granjon, Fabien: „La mise en chiffres de soi", in: Réseaux Nr. 1/177. Jg. (2013), S. 97–129, S. 108 ff.

[161] Vgl. Lomborg/Frandsen: Self-tracking as communication, S. 1017.

3.2 Die Vermessung des Selbst

stark davon abhängt, ob es eine Vergleichsgröße gibt.[162] Speziell bei dieser Zielgruppe können besondere Motive herausgearbeitet werden. So zum Beispiel die Herausbildung einer „professionellen Identität" als Sportler*innen, bei welcher die Dokumentation der Trainingsdaten als ‚Beweis' für die Erbringung sportlicher Leistungen bewertet wird.[163] Dieses Ergebnis verdeutlicht exemplarisch den Wert qualitativer empirischer Untersuchungen von Selbstvermessungspraktiken, die dabei helfen, das breite Spektrum der individuellen Nutzungsmotive besser verstehen und beschreiben zu können.

Des Weiteren gibt es Praktiken der Selbstvermessung im medizinischen und gesundheitsbezogenen Bereich, denkt man zum Beispiel an die Messung des Blutglukosewerts bei Diabetespatient*innen oder an den Kontext des (professionellen) Sports, in dem schon immer ein besonderer Zusammenhang von Quantifizierung und Leistungsoptimierung bestand.[164] Zwar können auch hier Überschneidungen mit den Praktiken einer Selbstvermessung mit Wearables festgestellt werden, es handelt sich hierbei aber nicht um eine im gleichen Maße freiwillige Vermessung im Sinne eines *private self-tracking*[165], weswegen diese Bereiche der Selbstvermessung in dieser Arbeit ausgeklammert werden sollen.

Um noch einmal auf die von Duttweiler und Passoth beschriebenen Dimensionen der Selbstvermessung und die Unterscheidung zwischen aktiver und passiver Vermessung des Körpers zurückzukommen, lassen sich abschließend folgende mögliche Körperdaten identifizieren: Vom Wearable ausgehend, also in Form passiv erhobener Daten, wäre je nach Gerät die Aufzeichnung von Schlafdauer und -qualität, Kalorienverbrauch, Herzrate, zurückgelegter Strecke (laufen, gehen, Fahrrad fahren, schwimmen etc.), Zeit (z. B. Stundenkilometer beim Laufen), zurückgelegter Schritte, gelaufener Stufen und Körpertemperatur möglich. Ergänzt werden diese Daten von manchen Nutzer*innen unter Umständen noch mit aktiv erhobenen Daten, wie z. B. Nahrungsaufnahme, Schmerzen, Gewicht oder Stimmung. Je nach Selbstvermessungsmotiv kann das Zusammentragen bestimmter Daten hilfreich sein, um Zusammenhänge zu erkennen. Hinzu kommen bei einigen Wearables noch anbietereigene Werte hinzu, wie z. B. der *Cardio-Fitnessindex* von *Fitbit*.[166]

---

[162] Vgl. Duttweiler: Daten statt Worte, S. 256 ff.
[163] Vgl. ebd., S. 259.
[164] Vgl. Duttweiler/Passoth: Self-Tracking als Optimierungsprojekt?, S. 16.
[165] Vgl. Lupton: Self-Tracking Modes, 2014, S. 5 ff.
[166] Auszug auf der *Fitbit*-App: „Dein Cardio-Fitnessniveau zeigt an, wie fit du für dein Alter und Geschlecht bist. Dieses Niveau wird über deinen Cardio-Fitnessindex bestimmt, der einen Schätzwert für deinen VO2 Max darstellt (die maximale Sauerstoffmenge, die dein

Als nächstes möchte ich noch mal einen genaueren Blick auf die Nutzer*innen von Selbstvermessungspraktiken werfen. Häufig wird im Kontext der Selbstvermessung vom *Quantified Self* gesprochen. Obwohl die beiden Begriffe gerade in der öffentlichen Diskussion oftmals synonym verwendet werden, handelt es sich dabei um unterschiedliche Erscheinungen.[167] *Quantified Self* bezeichnet die durch Gary Wolf und Kevin Kelly im Jahr 2007 gegründete Bewegung, in der Interessierte im Sinne einer verbesserten Leistungsfähigkeit versuchen, sich in verschiedenen Lebensbereichen zu optimieren.[168] Diese durch Experimentierfreude (*Tinkering*) und Selbstversuche geprägte Ausrichtung der Selbstvermessung geht über einfache alltägliche Nutzungspraktiken hinaus. Viele der beteiligten Akteure haben einen technischen oder medizinischen Berufshintergrund, so dass es häufig zu einer Verschränkung von privaten und professionellen Interessen kommt.[169] Portraitiert werden *Quantified Self*-Teilnehmer*innen häufig als „Datenfetischisten"[170], bei denen das Selbst reduziert wird auf eine Art „Einsatzzentrale", die lediglich auf eingehende Daten reagiert.[171] Auf der anderen Seite kann auch argumentiert werden, dass gerade Mitglieder der *Quantified Self*-Community in besonders kreativer und ‚eigensinniger' Art mit ihren Daten umgehen. Da ihre Praktiken so individuell sind, dass eine Zusammenführung von Daten in vorgegebene Raster und damit ein Vergleich auf höherer Ebene kaum

---

Körper während einer Übung nutzen kann). Deine Punktzahl basiert auf deiner Ruheherzfrequenz und deinem Benutzerprofil." Mehr zum Cardio-Fitnessindex findet sich unter https://help.fitbit.com/articles/de/Help_article/2096 (zuletzt geprüft 24.03.2022).

[167] So beschreiben sowohl Didžiokaitė/Saukko/Greiffenhagen: The mundane experience of everyday calorie trackers, S. 1471 ff. als auch Meißner: Selbstoptimierung durch Quantified Self?, S. 219 f. ihre Beobachtungen hinsichtlich der Gleichsetzung von Selbstvermessung und *Quantified Self* bzw. die Nutzung von *Quantified Self* als Metapher für Selbstvermessungspraktiken.

[168] Die Webseite http://quantifiedself.com/ vereint die internationale *Quantified Self*-Bewegung, die 2007 von Gary Wolf und Kevin Kelly ins Leben gerufen wurde. Auf der Seite heißt es: „The Quantified Self is an international community of users and makers of self-tracking tools who share an interest in 'self-knowledge through numbers.' If you are tracking for any reason – to answer a health question, achieve a goal, explore an idea, or simply because you are curious – you can find help and support here." Interessierte können an sogenannten "*Quantified Self*-Meetups" teilnehmen, online an der Community teilhaben oder eine der offiziellen *Quantified Self*-Konferenzen besuchen. Die deutsche *Quantified Self*-Community (http://qsdeutschland.de/) wurde 2012 von Florian Schumacher gegründet (alle zuletzt geprüft 31.01.2022).

[169] Vgl. Nafus/Sherman: This One Does Not Go Up to 11, S. 1787 f.

[170] Sharon/Zandbergen: From data fetishism to quantifying selves, S. 1696.

[171] Vgl. Abend/Fuchs: Introduction. The Quantified Self and Statistical Bodies, S. 11.

3.2 Die Vermessung des Selbst

möglich ist, kann *Quantified Self* auch als ‚sanfter Widerstand' gegen vorhandene Kategorisierungen gesehen werden.[172] Hier kommt die Selbstbezeichnung als „N-of-1 researchers" zum Tragen, denn im Mittelpunkt der Experimente steht die kleinste Stichprobe der Welt – die eigene Person. Selbstverwissenschaftlichung und die Durchführung von Selbstexperimenten kann also auch ein Motiv zur Nutzung von Selbstvermessungstechnologien darstellen.

Im Kontrast dazu stehen Nutzer*innen, die sich nicht als Teil der *Quantified-Self*-Community verstehen, sondern mit regulären Verbrauchergeräten und Apps Aspekte ihres Alltags vermessen. Im Anschluss an Gabija Didžiokaitė et al. möchte ich diese Nutzer*innen unabhängig vom Messkontext als *Alltagsnutzer*innen* bezeichnen.[173] Diese Gruppe der Selbstvermesser*innen verwendet eher die Basisfunktionen der Wearables und Apps und hat häufig einen bestimmten Zweck vor Augen, zum Beispiel eine Gewichtsabnahme.[174] Didžiokaitė et al. merken in diesem Zusammenhang an, dass sich öffentliche Diskussionen häufig auf die besonders involvierten Selbstvermesser*innen konzentrieren, die Teil der *Quantified Self*-Community sind, diese würden aber nur einen geringen Anteil aller Wearable-Nutzer*innen darstellen.[175] Der überwiegende Anteil nutzt die Technologien in einem normalen Maße oder nur in bestimmten Kontexten. Nichtsdestotrotz können die Gründe für die Ausübung der Selbstvermessung beider Gruppen in Teilen übereinstimmen.[176] Eun K. Choe et al. haben in einer Studie mögliche Motivationen von Nutzer*innen der *Quantified Self*-Community zusammengetragen (Abbildung 3.1), die sich ggf. auf Alltagsnutzer*innen übertragen lassen.

---

[172] Vgl. Nafus/Sherman: This One Does Not Go Up to 11, S. 1791.
[173] Didžiokaitė et al. bezeichnen die Teilnehmer*innen ihrer Studie als „everyday self-trackers", vgl. Didžiokaitė/Saukko/Greiffenhagen: The mundane experience of everyday calorie trackers, S. 1472.
[174] Vgl. ebd.
[175] Vgl. ebd.
[176] Vgl. Neff/Nafus: Self-Tracking, S. 23.

MOTIVATION	SUBCATEGORIES	TRACKING EXAMPLE
Improve health	Cure or manage condition	Track blood glucose to hit the target range
	Achieve a goal	Track weight to get back to ideal weight
	Find triggers	Log triggers that cause arterial fibrillation
	Answer a specific question	Track niacin intake dosage and sleep to identify how much niacin to take for treating symptoms
	Identify relationships	Track exercise, weight, muscle mass, and body fat to see the relationship
	Find balance	Log sleep, exercise, and time to get back from erratic lifestyle
Improve other aspects of life	Maximize work performance	Track time to know the current use of time / find ways to be more efficient
	Be mindful	Take a self-portrait shot every day to capture each day's state of mind
Find new life experiences	Satisfy curiosity and have fun	Log the frequency of puns to see what triggered them
	Explore new things	Track every street walked to explore the city
	Learn something interesting	Track heart rate as log as possible to see what can be learned

Abbildung 3.1 Motivationen zur Selbstvermessung von Personen der *Quantified Self*-Community[177]

---

[177] Choe, Eun K./Lee, Nicole B./Lee, Bongshin/Pratt, Wanda/Kientz, Julie A.: „Understanding quantified-selfers' practices in collecting and exploring personal data", in: Matt Jones/Philippe Palanque/Albrecht Schmidt et al. (Hg.), Proceedings of the 32nd annual ACM conference on Human factors in computing systems – CHI '14, New York: ACM Press, 2014, S. 1143–1152, S. 1146.

3.2 Die Vermessung des Selbst

Viele wissenschaftliche Studien setzen sich explizit mit *Quantified Self*-Nutzer*innen auseinander.[178] Andere stellen gerade die ‚banalen Daten' von Alltagsnutzer*innen in den Mittelpunkt ihrer Forschung.[179] Für diese Arbeit sollen zunächst keine Einschränkungen hinsichtlich der Motivation der Nutzer*innen gelten, solange die Selbstvermessung auf freiwilliger Basis geschieht.

Selbstvermessung mit Wearables: Forschungsperspektiven
Selbstvermessung und die damit verbundene Nutzung von Wearables werden aus wissenschaftlicher Perspektive je nach Disziplin, darunter Soziologie, Kommunikationswissenschaft, Medienwissenschaft, Informatik, Medizin und Gesundheitswissenschaft, unterschiedlich diskutiert. Dabei werden diesen Praktiken von verschiedenen Seiten sowohl positive als auch negative Potenziale zugesprochen. Empirisch belegt sind jedoch kaum welche dieser Potenziale, vor allem mangelt es an Studien, welche die tatsächlichen Nutzungspraktiken im Hinblick auf Wearables und daraus entstehende Effekte in den Mittelpunkt stellen.

Aus sozialwissenschaftlicher Perspektive überwiegen die Interpretationen von Selbstvermessung als ein Moment des Neoliberalismus oder als ein Nebeneffekt einer „Aktiv- oder Disziplinargesellschaft".[180] So bezeichnet Deborah Lupton Selbstvermessung als ein Element biopolitischer Regierung, denn auch wenn die private Selbstvermessung erstmal auf freiwilliger Basis geschehe, würden die Datenansammlungen zu einem digitalen Biokapital und produzierten gesellschaftlichen Druck.[181] Die Verantwortung für den individuellen Körper wird dabei zunehmend dem Individuum zugeschrieben. Daraus entsteht eine neue Form

---

[178] Empirische Studien, die explizit *Quantified Self*-Nutzer*innen fokussieren sind z. B. Bode/Kristensen: The digital doppelgänger within; Nafus/Sherman: This One Does Not Go Up to 11; Sharon/Zandbergen: From data fetishism to quantifying selves; Vormbusch, Uwe/Kappler, Karolin: „Leibschreiben. Zur medialen Repräsentation des Körperleibes im Feld der Selbstvermessung.", in: Thorben Mämecke/Jan-Hendrik Passoth/Josef Wehner (Hg.), Bedeutende Daten. Modelle, Verfahren und Praxis der Vermessung und Verdatung im Netz, Wiesbaden: Springer VS, 2018, S. 207–230; Zillien/Fröhlich: Reflexive Selbstverwissenschaftlichung.
[179] Studien, welche explizit Alltagsnutzer*innen erforschen sind z. B. Pink, Sarah/Sumartojo, Shanti/Lupton, Deborah/La Heyes Bond, Christine: „Mundane data. The routines, contingencies and accomplishments of digital living", in: Big Data & Society Nr. 1/4. Jg. (2017), 205395171770092; Didžiokaitė/Saukko/Greiffenhagen: The mundane experience of everyday calorie trackers; Lomborg/Frandsen: Self-tracking as communication.
[180] Duttweiler/Passoth: Self-Tracking als Optimierungsprojekt?, S. 24.
[181] Vgl. Lupton: Self-Tracking Modes, 2014, S. 14.

der sozialen Kontrolle, da persönliche Entscheidungen und Verhalten mit gesellschaftlichen Normen in Übereinstimmung gebracht werden müssen.[182] Dieses Konzept kann mit der Selbstvermessung durch Wearables in Verbindung gebracht werden, denkt man beispielsweise an die eingangs angesprochenen Produkttexte wie „Übernimm Verantwortung für deine Gesundheit".[183] Diese Fokussierung auf die Gesundheit, die Gina Neff und Dawn Nafus schon in den Bereich der Fetischisierung rücken[184], und die dazugehörigen Werbeversprechen, dass die Selbstvermessung mit Wearables einen positiven Einfluss auf die Gesundheit haben soll, hat sich als festes Konzept in den Köpfen der Menschen festgesetzt.[185] Der direkte Zusammenhang zwischen Wearable-Nutzung und Gesundheitsförderung wird somit kaum mehr hinterfragt. Diese Verknüpfung von (positiven) Gesundheitseffekten mit der Wearable-Nutzung möchte ich im Rahmen meiner Dispositivanalyse genauer untersuchen.

Ebenfalls die Produkttexte und Werbebotschaften der Wearable-Anbieter aufgreifend, kritisieren Pablo Abend und Mathias Fuchs, durch diese werde suggeriert, dass Menschen per se fehlerhaft seien und nur mit Hilfe technischer Mittel verbessert werden könnten. Damit einher gehe die Frage danach, was eigentlich der ‚ideale' oder ‚gesunde' Lebensstil sei und wer diesen vorgebe. Die Autoren sehen darin auf lange Sicht eine Gefahr für das Solidarprinzip, da Gruppen marginalisiert werden könnten, die dem Ideal nicht entsprechen.[186] Was diese ‚idealen' Werte sein können, bestimmen unter anderem Unternehmen wie *Vivametrica*, die versuchen Standards zu setzen, indem sie durch Wearable-Nutzung entstandene Daten sammeln und verarbeiten.[187] Sich daraus ergebende Maßzahlen wie Durchschnittswerte können somit Zielbereiche vorgeben, die als erstrebenswert gelten. Nutzer*innen steuern mit ihren Daten so unwissentlich zu neuen Definitionen

---

[182] Vgl. Lomborg/Frandsen: Self-tracking as communication, S. 1017.

[183] Der Produkttext lautet „Übernimm Verantwortung für deine Gesundheit und erreiche deine Fitnessziele, und zwar indem du deine Aktivität, deinen Schlaf, deine Herzfrequenz und noch andere Dinge protokollierst." und stammt von der Produktübersichtsseite von Fitbit. Vgl. Fitbit: Startseite, https://www.fitbit.com/de/home (zuletzt geprüft 11.02.2020).

[184] Vgl. Neff/Nafus: Self-Tracking, S. 7.

[185] Vgl. ebd., S. 24.

[186] Vgl. Abend/Fuchs: Introduction. The Quantified Self and Statistical Bodies, S. 14.

[187] Die US-amerikanische Firma *Vivametrica* beschreibt sich auf ihrer Webseite folgendermaßen: „Using scientific research, technology, and reinsurance validation, we help you collect, standardize, and analyze health data from wearable devices and smartphones to integrate into your underwriting platform to manage population health in real time. For further comfort, we cross reference actuarially-validated table ratings to provide risk stratification and revenue analyses on your current in-force population." (http://vivametrica.com/) (zuletzt geprüft 11.02.2020).

3.2 Die Vermessung des Selbst

von Normalität bei. Das macht erneut deutlich, dass Technologien wie Wearables nicht nur *für* Nutzer*innen gemacht sind, sondern auch *über* sie, wenn sie mehr Daten preisgeben als sie im Gegenzug erhalten. Zudem gehen Wearable-Anbieter überwiegend von einer bestimmten Art von ‚regulärem' Körper aus und berücksichtigen dabei kaum das Alter und unterschiedlich befähigte Körper.[188] Julie Passanante Elman zeigt die starke Diskrepanz zwischen technologischen Möglichkeiten gängiger Wearables und dem tatsächlichen Zugang von Menschen mit körperlichen Beeinträchtigungen und Behinderungen.[189] Auch diese Aspekte, möchte ich in meiner Dispositivanalyse aufgreifen.

Bezüglich der Datenzirkulation gibt es weitere kritische Punkte: So beschreiben Kate Crawford et al. eine Auflösung des vormals uni-direktionalen Datenstroms bei Selbstvermessungspraktiken, beispielsweise mit einer Personenwaage.[190] Mit der Nutzung von Wearables würden Nutzer*innen nun den Verlust von Kontrolle und Selbstbestimmung erleben, obwohl gerade dieser Aspekt von den Wearable-Anbietern eigentlich suggeriert wird. Insbesondere diese Position steht in einem Spannungsverhältnis zur These dieser Arbeit, die genau umgekehrt davon ausgeht, dass Nutzer*innen durch die Wearable-Nutzung mehr Kontrolle und Orientierung erleben und eben nicht deren Verlust wahrnehmen.

Einen großen Bereich der kritischen Perspektive auf Wearables nimmt das Spannungsfeld zwischen Selbst- und Fremdüberwachung ein. Entgegen dem Narrativ der Überwachung durch Wearables findet man aber auch die Zuschreibung von Selbstvermessung als „sanften Widerstand" („soft resistance") gegen algorithmische Autoritäten[191] oder als Form der *Sousveillance*.[192] Gleichzeitig bedeutet eine Nutzung von Wearable-Technologien aber auch einen Selbstanschluss an Überwachungstechnologien und macht eine Fremdkontrolle möglich.[193]

Ein weiterer Punkt, der in der Forschungsliteratur immer wieder angesprochen wird, ist die Frage danach, inwieweit Wearables die ‚Wahrheit' abbilden. Selbstvermessungspraktiken produzieren Zahlen, die ein objektives Wissen suggerieren und auch in der Art ihrer Visualisierung der Daten in den Apps oder mit den Interfaces des Wearables selbst auf eine gewisse ‚Wissenschaftlichkeit'

---

[188] Vgl. Crawford/Lingel/Karppi: Our metrics, ourselves, S. 485.
[189] Vgl. Elman: Find Your Fit, S. 3761.
[190] Vgl. Crawford/Lingel/Karppi: Our metrics, ourselves, S. 480.
[191] Vgl. Nafus/Sherman: This One Does Not Go Up to 11, S. 1790 f.
[192] Vgl. Mann/Nolan/Wellman: Sousveillance, S. 336 ff.
[193] Vgl. Mau: Das metrische Wir, S. 249 ff.

verweisen, die sie aufgrund fehlender Transparenz und wissenschaftlicher Kriterien gar nicht leisten können.[194] Die Problematik der scheinbaren Objektivität durch Quantifizierungsmechanismen habe ich bereits in Abschnitt 3.1 beschrieben. Zudem handele es sich dabei ohnehin um eine ‚Mogelpackung', da das Kriterium der Objektivität nicht greife, wenn man vorher selbst die Messkategorien auswählt – man erhalte so lediglich einen „wohlwollenden Blick" auf sich selbst.[195] Hier schließt sich auch die Diskussion daran an, dass es so etwas wie „Raw Data" nicht gibt: „Data are always already ‚cooked' and never entirely ‚raw'."[196] Bereits die Art und Weise, wie Daten erhoben werden, ist selektiv und somit können erhobene Daten immer nur einen Ausschnitt der sozialen Wirklichkeit darstellen.[197] Das ebenfalls in Abschnitt 3.1 angesprochene *blackboxing*, also das Verbergen der Entscheidungen im Entstehungsprozess der Daten, bewirkt, dass Menschen Daten aus digitalen Selbstvermessungspraktiken als „Daten, die nicht ‚lügen' können" wahrnehmen.[198] In der Folge kann dies auch dazu beitragen, dass man dem eigenen Körpergefühl misstraut, weil man nicht mehr in der Lage ist, die erhobenen Körperdaten kontextsensitiv zu interpretieren.[199]

Eine optimistischere Perspektive hinsichtlich der Wirkung von Wearables auf das Körpergefühl nehmen beispielsweise Tamar Sharon und Dorien Zandbergen ein. Sie beschreiben Selbstvermessungspraktiken erstens als Praktik der Achtsamkeit, welche das Körpergefühl erhöht, denn durch Selbstvermessungspraktiken ließen sich Aspekte des Körpers entdecken und sichtbar machen. In der Folge würden entsprechende Selbstvermessungstechnologien irgendwann gar nicht mehr gebraucht werden, weil man gelernt habe, die Signale des Körpers selbst besser wahrzunehmen.[200] Die zweite Praktik ist die des Widerstands, denn erst durch das Sichtbarmachen von Aspekten des Körpers durch die Selbstvermessung könne man auch „aus dem Rahmen ausbrechen" und beispielsweise Kritik an Normwerten üben.[201] Als drittes wird Selbstvermessung als kommunikative und narrative Praktik fokussiert. Dabei geht es darum,

---

[194] Vgl. Duttweiler/Passoth: Self-Tracking als Optimierungsprojekt?, S. 12 f.
[195] Vgl. Pharabod/Nikolski/Granjon: La mise en chiffres de soi, S. 114.
[196] Gitelman/Jackson: Introduction, S. 2.
[197] Vgl. ebd.., S. 5.
[198] Reigeluth, Tyler: „Warum ‚Daten' nicht genügen. Digitale Spuren als Kontrolle des Selbst und als Selbstkontrolle", in: ZfM – Zeitschrift für Medienwissenschaft Nr. 13/7. Jg. (2015), S. 21–34, S. 22.
[199] Vgl. Mau: Das metrische Wir, 174 f.
[200] Vgl. Sharon/Zandbergen: From data fetishism to quantifying selves, S. 1699 f.
[201] Vgl. ebd., S. 1701 ff.

3.2 Die Vermessung des Selbst

durch Selbstvermessungspraktiken neue Ausdrucksformen körperlicher Aspekte zu finden. Der Selbstvermessung wird eine hohe kommunikative Qualität beigemessen, die durch ein „Erzählen durch Zahlen" Dinge abstrahiert und anders adressierbar macht.[202] Diese Achtsamkeit gegenüber dem eigenen Körper beobachten auch Dawn Nafus und Jamie Sherman in ihrer Studie („One learns how to feel one's body through the data").[203] Stine Lomborg et al. beschreiben ebenfalls den Konflikt zwischen *sensory-bodily knowledge* und einem *metric knowledge*.[204] An anderer Stelle wird die Selbstvermessung als Auslagerung des Körpermanagements beschrieben.[205] Die Frage nach der Verbesserung oder Verschlechterung des Körpergefühls durch die Wearable-Nutzung, möchte ich später in der Dispositivanalyse aufgreifen.

Besonders hohe positive Potenziale werden Wearables im Bereich der Gesundheitsförderung und Prävention zugeschrieben.[206] So werden sie als eine mögliche Lösung für große gesellschaftliche Gesundheitsprobleme gesehen, wie beispielsweise gesundheitsgefährdendes Übergewicht. Dieses ließe sich mit einer Steigerung der physischen Aktivität entgegenwirken, was durch den Einsatz von Wearables ermöglicht werden soll.[207] Positives Feedback soll dabei für Erfolgsgefühle und eine Steigerung des Selbstbewusstseins sorgen.[208] Viele Forschungsfragen beschäftigen sich deshalb damit, wie die Motivation und Wearable-Nutzung zusammenhängen und wie das persuasive Potential besser genutzt werden kann.[209] Dabei mangelt es insbesondere hier an Studien, die diese

---

[202] Vgl. ebd., S. 1704 f.
[203] Nafus/Sherman: This One Does Not Go Up to 11, S. 1789.
[204] Vgl. Lomborg/Thylstrup/Schwartz: The temporal flows of self-tracking, S. 4595.
[205] Vgl. Neff/Nafus: Self-Tracking, S. 24.
[206] Gesundheitsförderung umfasst „alle Maßnahmen, die sowohl auf die Veränderung u. Förderung des individuellen Verhaltens als auch der Lebensverhältnisse im positiven Sinne abzielen." Prävention umfasst „Vorkehrungen zur Verhinderung von Krankheiten, Unfällen etc. einschl. der individuell veranlassten ärztl. Maßnahmen, die der Überwachung u. Erhaltung der Gesundheit dienen. Primäre P. durch Ausschaltung schädlicher Faktoren noch vor Wirksamwerden; sekundäre P. durch Aufdeckung u. Therapie im möglichst frühen Stadium; tertiäre P. bei eingetretener Krankheit durch den Versuch, deren Verschlimmerung u. Komplikationen zu verhindern." Hoffmann-La Roche AG/Urban & Fischer: Roche Lexikon Medizin, München: Urban & Fischer, 2003, S. 701 / 1506.
[207] Vgl. Gilmore: Everywear, S. 2528 f.
[208] Vgl. Pink et al.: Mundane data, S. 8.
[209] Studien, die unter anderem Motivation und Wearable-Nutzung fokussieren sind z. B. Sjöklint, Mimmi/Constantiou, Ioanna D./Trier, Matthias: „The Complexities of Self-Tracking – An Inquiry into User Reactions and Goal Attainment", in: ECIS (Hg.), ECIS 2015 Completed Research Papers, AIS Electronic Library, 2015, S. 1–15; Kreitzberg et al.: What

Effekte überprüfen. Robert Cercós et al. argumentieren hingegen, dass Wearables hinsichtlich einer langfristigen Veränderung des Gesundheitsverhaltens kaum von Bedeutung seien, da diese Art der Selbstvermessung auf einer affektiven Ebene nicht bedeutsam genug für die Nutzer*innen wäre, um tatsächlich Verhaltensveränderungen zu bewirken.[210] Im Gegenteil stehen Befürchtungen im Raum, dass Wearables möglicherweise eine Somatisierung begünstigen.[211] Dies unterstreicht, dass es umstritten ist, wie sich bei der Selbstvermessung die Beziehung zum eigenen Körper und zu sich selbst verändern kann.

Auch die Wirkungsdimension wird in der Diskussion um Wearables berücksichtigt. So könne die Nutzung laut Duttweiler und Passoth auf affektiver Ebene wirken, indem sie Begehren wecken, befriedigend, erleichternd oder beruhigend wirken könne, aber auch in der Lage sei, Ernüchterung, Angst, Frustration und Unbehagen auszulösen.[212] Auch hier liegen kaum empirische Daten vor, um diese Effekte zu überprüfen. Im deutschsprachigen Raum sind empirische Studien zu Selbstvermessungspraktiken besonders rar.[213] In diesem Zusammenhang kann meine Arbeit die Lücke weiter schließen, indem ich die Wearable-Nutzung u. a. auf ihre Auswirkungen hin untersuche. Ein Schwerpunkt soll dabei auf den Wirkungsdimensionen liegen, die ich in Abschnitt 3.1.2 beschrieben habe. Im Folgenden Teilkapitel möchte ich aus diesem Grund zunächst herausarbeiten, wie sich die drei Dimensionen – Vergleich, Orientierung und Steuerung – auf Selbstvermessungspraktiken mit Wearables übertragen lassen.

3.2.2 Wirkungsdimensionen von Selbstvermessungspraktiken mit Wearables

Bislang konnte ich einige zentrale Aspekte der Selbstvermessung mit Wearables skizzieren, unter anderem die Quantifizierung von Körperzuständen und damit

---

is Your Fitness Tracker Communicating?; Choe et al.: Understanding quantified-selfers' practices in collecting and exploring personal data.

[210] Vgl. Cercós et al.: Coupling Quantified Bodies, S. 178.

[211] Vgl. Abend/Fuchs: Introduction. The Quantified Self and Statistical Bodies, S. 12. Somatisierung meint die „Wiederbelebung früher somati. Reaktionsmuster durch eine psychosoziale Belastungssituation bzw. Auslösesituation; der mit der körperl. Erregung verbundene Affekt (z. B. Angst) wird nicht als Gefühl, sondern als (bedrohl.) Organfunktionsstörung (z. B. Tachykardie) wahrgenommen." Pschyrembel, Willibald: Pschyrembel. Klinisches Wörterbuch, Berlin/New York: de Gruyter, 2007, S. 1793.

[212] Vgl. Duttweiler/Passoth: Self-Tracking als Optimierungsprojekt?, S. 14.

[213] Vgl. ebd., S. 20.

3.2 Die Vermessung des Selbst

verbundene Bedürfnisse nach Erkenntnisgewinn und einem objektiven Blick auf den eigenen Körper. Als nächstes steht nun die Frage im Raum, welche potenziellen Auswirkungen der Wearable-Nutzung zugeschrieben werden können. Dafür möchte ich die Wirkungsdimensionen aus Abschnitt 3.1.2 aufgreifen und auch im Bereich der Selbstvermessung Funktionen des Vergleichs, der Orientierung und der Steuerung näher beleuchten.

Vergleiche spielen, so wie in anderen Bereichen, in denen es um Quantifizierungslogiken geht, auch in der Selbstvermessung eine bedeutende Rolle. Bei der Vermessung des eigenen Körpers stehen nicht mehr ausschließlich medizinisch initiierte Motive im Mittelpunkt, wie die Dokumentation des Blutdrucks oder der Glukosewerte, vielmehr sind es Daten, die so zuvor ohne Wearables nicht ohne weiteres erhebbar und vergleichbar waren. Nun ist es möglich, die eigene Aktivität, Fitness oder das Schlafverhalten zu quantifizieren und sie so Vergleichsoptionen zuzuführen, sowohl hinsichtlich eigener, zu einem früheren Zeitpunkt erhobener Werte, wie auch Werte anderer Personen in Form von Durchschnitten oder Kennzahlen. Diese breiten Möglichkeiten des Vergleichs sind etwas, was neuartige Selbstvermessungstechnologien wie Wearables von früheren Technologien unterscheidet.[214]

Die Vergleichskommunikation selbst kann auf unterschiedliche Weise angestoßen werden. So sind es in erster Linie die Interfaces von Wearables und damit verbundene Apps, welche aktiv zum Ab- und Vergleichen auffordern, zum Beispiel durch Visualisierungen, Wettbewerbe, Leaderboards und andere Gamification-Elemente.[215] Gerade die Visualisierungen von Körperdaten wirken als Feedbacktechnologie und können so direkt das Verhalten der Nutzer*innen beeinflussen, indem das eigene Verhalten – seien es Aktivität, Schlaf oder Kalorienverbrauch – in eine Feedbackschleife überführt wird.[216] Schnell ist eine „numerische Differenz"[217] zwischen den aktuellen und den Vergleichsdaten hergestellt, es lassen sich Hierarchien entwickeln und Wettbewerbe inszenieren. Diese Inszenierung von Wettbewerb wird beispielsweise von Anbietern sogenannter „Schritte-Challenges" im Rahmen der Betriebsgesundheitsmaßnahmen in Unternehmen genutzt.[218]

---

[214] Vgl. Meißner: Selbstoptimierung durch Quantified Self?, S. 218.
[215] Vgl. Kreitzberg et al.: What is Your Fitness Tracker Communicating?, S. 97; Reichert: Digitale Selbstvermessung, S. 73.
[216] Ebd., S. 72 f.
[217] Heintz: Numerische Differenz, S. 163.
[218] Anbieter von „Schritte-Challenges" unterstützen Wettbewerbe in Unternehmen, bei denen in der Regel Teams gebildet werden, die dann über einen bestimmten Zeitraum

Aus der Herstellung der numerischen Differenz können sich ebenfalls entsprechende Handlungen und Entscheidungen entwickeln. *Andere Personen mit meinem Profil haben im Durchschnitt eine bessere Kilometerzeit beim Laufen? Vielleicht muss ich mehr trainieren, um meine eigenen Laufzeiten zu verbessern. Im letzten Monat habe ich mehr Schritte zu Fuß zurückgelegt als diesen Monat? Vielleicht sollte ich das Auto öfter mal stehen lassen, um meine Aktivität zu erhöhen. Meine Schlafqualität hat sich in den letzten Wochen verschlechtert? Ab sofort versuche ich früher ins Bett zu gehen, um so meine Schlafwerte zu verbessern.* Reichert beschreibt diese Feedbackschleifen wie folgt:

> Dieses digitale Geflecht aus technischer Kontrolle, Selbstkontrolle und sozialer Kontrolle zielt darauf ab, beim Benutzer Fähigkeiten der Selbstthematisierung und der Selbstführung zu entwickeln.[219]

Nicht einbezogen werden auch hier wieder nicht (ohne weiteres) messbare Merkmale, welche einen Kontext zu den quantifizierten Werten herstellen. Konkret auf die Beispiele bezogen, warum Kilometerzeit, Schrittanzahl oder Schlafverhalten von den Ideal- oder Normwerten abweichen. Vielleicht lassen es körperliche Voraussetzungen oder die aktuellen Lebensumstände nicht zu? Trotz des Wissens um individuell unterschiedliche Voraussetzungen und darum, dass sie ohne Referenzgrößen eigentlich wenig Aussagekraft besitzen, kann durch Normwerte ein gewisser Druck auf das Individuum entstehen, denn ist bereits eine Vergleichsdimension erschaffen worden, werden eigene Werte automatisch abgeglichen. „Unwohlsein beginnt bei Abweichungen", konstatiert Steffen Mau[220] und spricht damit das Problem an, dass künstlich erzeugte Hierarchien besonders bei der Feststellung starker Abweichungen Stress verursachen können. Ebenfalls ausgeblendet wird, was in der Zeit vor der Wearable-Nutzung passiert ist, und bestimmte Werte, die für die Nutzer*innen potenziell bereits eine wünschenswerte Tendenz aufweisen, können nicht als solche interpretiert werden.[221] Das schließt an die beschriebene quantitative Mentalität an, indem ein Fokus auf die

---

hinweg die Anzahl ihrer gelaufenen Schritte ‚sammeln'. Siehe z. B. *Schritt4Fit* https://www.schritt4fit.de/, *Fitbase* https://fitbase.de/schritt-wettbewerb/ oder *Tappa* https://tappa.de/firmengehwettbewerbe/ (alle zuletzt geprüft 24.03.2022).

[219] Reichert: Social Surveillance, S. 191 f.

[220] Mau: Das metrische Wir, S. 252 ff.

[221] Das betrifft Personen, die beispielsweise bereits seit einiger Zeit mehr Wege zu Fuß laufen, mit dem Zeitpunkt einer beginnenden Wearable-Nutzung aber noch keinen Idealbereich erreicht haben. Die positive Entwicklung und Bemühungen, die diese Personen bereits absolviert haben, bleibt gegenüber dem Wearable natürlich unsichtbar.

3.2 Die Vermessung des Selbst

zahlenbasierte Darstellung der erbrachten Leistungen gelegt wird. In jedem Fall zeigt sich auch hier, dass durch den Vergleich und die Feedbackschleife direkt auch Steuerungsfunktionen ins Spiel kommen. Diesen Aspekt möchte ich zu einem späteren Zeitpunkt aufgreifen.

Die Visualisierung der Daten erfüllt neben der Eröffnung von Vergleichsdimensionen noch eine weitere Funktion: Gerade die Repräsentation in Form von Diagrammen und Kennzahlen verweist wieder auf eine bestimmte Wissenschaftlichkeit und einen ‚Wahrheitsanspruch'.[222] Minna Ruckenstein beobachtet in ihrer empirischen Studie, dass Nutzer*innen beim Anblick ihrer visualisierten Körperdaten automatisch anfangen zu interpretieren und zu analysieren, ohne die Daten an sich in Frage zu stellen.[223]

Ein weiterer Aspekt des Vergleichens im Zuge der Selbstvermessung mit Wearables ist die von Nutzer*innen selbst initiierte Kommunikation der Körperdaten. Speziell mit diesem Kommunikationsverhalten haben sich Daniel Kreitzberg et al. im Rahmen einer empirischen Studie befasst. Sie beschreiben, dass ein Vergleich erhobener Körperdaten häufig in der direkten Kommunikation zwischen zwei Personen stattfindet, entweder im Rahmen eines persönlichen Gesprächs oder dem Verschicken von Screenshots über Instant-Messaging-Dienste, welche den ‚Beweis' für bestimmte Leistungen erbringen sollen.[224] Der Leistungsnachweis scheint gerade im Sportbereich von Bedeutung zu sein, wobei die Veröffentlichung der Daten daran gebunden sei, dass die eigene Leistung zuerst als „gut genug" bewertet wird.[225]

Feedback zu erhalten, sei es durch andere Personen oder kommuniziert durch das Wearable und daran anschließende Apps, führen zur zweiten zentralen Wirkungsdimension der Selbstvermessung, der Orientierung. In dieser Arbeit lege ich ein besonderes Augenmerk auf die Orientierungsfunktion von Wearables, sprich, dass diese in der Lage sind, Unsicherheiten zu reduzieren und ein Gefühl der Kontrolle zu vermitteln. Gerade solche Aspekte des Körpers wie Schlafverhalten, Aktivität und Entspannung sind immer auch durch eine gewisse Unbestimmtheit und Rätselhaftigkeit gekennzeichnet. Nur bis zu einem bestimmten Grad kontrollier- und beeinflussbar, verbleibt allein ein Vertrauen auf das eigene Körpergefühl, um Einschätzungen vorzunehmen. Wearable-Anbieter versprechen,

---

[222] Vgl. Duttweiler: Daten statt Worte, S. 266.
[223] Vgl. Ruckenstein, Minna: „Visualized and Interacted Life. Personal Analytics and Engagements with Data Doubles", in: Societies Nr. 1/4. Jg. (2014), S. 68–84, S. 80 f.
[224] Vgl. Kreitzberg et al.: What is Your Fitness Tracker Communicating?, S. 96 f.
[225] Vgl. Duttweiler: Daten statt Worte, S. 259.

diese Unsicherheit ein Stück weit zu überwinden, indem ihre Selbstvermessungstechnologien Körper scheinbar ‚lesbar' und verstehbar machen.[226] Wearables reihen sich damit ein in die Geschichte der medienbasierten Selbsttechnologien wie Listen, Tabellen und Tagebücher, die dabei helfen sollen, „sein Leben in Ordnung [zu] bringen."[227] Bedeutsam dafür, Orientierung durch die erhobenen Daten zu erhalten, kann auch schon die Erhebung an sich sein, noch bevor es zu einer Weiterverarbeitung oder Auswertung kommt, denn manchmal geht es nur um das ‚Sehen' bestimmter Umstände.[228] Selbstvermessung kann dabei helfen, eigene Verhaltensmuster aufzudecken und Aspekte durch quantitative Werte sichtbar und bewusst zu machen und damit das Gefühl der Kontrolle zu erlangen.[229] In dieser Hinsicht kann Selbstvermessung auch als Zukunftspraktik verstanden werden, denn durch die Aufzeichnung der Körperdaten und ihren Veränderungen werden Tendenzen sichtbar, die so die Zukunft antizipieren.[230] So kann auch hier ein Gefühl vermittelt werden, die Zukunft ein Stück weit „unter Kontrolle" zu haben.

Wurde ein Aspekt des Körpers sichtbar gemacht, eröffnet sich eine Vergleichsdimension, welche ein Feedback zurückkoppelt und sich dementsprechend auf das Verhalten und die Entscheidungen der Nutzer*innen auswirken kann. So sind positive Effekte wie die motivierende Bestärkung des eigenen Verhaltens möglich, denkbar sind aber auch negative Auswirkungen. Ähnlich dem in Abschnitt 3.1.2 angesprochenen Statusstress, kann es auch im Zuge der Selbstvermessung aus unterschiedlichen Gründen zur Erzeugung von Druck und Stress kommen, bestimmte Werte zu erreichen oder beizubehalten. Dies kann die Orientierung an Normwerten oder kommunizierten Empfehlungen („10.000 Schritte"), das Erreichen bestimmter Zeiten beim Lauftraining oder durch Gruppendruck verursachter Stress, wie beispielsweise im Zuge der firmeninternen Schritte-Wettbewerbe sein. Auch möglich sind Effekte, die an aus dem ökonomischen

---

[226] Siehe z. B. die Produkttexte von *Mi Band* „Understand your every move", Xiaomi: Mi Band, https://www.mi.com/global/miband#04. (zuletzt geprüft 19.02.2020), *Samsung Galaxy Fit* „Höre auf dein Herz", Samsung: Galaxy Fit, https://www.samsung.com/de/wearables/galaxy-fit-r370/SM-R370NZKADBT/ oder *Oura Ring* „With daily feedback to improve your health, Oura helps you better understand your body and reach your goals." Oura Health: Why Oura, https://ouraring.com/why-oura/ (beide zuletzt geprüft 18.02.2020).
[227] Fröhlich: Medienbasierte Selbsttechnologien, S. 11.
[228] Vgl. Duttweiler: Daten statt Worte, S. 269 ff.
[229] Vgl. Lomborg/Frandsen: Self-tracking as communication, S. 1022.
[230] Vgl. Duttweiler: Daten statt Worte, S. 272. Zum Beispiel zeigt die Funktion „Cardiofitness" in der *Fitbit*-App an, wie sich dieser Wert durch mehr Training oder Gewichtszunahme/Gewichtsabnahme in Zukunft verändern würde.

3.2 Die Vermessung des Selbst

Bereich stammenden *Lock-In-Effekte*[231] erinnern. Viele Wearables kennzeichnen in ihren Apps das Erreichen eines Tagesziels, beispielsweise eine bestimmte Anzahl gelaufener Schritte, visuell, durch einen Stern, eine farbliche Hervorhebung oder ähnliches. Ergeben sich wiederholte Tageserfolge, kann der Druck anwachsen, diese ‚perfekte Serie' zu durchbrechen, ein Effekt, der durchaus zu Stress bei den Nutzer*innen führen könnte. Damit überschneidet sich die Orientierungs- mit der Steuerungsfunktion insofern, als dass hier bestimmte Verhaltensweisen erzielt werden können.

Ein weiterer Aspekt betrifft die Selbstoptimierung, ein Begriff, der eng mit dem der Selbstvermessung verbunden ist, denn in den erhobenen Daten als Quantifizierungen von Verhaltensweisen, Körperzuständen und Körperleistungen steckt auch immer implizit die Aufforderung der Optimierung dieser.[232] Das Konzept der Selbstoptimierung ist dabei erstmal kritisch zu hinterfragen, auch gerade, *weil* es gedanklich automatisch mit Selbstvermessungspraktiken verknüpft wird. Stefan Meißner beschäftigt sich genau mit diesem Umstand näher und differenziert noch mal zwischen zwei Formen der Selbstoptimierung. So geht es bei der *Selbsteffektivierung* um die Optimierung bestimmter Leistungen, für die ein (individuelles) Optimum existiert, beispielsweise Laufzeiten oder eine Anzahl von Schritten. Der Selbstvermessungsdiskurs fokussiert sich überwiegend auf diese Form der Selbstoptimierung. Bei der *Selbststeigerung* geht es hingegen um eine Selbstoptimierung im Sinne einer Selbstverwirklichung, bei der es eben kein zu erreichendes Optimum gibt. Darunter fallen Dimensionen wie der Wunsch danach, glücklich zu sein oder sich ausgeglichen zu fühlen.[233] Unterschiedliche Optimierungsanstrengungen können sich dabei auch gegenseitig ausschließen, wie die gleichzeitigen Bemühungen um höhere körperliche Aktivität und Entspannung durch mehr Ruhephasen im Alltag sich in der Realität kaum umsetzen lassen.[234] Schwierig ist in dieser Beziehung, dass so der Raum für

---

[231] Durch verschiedene Arten von Wechselkosten entstehen für Kund*innen Barrieren, die verhindern sollen, dass sie zu alternativen Anbietern wechseln. Dies bezeichnet man als Lock-In-Effekt. „Lock-In-Effekte durch hohe Wechselkosten können entstehen durch (1) Suchkosten nach einem neuen Produkt, (2) Investitionskosten bei der notwendigen Ersetzung der Technik, um das neue Produkt nutzen zu können, (3) Lernkosten, wenn das Erlernen von Funktion und Charakter des neuen Produkts Aufwand bedeutet, (4) Künstliche Wechselkosten, insbesondere durch Vertragsbindung, sowie (5) Psychologische Wechselkosten, wenn Gewohnheiten und Bindungen an das alte Produkt eine Rolle spielen." Vgl. Gläser, Martin: Medienmanagement, München: Vahlen, 2014, S. 151. Im Fall der Wearable-Nutzung kommen demnach insbesondere Lernkosten und psychologische Wechselkosten zum Tragen.

[232] Vgl. Mau: Das metrische Wir, S. 37.

[233] Vgl. Meißner: Selbstoptimierung durch Quantified Self?, S. 224.

[234] Vgl. ebd., S. 220 f.

eine Selbstüberschreitung gegeben ist. Gerade im Hinblick auf die Selbststeigerung, wo schrankenlose Möglichkeiten zur Optimierung vorliegen, kommt es zu einer „Unabschließbarkeit der Optimierungszwänge",[235] eine Nötigung zur ständigen Verbesserung. Wie zu Beginn der Arbeit skizziert, sehen sich Individuen in gegenwärtigen Gesellschaften damit konfrontiert, dass in allen Lebensbereichen ein Zwang zur permanenten Steigerung vorliegt.

> Ständige Leistungssteigerung und Selbstverbesserung werden als notwendig erachtet, um im niemals stillstehenden Wettbewerb mithalten zu können.[236]

Damit lässt sich auch im Bereich der Selbstvermessung eine Verschränkung von Selbst- und Fremdsteuerung beobachten. Es kommt zur Produktion eines Individuums, „that becomes a knowable, calcuable and administrable object".[237] Meißner argumentiert, dass es auf der anderen Seite durch die Erzeugung von quantifizierten Daten auch die Möglichkeit der *Selbstbegrenzung* gibt. So würden gerade Zahlen ein distanziertes Selbstverhältnis im Sinne einer Selbstbehauptung vor gesellschaftlichen Normen und Ansprüchen ermöglichen.[238] Inwiefern eine Selbstbegrenzung in den Alltagspraktiken eine Rolle spielt, möchte ich ebenfalls in meiner Dispositivanalyse untersuchen.

Zusammenfassend kann man die Wirkungsdimensionen des Vergleichs, der Orientierung und der Steuerung am Beispiel des Dashboards von Wearable-Apps illustrieren. Ramón Reichert beschreibt, wie beim Dashboard die unterschiedlichen Elemente von Selbstvermessungspraktiken zusammentreffen:[239] So stellt ein Dashboard in erster Linie die Schnittstelle zwischen Mensch und Maschine dar, hier werden die erhobenen Daten den Nutzer*innen erstmals visuell zugänglich gemacht.[240] Zugleich werden Vergleichsdimensionen angeboten: *Wie ist das heutige Schlafverhalten im Vergleich zu den Daten der letzten 30 Tage zu bewerten? Und wie im Vergleich zu anderen Personen in meinem Alter? Liege ich im Normalbereich und wenn nein, wie stark weiche ich davon ab?* Die Daten werden dabei mit Hilfe

---

[235] Bröckling: Das unternehmerische Selbst, S. 17.
[236] King et al.: Überforderung als neue Normalität, S. 232.
[237] Shove, Elizabeth/Pantzar, Mika/Watson, Matt: The dynamics of social practice. Everyday life and how it changes, Los Angeles: SAGE, 2012, S. 17.
[238] Vgl. Meißner: Selbstoptimierung durch Quantified Self?, S. 229 f.
[239] Vgl. Reichert: Social Surveillance, S. 187 f.
[240] Je nach Wearable werden einige erhobene Daten auch schon auf dem Display des Geräts direkt angezeigt, meistens handelt es sich dabei aber nur um eine Auswahl der Daten und jeweils auch nur das tagesaktuelle Datum.

von Symbolen und Farben häufig explizit normativ dargestellt.[241] Dies kann eine orientierende Funktion haben und Verhalten positiv oder negativ bestärken. Durch die Archivierung der Daten können Nutzer*innen vom Dashboard aus Tendenzen aus den Datenreihen der Vergangenheit ablesen. Nicht zuletzt wird ihr Verhalten dadurch aber auch wieder gesteuert. Hier wird deutlich, wie sich Vergleich, Orientierung und Steuerung gegenseitig bedingen und wie auf dieser Grundlage Feedbackschleifen entstehen.

Um dieses Teilkapitel abzuschließen, lassen sich folgende Punkte festhalten, die ich als zentral für diese Arbeit erachte: Selbstvermessung mit Wearables motiviert zur Vergleichskommunikation. Vergleiche finden auf verschiedenen Ebenen statt und sowohl eigene Daten, die Daten anderer Nutzer*innen oder kommunizierte Ideal- oder Normwerte können dafür herangezogen werden. Dies kann orientierungsstiftende Effekte haben und Unsicherheiten reduzieren, aber auch für Optimierungsdruck sorgen. Auf Ebene der Steuerung verortet sich die Selbstvermessung im Spannungsfeld zwischen Selbst- und Fremdregulierung. Gerade im Kontext der Selbstoptimierung verschränken sich internalisierte und eigenmotivierte Optimierungsanforderungen, die durch Wearables unterstützt und weiter verstärkt werden können.

Auf Basis dieser theoretischen Vorarbeiten des Gesamtkapitels, kann ich einige Aspekte identifizieren, die ich im empirischen Teil dieser Arbeit genauer betrachten möchte. Dies betrifft u. a. die möglichen Auswirkungen der Wearable-Nutzung, das Verhältnis zwischen den seitens der Anbieter kommunizierten Versprechen und den Erwartungen der Nutzer*innen sowie die Frage, inwiefern sich Praktiken des Vergleichs, der Orientierung und der Steuerung in der Alltagsnutzung wiederfinden lassen. In dieser selbst initiierten, freiwilligen Nutzung von Wearables in Form von Fitnesstrackern und Smartwatches im Alltag liegt mein besonderes Interesse. Obwohl es sich bei diesen „Alltagsnutzer*innen" um die überwiegende Mehrheit der Wearable-Nutzer*innen handeln dürfte, wurden diese bisher wenig in den Fokus empirischer Untersuchungen gerückt. Insofern kann meine Arbeit hier zu einem Erkenntnisgewinn beitragen.

---

[241] Vgl. Duttweiler: Daten statt Worte, S. 264 f.

Teil III
Methode

Methodisches Vorgehen 4

Aufbauend auf meine theoretischen Vorarbeiten aus Kapitel 2, ergeben sich für mich vier Aspekte, die ich als zentral für mein Verständnis eines Dispositivs erachte. Dies ist erstens, dass ein solches Dispositiv aus einem Netz heterogener Elemente besteht, aus Diskursen, Praktiken und Materialitäten. Zweitens ist dies das Bestehen eines Machtgefüges, welches auf Individual- und Gesellschaftsebene das menschliche Verhalten in eine erwünschte Richtung lenkt, allerdings nicht ohne, dass es auch die Möglichkeit eines widerständigen Verhaltens gibt. Der dritte Aspekt ist eng mit dem zweiten verbunden, denn er umfasst die Produktion von Subjekten, die als Effekt des Dispositivs und des enthaltenen Machtgefüges verstanden werden können. Viertens ist für mein Verständnis des Dispositivbegriffs wichtig, dass ein bestimmter Notstand und gesellschaftliche Entwicklungen eine Voraussetzung dafür sind, dass ein (Medien)Dispositiv überhaupt entstehen kann. Diese komplexen Zusammenhänge der unterschiedlichen Elemente, der Machtgefüge innerhalb des Dispositivs, der Subjektivierungsprozesse und der gesellschaftlichen Anlässe und Auswirkungen gilt es nun zu untersuchen – genau hier liegt das Erkenntnisinteresse einer Dispositivanalyse. Im Folgenden möchte ich somit in Abschnitt 4.1 zunächst die Dispositivanalyse als Forschungsstil vorstellen und beschreiben, wie sich diese methodisch umsetzen lässt. Im Anschluss geht es dann in Abschnitt 4.2 um das konkrete Forschungsdesign und das methodische Vorgehen in dieser Arbeit. Da es sich um ein sehr komplexes Forschungsdesign handelt, welches mehrere Erhebungs- und Auswertungsmethoden für die einzelnen Elemente des Wearable-Dispositivs beinhaltet, soll in Abschnitt 4.3 eine zusammenfassende Skizze des Designs erfolgen, die einen Gesamtüberblick über mein methodisches Vorgehen ermöglicht.

4.1 Die Dispositivanalyse als Forschungsstil

Auf Basis meines Verständnisses von Dispositiven, welches ich in Kapitel 2 herausgearbeitet habe, möchte ich im Folgenden auf die Analyse dieser komplexen Konstellation aus Diskursen, Praktiken und Materialitäten eingehen. Um das Wearable-Dispositiv zu untersuchen, nutze ich für diese Arbeit das von Andrea Bührmann und Werner Schneider entwickelte Konzept einer Dispositivanalyse.[1] Grundsätzlich handelt es sich bei der Dispositivanalyse nicht um eine eigenständige Methode, sondern vielmehr um einen mit dem Dispositivkonzept verbundenen Denkstil, aus dem sich dann eine Forschungsperspektive ergibt. Nimmt man diese Perspektive ein, lassen sich in Verbindung mit dem Stand der Forschung und den spezifischen Machtkonstellationen des zu betrachtenden Gegenstands entsprechende Forschungsfragen entwickeln.[2] Aus diesen Forschungsfragen ergeben sich dann Art und Weise der methodologischen Vorgaben und der einzusetzenden Instrumente für die methodische Umsetzung, es entsteht also ein bestimmter Forschungsstil. Aus diesem Forschungsstil mitsamt seinen Möglichkeiten und Grenzen der für das Forschungsdesign gewählten Instrumente resultieren dann die Forschungsergebnisse.[3] Dementsprechend ist für eine Dispositivanalyse keine feste Abfolge von Verfahrensschritten vorgesehen, was eine hohe Flexibilität des Forschungsdesigns erlaubt. Damit die Dispositivanalyse trotzdem nicht zu einer Art ‚Allzweckwaffe' verkommt, entwickeln Bührmann und Schneider einen Orientierungsrahmen mit einem Kanon von vier Leitfragen für die Analyse, welche die unterschiedlichen Verhältnisse innerhalb des Dispositivs in den Blick nehmen.[4] Dies ist erstens das Verhältnis von diskursiven und (alltagsweltlichen) nicht-diskursiven Praktiken. Zweitens geht es darum, wie sich diskursive Praktiken in materialen Objektivationen manifestieren. Drittens wird das Verhältnis zwischen diskursiven Praktiken, nicht-diskursiven Praktiken, symbolischen wie materialen Objektivationen und Subjektivierungen betrachtet. Die vierte Verhältnisbestimmung nimmt das Dispositiv im Zusammenhang mit den gesellschaftlichen Entwicklungen, dem sozialen Wandel und den Auswirkungen des Dispositivs in den Blick. Welche Erhebungs- und Auswertungsmethoden ich für die Untersuchung dieser vier Leitfragen einsetze, beschreibe ich in Abschnitt 4.2. Abbildung 4.1 visualisiert das Verhältnis der vier Analysebereiche nach Bührmann und Schneider.

---

[1] Vgl. Bührmann/Schneider: Vom Diskurs zum Dispositiv.
[2] Vgl. ebd., S. 15.
[3] Vgl. ebd.
[4] Vgl. ebd., S. 95.

4.1 Die Dispositivanalyse als Forschungsstil

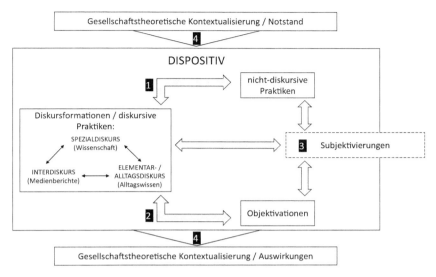

Abbildung 4.1 Dimensionen der Dispositivanalyse[5]

Zusätzlich zu den rahmenden Leitfragen empfehlen Bührmann und Schneider auch die Einhaltung folgender Gütekriterien: Visibilität und Viabilität des Forschungsprozesses sowie interne und externe Validität.[6] Die Visibilität des Forschungsprozess meint dabei die intersubjektive Nachvollziehbarkeit und Transparenz des Forschungsprozesses. Dies möchte ich in meiner Arbeit durch die ausführliche Dokumentation des Forschungsprozesses und -designs in Abschnitt 4.2 gewährleisten, also einer genauen Beschreibung der Erhebungs- und Auswertungsmethoden, des Daten- und Quellenmaterials und der Forschungsentscheidungen, die sich im Prozess ergeben.[7] Die Viabilität des Forschungsprozesses bezeichnet die Angemessenheit der Erhebungs- und Auswertungsmethoden, die jeweils entsprechend der zu untersuchenden Elemente des Dispositivs ausgewählt werden sollten. Zudem sollten die unterschiedlichen Methoden auch

---

[5] Eigene Darstellung, angelehnt an ebd., S. 94. Die Originaldarstellung habe ich entsprechend meiner Vorgehensweise für die Dispositivanalyse leicht modifiziert.

[6] Vgl. ebd., S. 90 f.

[7] Vgl. Steinke, Ines: „Gütekriterien qualitativer Forschung", in: Uwe Flick/Ernst von Kardorff/Ines Steinke (Hg.), Qualitative Forschung. Ein Handbuch, Reinbek bei Hamburg: Rowohlt, 2015, S. 319–331, S. 324 f.

miteinander ‚verträglich' sein.[8] Die Begründung der Methodenauswahl und die Diskussion über deren Angemessenheit in Bezug auf die Untersuchungsgegenstände findet sich ebenfalls in Abschnitt 4.2, so dass sich die Viabilität meines Forschungsprozesses nachvollziehen lässt. Bei der internen Validität geht es um die plausible Passung zwischen theoretischen Konzepten und den ausgewerteten Daten sowie deren Verbindungen untereinander, während die externe Validität die Transferierbarkeit der in der Analyse erarbeiteten Aspekte auf andere Bereiche diskutiert.[9] Im Rahmen der Dispositivanalyse werden die Daten und Analyseergebnisse vergleichend miteinander diskutiert und kontextualisiert. Somit kann ich die Einhaltung der empfohlenen Gütekriterien in meinem Forschungsprozess gewährleisten.

Als nächstes möchte ich argumentieren, warum ich die Dispositivanalyse als Perspektive für meine Arbeit gewählt habe. Zunächst sehe ich den Vorteil einer Dispositivanalyse in Abgrenzung zu einer Diskursanalyse, denn hier werden weitere Verhältnisse und Machtkonstellationen in einem Untersuchungsbereich in den Blick genommen, indem auch nicht-diskursives Wissen und Objektivationen berücksichtigt werden. Ebenso stellen Subjektivierungsprozesse in der Dispositivanalyse eigenständige Analysegegenstände dar, was ebenfalls ein Erkenntnisgewinn gegenüber der Diskursanalyse bedeutet.[10] So wird die Dispositivanalyse oftmals als Erweiterung der Diskursanalyse verstanden, die das Untersuchungsfeld um weitere wesentliche Elemente ergänzt.[11] Die Perspektive der Dispositivanalyse erscheint für mich gerade in Bezug auf die Untersuchung von Medien gewinnbringend, da sie der komplexen Gesamtkonstellation von Medien eher gerecht werden kann, sie u. a. Nutzung, Infrastruktur oder Inhalte berücksichtigt. Auch für den Untersuchungsgegenstand des Wearables verspreche ich mir daher, dass sich die Machtverhältnisse durch die von Bührmann und Schneider entwickelten Analysedimensionen angemessen abbilden lassen. Die beiden Autor*innen erwähnen explizit die Nutzung dispositivanalytischer Forschung im Kontext der Medienwissenschaften und wie sich dieser Forschungsstil

---

[8] Vgl. Bührmann/Schneider: Vom Diskurs zum Dispositiv, S. 91 f.
[9] Vgl. ebd., S. 92.
[10] Vgl. ebd., S. 68.
[11] Vgl. Jäger, Margarete/Jäger, Siegfried: Von der Diskurs- zur Dispositivanalyse, 2000, https://www.diss-duisburg.de/2000/05/von-der-diskurs-zur-dispositivanalyse/print/ vom 27.05.2000 (zuletzt geprüft 09.11.2021), S. 8; Dreesen, Philipp/Kumiega, Lukasz/Spieß, Constanze: „Diskurs und Dispositiv als Gegenstände interdisziplinärer Forschung. Zur Einführung in den Sammelband", in: Philipp Dreesen/Lukasz Kumiega/Constanze Spieß (Hg.), Mediendiskursanalyse. Diskurse – Dispositive – Medien – Macht, Wiesbaden: VS Verlag, 2012, S. 9–22, S. 10.

eignet, die Effekte bestimmter Mensch-Maschine-Konstellationen zu untersuchen.[12] Zudem lehnen sie sich in ihrem Konzept der Dispositivanalyse auch an den Dispositivbegriff von Foucault an, in dem sie Dispositive als Ensembles beschreiben,

> welche Diskurse, Praktiken, Institutionen, Gegenstände und Subjekte als Akteure als Individuen und/ oder kollektive, als Handelnde oder ‚Erleidende' umfassen. Sie bezeichnen mithin komplexe Ausschnitte einer historisch gewordenen Sozialwelt mit ihrem (je typischen) Sagen und tun, ihren spezifischen symbolischen Sichtbarkeiten wie materialen Vergegenständlichungen (von den uns umgebenden, sinnlich-material erfassbaren Alltagsdingen bis hin zu unseren leiblich erfahrbaren Körpern) und den in all diesen erscheinenden, machtvollen Regeln ihrer ‚Wahr'-Nehmung, ihrer Gestaltung, ihres Gebrauchs.[13]

Auch an anderer Stelle wird diese Mehrdimensionalität betont. So könne die Dispositivanalyse als „Forschungsprogramm" verstanden werden, in welchem „die Analyse von Macht, Sprache sowie außersprachlichen Praktiken und Materialitäten zusammengeführt wird."[14] Somit besitzt die Dispositivanalyse ein hohes Potenzial in Bezug auf eine Offenheit für vielseitige Forschungsinteressen und interdisziplinäre Anschlüsse, was sich auch an unterschiedlichen Forschungskontexten dieses Forschungsstils zeigt.[15]

Die Grenzen einer Dispositivanalyse liegen darin, dass ein Dispositiv niemals vollständig beschrieben und analysiert werden kann. Deshalb liegt der Fokus einer Dispositivanalyse auch nicht auf den Einzelelementen und deren vollständige Erfassung, sondern vielmehr auf den „Relationen, Anordnungen und Beziehungen der Elemente," die „entscheidend [sind] für die Effekte des

---

[12] Bührmann/Schneider: Vom Diskurs zum Dispositiv, S. 12 f.

[13] Ebd., S. 68.

[14] Traue, Boris: „Dispositivanalyse", in: Daniel Wrana/Alexander Ziem/Martin Reisigl et al. (Hg.), DiskursNetz. Wörterbuch der interdisziplinären Diskursforschung, Berlin: Suhrkamp, 2014, S. 125–126, S. 125.

[15] Vgl. Diaz-Bone, Rainer/Hartz, Ronald: „Einleitung. Dispositivanalyse und Ökonomie", in: Rainer Diaz-Bone/Ronald Hartz (Hg.), Dispositiv und Ökonomie. Diskurs- und dispositivanalytische Perspektiven auf Märkte und Organisationen, Wiesbaden: Springer VS, 2017, S. 1–38, S. 3. Exemplarisch genannt werden kann hier der Einsatz einer Dispositivanalyse in Stefan Paulus Beschäftigung mit dem Geschlechterregime und Johannes Gemkows Arbeit zur Mediatisierung des Wissens. Vgl. Paulus, Stefan: Das Geschlechterregime. Eine intersektionale Dispositivanalyse von Work-Life-Balance-Maßnahmen, Bielefeld: transcript, 2012; Gemkow, Johannes: Die Mediatisierung des Wissens. Eine Dispositivanalyse zur Rolle der Medienkompetenz, Wiesbaden: Springer VS, 2021.

Dispositivs."[16] Ebenfalls können nicht immer alle Leitfragen bzw. Beziehungen zwischen den Elementen des Dispositivs im gleichen Umfang in den Blick genommen werden.[17] Die Gewichtung und Ausrichtung der Analyse sind dann vom Forschungsgegenstand und dem Forschungsdesign abhängig. Ziel der Dispositivanalyse ist es, die Anlässe und Auswirkungen von Macht- und Wissenskonstellationen im Dispositiv darzustellen. Die zu Beginn dieser Arbeit formulierten Fragestellungen möchte ich dann mit Hilfe der Dispositivanalyse untersuchen. Diese Forschungsfragen möchte ich hier noch einmal aufgreifen:

- Welches Wissen über Wearables und ihre Nutzung wird diskursiv vermittelt?
- Wie spiegelt sich das diskursiv vermittelte Wissen in den Alltagspraktiken von Wearable-Nutzer*innen wider? Welche Funktionen kann das Wearable für seine Nutzer*innen einnehmen?
- Welches Wissen lässt sich aus dem Wearable selbst rekonstruieren? Welche Nutzung gibt das Wearable vor?
- Welche Subjekte produziert das Wearable-Dispositiv?
- Auf welchen gesellschaftlichen Notstand antwortet das Wearable-Dispositiv?

In Bezug auf die Dispositivanalyse lässt sich festhalten, dass diese keine eigenständige Methode darstellt, sondern als ein Forschungsstil verstanden werden kann, der u. a. durch die Entwicklung von Analysedimensionen und Leitfragen sowie die Einhaltung von Gütekriterien einen orientierenden Rahmen für das Forschungsdesign vorgibt. Wie dieses Forschungsdesign sich konkret für mein Vorhaben ausgestaltet, möchte ich im nächsten Teilkapitel zeigen.

4.2 Forschungsdesign: Analyse des Wearable-Dispositivs

Nachdem ich nun den Forschungsstil der Dispositivanalyse vorgestellt habe, soll es nun um die konkrete Anwendung dieser im Rahmen meiner Arbeit gehen. Entsprechend der vier Leitfragen, die sich mit einer Verhältnisbestimmung der einzelnen Elemente innerhalb des Dispositivs auseinandersetzen, ergeben sich auch vier Teilanalysen, für die Praktiken, Objektivationen, Subjektivierungen und die gesellschaftstheoretische Kontextualisierung. Auf diese vier Bereiche werde ich im Folgenden einzeln eingehen und dabei jeweils mein Verständnis dieser Elemente und die methodische Umsetzung darstellen. Daraus ergibt sich dann das

---

[16] Stauff: Das neue Fernsehen, S. 115.
[17] Vgl. Bührmann/Schneider: Vom Diskurs zum Dispositiv, S. 95.

Forschungsdesign meiner Dispositivanalyse, mit der ich die Forschungsfragen in Bezug auf das Wearable-Dispositiv beantworten möchte. Meine Ausgangspunkte dafür sind mein Verständnis des Dispositivbegriffs, den ich in Kapitel 2 dargestellt habe, meine Beschäftigung mit Selbstvermessungspraktiken im Rahmen der Wearable-Nutzung und ihren möglichen Wirkungsdimensionen in Kapitel 3 sowie die methodologische Rahmung der Dispositivanalyse als Forschungsstil durch Bührmann und Schneider.

4.2.1 Praktiken: Diskursive und nicht-diskursive Praktiken im Wearable-Dispositiv

Die Dispositivanalyse beginnt mit der Bearbeitung der ersten Leitfrage, die sich mit der Verhältnisbestimmung zwischen den diskursiven und den nicht-diskursiven Praktiken innerhalb des Dispositivs beschäftigt. Unter Berücksichtigung der zugrundeliegenden Fragestellungen meiner Arbeit, möchte ich dabei zunächst die diskursiven Praktiken auf der einen und die nicht-diskursiven Praktiken auf der anderen Seite untersuchen, damit diese anschließend in Beziehung zueinander gesetzt werden können.[18] Bei dieser Rekonstruktion des in den Praktiken enthaltenen Wissens liegt ein weit gefasster Wissensbegriff vor:

> ‚Wissen' meint hier alle Arten von Bewusstseinsinhalten bzw. von Bedeutungen, mit denen jeweils historische Menschen die sie umgebende Wirklichkeit deuten und gestalten. Dieses ‚Wissen' beziehen die Menschen aus den jeweiligen diskursiven Zusammenhängen, in die sie hineingeboren sind und in die verstrickt sie während ihres gesamten Daseins leben.[19]

Insofern sind diese Praktiken Machtgefüge, denn sie transportieren jeweils gültiges Wissen, was entsprechende Auswirkungen auf die einzelnen Elemente des Dispositivs hat. Um nun das Verhältnis zwischen diskursiven und nicht-diskursiven Praktiken sowie das darin enthaltene Wissen im Rahmen meiner Dispositivanalyse zu untersuchen, werde ich folgendermaßen vorgehen: Zunächst arbeite ich die unterschiedlichen Diskursstränge im Wearable-Diskurs heraus, um die diskursiven Praktiken zu erfassen (siehe Abschnitt 4.2.1.1). Anschließend soll es um die Identifikation der nicht-diskursiven Praktiken gehen (siehe Abschnitt 4.2.1.2). Zuletzt werde ich diskursive und nicht-diskursive Praktiken dann vergleichend diskutieren.

---

[18] Vgl. ebd., S. 95 f.
[19] Jäger: Diskurs und Wissen, S. 91.

4.2.1.1 Diskursive Praktiken: Untersuchung mittels Diskursanalyse

Zunächst soll es um die diskursiven Praktiken gehen. Unter dem Begriff verstehe ich „das gesamte Ensemble einer speziellen Wissensproduktion"[20] in einer bestimmten Raum-Zeit-Konstellation und lehne mich dabei an eine von Foucault geprägte Diskurstheorie an, bei welcher der Zusammenhang von Wissen und Macht im Mittelpunkt steht.[21] Foucault beschreibt sein Verständnis des Diskursbegriffs in „Archäologie des Wissens"[22], demnach sind Diskurse „eine Menge von Aussagen, die einem gleichen Formationssystem angehören."[23] Diese Diskursformationen transportieren jeweils Wissen und sind somit in der Lage, Wahrheiten zu produzieren und soziale Wirklichkeit zu konstituieren.[24] Die Produktion gültiger Wahrheit kann somit auch als Wirkmöglichkeit der Macht des Diskurses verstanden werden.[25] An die Verbindung von Wissen und Macht als zentralen Aspekt für seine Diskurstheorie knüpft Foucault auch später in seiner

---

[20] Link, Jürgen/Link-Heer, Ursula: „Diskurs/Interdiskurs und Literaturanalyse", in: Zeitschrift für Literaturwissenschaft und Linguistik Nr. 77/20. Jg. (1990), S. 88–99, S. 90.

[21] Vgl. Keller, Reiner/Hirseland, Andreas/Schneider, Werner/Viehöver, Willy: „Zur Aktualität sozialwissenschaftlicher Diskursanalyse. Eine Einführung", in: Reiner Keller/Andreas Hirseland/Werner Schneider et al. (Hg.), Handbuch sozialwissenschaftliche Diskursanalyse. Band 1: Theorien und Methoden, Wiesbaden: VS Verlag, 2011, S. 7–33, S. 12 f. Siehe auch S. 11–14 für einen Überblick über unterschiedliche Verortungen von Diskurstheorien.

[22] Foucault, Michel: Archäologie des Wissens, Frankfurt am Main: Suhrkamp, 1981. „Archäologie des Wissens" nimmt für die Diskurstheorie eine zentrale Stellung ein, da dort intensiv die im Diskurs wirkenden Kräfte beschrieben werden, auch wenn das Buch laut Clemens Kammler einen „paradoxen Status" innerhalb Foucaults Theoriebildungsprozess einnimmt, denn die dortigen Ausführungen stimmen weder mit der Methodik der vorhergegangenen noch den späteren Arbeiten überein. Vgl. Kammler, Clemens: „Archäologie des Wissens", in: Clemens Kammler/Rolf Parr/Ulrich J. Schneider (Hg.), Foucault-Handbuch. Leben – Werk – Wirkung, Stuttgart/Weimar: Metzler, 2014, S. 51–62, S. 61. Ein Überblick über die Entwicklung des Diskursbegriffs in Foucaults Arbeiten findet sich zum Beispiel in Ruoff, Michael: Foucault-Lexikon. Entwicklung – Kernbegriffe – Zusammenhänge, Paderborn: Wilhelm Fink, 2018, S. 114.

[23] Foucault: Archäologie des Wissens, S. 156.

[24] Vgl. Bublitz, Hannelore/Bührmann, Andrea D./Hanke, Christine/Seier, Andrea: „Diskursanalyse - (k)eine Methode? Eine Einführung", in: Hannelore Bublitz (Hg.), Das Wuchern der Diskurse. Perspektiven der Diskursanalyse Foucaults, Frankfurt am Main/New York: Campus, 1999, S. 10–21, S. 11.

[25] Vgl. ebd.

Dispositivtheorie an. Weitere Gedanken zu seinem Verständnis einer Diskurstheorie äußert Foucault in „Die Ordnung des Diskurses"[26], seiner Antrittsvorlesung am Collège de France. Dort spricht er über die Beziehungen der Elemente eines Diskurses und dass diese nicht neutral zueinanderstehen,[27] sondern Teil eines Machtgefüges sind, in welchem unterschiedliche Arten von Ausschließungs- und Verknappungssystemen auf den Diskurs wirken,[28] deren Regeln einem „ordnungslosen Rauschen des Diskurses"[29] entgegenwirken.

Jürgen Link, der an Foucaults Diskursbegriff anschließt, aber einen eher literaturwissenschaftlich geprägten Blick auf Diskurse einnimmt, unterteilt diskursive Praktiken nochmal in Spezial-, Inter- und Elementardiskurse. Foucaults Verständnis von Diskursen entspricht dabei dem, was Link als Spezialdiskurse bezeichnet. Damit sind in erster Linie die wissenschaftlichen Diskurse gemeint, die durch sehr spezifisches Wissen geprägt sind.[30] Interdiskurse zeichnen sich hingegen durch ihre „Nicht-Spezialität"[31] aus, denn sie beziehen sich auf Diskurse und deren Wissensproduktion, die durch Kombination, Kopplung und Integration von Spezialdiskursen generiert werden.[32] Neben den Spezial- und Interdiskursen sind zuletzt schließlich die Elementardiskurse zu nennen, welche die jeweils soziokulturell konstituierten „anthropologischen Konstanten"[33] wie Liebe, Arbeit, Gesundheit und Krankheit kombiniert mit interdiskursiven Komplexen beinhalten und auf diese Weise „Alltagswissen"[34] produzieren. Aus diesem Grund möchte ich diesen Diskurs in Anlehnung an Anne Waldschmidt et al. auch als Alltagsdiskurs bezeichnen.[35] Gerade dieses Alltagswissen stellt oftmals eine Leerstelle

---

[26] Foucault, Michel: Die Ordnung des Diskurses, Frankfurt am Main: Fischer Taschenbuch, 2012.

[27] Vgl. ebd., S. 11.

[28] Vgl. ebd., S. 16 f.

[29] Ebd., S. 33.

[30] Vgl. Link, Jürgen: „Diskursanalyse unter besonderer Berücksichtigung von Interdiskurs und Kollektivsymbolik", in: Reiner Keller/Andreas Hirseland/Werner Schneider et al. (Hg.), Handbuch sozialwissenschaftliche Diskursanalyse. Band 1: Theorien und Methoden, Wiesbaden: VS Verlag, 2011, S. 433–458, S. 437.

[31] Ebd., S. 438.

[32] Vgl. ebd., S. 439.

[33] Ebd., S. 440.

[34] Reisigl: Elementardiskurs, S. 129.

[35] Vgl. Waldschmidt, Anne/Klein, Anne/Tamayo Korte, Miguel/Dalman-Eken, Sibel: „Diskurs im Alltag – Alltag im Diskurs: Ein Beitrag zu einer empirisch begründeten Methodologie sozialwissenschaftlicher Diskursforschung", in: FQS Forum: Qualitative Sozialforschung Nr. 2/8. Jg. (2007), Art. 15, Abschnitt 23.

in der Diskursforschung dar[36] und spielt auch in Foucaults Arbeiten keine Rolle. Dieses Alltagswissen ist allerdings für meine Arbeit von entscheidender Bedeutung, denn mein Fokus liegt auf Alltagsnutzer*innen von Wearables und deren Selbstvermessungspraktiken. Zu untersuchen, inwiefern sich diskursiv vermitteltes Wissen in ihrer Nutzung widerspiegelt, ist eines meiner Hauptanliegen der Analyse. Aus diesem Grund möchte ich Links Diskurskonzept aufgreifen und schließe mich damit auch Bührmann und Schneider an, welche in ihrem Konzept der Dispositivanalyse ebenfalls die Trennung der diskursiven Praktiken in Spezial-, Inter- und Elementardiskurse vornehmen, um so nochmal zwischen den Diskursen differenzieren zu können.

In der Konsequenz benötige ich nun geeignete Verfahren, um die Diskurse empirisch zu untersuchen. Auch wenn ich mich durch die Differenzierung der Diskurse von Foucaults Diskursbegriff ein Stück weit entfernt habe, möchte ich seine Anmerkungen aus „Archäologie des Wissens" zur Analyse eines Diskurses aufgreifen: Foucault möchte bei der Analyse nicht „die Diskurse als Gesamtheit von Zeichen, sondern als Praktiken [...] behandeln, die systematisch die Gegenstände bilden, von denen sie sprechen."[37] Demnach geht es ihm also nicht um eine sprachwissenschaftliche Analyse des Diskurses[38], wie es beispielsweise in weiten Teilen in Siegfried Jägers Konzept der Kritischen Diskursanalyse[39] der Fall ist, sondern um ein Herausarbeiten der Elemente des Diskurses und ihrer Beziehungen. Dabei betont er, dass eine der Grundvoraussetzungen ist, dass man weitestgehend unvoreingenommen an einen Diskurs herantritt und sich nicht von Vorannahmen und Einordnungen leiten lässt, „die sich als natürliche, unmittelbare und universelle Einheiten geben."[40] Lassen sich in einem Diskurs in Bezug auf bestimmte Aussagen Regelmäßigkeiten feststellen, handelt es sich

---

[36] Vgl. ebd., Abschnitt 24 ff.
[37] Foucault: Archäologie des Wissens, S. 74.
[38] Vgl. ebd.
[39] Vgl. Jäger, Siegfried: Kritische Diskursanalyse. Eine Einführung, Münster: Unrast, 2015. In Bezug auf die Diskursanalyse haben sich unterschiedliche Ansätze entwickelt mit jeweils eigenen Perspektiven und methodologischen Vorgaben. Einen Überblick über unterschiedliche Ansätze der Diskursanalyse findet sich z. B. in Daniel Wrana/Alexander Ziem/Martin Reisigl et al. (Hg.): DiskursNetz. Wörterbuch der interdisziplinären Diskursforschung, Berlin: Suhrkamp, 2014, S. 84–103.
[40] Foucault: Archäologie des Wissens, S. 45. Eine wirkliche Unvoreingenommenheit erscheint jedoch nicht möglich, da Forschende in allen Schritten des Forschungsprozesses durch ihre Vorerfahrungen geprägt sind, angefangen bei der Wahl des Themas. Jo Reichertz führt die Bedeutung der Subjektivität des Forschenden in seinem gleichnamigen Aufsatz aus. Vgl. Reichertz, Jo: „Die Bedeutung der Subjektivität in der Forschung", in: FQS Forum: Qualitative Sozialforschung Nr. 3/16. Jg. (2015), Artikel 33.

4.2 Forschungsdesign: Analyse des Wearable-Dispositivs

dabei um diskursive Formationen, die durch bestimmte Formationsregeln bedingt und strukturiert sind.[41] Diese Formationsregeln konzentrieren sich auf vier unterschiedliche Teilbereiche, die Foucault in „Archäologie des Wissens" ausführlich beschreibt. Auf diese vier Bereiche möchte ich im Folgenden kurz eingehen und ihren jeweiligen Fokus erläutern.

Der erste Bereich, den Foucault die *Formation der Gegenstände*[42] nennt, nimmt die Objekte des Diskurses in den Blick und fokussiert in der Analyse das Herausarbeiten der Gegenstände, die regelmäßig im Diskurs auftauchen sowie die Fragen danach, von welchen Instanzen diese eingesetzt werden und wie sie sich jeweils von anderen Gegenständen abgrenzen. Dabei sollen diese Aspekte nicht nur auf deskriptiver Ebene untersucht werden, sondern es sollen jeweils die Beziehungen in den Blick genommen werden, da es sich laut Foucault nur um eine diskursive Formation handelt, wenn man das „Bündel" von Beziehungen betrachtet und „wenn man zeigen kann, wie irgendein Gegenstand des in Frage stehenden Diskurses darin seinen Platz findet."[43] Die angesprochenen Beziehungen können vielfältig sein, Foucault nennt beispielsweise die Beziehungen zwischen Institutionen, ökonomischen und gesellschaftlichen Prozessen, Verhaltensformen, Normsystemen, Techniken, Klassifikationssystemen und Charakterisierungsweisen als mögliche Verbindungen innerhalb derer der Diskursgegenstand in Erscheinung tritt.[44]

Als zweites beschreibt der Bereich, der mit *Formation der Äußerungsmodalitäten*[45] betitelt ist, die Aussagen eines Diskurses bezüglich der Bedingungen ihres Auftretens. Hier liegt der Fokus auf der Betrachtung der Positionen, die mit den jeweiligen Äußerungen zusammenhängen und der Frage danach, wem diese Positionen zuzuordnen sind („Wer spricht?"[46] Von welchen „institutionellen Plätze[n]"[47] aus?) Dabei geht es in der Analyse nicht um einzelne Subjekte und ihre Äußerungen, sondern darum, Regelmäßigkeiten hinsichtlich bestimmter Positionen im Diskurs zu finden.[48]

---

[41] Vgl. Foucault: Archäologie des Wissens, S. 58.
[42] Vgl. ebd., S. 61–74.
[43] Ebd., S. 67.
[44] Vgl. ebd., S. 68.
[45] Vgl. ebd., S. 75–82.
[46] Ebd., S. 75.
[47] Ebd., S. 76.
[48] Vgl. ebd., S. 81 f.

Im dritten Bereich, der *Formation der Begriffe*[49] geht es ebenfalls um die Aussagen eines Diskurses, jedoch im Hinblick auf die dort auftauchenden Begrifflichkeiten. Die Analyse interessiert sich unter anderem dafür, wie bestimmte Begriffe und die dazugehörigen Aussagen angeordnet sind, wie sie in den Diskurs mit einbezogen und umgewandelt werden. Auch hier sind wieder nicht die Analyse einzelner Aussagen oder Texte von Interesse, sondern das In-Beziehung-Setzen dieser Aussagen und wie diese im Diskurs miteinander verbunden sind.[50]

Den vierten und letzten Bereich benennt Foucault die *Formation der Strategien*[51] und betrachtet die Themen, die im Diskurs aufgegriffen werden. Foucault schlägt für eine Analyse drei unterschiedliche Untersuchungsrichtungen vor. Erstens können mögliche Bruchpunkte des Diskurses bestimmt werden, indem inkompatible Aussagen erscheinen, aus denen sich diskursive Teilmengen ergeben können.[52] Zweitens kann mit Blick auf die Ökonomie der diskursiven Konstellationen das Verhältnis zwischen verschiedenen diskursiven Formationen analysiert werden.[53] Die dritte Richtung bezieht ihre Untersuchung auf die Funktion des untersuchten Diskurses im Feld nicht-diskursiver Praktiken und bezieht dabei Fragen nach dem ‚Besitz' des Diskurses und den Interessen mit ein.[54] Anzumerken ist hier, dass es sich bei der Betrachtung von Strategien nicht um Strategien handelt, die sich einzelnen Akteuren zuordnen lässt, sondern um Muster, die sich innerhalb der Praktiken herausbilden.[55]

Zusammenfassend möchte ich demnach festhalten, dass eine an Foucault angelehnte Diskursanalyse die Gegenstände, Positionen, Begriffe und strategischen Interessen als Bedingungen diskursiver Formationen bestimmt und deren Beziehungen zueinander untersucht. Welche dieser Formationsregeln maßgeblichen Einfluss auf die Bildung diskursiver Formationen hat, ist abhängig vom betrachteten Diskurs.[56] Wichtig dabei ist, dass man nicht auf Ebene einzelner Gegenstände, Positionen, Begriffe und Strategien verbleibt oder sich auf einen einzelnen

---

[49] Vgl. ebd., S. 83–93.
[50] Vgl. ebd., S. 88 f.
[51] Vgl. ebd., S. 94–103.
[52] Vgl. ebd., S. 96 f.
[53] Vgl. ebd., S. 97 ff.
[54] Vgl. ebd., S. 99 f.
[55] Vgl. Röhle, Theo: „Strategien ohne Strategen. Intentionalität als „Strukturentstehung durch Verflechtung"?", in: Tobias Conradi/Heike Derwanz/Florian Muhle (Hg.), Strukturentstehung durch Verflechtung. Akteur-Netzwerk-Theorie(n) und Automatismen, Paderborn: Fink, 2013, S. 173–192, S. 176.
[56] Vgl. Kammler: Archäologie des Wissens, S. 55.

4.2 Forschungsdesign: Analyse des Wearable-Dispositivs

Bereich konzentriert, sondern es geht um die Vernetzung aller Elemente des Diskurses[57] mitsamt „ihren Lücken, ihren Rissen, ihren Verschachtelungen."[58] Anders als Foucault möchte ich nochmal zwischen Spezial- und Interdiskurs differenzieren und dementsprechend auch meine Diskursanalyse aufsplitten. Welche Implikationen sich aus diesen Vorüberlegungen für mein konkretes methodisches Vorgehen gemäß der in Abschnitt 4.1 beschriebenen Fragestellungen und Ziele der Dispositivanalyse ergeben, möchte ich im Folgenden beschreiben.

Über die Frage, ob eine Dispositivanalyse eine komplette Diskursanalyse enthalten muss, herrscht keine Einigkeit. Während Siegfried Jäger die Diskursanalyse als „Herzstück"[59] einer Dispositivanalyse als obligatorisch erachtet, befinden Bührmann und Schneider eine eigene Diskursanalyse nicht für notwendig, es genüge auch eine Bestimmung der Verhältnisse zwischen den betroffenen Spezial-, Inter- und Elementardiskursen.[60] Ich werde mich in meinem Forschungsdesign für einen ‚Zwischenweg' entscheiden. Dabei orientiere ich mich an Foucaults Arbeiten, der seine Art der Diskursanalysen als „Werkzeugkiste"[61] versteht und explizit keine methodischen Vorgaben macht. Die vier Bereiche der Formationsregeln und die Beschreibung der Gegenstände, Positionen, Begriffe und strategischen Interessen sowie deren Beziehungen zueinander werden mir somit einen Rahmen bieten. Somit stellt mein Vorgehen auf der einen Seite keine vollständige Diskursanalyse nach Jägers Verständnis dar, der u. a. durch eine sprachwissenschaftliche Perspektive einen ganz anderen Fokus setzt, es geht aber auch über die reine Verhältnisbestimmung der Diskurse hinaus. Wenn ich im Folgenden demnach von einer Diskursanalyse spreche, ist damit mein Vorgehen gemeint, dass sich an Foucaults „Werkzeugkiste" orientiert und dessen konkrete Verfahrensschritte ich nun beschreiben möchte.

Als Startpunkt für die Analyse des Diskurses soll der Spezialdiskurs dienen, der sich mit der Selbstvermessung mit Wearables beschäftigen. Hierfür habe

---

[57] Vgl. Diaz-Bone: Die französische Epistemologie und ihre Revisionen, Abschnitt 64.
[58] Foucault: Archäologie des Wissens, S. 105.
[59] Jäger: Diskurs und Wissen, S. 123.
[60] Vgl. Bührmann/Schneider: Vom Diskurs zum Dispositiv, S. 95 f.
[61] „Alle meine Bücher […] sind, wenn Sie so wollen, kleine Werkzeugkisten. Wenn die Leute sie öffnen und sich irgendeines Satzes, einer Idee oder einer Analyse wie eines Schraubenziehers oder einer Bolzenzange bedienen wollen, um die Machtsysteme kurzzuschließen, zu disqualifizieren oder zu zerschlagen, unter Umständen darunter sogar diejenigen, aus denen meine Bücher hervorgegangen sind… nun, umso besser!" Foucault, Michel: Schriften in vier Bänden. Dits et Ecrits. Band II. 1970–1975, Frankfurt am Main: Suhrkamp, 2002, S. 887 f.

ich einen Korpus von wissenschaftlichen Publikationen (n = 50) zusammengestellt, die aus unterschiedlichen Fachrichtungen stammen und alle gemeinsam haben, dass sie sich explizit oder implizit mit Wearables auseinandersetzen. Bei der Zusammenstellung des Korpus bin ich so vorgegangen, dass ich in diversen Online-Katalogen mit den Suchbegriffen „Wearable", „Selbstvermessung" bzw. „Self-Tracking" und „Fitnesstracker" nach entsprechenden Publikationen gesucht habe, darunter die Seiten von Journal-Verlagen wie SAGE Journals[62], Taylor & Francis[63] oder der ACM Digital Library[64], Google Scholar[65] oder dem medienwissenschaftlichen Repositorium.[66] Ergänzt wurde die Sammlung durch Aufsätze, die sich aus Querverweisen oder durch die Erwähnungen in bereits für die theoretischen Vorarbeiten gelesenen Texte ergeben haben. Nach einer groben Durchsicht wurden diejenigen Artikel aussortiert, in denen es nicht um Wearables im Sinne von Fitnesstrackern oder Smartwatches ging, sondern beispielsweise um alternative Einsatzgebiete des *Wearable Computings* oder um eine homonyme Verwendung des Begriffs „Wearable" im Sinne einer „Tragbarkeit" von Kleidung. Entstanden ist ein Korpus, der wissenschaftliche Publikationen aus den Jahren 2013 bis 2021 aus diversen Fachbereichen der Natur-, Human-, Sozial, Kultur- und Wirtschaftswissenschaften enthält.[67]

Im nächsten Schritt ging es darum, Material zu identifizieren, das dem Interdiskurs zuzuordnen ist bzw. an dem sich auch die interdiskursiven Vermittlungen der Spezialdiskurse rekonstruieren lassen.[68] Dafür habe ich einen Korpus von Artikeln aus der Medienberichterstattung (n = 66) zusammengestellt, in denen es explizit oder implizit um das Thema „Wearables" geht. Für die Auswahl habe ich zunächst die Online-Archive deutsch- und englischsprachiger Zeitungen, Magazine und Informationsportale nach dem Begriff „Wearable" durchsucht. Bei der

---

[62] https://journals.sagepub.com/ (zuletzt überprüft 25.03.2022).
[63] https://www.tandfonline.com/ (zuletzt überprüft 25.03.2022).
[64] https://dl.acm.org/proceedings (zuletzt überprüft 25.03.2022).
[65] https://scholar.google.de/ (zuletzt überprüft 25.03.2022).
[66] https://mediarep.org/ (zuletzt überprüft 25.03.2022).
[67] Die ersten Fitnesstracker etablierten sich in den Jahren 2011–2013 auf dem Verbrauchermarkt. Unter Berücksichtigung der Dauer wissenschaftlicher Forschungs- und Publikationsprozesse stammen die ersten vereinzelten Aufsätze, die sich mit dem Thema Wearables beschäftigen, demnach aus den Jahren 2013/2014. Vermehrt Gegenstand in wissenschaftlichen Publikationen ist das Wearable dann ab dem Jahr 2015. Des Weiteren möchte ich anmerken, dass eine Auswahl von Artikeln immer nur unvollständig sein kann, denn ein Diskurs lässt sich, wie auch ein Dispositiv, niemals vollständig erfassen und abbilden.
[68] Diese Vorgehensweise schlagen Bührmann und Schneider auf für ihr forschungspraktisches Beispiel der Analyse des Sterbe-/ Todesdispositivs vor. Vgl. ebd., S. 142.

4.2 Forschungsdesign: Analyse des Wearable-Dispositivs

ersten Durchsicht der Ergebnisse habe ich dann diejenigen Artikel aussortiert, in denen es nicht um Verbrauchergeräte ging, sondern um spezialisierte Wearables, wie z. B. Prototypen aus der medizinischen Forschung. Da es mir in meiner Analyse um die Nutzung von regulär am Markt beziehbaren Wearables im Alltag geht, spielen die entsprechenden Artikel, die einen anderen Schwerpunkt legen für mich keine Rolle. Ferner habe ich solche Artikel nicht berücksichtigt, die sehr starke inhaltliche Überschneidungen mit einem bereits im Korpus befindlichen Artikel aufwiesen, da sie z. B. auf Meldungen beruhen, welche durch die Deutsche Presse-Agentur (dpa) bereitgestellt wurden. Durch Querverweise in den gesichteten Dokumenten oder Erwähnungen in der Forschungsliteratur kamen im Anschluss noch weitere Artikel zum Korpus hinzu. Insgesamt liegen nun deutschsprachige (n = 53) und englischsprachige (n = 13) Artikel unterschiedlicher Länge vor, die in überregionalen Zeitungen, Magazinen und Online-Portalen veröffentlicht wurden. Das Veröffentlichungsdatum des ältesten Artikels ist der 09.02.2012, der jüngste Artikel stammt vom 08.01.2021.

Sowohl diese Artikel als auch die Publikationen des Spezialdiskurs habe ich mit Hilfe der Software *MaxQDA*[69] aufbereitet und hinsichtlich der zuvor beschriebenen Vorgehensweise analysiert. Dabei wurde ein komplexes Codesystem angelegt, mit welchem ich die in den jeweiligen Diskursen auftretenden Gegenstände, Begriffe und Positionen herausgearbeitet sowie die strategischen Interessen abgeleitet werden konnte. *MaxQDA* diente hier also als unterstützendes Hilfsmittel, um einen besseren Überblick über die große Anzahl der Dokumente zu gewährleisten. In einem mehrstufigen Iterationsprozess habe ich die Artikel dann alle händisch codiert und analysiert. Die Analysen und die Darstellung der Ergebnisse finden sich in Abschnitt 5.1.

Nach Abschluss der beiden Analysen sollen Spezial- und Interdiskurs zusammengeführt werden, um „stabile Aussagemuster"[70] zu identifizieren. Dies sind sich systematisch wiederholende Aussagen, die als wiederkehrende Muster sowohl in den wissenschaftlichen Aufsätzen als auch in den Medienberichten vorkommen. Diese Aussagemuster sollen im Sinne der Dispositivanalyse wiederum in Abschnitt 5.3 mit den Kernergebnissen der Analyse der nicht-diskursiven Praktiken aus Abschnitt 5.2 in Beziehung gesetzt werden, um das Verhältnis zwischen den diskursiven und nicht-diskursiven Praktiken zu untersuchen. Dies dient auch der Beantwortung der Frage danach, was als Wissen diskursiv vermittelt wird und

---

[69] https://www.maxqda.de/ (zuletzt geprüft 24.03.2022).
[70] Sarasin, Philipp: Michel Foucault zur Einführung, Hamburg: Junius, 2006, S. 106.

wie sich das in den Alltagsnutzung von Wearables widerspiegelt.[71] Das methodische Vorgehen im Hinblick auf die nicht-diskursiven Praktiken möchte ich als nächstes beschreiben.

4.2.1.2 Nicht-Diskursive Praktiken: Episodische Interviews und Inhaltsanalyse

Bei nicht-diskursiven Praktiken handelt es sich im Anschluss an Bührmann und Schneider um „symbolisch aufgeladene Handlungsweisen und Gesten innerhalb eines Diskurses, die durch ihren Vollzug den Diskurs stützen, aktualisieren oder auch verändern."[72] Da Wissen auch im Handeln von Menschen und in den Gegenständen, die sie auf der Grundlage von Wissen produzieren „haust", ist es wichtig, sich auch diese nicht-diskursiven Elemente genau anzuschauen.[73] Übertragen auf den Kontext meiner Arbeit umfassen die nicht-diskursiven Praktiken demnach die Nutzungspraktiken von Wearables im Alltag sowie die Routinen, die damit verbunden sind. Diese können dem entsprechen, was diskursiv vermittelt ist, stehen möglicherweise aber auch bestimmten Aussagemustern des Diskurses gegenüber. Die Aspekte herauszuarbeiten, in denen eine solche Aktualisierung oder Veränderung des Diskurses durch die nicht-diskursiven Praktiken im Rahmen meiner Dispositivanalyse sichtbar wird, sind für mich von besonderem Interesse.

Das methodische Vorgehen, die nicht-diskursiven Praktiken empirisch zu untersuchen, besteht aus einer Phase der Datenerhebung und einer der Datenauswertung. Für die Datenerhebung nutze ich mit dem *episodischen Interview* eine Methode, die für den zu untersuchenden Gegenstandsbereich sowohl narrativ-episodisches als auch semantisches Wissen erfragt.[74] Die narrativ-episodischen Bestandteile beziehen sich dabei auf konkret erlebte Situationen, die über Aufforderungen zu Erzählungen erhoben werden. Dementsprechend habe ich für den Interview-Leitfaden Fragen entwickelt, die solche erzählenden Passagen motivieren. Für den Bereich der Wearable-Nutzung sind dies beispielsweise die Erzählungen der ersten Erfahrungen mit dem Gerät oder der Bericht, inwiefern das Gerät im individuellen Tagesablauf eine Rolle spielt. Das semantische Wissen wird hingegen durch verallgemeinerte Annahmen ausgedrückt, was ich im

---

[71] Vgl. Bührmann/Schneider: Vom Diskurs zum Dispositiv, S. 99.
[72] Ebd., S. 50.
[73] Vgl. Jäger: Diskurs und Wissen S. 101.
[74] Vgl. Flick, Uwe: Qualitative Sozialforschung. Eine Einführung, Reinbek bei Hamburg: Rowohlt, 2016, S. 238.

Leitfaden durch zielgerichtete Fragen nach bestimmten Begriffen und subjektiven Definitionen umgesetzt habe. Dies sind in diesem Fall z. B. die Begriffe „Selbstvermessung" und „Selbstoptimierung". Die Kombination dieser beiden Perspektiven, also des episodischen Wissens auf der einen und des semantischen Wissens auf der anderen Seite war für mich der Grund, diese Methode zu wählen, da ich so sowohl Zugang zu individuellen Praktiken der Interviewpartner*innen als auch zu diskursiv vermitteltem Wissen hinsichtlich der Wearables erhalten konnte. Eine der Herausforderungen der Methode ist, was Uwe Flick als „generelles Problem erzählungsgenerierender Interviews"[75] identifiziert, dass die Interviews sehr stark davon geprägt sind, inwiefern die Befragten in der Lage sind, in einen tatsächlichen Erzählmodus zu kommen. Ein Vorteil speziell des episodischen Interviews ist in diesem Fall, dass es immer wieder neue Erzählaufforderungen gibt anstatt eines einzelnen Erzählstimulus wie bei anderen Formen narrativer Interviews.

Nach der Entwicklung des Interviewleitfadens ist der nächste Schritt im Forschungsprozess die Stichprobenwahl. Hans Merkens betont dafür zwei Voraussetzungen: Erstens müssten die Forschenden eine Vorstellung davon haben, welchen Fall sie untersuchen möchten und zweitens sollte die Stichprobenziehung nachvollziehbar dokumentiert werden.[76] Ersteres ergab sich für meine Arbeit aus den theoretischen Vorarbeiten, so dass sich für meine Grundgesamtheit folgende Kriterien ergaben: Befragt werden sollten erwachsene Nutzer*innen von Wearables in Form von Fitnesstrackern oder Smartwatches im deutschsprachigen Raum, die im Sinne eines *private self-tracking*[77] eine freiwillige Selbstvermessung im Alltag verfolgen. Den zweiten Punkt, die Stichprobenziehung, habe ich in Form einer theoretischen Stichprobe (*theoretical sampling*) umgesetzt. Kennzeichnend für diese Art der Stichprobenbildung ist, dass die Fallauswahl schrittweise erfolgt, und zwar so, dass gezielt kontrastierende Fälle ausgewählt werden, bis eine theoretische Sättigung erreicht wird, d. h. weitere Fälle keine entscheidenden neuen Informationen mehr bereithalten würden.[78] Die konkreten Auswahlkriterien, die mir für meine Arbeit dabei wichtig waren, waren neben einer Varianz der soziodemographischen Merkmale, unterschiedliche Nutzungsszenarien und -motivationen, die ich auf Basis der theoretischen Vorarbeiten herausgearbeitet

---

[75] Ebd., S. 244.
[76] Vgl. Merkens, Hans: „Auswahlverfahren, Sampling, Fallkonstruktion", in: Uwe Flick/Ernst von Kardorff/Ines Steinke (Hg.), Qualitative Forschung. Ein Handbuch, Reinbek bei Hamburg: Rowohlt, 2015, S. 286–299, S. 290.
[77] Vgl. Lupton: Self-Tracking Modes, 2014, S. 5 ff.
[78] Vgl. Döring, Nicola/Bortz, Jürgen: Forschungsmethoden und Evaluation in den Sozial- und Humanwissenschaften, Berlin/Heidelberg: Springer, 2016, S. 302.

habe. Bei der Rekrutierung, die durch eine Ansprache über meinen Bekanntenkreis und in den sozialen Medien erfolgte, habe ich so immer wieder gezielt nach bestimmten Wearable-Nutzer*innen gesucht, welche die geforderten Kriterien erfüllten[79] und bereit waren, ein Interview mit mir zu führen. Nach dem neunten Interview war aus meiner Perspektive die theoretische Sättigung erreicht, so dass ich auf Basis der geführten Interviews und damit verbunden einer breiten Spannweite unterschiedlicher Nutzungsszenarien von Wearables die Erhebungsphase abschließen konnte.

Die Stichprobe stellt sich hinsichtlich der zu interessierenden Merkmale sehr heterogen dar, so nutzen einige der Befragten ihr Wearable erst seit wenigen Monaten, andere bereits seit vielen Jahren. Auch der Umfang der Nutzung variiert zwischen gezielten Aktivitäten, in denen das Wearable getragen wird, bis hin zu einer dauerhaften Nutzung rund um die Uhr, eine ähnliche Variation zeigen auch die genutzten Funktionen der Geräte. Ebenfalls eine Vielfalt besteht bei der Nutzungsmotivation, die das Wearable in unterschiedlichen „Rollen" zeigt, mal als Motivator zu mehr Aktivität im Alltag, mal als Kontrollmedium der eigenen Gesundheit, mal als Überwachungsinstanz der sportlichen Leistung. Einen ersten Überblick über die einzelnen Interviewpartner*innen geben die Fallzusammenfassungen in Abschnitt 5.2.1.

Die Interviews selbst wurden aufgrund der Covid-19-Pandemie ausschließlich digital über das Videokonferenz-Tool *Zoom*[80] durchgeführt. Das Tool habe ich zum einen aufgrund guter Erfahrungen hinsichtlich seiner Performance ausgewählt, zum anderen bietet es durch die Aufzeichnungsfunktion einen hohen Komfort für die Interviewsituation. Die Interviews wurden zwischen März und Mai 2021 geführt und liefen alle auf die gleiche Weise ab: Die Terminabsprache und eine kurze Erläuterung der Vorgehensweise des Interviews habe ich im Vorfeld per E-Mail vorgenommen, die Videokonferenz selbst begann stets mit einer Aufklärung über die Verwendung der aufgezeichneten Daten, der Zusicherung der Anonymität und einer Danksagung für die Bereitschaft, das Interview mit mir zu führen. Danach startete die Aufzeichnung der Konferenz und das leitfadengestützte Interview begann. Bis auf wenige kurze technische Ausfälle funktionierte diese Vorgehensweise sehr gut und ich hatte den Eindruck, dass meine Interviewpartner*innen aufgrund der durch *Zoom* bedingten speziellen Interviewsituation sehr frei und offen sprechen konnten. Von Vorteil schien in diesem Kontext,

---

[79] Die Kriterien umfassen die Zugehörigkeit zur Grundgesamtheit, die inhaltliche Passung zum gesuchten Fall sowie die Voraussetzung, dass keine enge persönliche Beziehung zu mir als Forschende besteht.

[80] https://zoom.us/ (zuletzt geprüft 25.03.2022).

4.2 Forschungsdesign: Analyse des Wearable-Dispositivs

dass alle sich in ihrem gewohnten privaten Umfeld befanden und das Gespräch weniger durch äußere Reize beeinflusst wurde. Nach Beendigung der Fragen laut Leitfaden stoppte ich die Aufzeichnung. Die Interviews beliefen sich auf eine Länge zwischen 17 und 32 Minuten. Im Anschluss an die Interviews wurden diese wörtlich transkribiert, wobei ich die Anonymisierung erst danach vorgenommen habe. Alle Interviewpartner*innen erhielten ein Pseudonym, das zwar Rückschlüsse auf Geschlecht und Alterskohorte zulässt, ansonsten wurden die Daten aber so verändert, dass keine direkten Rückschlüsse auf die Personen mehr möglich sind.[81]

Als nächstes folgt das methodische Vorgehen bei der Datenauswertung. Dafür habe ich mich an Udo Kuckartz Methode zur computergestützten qualitativen Inhaltsanalyse orientiert und verfolge speziell seinen Ansatz der *inhaltlich strukturierenden qualitativen Inhaltsanalyse*.[82] Wie schon bei der Analyse der diskursiven Praktiken nutze ich auch hier die Software *MaxQDA*. Kuckartz teilt seine Inhaltsanalyse in sieben Phasen auf, die ich im Folgenden ebenfalls als strukturierende Elemente aufgreife, um mein Vorgehen zu erläutern. Phase 1 beginnt mit dem Import der Interviewdaten in die Software und einer initiierenden Textarbeit, bei der es um eine erste Betrachtung und Lektüre des Materials geht, sowie um das Einfügen erster Memos, also eigener Ideen und Kommentare in das Material.[83] Ebenfalls werden die Fallzusammenfassungen herausgearbeitet, das heißt, ich habe jedes Interview aus Perspektive der Forschungsfragen zusammengefasst. Dies geschieht nah am Text und ist zunächst frei von Interpretationen.[84] In Phase 2 startet dann die Kategorienbildung, welche hier sowohl am Material selbst erfolgt, was einem induktiven Vorgehen entspricht, als auch deduktiv aus den theoretischen Vorarbeiten. Das Ziel der Kategorienbildung ist es, am Ende, geleitet von den Forschungsfragen, ein Kategoriensystem für die Inhaltsanalyse zu entwickeln. In dieser Phase werden zunächst thematische Hauptkategorien gebildet, die anhand eines Teils des Analysematerials[85] getestet und bei Bedarf angepasst werden. Für meine Analyse haben sich folgende zehn Hauptkategorien

---

[81] Vgl. Kuckartz, Udo: Qualitative Inhaltsanalyse. Methoden, Praxis, Computerunterstützung, Weinheim: Beltz Juventa, 2018, S. 171.
[82] Vgl. ebd., S. 97 ff.
[83] Vgl. ebd., S. 56 ff.
[84] Vgl. ebd., S. 58 ff.
[85] Udo Kuckartz empfiehlt hier, mit den ersten herausgearbeiteten Kategorien eine Art „Probedurchlauf" mit 10–25 % des gesamten Auswertungsmaterials vorzunehmen. Dies habe ich umgesetzt, indem ich mein erstes Kategoriensystem anhand zwei kontrastierender Fälle getestet habe. Vgl. ebd., S. 102.

ergeben, die ich mit Hilfe eines Kollegen nochmal validiert habe: (1) Gegenstände der Selbstvermessung, (2) Nutzung des Wearables, (3) Selbstvermessung, (4) Wearable und Gesundheit, (5) Wearable und Sport, (6) Wearable und Kommunikation, (7) Daten, (8) Selbstoptimierung (9) Person und (10) Sprachliche Besonderheiten / Figuren.

Ein erster Codierprozess markiert dann den Übergang in Phase 3. Hier habe ich auf Basis des in Phase 2 entwickelten Kategoriensystems die Interviews Zeile für Zeile durchgearbeitet und den Textabschnitten gemäß der Leitfrage „Was ist die Hauptidee des Absatzes?" passende Kategorien zugeordnet.[86] In Phase 4 folgte dann die Zusammenstellung der Textstellen, die mit der gleichen Kategorie codiert sind. Phase 5 beinhaltet eine Ausdifferenzierung des Kategoriensystems, indem am Material Unterkategorien gebildet werden. Anschließend erfolgt eine Systematisierung und Organisation des Kategoriensystems, wobei ähnliche Kategorien ggf. zusammengezogen werden, so dass am Ende die Festlegung eines Kategoriensystems mit Haupt- und Unterkategorien steht, welches möglichst sparsam und überschaubar ist. An diesem Punkt kann auch das Kategorienhandbuch erstellt werden, welches alle verwendeten Kategorien und ihre Beschreibungen enthält.[87] Ein zweiter Codierprozess auf Basis dieses finalen Kategoriensystems findet dann in Phase 6 statt. Hier habe ich nun das komplette Material mit den ausdifferenzierten Unterkategorien codiert. Die eigentliche inhaltlich strukturierende Inhaltsanalyse erfolgt dann in Phase 7 und damit der letzten Phase. Hier wird das Material entlang der Hauptkategorien ausgewertet und die Ergebnisse verschriftlicht, einzelne Zitate aus den Interviews sollen dabei zur Illustration herangezogen werden. Dabei hilft auch die Funktion des *Text-Retrieval*, also die Zusammenstellung aller mit der gleichen Kategorie codierten Textstellen durch *MaxQDA*. Die Ergebnisse meiner Analyse finden sich in Abschnitt 5.2. In der abschließenden Verhältnisbestimmung der diskursiven und nicht-diskursiven Praktiken gemäß der ersten Leitfrage der Dispositivanalyse, arbeite ich dann in Abschnitt 5.3 heraus, inwiefern sich diskursiv vermitteltes Wissen in der Alltagsnutzung widerspiegelt und wie umgekehrt die nicht-diskursiven Praktiken den Diskurs stützen oder aktualisieren.

---

[86] Vgl. ebd., S. 80.
[87] Vgl. ebd., S. 40.

4.2.2 Objektivationen: Bedeutungsrekonstruktion mittels Artefaktanalyse

Die zweite Leitfrage der Dispositivanalyse nimmt die Beziehung zwischen den diskursiven Praktiken und den Objektivationen in den Blick.[88] Objektivationen werden dabei als „Sichtbarkeiten" oder auch „Vergegenständlichungen" verstanden, deren Existenz „nur durch diskursive und nichtdiskursive Praxen aufrechterhalten bleibt."[89] Es besteht demnach ein Machtgefüge, in welchem sich diskursive sowie nicht-diskursive Praktiken und Objektivation gegenseitig bedingen. Diese Vergegenständlichung gilt es nun empirisch zu untersuchen und das Wissen zu rekonstruieren, welches in den entsprechenden Gegenstand eingeflossen ist, um dieses im Anschluss den diskursiven Praktiken gegenüberzustellen.[90] Ziel ist es dabei, die „in den Gegenstand selbst eingelassenen Wissensformen und Handlungsskripte ihres ‚rechten Gebrauchs'"[91] vergleichend hinsichtlich ihres tatsächlichen Gebrauchs zu analysieren. Für den Schritt, das Wissen herauszuarbeiten, schlagen Bührmann und Schneider die Artefaktanalyse als geeignete Methode vor, die sie als besonders anschlussfähig für die Dispositivforschung einordnen.[92]

Die Artefaktanalyse stellt ein eigenständiges Verfahren zur empirischen Untersuchung von Objekten dar und ermöglicht den Einsatz in verschiedenen Forschungskontexten. Sie ist prinzipiell auf alle Objekte anwendbar, deren Gebrauchsweisen, Nutzung und Bedeutung man rekonstruieren möchte, seien es Gebrauchsgegenstände, Werkzeuge, Lebensmittel oder Gebäude. Bedingt durch die vielseitigen Einsatzmöglichkeiten erfordert die konkrete Anwendung der Methode aber stets eine individuelle Anpassung und kann sich je nach Untersuchungsgegenstand auch anderer methodischer Verfahren bedienen, z. B. einer Bildanalyse bei der Untersuchung eines Werbeprospekts als Artefakt.[93] Neben den Eigenschaften des Artefakts richtet sich das Forschungsdesign zudem auch nach dem Erkenntnisinteresse.[94] Ausgangspunkt einer Artefaktanalyse ist, dass

---

[88] Vgl. Bührmann/Schneider: Vom Diskurs zum Dispositiv, S. 95.
[89] Jäger/Jäger: Von der Diskurs- zur Dispositivanalyse, 2000, S. 9.
[90] Vgl. ebd., S. 10.
[91] Bührmann/Schneider: Vom Diskurs zum Dispositiv, S. 103.
[92] Vgl. ebd., S. 104.
[93] Vgl. Froschauer, Ulrike: „Artefaktanalyse", in: Stefan Kühl (Hg.), Handbuch Methoden der Organisationsforschung. Quantitative und qualitative Methoden, Wiesbaden: VS Verlag, 2009, S. 326–347, S. 328 f.
[94] Vgl. Lueger, Manfred/Froschauer, Ulrike: Artefaktanalyse. Grundlagen und Verfahren, Wiesbaden: Springer, 2018, S. 66 f.

der untersuchte Gegenstand – das Artefakt – als „materialisierte[s] Produkt[] menschlichen Handelns" verstanden wird, welches „Objektivationen sozialer Beziehungen und gesellschaftlicher Verhältnisse [verkörpert]."[95] Ausgehend vom Gegenstand selbst, möchte ich im Rahmen der Artefaktanalyse also die in das Wearable eingeflossenen latenten und manifesten Informationen, die intendierte Nutzung und die sozialen Kontexte rekonstruieren.[96]

Beim Verfahren der Artefaktanalyse stütze ich mich auf die Vorgehensweise von Ulrike Froschauer, welche im *Handbuch für Organisationsforschung* eine komprimierte Version der Methode vorstellt, die in der von Manfred Lueger entwickelten Ursprungsmethode noch weitere Analyseperspektiven umfasst.[97] Da Teile der ausführlicheren Variante bereits im Gesamtkontext meiner Dispositivanalyse verhandelt werden, beispielsweise die Beschreibung des Stellenwerts des Artefakts im Forschungsdiskurs, erscheint die komprimierte Artefaktanalyse für mein Vorhaben besser geeignet, auch um Redundanzen zu vermeiden. Eine Artefaktanalyse bietet genau die für die Dispositivanalyse gewünschte Funktion, nämlich den Zugang zu den Objektivationen zu ermöglichen. Die Art der Erkenntniserweiterung nimmt damit einen wichtigen Teil meines Forschungsdesigns ein. Obwohl die Methode der Artefaktanalyse gewinnbringende Erkenntnisse für die Untersuchung von Wearables wie Fitnesstrackern und Smartwatches verspricht, lassen sich nach aktuellem Stand keine Forschungsarbeiten finden, die auf diese Methode im Kontext von Wearables zurückgreifen.

Vor Beginn der Anwendung der Artefaktanalyse gilt es einige Aspekte zu beachten. Erstens sollte stets reflektiert werden, dass die Betrachtung von Artefakten immer von der Subjektivität der Forschenden geprägt ist, von ihren Vorerfahrungen und Vorstellungen, die sie mit einbringen.[98] Um ein Stück weit dem entgegenzuwirken, dass Analyse und Interpretation zu stark von den Vorannahmen des Forschenden geleitet wird, sollte eine Artefaktanalyse

---

[95] Lueger, Manfred: Grundlagen qualitativer Feldforschung. Methodologie – Organisierung – Materialanalyse, Wien: WUV-Univ.-Verl., 2000, S. 141.
[96] Vgl. Froschauer: Artefaktanalyse, S. 326/331.
[97] Die ursprüngliche Beschreibung der Methode von Manfred Lueger findet sich in Lueger: Grundlagen qualitativer Feldforschung. Ulrike Froschauer formulierte die komprimierte Methode dann in ihrem Beitrag für das Handbuch der Organisationsforschung, vgl. Froschauer: Artefaktanalyse. Im Jahr 2018 veröffentlichen Lueger und Froschauer dann gemeinsam ein umfassendes Lehrbuch über die Methode der Artefaktanalyse, vgl. Lueger/Froschauer: Artefaktanalyse.
[98] Vgl. Froschauer: Artefaktanalyse, S. 326. Siehe dazu auch Reichert, Jo: „Die Bedeutung der Subjektivität in der Forschung", in: FQS Forum: Qualitative Sozialforschung Nr. 3/16. Jg. (2015), Artikel 33.

4.2 Forschungsdesign: Analyse des Wearable-Dispositivs

deshalb im Team durchgeführt werden. Durch die „Verschränkung ihrer jeweiligen Interpretationsperspektive" auf Basis des „Interpretationswissen[s] und [der] Interpretationskompetenz der an der Gruppe beteiligten Interpreten"[99] soll sich die Qualität der Analyse verbessern.[100] Zweitens gelten für die Analyse weitere Besonderheiten, da es sich bei meinem Untersuchungsgegenstand mit dem Wearable um ein technisches und damit komplexes Gerät handelt. Zu nennen wäre in diesem Zusammenhang beispielsweise, dass es notwendig ist, klare Analysegrenzen zu ziehen, damit das Vorhaben auch realistisch zu bewältigen ist. So gehört es zwar eigentlich zum Wearable als Artefakt dazu, dass beispielsweise weitere Maschinen Teil des Herstellungsprozesses sind, die erhobenen Daten auf Servern gespeichert werden oder die Energieversorgung auf Stromanschlüsse angewiesen sind, hier sei aber „eine Balance zwischen der Selektion relevanter Kontexte und selektiven Vernachlässigungen"[101] notwendig, um die Analyse handhabbar zu machen. Es gilt also genau zu überlegen, welche Voraussetzungen für die Nutzung eines Artefakts existieren und wie in der Analyse damit umgegangen wird bzw. auf welche Aspekte sich die Analyse konzentrieren soll. Ferner erfolgte im Zuge meiner Analyse auch immer wieder ein Blick in die App des Wearables, da diese ebenfalls wichtige explizite und implizite Informationen enthält. Drittens, da jede Artefaktanalyse in Abhängigkeit vom untersuchten Gegenstand und dem Erkenntnisinteresse individuell modifiziert werden muss, werden auch nicht zwangsläufig alle für die Methode vorgeschlagenen Analysedimensionen gleichermaßen berücksichtigt.[102] In der nun folgenden Beschreibung der Vorgehensweise bei der Artefaktanalyse werde ich mich aus diesem Grund auch auf meine konkrete Vorgehensweise konzentrieren und nicht darauf eingehen, welche Analyseschritte und mögliche Leitfragen es in anderen Kontexten geben könnte, wenn beispielsweise ein Raum, ein Kunstwerk oder ein Druckerzeugnis Gegenstand der Untersuchung wäre. Dort kann sich das methodische Vorgehen dann von meinem Vorgehen unterscheiden.

Grundsätzlich besteht die Artefaktanalyse in der Version von Froschauer[103] aus zwei Teilen, der *Dekonstruktiven Bedeutungskonstruktion* und der *Distanzierend-integrativen Rekonstruktion*. Bei ersterem geht es darum, das Artefakt aus seinem ursprünglichen Kontext herauszulösen und in seine einzelnen

---

[99] Reichertz, Jo: Gemeinsam interpretieren. Die Gruppeninterpretation als kommunikativer Prozess, Wiesbaden: Springer VS, 2013, S. 12.
[100] Vgl. Lueger/Froschauer: Artefaktanalyse, S. 60.
[101] Ebd., S. 114.
[102] Vgl. ebd., S. 68.
[103] Vgl. Froschauer: Artefaktanalyse, S. 333.

Bestandteile zu zerlegen, um dann ihre möglichen Bedeutungen zu analysieren. Dieser Schritt lässt sich nochmal unterteilen in eine *Innere Differenzierung* und eine *Alltagskontextuelle Sinneinbettung*. Bei der *Inneren Differenzierung* soll zunächst anhand der äußeren Merkmale des Artefakts eine erste Rekonstruktion des Wissens stattfinden. Auf Ebene der Materialität werden dabei die Sinneserfahrungen und die Haptik des Wearables beschrieben.[104] Hier sollen sensorische Erfahrungen sowie mögliche Konsequenzen der Materialeigenschaften beschrieben werden, hier beispielsweise den Tragekomfort oder die Haltbarkeit. Stehen andere Artefakte im Zentrum der Artefaktanalyse, können an dieser Stelle auch andere Aspekte von Bedeutung sein, z. B. die Akustik bei Räumen oder der Geschmack bei Lebensmitteln. Dieser Analyseschritt schließt an Rainer Leschkes Aussage an, nach der Dispositive die „Materialität zurück ins Spiel und damit in die Verantwortung der Kulturwissenschaften"[105] holen. Nach der Betrachtung der Materialität erfolgt eine Analyse der Struktur des Artefakts, bei der die einzelnen Elemente des Artefakts identifiziert werden sollen, um dann zu untersuchen, in welcher Beziehung die einzelnen Komponenten zueinanderstehen.[106] Zentral ist dabei die Identifikation von Abgrenzungen und möglicher Hierarchien der unterschiedlichen Bestandteile, also Haupt- und Nebenelementen.

Nach diesem vorrangig deskriptiven Teil folgt dann die *alltagskontextuelle Sinneinbettung*, in welcher das Umfeld des Artefakts untersucht werden soll. In diesem Part agiert das Interpretationsteam in der Rolle von alltagskompetenten Beobachter*innen, die sich in den zu untersuchenden Kontext hineindenken, um jeweils die Bedeutung des Artefakts in diesem Kontext zu rekonstruieren. Die Formulierung von Assoziationen ist dabei ausdrücklich erlaubt.[107] Fragen, die im Mittelpunkt stehen, sind, welche Eigenschaften dem Artefakt zugeschrieben werden und welche vom Gegenstand ausgehende Eigenschaften eine bestimmte Nutzungsweise vorgeben. Diskutiert werden soll hier z. B., welches die typischen Kontexte sind, in denen das Wearable auftaucht und in welche (Alltags)Aktivitäten es eingebunden ist. Diese Einbettungen zu analysieren ist insofern bedeutend, als dass im nächsten Schritt der Analyse daran auch die gesellschaftliche Bedeutung des Artefakts rekonstruiert werden kann. Daran schließt dann die Frage nach der Beziehung zwischen möglichen Akteursgruppen und dem Artefakt an, also konkret, welche Akteursgruppen durch diese intendierte Nutzung angesprochen werden und welche möglichen Intentionen

---

[104] Vgl. Lueger/Froschauer: Artefaktanalyse, S. 71 f.
[105] Leschke: Die Einsamkeit des Mediendispositivs, S. 75.
[106] Vgl. Lueger/Froschauer: Artefaktanalyse, S. 72 f.
[107] Vgl. Lueger: Grundlagen qualitativer Feldforschung, S. 155.

4.2 Forschungsdesign: Analyse des Wearable-Dispositivs

Akteur*innen mit dem Artefakt verbinden könnten.[108] Dabei lassen sich auch die mit dem Artefakt verbundenen Interessen herausarbeiten, womit wiederum eine Verbindung zu den gesellschaftlichen Interessen gezogen werden kann. Damit ist für meine Arbeit der erste Teil der Artefaktanalyse abgeschlossen, bevor sie übergeht in die *Distanzierend-integrative Rekonstruktion*.

In diesem zweiten großen Teil der Artefaktanalyse wird der gegen Ende des ersten Analyseteils herausgearbeitete gesellschaftliche Bezug tiefergehend analysiert. Somit soll sich das Interpretationsteam nun vom Artefakt als Gegenstand abwenden und sich dessen Zuschreibungen und Anschlüssen widmen, indem die sozialen und kulturellen Kontexte betrachtet werden. Dabei ergeben sich mit der Produktion des Artefakts, den Praktiken, Funktionen und möglichen Wirkungen, die mit dem Artefakt verbunden sind, unterschiedliche Schwerpunkte in der Analyse. Ziel dieser Teilanalyse ist es, strukturelle Veränderungen herauszuarbeiten, die durch die Existenz des Artefakts bedingt sind.[109] Im Zuge der Untersuchung des Produktionskontext sollen die Voraussetzungen und Rahmenbedingungen für die Existenz des Artefakts in den Blick genommen werden, wie auch die mit der Herstellung verbunden Interessen.[110] Hier gelten dann insbesondere die bereits angesprochene Spezifitäten der Untersuchung von technischen Geräten als Artefakte. Aufgrund ihrer Komplexität kann ich im Zuge meiner Artefaktanalyse somit nicht alle Aspekte der Produktion von Wearables berücksichtigen, z. B. die Rohstoffbeschaffung oder für die Herstellung benötigte Handelsbeziehungen. Bezogen auf die Praktiken soll es um den Gebrauch des Artefakts in seinem kompletten Lebenszyklus gehen. Das schließt Fragen nach konkreten Verwendungszusammenhängen ein wie auch Nutzungsmotive, Besitzverhältnisse und das Ende der Bestandsdauer.[111] Die Betrachtung der Funktionen und Wirkungen bildet schlussendlich den Abschluss der *distanzierend-integrativen Rekonstruktion*. Hier geht es um die Veränderungen, die sich durch das Artefakt und seine Nutzung ergeben, nicht nur intendierte, sondern auch nicht beabsichtigte Wirkungen, positive wie negative: „Um ein Artefakt zu verstehen, sollte man erkunden, warum dieses so wichtig ist und welche Wirkungen es auf Menschen, soziale Beziehungen oder die Gesellschaft insgesamt entfaltet."[112]

---

[108] Vgl. Lueger/Froschauer: Artefaktanalyse, S. 75 f.
[109] Vgl. ebd., S. 78.
[110] Vgl. ebd., S. 79 f.
[111] Vgl. ebd., S. 81 f.
[112] Ebd., S. 83 f.

Abgeschlossen wird die Artefaktanalyse dann durch eine strukturierte Zusammenfassung der gewonnen Erkenntnisse. Dabei sollen vorhandene Muster herausgearbeitet, aber auch Widersprüche, die während der Analyse erkannt wurden, thematisiert und eingeordnet werden.[113] Am Ende folgt die Präsentation der für das spezifische Forschungsinteresse wichtigsten Ergebnisse. Ausgehend von dieser Vorgehensweise einer Artefaktanalyse und den Aspekten, die mich im Rahmen meiner Dispositivanalyse interessieren, ergeben sich für mich folgende analyseleitende Fragestellungen:[114]

Dekonstruktive Bedeutungskonstruktion

- Aus welchem Material besteht das Artefakt? Wie fühlt sich das Material an? Welche Funktionen könnten die spezifischen Materialeigenschaften erfüllen?
- Aus welchen einzelnen Komponenten besteht das Artefakt? In welcher Beziehung stehen diese zueinander? Warum setzt sich das Artefakt gerade aus diesen Einzelkomponenten zusammen?
- In welche Kontexte ist das Artefakt eingebettet? Welche Signale gehen vom Artefakt aus? Inwiefern gehört das Artefakt zur Alltagsnormalität?
- Welche Akteursgruppen haben mit dem Artefakt zu tun? Welche Intentionen könnten Akteursgruppen mit dem Artefakt verbinden?

Distanzierend-integrativen Rekonstruktion

- Welche Voraussetzungen erfordert die Artefaktherstellung? Wer hat welche mit der Herstellung verbundene Interessen? Wie wird das Artefakt produziert?
- In welchen Verwendungszusammenhängen steht das Artefakt? Welche Motive verbinden sich mit dem Artefaktumgang? Wer verfügt in welcher Form über das Artefakt? Was passiert am Ende der Bestandsdauer eines Artefakts?
- Welche Auswirkungen hat das untersuchte Artefakt auf die mit dem Artefakt konfrontierten Akteur*innen? Wie verändert sich Gesellschaft durch die Existenz und Handhabung des Artefakts? Welche Wirkungen werden dem Artefakt zugeschrieben?

Anhand dieser Fragen habe ich dann schließlich meine Artefaktanalyse durchgeführt. Dafür habe ich zwei Kollegen herangezogen, um entsprechend der

---

[113] Ebd., S. 90.
[114] Bei der Zusammenstellung der Leitfragen habe ich mich an den Vorschlägen von Lueger und Froschauer orientiert, die für jeden Bereich der Artefaktanalyse einen Katalog exemplarischer Fragen zusammengestellt haben. Vgl. ebd., S. 72–86.

Empfehlung ein Interpretationsteam zu bilden, damit die Analyseergebnisse im Verlauf auch gemeinsam diskutiert werden können. Diese Vorgehensweise hat sich als sehr praktikabel erwiesen und hat dabei geholfen, dass ich mich durch meine intensive Beschäftigung mit Wearables nicht ausschließlich durch meine Vorannahmen habe leiten lassen. Für die Analyse selbst habe ich als Untersuchungsgegenstand das Wearable *Fitbit Versa* ausgewählt.[115] Bei Geräten der Marke *Fitbit* handelt es sich um eine etablierte Marke auf dem Wearable-Markt, die besonders in Deutschland sehr verbreitet ist.[116] Das 2018 erschienene Modell *Versa* beinhaltet viele Funktionen, die auch in anderen Geräten implementiert sind, u. a. Schrittzähler, Schlafvermessung, Erhebung der Herzfrequenz oder das Tracking unterschiedlicher Sportarten. Gleichzeitig wird sie weder als reine Sportuhr noch als Modeaccessoire vermarktet, so dass das Gerät verspricht, ein vielseitiger Stellvertreter für Wearables seiner Art zu sein, was es zu einem geeigneten Artefakt für meine Analyse macht. Der Ablauf der Analyse war wie folgt: Nach einer kurzen Einweisung der Kollegen in die Methode, begann die Untersuchung auf Basis der Leitfragen, wobei ich die Diskussionen mit einem Diktiergerät aufgezeichnet habe. Auswertung und Verschriftlichung erfolgten danach durch mich, die Ergebnisse der Artefaktanalyse finden sich in Abschnitt 6.1.

4.2.3 Subjektivierungen: Subjektivierungsprozesse im Wearable-Dispositiv

Die Produktion von Subjekten als Effekt des Wearable-Dispositivs stellt, wie in Abschnitt 2.3 erläutert, einen der zentralen Aspekte für mein Verständnis von Mediendispositiven dar. Subjektivierungsprozesse stehen auch im Mittelpunkt der dritten Leitfrage der Dispositivanalyse. Diese beschäftigt sich mit der Verhältnisbestimmung der Subjektivierungen, diskursiven sowie nicht-diskursiven Praktiken und Objektivationen.[117] Einer der Vorzüge der Dispositivanalyse gegenüber der Diskursanalyse ist, dass Subjektivierungsprozesse hier als eigenständige

---

[115] Das Modell *Fitbit Versa* kam 2018 auf den Markt. Inzwischen gibt es in dieser Produktlinie bereits die Modelle *Versa 2* und *Versa 3*, die über einen erweiterten Funktionsumfang verfügen. Wenn ich in der Analyse von der *Versa* spreche, meine ich explizit das erste Modell aus dem Jahr 2018.
[116] Vgl. Statista: Von welcher Marke sind Ihre persönlichen Smartwatches/Fitness-Tracker? Statista, 2022, https://de.statista.com/prognosen/999765/deutschland-beliebteste-smartwatch-marken vom 08.02.2022 (zuletzt geprüft 26.03.2022).
[117] Vgl. Bührmann/Schneider: Vom Diskurs zum Dispositiv, S. 100.

Analysegegenstände berücksichtigt werden und ihr gegenüber somit ein Erkenntnisgewinn zugesprochen werden kann.[118] Mit dem Begriff der Subjektivierung ist der Prozess gemeint, aus dem ein Subjekt als solches hervorgeht, dementsprechend ist die Perspektive, die ich meiner Analyse einnehme auch eine, welche zwar die Entstehung konkreter Subjekte, jedoch keine grundsätzliche Auseinandersetzung mit dem Subjektbegriff in den Blick nimmt.[119] Für mein Verständnis von Subjektivierungsprozessen sind drei Aspekte von zentraler Bedeutung, die ich im Folgenden kurz darstellen möchte. Erstens ist das die Annahme, dass ein Subjekt erst zum Subjekt gemacht werden muss. In jedem kulturellen Setting werden unterschiedliche Subjektformen produziert, welche einer Gesellschaft durch diskursive und nicht-diskursive Praktiken vermittelt werden. So entstehen kollektive Regeln und Normen – „Muster des Erstrebenswerten,"[120] – unter die sich das Individuum unterwirft und somit zum Subjekt gemacht wird. Gleichzeitig konstituiert sich das Subjekt aber auch selbst „als eine agierende, selbstbestimmte Instanz in seiner Freiheit der Selbstgestaltung",[121] weshalb Daniel Rode in diesem Zusammenhang auch den Begriff der *Selbst-Bildung* synonym zur Subjektivierung nutzt.[122] Ulrich Bröckling bezeichnet Subjektivierung deshalb auch als einen „paradoxe[n] Vorgang, bei dem aktive und passive Momente, Fremd- und Eigensteuerung unauflösbar ineinander verwoben sind."[123] Das Subjekt ist demnach Produkt spezifischer Subjektivierungsprozesse, geformt durch die von unterschiedlichen Apparaten ausgehende Macht und kulturell produzierte Subjektformen, wie auch durch Technologien des Selbst.[124] In Subjektivierungsprozessen sind also stets Möglichkeiten der „Formierung und

---

[118] Vgl. ebd., S. 68.

[119] Eine umfassende Einführung in den Subjektbegriff findet sich z. B. bei Zima, Peter V.: Theorie des Subjekts. Subjektivität und Identität zwischen Moderne und Postmoderne, Tübingen: A. Francke Verlag, 2017.

[120] Reckwitz, Andreas: Subjekt, Bielefeld: transcript, 2008, S. 140.

[121] Wiede, Wiebke: Subjekt und Subjektivierung, 2020, http://docupedia.de/zg/Wiede_subjekt_und_subjektivierung_v3_de_2020 vom 15.12.2020 (zuletzt geprüft 14.12.2021), S. 6.

[122] Vgl. Rode, Daniel: „Selbst-Bildung im und durch Self-Tracking. Ein analytisch-integrativer Systematisierungsversuch zur Subjektkultur des 'neuen Spiels' digitaler Selbstvermessung", in: Daniel Rode/Martin Stern (Hg.), Self-Tracking, Selfies, Tinder und Co. Konstellationen von Körper, Medien und Selbst in der Gegenwart, Bielefeld: transcript, 2019, S. 151–182, S. 160.

[123] Bröckling: Das unternehmerische Selbst, S. 19.

[124] Vgl. Saar, Martin: „Analytik der Subjektivierung. Umrisse eines Theorieprogramms", in: Andreas Gelhard/Thomas Alkemeyer/Norbert Ricken (Hg.), Techniken der Subjektivierung, Paderborn: Fink, 2013, S. 17–27 S. 19/22 f.

4.2 Forschungsdesign: Analyse des Wearable-Dispositivs

Selbstformierung"[125] angelegt. Zentral für diese Perspektive ist hier auch die Theorie der Anrufung von Louis Althusser, die besagt, dass das Subjekt immer einer bestimmten Macht unterworfen ist, indem es erst durch den Prozess der Anrufung bzw. durch die Annahme der Anrufung in einem wechselseitig konstituierenden Akt zum Subjekt gemacht wird.[126] Individuen versteht er dabei als „immer-schon Subjekte", denn

> noch bevor das Kind geboren ist, ist es immer-schon Subjekt, weil es in und durch die spezifische familiale ideologische Konfiguration, in der es nach der Zeugung ‚erwartet' wird, zum Subjekt bestimmt ist.[127]

Somit ist vorbestimmt, dass ein Individuum als Subjekt angerufen und zu einem solchen gemacht wird.

Der zweite Aspekt der Subjektivierung umfasst für mich die Annahme, dass Subjektivierungsprozesse auch immer die Möglichkeit des Widerstands bieten. Mit dem Vorgang der Subjektivierung ist nicht zwingend eine ausweglose Unterwerfung verbunden, vielmehr ist für das Subjekt auch eine gewisse Handlungsmacht enthalten.[128] Diese Möglichkeit der Handlungsmacht ist gleichzeitig auch die Voraussetzung für Widerständigkeit im Rahmen von Subjektivierungsprozessen.[129] Ulrich Bröckling beschreibt dieses Zusammenspiel aus Unterwerfung und Ablehnung als eine Praktik des Widerstands wie folgt:

> Wir werden als Freie angerufen, um uns als Freie zu unterwerfen. [...] Nur weil wir formungsbedürftig sind, sind wir auch formbar; nur weil wir formbar sind, können wir uns dagegen wehren, in bestimmter Weise geformt zu werden.[130]

---

[125] Bröckling, Ulrich: „Anruf und Adresse", in: Andreas Gelhard/Thomas Alkemeyer/Norbert Ricken (Hg.), Techniken der Subjektivierung, Paderborn: Fink, 2013, S. 49–59, S. 49.

[126] Bei Althusser heißt es dazu: „Man kann sich diese Anrufung nach dem Muster der einfachen und alltäglichen Anrufung durch einen Polizisten vorstellen: ‚He, Sie da!' Wenn wir einmal annehmen, daß die vorgestellte theoretische Szene sich auf der Straße abspielt, so wendet sich das angerufene Individuum um. Durch diese einfache physische Wendung um 180 Grad wird es zum Subjekt. Warum? Weil es damit anerkennt, daß der Anruf ‚genau' ihm galt und daß es ‚gerade es war, das angerufen wurde' (und niemand anderes)." Althusser, Louis: Ideologie und ideologische Staatsapparate. Aufsätze zur marxistischen Theorie, Hamburg, Berlin: VSA Verlag, 1977, S. 142 f.

[127] Ebd., S. 144.

[128] Vgl. Saar: Analytik der Subjektivierung, S. 20.

[129] Vgl. ebd., S. 25.

[130] Bröckling: Anruf und Adresse, S. 55.

Diskursiv vermitteltes ‚gefordertes Verhalten' kann demnach auch immer modifiziert oder sogar abgelehnt werden.[131] So werden in Subjektivierungsprozessen neben Subjekten auch ‚Anti-Subjekte' produziert, indem sich Individuen nicht den geltenden Normen und Regeln unterwerfen und damit nicht der erwünschten Subjektform entsprechen.[132] Gleichzeitig beeinflussen Individuen damit aber auch den Diskurs und die vermittelten Normen, was zur Folge haben kann, dass sich die Subjektformen aktualisieren und verändern. Es handelt sich hier demnach nicht um ein Machtverhältnis, welches nur in eine Richtung wirkt.

Der dritte für mich zentrale Aspekt der Subjektivierung ist, dass Subjekte immer ein historisches Produkt sind.[133] Diskursiv vermittelte Subjektformen, Wissen über geltende Normen sowie materielle Arrangements sind stets abhängig vom kulturellen Bezugsrahmen und wirken sich somit auf die Produktion von Subjekten aus.[134] Subjekte und Subjektformen müssen demnach immer im Kontext ihrer historischen Einbettung betrachtet werden.[135] Da, wie bereits erläutert, in Subjektivierungsprozessen auch die Möglichkeit zur Widerständigkeit angelegt ist, liegt die Annahme nahe, dass es neben den Subjekten auch immer historisch spezifische ‚Anti-Subjekte' gibt, die sich den ‚erwünschten' Subjektformen nicht unterworfen haben.[136]

Eng verknüpft ist der Begriff der Subjektivierung mit dem der Gouvernementalität, also der „Gesamtheit der Institutionen und Praktiken, mittels derer man die Menschen lenkt, von der Verwaltung bis zur Erziehung."[137] Durch gouvernementale Akte werden Subjektformen dabei insofern regiert, als dass ihnen zwar eine gewisse Handlungsfreiheit zugesprochen wird, das Feld der möglichen Handlungen aber gezielt beschränkt wird.[138] So passen sich Individuen idealerweise in die erwünschten Formen ein. Gleichzeitig soll erwünschtes Verhalten soweit internalisiert werden, dass Individuen sich selbst regieren und sich einer entsprechenden

---

[131] Vgl. Bröckling: Das unternehmerische Selbst, S. 40.
[132] Vgl. Reckwitz: Subjekt, S. 139 f.
[133] Vgl. dazu auch Saar: Analytik der Subjektivierung, S. 21.
[134] Reckwitz: Subjekt, S. 109. Wie bereits auf übergeordneter Ebene der Dispositivanalyse, wird auch bei Analyse von Subjektivierungsprozessen von einer Mehrdimensionalität ausgegangen. Auch Martin Saar betont den „Mehrebenencharakter von Subjektivität", der es notwendig mache, bei einer Analyse von Subjektivierungsprozessen die Mehrdimensionalität im Forschungsdesign zu berücksichtigen. Vgl. Saar: Analytik der Subjektivierung, S. 21 f.
[135] Vgl. Reckwitz: Subjekt, S. 106.
[136] Vgl. ebd., S. 139 f.
[137] Foucault: Dits et Ecrits IV, S. 116.
[138] Vgl. ebd., S. 286 f.

4.2 Forschungsdesign: Analyse des Wearable-Dispositivs

Subjektform unterwerfen. Um das Verhältnis von Anforderungen an das Subjekt und Subjektform zu verdeutlichen, möchte ich nochmal das Bild des Spirograph aus Abschnitt 2.3 zur Illustration heranziehen: Nimmt das Subjekt entsprechende Anrufungen an, wird es mit unterschiedlichen Zahnrädern (Subjektanforderungen) und einem Zahnkranz (Handlungsspielraum) konfrontiert. Die Ausgestaltung des Musters, indem sich die Figuren der einzelnen Zahnräder auch überschneiden können, verbleibt damit zwar individuell, passt aber in den vorgegebenen Rahmen. An dieser Stelle möchte ich anmerken, dass es sich beim Subjekt oder der Subjektform nicht um eine empirisch beobachtbare Einheit handelt, sondern damit die Form der gemeint ist, mit der Individuen adressiert werden.[139] Einer Subjektform kann man sich unterwerfen, „weil man immer als solche[] angesprochen wird."[140] Durch gouvernementale Macht werden also Subjekte produziert, weshalb Gouvernementalität und Subjektivierung auch nicht getrennt voneinander zu betrachten sind.[141]

Für Analysen bestimmter Subjektivierungsformen ist ferner eine Bestimmung der analytischen Dimensionen notwendig. Für meine Arbeit möchte ich mich hinsichtlich dieser Dimensionen an Bührmann und Schneider orientieren, die für die Analyse von Subjektivierungsprozessen nochmal zwischen den *Subjektformierungen* und *Subjektpositionierungen* einerseits und *Subjektivierungsweisen* andererseits unterscheiden.[142] *Subjektformierungen* und *Subjektpositionierungen* bezeichnen dabei das diskursiv produzierte und vermittelte Wissen um normative Erwartungen an das Subjekt, welches durch diese regiert wird.[143] Dieser Bereich ist also insbesondere für die Gouvernementalitätsforschung von Bedeutung, im Zuge derer auch ein Forschungsinteresse an selbstregierenden Technologien des Selbst besteht.[144] Für die Erforschung und den empirischen Zugang zu den Subjektformierungen und Subjektpositionierungen schlagen Bührmann und Schneider vor, die diskursiv vermittelten Vorgaben anhand des Diskurses bzw. der Diskursformationen, die sich aus einer entsprechenden Diskursanalyse ergeben haben, herauszuarbeiten.[145] Die *Subjektivierungsweisen* hingegen werden als

---

[139] Vgl. Bröckling: Das unternehmerische Selbst, S. 46 f.
[140] Ebd., S. 47.
[141] Vgl. Wiede: Subjekt und Subjektivierung, 2020, S. 4/27.
[142] Vgl. Bührmann/Schneider: Vom Diskurs zum Dispositiv, S. 69.
[143] Vgl. ebd., S. 69 f.
[144] Vgl. ebd., S. 70.
[145] Vgl. ebd., S. 100.

formierende und darstellende Praktiken verstanden, als „Praktiken der Selbst-Verständnisse und die diese zum Ausdruck bringende Verhaltensweisen."[146] Das Forschungsinteresse liegt also beim Subjekt und Fragen danach, wie sich die Individuen selbst sehen und wie sie gesehen werden möchten.[147] Wie bereits beschrieben, wird den Individuen als Teil des Dispositivs das Wissen darüber vermittelt, wie sie „sich auf ‚normale' und ‚nützliche' Weise […] zu sich selbst und zur Welt um sie herum [.] verhalten,"[148] gleichzeitig ist aber auch ein Widerstand gegen die ‚erwünschten' Verhaltensweisen möglich. Bei der empirischen Untersuchung der Subjektivierungsweisen steht also das Selbstbild der Subjekte im Mittelpunkt des Interesses, welches beispielsweise durch narrative oder biographische Interviews zugänglich gemacht werden soll.[149] Durch die Differenzierung zwischen Subjektformierungen und Subjektpositionierungen auf der einen und Subjektivierungsweisen auf der anderen Seite kann zudem auch nochmal unterschieden werden zwischen „diskursiven Subjektivierungsangeboten und der Anwendung dieses Wissens auf sich selbst durch die Alltagsakteurinnen."[150] Diese differenzierte Betrachtung wird der Komplexität einer Dispositivanalyse gerecht, weshalb ich diese Vorgehensweise auch für meine Arbeit übernehmen möchte.

Für meine Subjektivierungsanalyse als Teil der Analyse des Wearable-Dispositivs möchte ich somit folgendermaßen vorgehen: Die entsprechenden Subjektformierungen und Subjektpositionierungen werde ich anhand der Diskursformationen herausarbeiten. Eine Analyse des Spezialdiskurses und der Medienberichterstattung habe ich bereits für die Untersuchung der diskursiven Praktiken durchgeführt, das genau Vorgehen hierfür ist demnach in Abschnitt 4.2.1.1 beschrieben. Aus den Ergebnissen dieser Analysen identifiziere ich die diskursiv produzierten und vermittelten Vorgaben an das Subjekt.[151] Dabei geht es darum, zu beschreiben, welche Subjektform einer ‚erwünschten' entspricht, welche als ‚normal' gilt und welche als ‚Anti-Subjektform' von Ausschluss betroffen ist.[152] Hierbei möchte ich anmerken, dass ich, anders als bei Bührmann

---

[146] Ebd., S. 71.
[147] Vgl. ebd.
[148] Ebd.
[149] Vgl. ebd., S. 115.
[150] Geimer, Alexander/Amling, Steffen/Bosančić, Saša: „Einleitung: Anliegen und Konturen der Subjektivierungsforschung", in: Alexander Geimer/Steffen Amling/Saša Bosančić (Hg.), Subjekt und Subjektivierung. Empirische und theoretische Perspektiven auf Subjektivierungsprozesse, Wiesbaden: Springer, 2019, S. 1–15, S. 4 f.
[151] Vgl. Bührmann/Schneider: Vom Diskurs zum Dispositiv, S. 101.
[152] Vgl. Reckwitz: Subjekt, S. 26 ff.

4.2 Forschungsdesign: Analyse des Wearable-Dispositivs

und Schneider beschrieben,[153] die Subjektformierungen und Subjektpositionierungen nicht nur diskursiv vermittelt sehe, sondern auch durch nicht-diskursive Praktiken und Objektivationen. bzw. durch das Zusammenwirken dieser unterschiedlichen Elemente innerhalb des Dispositivs. Da ich dieses Machtgefüge noch in Abschnitt 7.2 diskutieren werde, konzentriere ich mich im Rahmen der Analyse in Abschnitt 7.1.1 zunächst auf den Diskurs.

Die Subjektivierungsweisen arbeite ich dann anhand der Ergebnisse der qualitativen Inhaltsanalyse der episodischen Interviews heraus, indem ich die „Techniken der individuellen Selbstregierung"[154] beschreibe. Das entsprechende methodische Vorgehen habe ich in Abschnitt 4.2.1.2 beschrieben. Dabei soll es darum gehen, wie sich unter meinen Interviewpartner*innen bestimmte Selbstverhältnisse finden lassen sowie die Fragen, wie sich konkrete Alltagspraktiken darstellen. Insgesamt ergeben sich für meine Subjektivierungsanalyse folgende analyseleitende Fragestellungen, um Subjektformierungen, Subjektpositionierungen und Subjektivierungsweisen zu erschließen, und damit „Wissensformen und Verfahren, mit denen Individuen sich selbst erkennen, erforschen und regieren können sollen"[155] zu rekonstruieren:

- Welche Normen und Regeln werden durch den Wearable-Diskurs vermittelt?
- Welche Subjektformen produziert das Wearable-Dispositiv?
- Wie sehen die Subjekte sich selbst und wie möchten sie gesehen werden?
- Mit welchen Praktiken werden Subjekte geformt bzw. formen sich selbst?
- Wie verhalten sich meine Interviewpartner*innen zu den diskursiv vermittelten Anforderungen?
- Wie wird das diskursiv vermittelte ‚erwünschte' Verhalten auf die Wearable-Nutzung übertragen?
- Inwiefern zeigen sich widerständige Praktiken gegen diese Verhaltensweisen?

Anhand dieser Leitfragen habe ich dann schließlich meine Subjektivierungsanalyse durchgeführt, indem ich auf das in Abschnitt 4.2.1.1 beschriebene und in Abschnitt 5.1 genutzte Diskursmaterial sowie die in Abschnitt 4.2.1.2 beschriebenen und in Abschnitt 5.2 genutzten episodischen Interviews zugegriffen habe. Die Ergebnisse der Subjektivierungsanalyse finden sich in Abschnitt 7.1.

---

[153] Vgl. Bührmann/Schneider: Vom Diskurs zum Dispositiv, S. 69 f.
[154] Ebd., S. 70.
[155] Bröckling: Das unternehmerische Selbst, S. 33.

4.2.4 Gesellschaftstheoretische Kontextualisierung

Die vierte und letzte Leitfrage beschäftigt sich mit dem Verhältnis zwischen diskursiven und nicht-diskursiven Praktiken sowie deren Objektivationen und sozialem Wandel. Der Schwerpunkt liegt dabei auf der Betrachtung der spezifischen Existenzbedingungen des untersuchten Dispositivs und seinen möglichen Auswirkungen. Diese Leitfrage liegt quer zu den anderen drei Leitfragen, da sie eine übergreifende Perspektive einnimmt, indem sie Voraussetzungen und Folgen des Dispositivs in den Blick nimmt.[156] Im Anschluss an Abschnitt 2.3 möchte ich hier noch einmal aufgreifen, dass das Bestehen eines Notstands als gesellschaftliche Entwicklung die Voraussetzung für die Entstehung eines Dispositivs darstellt. Dispositive als Antwort auf gesellschaftliche Problemlagen produzieren selbst sozialen Wandel. Bei der Analyse geht es demnach um die Frage danach, wodurch sich diese Problemlage, dieser Notstand auszeichnet. Dabei sollen die Problematisierungen sich sowohl auf das Untersuchungsfeld als auch auf Zeitdiagnosen stützen.[157] Als gesellschaftstheoretisches zeitdiagnostisches Modell möchte ich hier auf meine eingangs skizzierten Ausführungen zu steigenden Anforderungen und Anpassungsleistungen in einer überforderten Gesellschaft verweisen sowie auf meine Vorarbeiten in Abschnitt 3.1 zur Quantifizierungsgesellschaft. Diese werde ich in Abschnitt 8.1 wieder aufgreifen. Des Weiteren soll es in diesem Kontext um die Funktionen des Wearable-Dispositivs gehen, die ich in Abschnitt 8.2 beleuchten werde. Abschnitt 8.3 behandelt dann die potenziellen Auswirkungen des Wearable-Dispositivs. Diese drei Bereiche – Notstand, Funktionen und Auswirkungen – werde ich unter Berücksichtigung meiner theoretischen Vorarbeiten aus Kapitel 3 sowie den Analyseergebnissen aus den Kapiteln 5, 6 und 7 analysieren, sie sollen demnach aus Theorie und Empirie heraus modelliert werden. Auf dieser Grundlage ergeben sich für mich folgende analyseleitende Fragestellungen:

- Welche Ursachen für die Existenz des Wearable-Dispositivs sind erkennbar? Inwiefern liegt ein gesellschaftlicher Notstand vor?
- In welchem Zusammenhang steht das Wearable-Dispositiv mit der gegenwärtigen gesellschaftlichen Situation? Welche Funktionen nimmt das Wearable-Dispositiv in diesem Kontext ein?
- Was sind die möglichen Auswirkungen des Wearable-Dispositivs?

---

[156] Vgl. Bührmann/Schneider: Vom Diskurs zum Dispositiv, S. 105.
[157] Vgl. ebd., S. 106.

Die Ergebnisse dieses Teils meiner Dispositivanalyse finden sich in Kapitel 8, welches gleichzeitig den Abschluss der Dispositivanalyse bildet. Damit ist an dieser Stelle auch die Beschreibung meines Forschungsdesigns abgeschlossen, das ich im Folgenden noch einmal mit Hilfe einer Skizze zusammenfassen möchte.

4.3 Zusammenfassung: Skizze des Forschungsdesigns

Um dem komplexen Forschungsdesign meiner Dispositivanalyse gerecht zu werden, möchte ich mein Vorhaben im Folgenden noch einmal übersichtlich zusammenfassen. Die Dispositivanalyse umfasst nach Bührmann und Schneider vier Leitfragen, die nach den Verhältnissen der unterschiedlichen Elemente innerhalb eines Dispositivs fragen. Dafür müssen diese Elemente – Praktiken, Objektivationen und Subjektivierungen – zunächst erhoben und ausgewertet werden. Für meine Dispositivanalyse ergibt sich also folgender Ablauf des Forschungsprozesses (Abbildung 4.2):

1. **Diskursive Praktiken:** Zusammenstellung beider Korpora für Diskursanalyse (wissenschaftliche Aufsätze für Spezialdiskurs, Medienberichte für Interdiskurs), Durchführung der Analysen mit Softwareunterstützung (*MaxQDA*), Verschriftlichung Kernergebnisse, Herausarbeiten der Aussagemuster → **Kapitel 5.1**

2. **Nicht-diskursive Praktiken:** Entwicklung eines Interviewleitfadens, Zusammenstellung der Stichprobe, Durchführung episodischer Interviews, strukturierende qualitative Inhaltsanalyse mit Softwareunterstützung (*MaxQDA*), Verschriftlichung Kernergebnisse → **Kapitel 5.2**

3. **Objektivationen:** Auswahl des Artefakts (*Fitbit Versa*), Durchführung der Artefaktanalyse gemäß analyseleitender Fragestellungen im Interpretationsteam, Verschriftlichung Kernergebnisse → **Kapitel 6.1**

4. **Subjektivierungen:** Durchführung Subjektivierungsanalyse gemäß analyseleitender Fragestellungen: Subjektformierungen und -positionierungen anhand Diskursmaterial, Subjektivierungsweisen anhand episodischer Interviews, Verschriftlichung Kernergebnisse → **Kapitel 7.1**

5. **Gesellschaftstheoretische Kontextualisierung:** Herausarbeiten des gesellschaftlichen Notstands, der Funktionen und der Auswirkungen des Wearable-Dispositivs anhand theoretischer Vorarbeiten und Analyseergebnisse gemäß analyseleitender Fragestellungen → **Kapitel 8**

6. **Verhältnisbestimmungen** der Elemente innerhalb des Dispositivs
   a. **Praktiken:** Beziehung diskursive und nicht-diskursive Praktiken → **Kapitel 5.3**
   b. **Objektivationen:** Beziehung diskursive Praktiken und Objektivationen → **Kapitel 6.2**
   c. **Subjektivierungen:** Beziehung diskursive und nicht-diskursive Praktiken, Objektivationen und Subjektivierungen → **Kapitel 7.2**
   d. **Gesellschaftstheoretische Kontextualisierung:** Beziehung Dispositiv und Gesellschaft → **Kapitel 8**

Abbildung 4.2 Forschungsskizze Dispositivanalyse. (Eigene Darstellung)

Teil IV
Dispositivanalyse

Praktiken 5

„Erleichtere dir deinen Alltag"[1]

„Schritt für Schritt mehr Leben"[2]

„Tägliche Aktivität. Immer an deiner Seite"[3]

„Du machst täglich 10.000 Schritte, doch es zählt nur der, mit dem du in Scheiße trittst."[4]

Wearables werden von Seiten ihrer Hersteller aus mit impliziten Versprechen angepriesen, ihren potenziellen Nutzer*innen die Optimierung verschiedener Bereiche des Lebens zu bieten: Bewegung, Komfort, Gesundheit – das Wearable wird zum „ultimative[n] Tool für ein gesundes Leben"[5] und zum „persönliche[n] Fitnesscoach"[6]. Auch im Diskurs ist die Nutzung der Geräte mit einer Reihe von Zuschreibungen verknüpft, positiven wie negativen., die sich in den tatsächlichen Alltagspraktiken widerspiegeln. Dieses Kapitel widmet sich diesen mit dem Wearable verbundenen diskursiven und nicht-diskursiven Praktiken und markiert damit gleichzeitig den ersten Teil meiner Analyse des Wearable-Dispositivs. Praktiken als Bestandteil eines Dispositivs werden dabei, wie in Abschnitt 4.2.1

---

[1] Garmin: Venu 2 Plus, https://www.garmin.com/de-DE/p/730659 (zuletzt geprüft 17.02.2022).

[2] Xiaomi: Mi Smart Band 4, https://www.mi.com/de/mi-smart-band-4/ (zuletzt geprüft 09.02.2022).

[3] Polar: Polar Unite, https://www.polar.com/de/unite (zuletzt geprüft 09.02.2022).

[4] Hotz, Sebastian: El Hotzo, Tweet vom 07.03.2021, 18:13 Uhr, https://twitter.com/elhotzo/status/1368610827553697800 (zuletzt geprüft 09.02.2022).

[5] Apple: Apple Watch, https://www.apple.com/de/watch/ (zuletzt geprüft 17.02.2022).

[6] Huawei: Übersicht Wearables, https://consumer.huawei.com/de/wearables/ (zuletzt geprüft 17.02.2022).

© Der/die Autor(en), exklusiv lizenziert an Springer Fachmedien Wiesbaden GmbH, ein Teil von Springer Nature 2023
F. M. Schloots, *Mit dem Leben Schritt halten*, Medienbildung und Gesellschaft 51, https://doi.org/10.1007/978-3-658-40902-9_5

beschrieben, als Machtgefüge verstanden, die das jeweils gültige Wissen transportieren. Im Anschluss an die methodische Erläuterung in Abschnitt 4.2.1, werde ich dafür zunächst in Abschnitt 5.1 die diskursiven Praktiken untersuchen und der Frage nachgehen, welches Wissen über Wearables diskursiv vermittelt wird. Anschließend werde ich in Abschnitt 5.2 die nicht-diskursiven Praktiken analysieren, insbesondere im Hinblick auf die Alltagsroutinen der Wearable-Nutzung bei meinen Interviewpartner*innen. In Abschnitt 5.3 folgt dann gemäß der ersten zentralen Leitfrage der Dispositivanalyse die Untersuchung des Verhältnisses zwischen den diskursiven und den nicht-diskursiven Praktiken innerhalb des Wearable-Dispositivs. Der Schwerpunkt liegt darauf, zu beobachten, wie das diskursiv vermittelte Wissen in den Alltagspraktiken aufgegriffen wird.

5.1 Diskursive Praktiken

Der Diskurs rund um Wearables erweist sich als facettenreich: Mal werden die Geräte als kleine „Alleskönner am Handgelenk"[7] oder „personal assistant"[8] beschrieben, mal wird darauf hingewiesen, dass die Geräte aber auch Stress verursachen können, wenn sich ihre Nutzer*innen durch die Werte zu sehr unter Druck gesetzt fühlen.[9] Als sehr kritisch gesehen wird ebenso die Subvention von Wearables durch Versicherungsanbieter,[10] gleichzeitig existieren aber auch eine Reihe vielversprechender Ansätze, wie die Wearable-Daten erfolgreich in der medizinischen Forschung eingesetzt werden können.[11] Für die einen sind die Geräte

---

[7] Köhn, Rüdiger: Kleine Alleskönner ersetzen das Smartphone. Frankfurter Allgemeine, 2018, https://www.faz.net/aktuell/wirtschaft/digitec/der-markt-mit-digitalen-sportuhren-waechst-15418798.html vom 28.01.2018 (zuletzt geprüft 12.02.2021).

[8] Motti, Vivian G./Caine, Kelly: „Micro interactions and Multi dimensional Graphical User Interfaces in the Design of Wrist Worn Wearables", in: Proceedings of the Human Factors and Ergonomics Society Annual Meeting Nr. 1/59. Jg. (2016), S. 1712–1716, S. 1713.

[9] Vgl. Gabriels, Katleen/Coeckelbergh, Mark: „‚Technologies of the self and other'. How self-tracking technologies also shape the other", in: Journal of Information, Communication and Ethics in Society Nr. 2/17. Jg. (2019), S. 119–127, S. 120.

[10] Vgl. Braun, Michael/Nürnberg, Volker: „Verhaltensbasierte Versicherungstarife – innovative E-Health-Initiative oder Ausstieg aus der Solidargemeinschaft?", in: Gesundheits- und Sozialpolitik Nr. 1/69. Jg. (2015), S. 70–75, S. 70; Schwinn: Gesundheit ist mehr als Ziffern und Kurven, 2018.

[11] Vgl. Strath, Scott J./Rowley, Taylor W.: „Wearables for Promoting Physical Activity", in: Clinical chemistry Nr. 1/64. Jg. (2018), S. 53–63, S. 62; Baureithel, Ulrike: Bringschuld für Datenspenden. taz, 2018, https://taz.de/Big-Data-fuer-die-Forschung/!5477716/ vom 27.01.2018 (zuletzt geprüft 12.02.2021).

5.1 Diskursive Praktiken

„Datenkraken"[12] und ein weiterer Pflasterstein auf dem Weg in eine Zukunft der Totalüberwachung,[13] für die anderen der „virtuelle Tritt in den Hintern",[14] um endlich die selbst gesetzten Ziele zu erreichen. Potenzieller Lebensretter,[15] „intimate companion",[16] „Handfessel der Überwachungsgesellschaft"[17] – es zeigt sich deutlich, dass der Wearable-Diskurs ein breites Spektrum unterschiedlicher Positionen aufweist, die von utopischen Versprechungen bis hin zu dystopischen Warnungen reichen.

Dieses Spektrum möchte ich im Folgenden genauer in den Blick nehmen und werde dafür in Abschnitt 5.1.1 zunächst den Spezialdiskurs – und damit den wissenschaftlichen Diskurs – und anschließend in Abschnitt 5.1.2 den Interdiskurs auf Ebene der Medienberichterstattung analysieren. Der Schwerpunkt liegt dabei jeweils auf der Untersuchung des Wissens, welches über Wearables produziert wird. Wie bereits erläutert, liegt meiner Arbeit ein Wissensbegriff zugrunde, der „alle Arten von Bewusstseinsinhalten bzw. von Bedeutungen" umfasst, „mit denen jeweils historische Menschen die sie umgebende Wirklichkeit deuten und gestalten."[18] Das entsprechende Wissen wird diskursiv vermittelt, der Diskurs hat insofern eine produktive Macht, welche die soziale Wirklichkeit mitgestaltet.[19]

Wie in Abschnitt 4.2.1 aufgeführt, werde ich das Diskursmaterial jeweils anhand von vier Analysebereichen nach Regelmäßigkeiten durchsuchen und systematisieren. Dies sind erstens die im Diskurs auftretenden Gegenstände, zweitens

---

[12] Schmundt, Hilmar: Falsch vermessen. Der Spiegel, 2017, https://www.spiegel.de/spiegel/print/d-149011673.html vom 13.01.2017 (zuletzt geprüft 20.01.2022).

[13] Vgl. Maak, Niklas: E-Mails im Blut. Frankfurter Allgemeine, 2014, https://www.faz.net/aktuell/feuilleton/apple-watch-e-mails-im-blut-13146657.html vom 10.09.2014 (zuletzt geprüft 12.02.2021); Martin-Jung, Helmut: Wenn der Mensch zum bloßen Datenlieferanten wird. Süddeutsche Zeitung, 2016, https://www.sueddeutsche.de/digital/kommentar-daten-sind-nicht-alles-1.2840186 vom 30.01.2016 (zuletzt geprüft 12.02.2021).

[14] Schmieder, Jürgen: Ein Band, sie zu knechten. Süddeutsche Zeitung, 2016, https://www.sueddeutsche.de/digital/ces-in-las-vegas-ein-band-sie-zu-knechten-1.2806748 vom 07.01.2016 (zuletzt geprüft 12.02.2021).

[15] Vgl. Chen, Katherine/Zdorova, Mary/Nathan-Roberts, Dan: „Implications of Wearables, Fitness Tracking Services, and Quantified Self on Healthcare", in: Proceedings of the Human Factors and Ergonomics Society Annual Meeting Nr. 1/61. Jg. (2017), S. 1066–1070, S. 1069.

[16] Prasopoulou: A half-moon on my skin, S. 288.

[17] Moorstedt, Tobias: Richtig verbunden. Süddeutsche Zeitung Magazin, 2015, https://sz-magazin.sueddeutsche.de/technik/richtig-verbunden-81187 vom 26.04.2015 (zuletzt geprüft 12.02.2021).

[18] Jäger: Diskurs und Wissen, S. 91.

[19] Vgl. Bublitz et al.: Diskursanalyse, S. 11.

die Positionen, drittens die Aussagen und Begriffe und viertens die strategischen Interessen und gesetzten Themen. Im Anschluss geht es in Abschnitt 5.1.3 um die wiederkehrenden Aussagemuster und diskursiven Formationen, die übergreifend im Spezial- und Interdiskurs identifiziert werden können.

5.1.1 „The tracker is always there"[20]: Wearables im Spezialdiskurs

In der nun folgenden Analyse des Spezialdiskurses untersuche ich gemäß der in Abschnitt 4.2.1.1 erläuterten Vorgehensweise meinen Korpus wissenschaftlicher Publikationen (n = 50), die sich aus verschiedenen Fachperspektiven mit Wearables und Aspekten ihrer Potenziale, Nutzung und Auswirkungen auseinandersetzen. Die Ergebnisse dieser Auseinandersetzung mit dem Diskursmaterial möchte ich im Folgenden beschreiben.

„Lifestyle device"[21] und „intimate companion."[22]: Gegenstände im Spezialdiskurs
Neben dem Wearable als zentralen Gegenstand der Analyse der wissenschaftlichen Artikel lassen sich noch weitere Gegenstände beobachten, die im Spezialdiskurs eine Rolle spielen. Insgesamt lassen sich diese in drei unterschiedliche Kategorien einordnen: Zum ersten sind dies weitere Selbstvermessungstechnologien wie beispielsweise das Pedometer[23], die Personenwaage[24] oder das Tagebuch.[25] Diese Gegenstände werden herangezogen, um entweder die Funktion von Wearables zu

---

[20] Prasopoulou: A half-moon on my skin, S. 291.
[21] Kressbach: Breath work, S. 185.
[22] Prasopoulou: A half-moon on my skin, S. 288.
[23] Vgl. z. B. Kerner, Charlotte/Burrows, Adam/McGrane, Bronagh: „Health wearables in adolescents. Implications for body satisfaction, motivation and physical activity", in: International Journal of Health Promotion and Education Nr. 4/57. Jg. (2019), S. 191–202, S. 192; Budzinski, Oliver/Schneider, Sonja: „Smart Fitness. Ökonomische Effekte einer Digitalisierung der Selbstvermessung", in: List Forum für Wirtschafts- und Finanzpolitik Nr. 2/43. Jg. (2017), S. 89–124, S. 97.
[24] Vgl. z. B. Montgomery, Kathryn/Chester, Jeff/Kopp, Katharina: „Health Wearables. Ensuring Fairness, Preventing Discrimination, and Promoting Equity in an Emerging Internet-of-Things Environment", in: Journal of Information Policy/8. Jg. (2018), S. 34–77, S. 51; Gabriels/Coeckelbergh: Technologies of the self and other, S. 124.
[25] Vgl. z. B. Hoy: Personal Activity Trackers and the Quantified Self, S. 95; Schüll: Data for life: Wearable technology and the design of self-care, S. 3.

5.1 Diskursive Praktiken

erläutern („Schritte zählen wie bei einem Pedometer"), sie von Wearables abzugrenzen („Datenverarbeitung funktioniert anders als bei Personenwaagen") oder Wearables in den Kontext weiterer Selbstvermessungspraktiken zu stellen („Aufzeichnen von Daten kennt man schon vom Tagebuch"). Bezogen auf letztere Funktion lässt sich feststellen, dass sich nur wenige Publikationen konkret mit Vorläufertechnologien auseinandersetzen. Ausnahmen verweisen beispielsweise auf die lange Geschichte des Wearable Computings,[26] zeigen mit dem Hinweis „the idea of strapping a computer to one's wrist is not new"[27] eine Parallele zur *Pulsar NL C81*, der ersten digitalen Armbanduhr auf oder beschäftigen sich konkret mit der Kulturgeschichte der medialen Selbstvermessung.[28] Eine weitere konkrete Vorläufertechnologie soll an dieser Stelle nicht unerwähnt bleiben, auch wenn sie in dem von mir untersuchten Korpus nur in einem Artikel eine Rolle spielt: Der *Sphygmograph*. Mit dieser am Handgelenk angebrachten Apparatur konnte bereit Mitte des 19. Jahrhunderts erstmalig eine Vermessung und gleichzeitige graphische Darstellung des Pulses umgesetzt werden.[29] Damit stellt der Sphygmograph ein weiteres Beispiel dafür dar, dass viele der Funktionen der heutigen Wearables auf Ideen und Konzepten beruhen, die schon seit geraumer Zeit existieren.

Die zweite Kategorie der erwähnten Gegenstände betrifft Technologien, die je nach Definition zwar auch den Wearables zugerechnet werden können, aber bisher noch keine vergleichbare Verbreitung gefunden haben wie Fitnesstracker und Smartwatches. Als Beispiele lassen sich hier Earables[30], Smart Clothes[31] oder smarte Kontaktlinsen[32] nennen. Die Gegenstände dienen in den Zusammenhängen häufig dazu, insbesondere im Gesundheitsbereich, weiterführende technische Funktionen

---

[26] Vgl. Lopez, Ximena/Afrin, Kahkashan/Nepal, Bimal: „Examining the design, manufacturing and analytics of smart wearables", in: Medical Devices & Sensors Nr. 3/3. Jg. (2020), S. 1–16, S. 2.

[27] Rawassizadeh, Reza/Price, Blaine A./Petre, Marian: „Wearables: Has the Age of Smartwatches Finally Arrived?", in: Communications of the ACM Nr. 1/58. Jg. (2015), S. 45–47, S. 45.

[28] Vgl. Crawford/Lingel/Karppi: Our metrics, ourselves.

[29] Vgl. O'Neill, Christopher: „Haptic media and the cultural techniques of touch. The sphygmograph, photoplethysmography and the Apple Watch", in: New Media & Society Nr. 10/19. Jg. (2017), S. 1615–1631, S. 1620.

[30] Vgl. z. B. Lopez/Afrin/Nepal: Examining the design, manufacturing and analytics of smart wearables, S. 4. Earables werden im Ohr getragen und können von dort via Bluetooth u. a. die Körpertemperatur übermitteln sowie Funktionen eines Hörgeräts beinhalten.

[31] Vgl. z. B. Yetisen, Ali K./Martinez-Hurtado, Juan L./Ünal, Barış/Khademhosseini, Ali/Butt, Haider: „Wearables in Medicine", in: Advanced Materials Nr. 30(2018), 1–26, S. 18.

[32] Vgl. Braun/Nürnberg: Verhaltensbasierte Versicherungstarife, S. 73.

aufzuzeigen, welche Fitnesstracker oder Smartwatches nicht oder noch nicht erfüllen können. Das gleiche gilt für mögliche Zukunftstechnologien, die sich zurzeit teilweise noch in einem Stadium der Forschung befinden, darunter beispielsweise elektronische Tattoos[33] oder andere Arten von „close-contact wearables".[34]

Eine dritte Kategorie der im Spezialdiskurs genannten Gegenstände stellen (sport)medizinische Geräte dar, wie beispielsweise der Polysomograph[35] oder Spezialgeräte zur Laufanalyse.[36] Diese Gegenstände dienen im Rahmen von Studien hauptsächlich dazu, die Reliabilität der Wearables hinsichtlich einzelner Funktionen wie der Schlaf- oder Herzratenmessung zu überprüfen, werden also als Prüfungsinstanz zur Legitimation der Verbrauchergeräte eingesetzt. Deutlich werden sie auch so voneinander abgegrenzt: Die ‚Profi-Technologie' auf der einen, die ‚Laien-Technologie' auf der anderen Seite.

Auch wenn in vielen Publikationen vorausgesetzt wird, dass die Rezipierenden wissen, was unter einem Wearable verstanden werden kann, schicken andere Aufsätze eine genaue Einordnung und Abgrenzung des Gegenstands voraus. Wenige versuchen bei ihren Erklärungen auf bereits bekannte Technologien zuzugreifen, um Funktion und Nutzen des Wearables verständlich zu machen. So seien Wearables „watch like devices"[37] oder „miniaturisierte Computeranwendungen."[38] Als Charakteristika von Wearables werden die enthaltenen Sensortechnologien,[39] die Möglichkeit des Feedbacks über die erhobenen Daten an die Nutzer*innen[40] und das Übertragen und Speichern dieser Daten[41] sowie das Tragen der Geräte in

---

[33] Vgl. z. B. Lopez/Afrin/Nepal: Examining the design, manufacturing and analytics of smart wearables, S. 8; Budzinski/Schneider: Smart Fitness, S. 97.

[34] Yetisen et al.: Wearables in Medicine, S. 3 ff.

[35] Vgl. Zambotti, Massimiliano de/Goldstone, Aimee/Claudatos, Stephanie/Colrain, Ian M./Baker, Fiona C.: „A validation study of Fitbit Charge 2™ compared with polysomnography in adults", in: Chronobiology International Nr. 4/35. Jg. (2018), S. 465–476, S. 465.

[36] Vgl. Kooiman, Thea J. M./Dontje, Manon L./Sprenger, Siska R./Krijnen, Wim P./van der Schans, Cees P./Groot, Martijn de: „Reliability and validity of ten consumer activity trackers", in: BMC sports science, medicine & rehabilitation/7. Jg. (2015), S. 1–11, S. 2.

[37] Kerner/Burrows/McGrane: Health wearables in adolescents, S. 192.

[38] Reichert: Digitale Selbstvermessung, S. 72.

[39] Vgl. z. B. Strath/Rowley: Wearables for Promoting Physical Activity, S. 54.

[40] Vgl. Friel, Ciarán P./Garber, Carol E.: „Who Uses Wearable Activity Trackers and Why? A Comparison of Former and Current Users in the United States", in: American Journal of Health Promotion Nr. 7/34. Jg. (2020), S. 762–769, S. 763.

[41] Vgl. z. B. Gupta, Anil/Dhiman, Neeraj/Yousaf, Anish/Arora, Neelika: „Social comparison and continuance intention of smart fitness wearables. An extended expectation confirmation theory perspective", in: Behaviour & Information Technology Nr. 2/21. Jg. (2020), S. 1–14, S. 1.

oder am Körper[42] genannt. Andere Erklärungen verbleiben auf einer abstrakten Ebene, indem sie die Funktionsweise in den Mittelpunkt ihrer Begriffsbestimmung rücken („These flexible devices can be configured to make conformal contact wih epidermal, ocular, intracochlear and dental interfaces to collect biochemical or electrophysiological signals."[43]), wiederum andere konzentrieren sich auf den Einsatzbereich und beziehen den Nutzen der Wearables für die Gesundheit mit ein.[44]

Bei anderen Publikationen ist die Einordnung weniger als Erklärung zu verstehen, sondern stellt gerade in den wissenschaftlichen Studien eine Notwendigkeit dar, da aus methodologischer Sicht eine individuelle Arbeitsdefinition entwickelt werden muss, was genau unter dem Begriff „Wearable" zu fassen ist. Hier existieren unterschiedliche Ansätze: Auf der einen Seite gibt es sehr breit angelegte Begriffsverständnisse, die neben Fitnesstrackern und Smartwatches auch biometrische Tattoos und Smart Clothes nennen,[45] auf der anderen Seite aber auch eher eng gefasste Arbeitsdefinitionen, die sich auf das Fitness-Tracking konzentrieren und ausschließlich Geräte und Applikationen berücksichtigen, die eine solche Funktion erfüllen.[46] Andere schließen explizit Technologien als Wearable aus, die nach außen hin unsichtbar sind, weil sie unter der Kleidung getragen werden oder sich innerhalb des Körpers befinden.[47] An dieser Stelle kann ich also schon festhalten, dass es im Spezialdiskurs – obwohl alle untersuchten Artikel auch die für meine Arbeit zentralen Verbrauchergeräte thematisieren – nicht „das" Wearable und „den" Einsatzbereich gibt, sondern sich ein breites Feld entspannt.

Des Weiteren festzuhalten ist neben der Vielseitigkeit des Wearable-Begriffs, dass die Zuschreibungen überwiegend positiv sind, sprich das Wearable wird im

---

[42] Vgl. z. B. Ward, Pamela/Sirna, Karen/Wareham, Anne/Cameron, Erin: „Embodied display. A critical examination of the biopedagogical experience of wearing health", in: Fat Studies Nr. 1/7. Jg. (2017), S. 93–104, S. 93.

[43] Yetisen et al.: Wearables in Medicine, S. 1.

[44] Vgl. Gupta et al.: Social comparison and continuance intention of smart fitness wearables, S. 1.

[45] Vgl. Yetisen et al.: Wearables in Medicine, S. 1.

[46] Vgl. Hyde, Eric T./Omura, John D./Fulton, Janet E./Weldy, Andre/Carlson, Susan A.: „Physical Activity Surveillance Using Wearable Activity Monitors. Are US Adults Willing to Share Their Data?", in: American Journal of Health Promotion Nr. 6/34. Jg. (2020), S. 672–676, S. 673.

[47] Vgl. Kelly, Norene/Gilbert, Stephen B.: „The Wearer, the Device, and Its Use. Advances in Understanding the Social Acceptability of Wearables", in: Proceedings of the Human Factors and Ergonomics Society Annual Meeting Nr. 1/62. Jg. (2018), S. 1027–1031, S. 1027.

Spezialdiskurs als „personal assistant"[48] bezeichnet, als Gesundheitsmanager[49], Coach,[50] Lebensretter[51] und Werkzeug für ein gesünderes Leben[52] gerahmt. Andere sehen Wearables eher als „lifestyle device",[53] als Alltags-Accessoire[54] oder sogar als „intimate companion."[55] Selten lassen sich hingegen kritische Bezeichnungen beobachten wie beispielsweise die Bemerkung, dass es sich bei einem Wearable nur um ein weiteres Werkzeug im Arsenal handelt, um möglichst viele Aspekte des Lebens zu verdaten.[56] Oder auch die Beschreibung von Selbstvermessungstechnologien als biopolitische Instrumente der Normalisierung.[57] Grundsätzlich überwiegen Einordnungen des Wearables in den Gesundheits- oder Lifestylebereich.

Neben dem Wearable selbst wird auch auf die dazugehörige Infrastruktur verwiesen, die notwendig ist, um die erhobenen Daten weiterzuverarbeiten: Bluetooth, Internetverbindung, Cloud, App und ein entsprechendes Endgerät.[58] Das ist insofern von Bedeutung, als dass so deutlich gemacht wird, wie beispielsweise Prozesse der Datenübertragung funktionieren und welche Infrastruktur dafür bestehen muss.

Als Hersteller der Wearables erreichen *Fitbit*, *Apple*, *Garmin* und die mittlerweile nicht mehr erhältliche Marke *Jawbone* die häufigsten Nennungen. Gründe für die Dominanz der *Fitbit*-Geräte können darin liegen, dass dieser Hersteller als erstes am Markt war und gerade zu Beginn der wissenschaftlichen Forschung in vielen Nutzungsstudien eingesetzt wurde. Zudem ist *Fitbit* gerade in den USA sehr weit verbreitet, da der Hersteller eng mit Versicherungen zusammenarbeitet

---

[48] Motti/Caine: Micro interactions and Multi dimensional Graphical User Interfaces in the Design of Wrist Worn Wearables, S. 1713.

[49] Vgl. Gabriels/Coeckelbergh: Technologies of the self and other, S. 124.

[50] Vgl. Chen/Zdorova/Nathan-Roberts: Implications of Wearables, Fitness Tracking Services, and Quantified Self on Healthcare, S. 1069.

[51] Vgl. ebd.

[52] Vgl. Lopez/Afrin/Nepal: Examining the design, manufacturing and analytics of smart wearables, S. 2.

[53] Kressbach: Breath work, S. 185.

[54] Vgl. Gupta et al.: Social comparison and continuance intention of smart fitness wearables, S. 1.

[55] Prasopoulou: A half-moon on my skin, S. 288.

[56] Vgl. Hoy: Personal Activity Trackers and the Quantified Self, S. 95.

[57] Vgl. Sanders, Rachel: „Self-tracking in the Digital Era: Biopower, Patriarchy, and the New Biometric Body Projects", in: Body & Society Nr. 1/23. Jg. (2017), S. 36–63, S. 45.

[58] Vgl. z. B. Hoy: Personal Activity Trackers and the Quantified Self, S. 95; Classen, Jiska/Wegemer, Daniel/Patras, Paul/Spink, Tom/Hollick, Matthias: „Anatomy of a Vulnerable Fitness Tracking System", in: Proceedings of the ACM on Interactive, Mobile, Wearable and Ubiquitous Technologies Nr. 1/2. Jg. (2018), S. 1–24.

und Corporate-Wellness-Programme anbietet[59], in welchen die Geräte oft kostenlos ausgegeben werden.

Genau mit dieser steigenden Verbreitung der Wearables begründen viele der untersuchten Publikationen auch die Beschäftigung mit dem Gegenstand und verweisen dabei auf konkrete Marktdaten.[60] Eine häufige weitere Plausibilisierung der Forschungsrelevanz ist die Erwartung eines gesundheitlichen Nutzens durch die (möglichst dauerhafte) Nutzung der Geräte.[61] Insbesondere auf Basis dieses zweiten Arguments erstreckt sich ein erstes großes Themenfeld, das sich quer durch den untersuchten Korpus zieht und sich unter dem Oberbegriff *User Experience* zusammenfassen lässt. Viele der untersuchten Artikel beschäftigen sich mit Fragestellungen danach, wie die Langzeitnutzung von Wearables motiviert und ein Abbruch der Nutzung vermieden werden kann. Die entsprechenden Wissenschaftler*innen forschen also im Bereich der Optimierung der User Experience und begründen die Relevanz ihrer Forschung damit, dass durch eine verbesserte Nutzungserfahrung mehr Nutzer*innen von den positiven Effekten des Wearables auf ihre Gesundheit profitieren können. Zusammengefasst konzentriert sich ein großer Teil der wissenschaftlichen Publikationen also damit, die Wearable-Nutzung zu erhöhen.

Herstellung von Sinnhaftigkeit: Langzeitnutzung als Ziel

Um diese Erhöhung der Nutzung, insbesondere der Langzeitnutzung zu gewährleisten, untersuchen die Wissenschaftler*innen, welche Aspekte dafür von Bedeutung sind und was beim Design und der Entwicklung von Wearables beachtet werden muss. So sei es wichtig, in Verbindung mit dem Wearable Gewohnheiten zu etablieren[62], eine soziale Motivation zu schaffen,[63] eine stabile Infrastruktur zu

---

[59] https://healthsolutions.fitbit.com/corporatewellness/ (zuletzt geprüft 27.03.2022).

[60] Vgl. z. B. Koo, Helen S./Fallon, Kris: „Preferences in tracking dimensions for wearable technology", in: International Journal of Clothing Science and Technology Nr. 2/29. Jg. (2017), S. 180–199, S. 180; Strath/Rowley: Wearables for Promoting Physical Activity, S. 53.

[61] Vgl. z. B. Chen/Zdorova/Nathan-Roberts: Implications of Wearables, Fitness Tracking Services, and Quantified Self on Healthcare, S. 1066; Yetisen et al.: Wearables in Medicine, S. 1.

[62] Vgl. Chen/Zdorova/Nathan-Roberts: Implications of Wearables, Fitness Tracking Services, and Quantified Self on Healthcare, S. 1066 f.

[63] Vgl. z. B. Gilmore: Everywear, S. 2532; Chen/Zdorova/Nathan-Roberts: Implications of Wearables, Fitness Tracking Services, and Quantified Self on Healthcare;, S. 1066.

gewährleisten (Akkulaufzeit, Datensynchronisation, robuste Sensoren etc.)[64] und den Nutzer*innen Ziele vorzusetzen, die sie erreichen möchten. Damit soll auch vermieden werden, dass nach einer ersten Phase der Neugierde Langeweile einsetzt.[65] Das knüpft an die Überlegungen aus Abschnitt 3.2.1 an, dass es im Bereich des Self-Trackings immer mehr Vergleichsdimensionen gibt, die den Nutzer*innen immer wieder neue Ziele vorgeben. In Bezug auf das Vergleichen sind auch die Begriffe *Social Competing* und *Social Sharing* bedeutsam für den Spezialdiskurs. Da die soziale Komponente beim Self-Tracking ein treibender Faktor der Langzeitnutzung sein kann, beschäftigen sich einige der untersuchten Artikel speziell mit diesen Prozessen. *Social Competing* umfasst dabei jegliche Formen des kompetitiven Vergleichens der eigenen Daten mit denen anderer Nutzer*innen, in der Regel via Social Media oder Tracking-Apps. Unter *Social Sharing* wird lediglich das Teilen der eigenen Daten verstanden, auch hier über Social Media, Apps oder Messenger-Dienste.[66] Social Competing und Social Sharing können zudem für die jeweiligen Anbieter positive Effekte in Bezug auf die mögliche Kund*innenakquise haben, denn in beiden Fällen werden potenziell Personen angesprochen, die ihr Produkt bisher nicht nutzen.

Außerdem geht man davon aus, dass ein Kommunizieren über die erhobenen Daten und ein entsprechendes Feedback einen positiven Effekt auf die Zufriedenheit und damit im besten Fall auch auf die Langzeitnutzung hat.[67] Eine solche Bildung von „Social Communities"[68] gibt es z. B. auch bei den *Weight Watchers*. Hier liegt ebenfalls ein Konzept vor, welches davon profitiert, dass die Kommunikation von Erfolgen aus der Community andere Personen motiviert, diese Methode auszuprobieren. Auf der anderen Seite ist es aber ebenso möglich, dass ein solches Social Competing Stress verursachen kann, wenn Nutzer*innen sich unter Druck gesetzt fühlen, die an sie herangetragenen Werte übertreffen zu müssen.[69]

---

[64] Vgl. z. B. Motti/Caine: Micro interactions and Multi dimensional Graphical User Interfaces in the Design of Wrist Worn Wearables, S. 1712; Yetisen et al.: Wearables in Medicine, S. 15.

[65] Vgl. Friel/Garber: Who Uses Wearable Activity Trackers and Why?, S. 767.

[66] Vgl. Zhu, Yaguang/Dailey, Stephanie L./Kreitzberg, Daniel/Bernhardt, Jay: „‚Social Networkout'. Connecting Social Features of Wearable Fitness Trackers with Physical Exercise", in: Journal of Health Communication Nr. 12/22. Jg. (2017), S. 974–980, S. 975.

[67] Vgl. Gupta et al.: Social comparison and continuance intention of smart fitness wearables, S. 5.

[68] Vgl. Chen/Zdorova/Nathan-Roberts: Implications of Wearables, Fitness Tracking Services, and Quantified Self on Healthcare, S. 1068.

[69] Vgl. Gabriels/Coeckelbergh: Technologies of the self and other, S. 120.

5.1 Diskursive Praktiken

Des Weiteren lässt sich Social Competing aber auch als eine Gamification-Mechanik verstehen, die im Zusammenhang mit der Wearable-Nutzung häufig beobachtet werden kann. Gamifizierende Anwendungen wie „Schritte-Challenges" und die Verleihung virtueller Trophäen[70] können dafür sorgen, dass Wearables für die Nutzer*innen interessant bleiben und verhindern somit unter Umständen einen Abbruch der Nutzung. Gleichzeitig fördern sie jedoch auch eine Normalisierung von Quantifizierungspraktiken[71] und eine Ablenkung von den darüberliegenden Überwachungspraktiken und der damit verbundenen Datenerhebung.[72]

Faktoren, die ebenfalls als wichtig angesehen werden, damit Wearables auch dauerhaft genutzt werden, sind deren technologische und soziale Akzeptanz. Da Wearables wie Fitnesstracker und Smartwatches in der Regel nach außen hin sichtbar getragen werden, sei gerade die soziale Akzeptanz zentral. Untersuchungen zeigen, dass insbesondere die *Apple Watch* sozial sehr akzeptiert ist.[73] Ein Grund dafür ist, dass Wearables wie die *Apple Watch* sich durch Design, Tragekomfort und Funktion unauffällig in den Alltag der Nutzer*innen einfügen.[74] Als „recording devices of everyday life"[75] sind Wearables dieser Art darauf ausgerichtet, dass Nutzer*innen nach anfänglicher Einrichtung des Geräts nichts mehr aktiv tun müssen und die Daten dann in der Regel automatisch erhoben werden.[76] Dies entspricht dem, was Anne Galloway, wie bereits erläutert, unter einer *calm technology* versteht.[77]

Ein wichtiger Faktor, um eine Langzeitnutzung zu gewährleisten, liegt außerdem darin, dass die Sinnhaftigkeit der Nutzung („perceived usefulness") erst hergestellt werden muss.[78] Die Nutzer*innen müssen also eine Erleichterung im Alltag oder

---

[70] Siehe z. B. https://help.fitbit.com/articles/de/Help_article/1531.htm (zuletzt geprüft 10.02.2022).

[71] Vgl. Gram-Hansen, Sandra B.: „Family wearables – what makes them persuasive?", in: Behaviour & Information Technology Nr. 1/24. Jg. (2019), S. 1–13, S. 6.

[72] Lyall, Ben: „Fitness for sale. The value of self-tracking in secondhand exchange", in: The Information Society Nr. 3/35. Jg. (2019), S. 109–121, S. 116.

[73] Vgl. Kelly/Gilbert: The Wearer, the Device, and Its Use, S. 1031.

[74] Vgl. z. B. Lopez/Afrin/Nepal: Examining the design, manufacturing and analytics of smart wearables, S. 10; Braun/Nürnberg: Verhaltensbasierte Versicherungstarife, S. 71.

[75] Prasopoulou: A half-moon on my skin, S. 288.

[76] Vgl. Chen/Zdorova/Nathan-Roberts: Implications of Wearables, Fitness Tracking Services, and Quantified Self on Healthcare, S. 1066.

[77] Vgl. Galloway: Intimations of everyday life, S. 388.

[78] Vgl. Chen/Zdorova/Nathan-Roberts: Implications of Wearables, Fitness Tracking Services, and Quantified Self on Healthcare, S. 1066.

einen gesundheitlichen Nutzen aus der Nutzung des Wearables ziehen.[79] Gemäß der Feststellung „a new wearable entering the market will only be succesful if people consent to wearing it" [80] liegt ein großes Interesse demnach darin, bei den Nutzer*innen diese Sinnhaftigkeit herzustellen, was in den untersuchten Publikationen auf unterschiedliche Art und Weise geschieht. So werden Wearables gerahmt als Technologien, die in der Lage sind, das eigene Verhalten zu verändern[81] oder im Anschluss an Slogans wie „Understand your every move"[82] sich selbst und sein Verhalten besser zu verstehen.[83] Diese Aspekte werde ich später noch einmal aufgreifen. Werden diese Punkte nicht erfüllt, erweisen sich Wearables also aus irgendeinem Grund nicht als alltagstauglich oder fehlt den Nutzer*innen die Sinnhaftigkeit, kann dies in einem Abbruch der Nutzung resultieren. Daneben kann es auch zu einem Abbruch im Sinne eines „,happy' abandoments"[84] kommen, d. h. das Wearable wurde zweckgebunden genutzt und nach Erreichen des Ziels (z. B. Gewichtsabnahme, Marathonteilnahme) nicht weiterverwendet.[85] Zudem gibt es auch Nutzer*innen, die eine episodische Nutzung verfolgen, also Wearables z. B. nur an Tagen nutzen, an denen sie wissen, dass sie körperlich sehr aktiv sein werden.[86] Diese Art der Nutzung entspricht allerdings nicht dem strategischen Interesse des Diskursstrangs, der u. a. große Potenziale des Wearables im Gesundheitsbereich erkennt und sich demnach für eine dauerhafte Nutzung ausspricht. Hier wird das Thema „User Experience" also mit dem nächsten großen Themenfeld des Spezialdiskurses „Gesundheit" verknüpft. Besonders deutlich wird dies in Artikeln, die sehr konkret argumentieren, dass ein Abbruch der Nutzung der Wearables vermieden werden sollte, weil sonst gesellschaftliche Probleme im Gesundheitsbereich

---

[79] Vgl. Gupta et al.: Social comparison and continuance intention of smart fitness wearables, S. 1.

[80] Kelly/Gilbert: The Wearer, the Device, and Its Use, S. 1027.

[81] Vgl. z. B. Chen/Zdorova/Nathan-Roberts: Implications of Wearables, Fitness Tracking Services, and Quantified Self on Healthcare, S. 1068; Strath/Rowley: Wearables for Promoting Physical Activity, S. 53.

[82] Xiaomi: Mi Band, https://www.mi.com/global/miband#04. (zuletzt geprüft 19.02.2020).

[83] Vgl. z. B. Ward et al.: Embodied display, S. 95; Chen/Zdorova/Nathan-Roberts: Implications of Wearables, Fitness Tracking Services, and Quantified Self on Healthcare, S. 1069.

[84] Clawson, James/Pater, Jessica A./Miller, Andrew D./Mynatt, Elizabeth D./Mamykina, Lena: „No Longer Wearing: Investigating the Abandonment of Personal Health-Tracking Technologies on Craigslist", in: Kenji Mase/Marc Langheinrich/Daniel Gatica-Perez et al. (Hg.), Proceedings of the 2015 ACM International Joint Conference on Pervasive and Ubiquitous Computing – UbiComp '15, New York: ACM Press, 2015, S. 647–658, S. 654 f.

[85] Vgl. Lyall: Fitness for sale, S. 114.

[86] Vgl. Gorm, Nanna/Shklovski, Irina: „Episodic use. Practices of care in self-tracking", in: New Media & Society Nr. 11–12/21. Jg. (2019), S. 2505–2521, S. 2514.

wie Übergewicht nicht in den Griff zu bekommen seien.[87] Auf die Rolle des Wearables für das Gesundheitssystem im Spezialdiskurs werde ich nun im Folgenden eingehen.

Lebensretter und Zukunftstechnologie: Wearables im Gesundheitssystem
Auffällig im Spezialdiskurs ist, dass Wearables überwiegend als kostengünstiges Instrument zur Erweiterung bzw. Entlastung des Gesundheitssystems gehandelt werden, sei es im Bereich der primären, sekundären oder tertiären Prävention, aber auch der Gesundheitsförderung. Imaginierte Einsatzmöglichkeiten reichen von niedrigschwelliger weltweiter Gesundheitsüberwachung, insbesondere in ländlichen Gebieten,[88] über das Management chronischer Erkrankungen[89] und der Verbesserung der Adhärenz[90] bis hin zur wissenschaftlichen Forschung, in der Wearables ein leicht zugängliches Erhebungsinstrument darstellen könnten.[91] Insbesondere der erste Punkt wird in den untersuchten Publikationen häufig aufgegriffen. Dies zeigt sich auch in den wiederkehrenden Erzählungen, dass Wearables in der Lage seien, gesundheitliche Probleme in einem frühen Stadium zu erkennen und im Prinzip als Frühwarnsystem und ‚Lebensretter' funktionieren. Illustriert wird dies durch Beispiele, in denen Wearables bei einer älteren Personen im Falle eines Unfalls im heimischen Umfeld Hilfe verständigen,[92] Diabetiker*innen durch das Gerät vor zu hohen oder niedrigen Glukosewerten gewarnt werden[93] oder Wearables schwerwiegende Erkrankungen erkennen, bevor die betroffene Person selbst erste Anzeichen bemerkt.[94] Was in der Konsequenz entsteht, ist das Bild eines

---

[87] Vgl. Canhoto, Ana I./Arp, Sabrina: „Exploring the factors that support adoption and sustained use of health and fitness wearables", in: Journal of Marketing Management Nr. 1–2/33. Jg. (2017), S. 32–60, S. 33.

[88] Vgl. Dunn, Jessilyn/Runge, Ryan/Snyder, Michael: „Wearables and the medical revolution", in: Personalized Medicine Nr. 5/15. Jg. (2018), S. 429–448, S. 432 f.; Chen/Zdorova/Nathan-Roberts: Implications of Wearables, Fitness Tracking Services, and Quantified Self on Healthcare, S. 1069.

[89] Vgl. Piwek, Lukasz/Ellis, David A./Andrews, Sally/Joinson, Adam: „The Rise of Consumer Health Wearables. Promises and Barriers", in: PLoS medicine Nr. 2/13. Jg. (2016), 1–9, S. 3.

[90] Vgl. z. B. Dunn/Runge/Snyder: Wearables and the medical revolution, S. 435; Kreitzberg et al.: What is Your Fitness Tracker Communicating?, S. 94.

[91] Vgl. Kooiman et al.: Reliability and validity of ten consumer activity trackers, S. 2.

[92] Vgl. Chen/Zdorova/Nathan-Roberts: Implications of Wearables, Fitness Tracking Services, and Quantified Self on Healthcare, S. 1070.

[93] Vgl. Yetisen et al.: Wearables in Medicine, S. 7.

[94] Vgl. Piwek et al.: The Rise of Consumer Health Wearables, S. 3.

Wearables, das als eine Art Universalwerkzeug ein breites medizinisches Expertenwissen mitbringt, egal ob es sich um Epilepsie,[95] Herzanomalien[96], Parkinson[97] oder Diabetes[98] handelt. Unterstrichen wird dies zum Teil auch durch passende Anekdoten:

> In the United States, a high school student was using the Apple Watch before football practice when he noticed that the heart rate monitor indicated that he was 60–80 beats higher than the [sic!] his normal heart rate. He went to the hospital for treatment and was diagnosed with rhabdomyolysis due to direct muscle injury. Fortunately, the Apple Watch saved his life by the simple act of monitoring his physiological changes.[99]

Da die Texte selbst selten auf die genaue Funktionsweise eingehen oder erläutern, welche Geräte ein solches Frühwarnsystem enthalten, um somit als ‚Lebensretter' agieren zu können, wird hier wieder ein uneindeutiges Bild des Wearables produziert. Was allerdings vermittelt wird ist, dass es aus einer individuellen Gesundheitsperspektive fast schon unverantwortlich erscheint, kein Wearable zu nutzen, welches mögliche Gesundheitsrisiken erkennt. Betont wird dies auch nochmal durch die prominent kommunizierte Möglichkeit, Wearables als Werkzeug zur Selbstdiagnose einzusetzen.

> For instance, it is possible to identify the severity of depressive symptoms based on the number of conversations, amount of physical activity, and sleep duration using a wearable wristband and smartphone app.[100]

Wenige kritische Stimmen gehen auf mögliche negative Effekte ein und merken an, dass sich durch Wearables endlose Möglichkeiten der Selbstdiagnose[101] ergeben, die an Ulrich Bröcklings „Unabschließbarkeit der Optimierungszwänge"[102]

---

[95] Vgl. Lopez/Afrin/Nepal: Examining the design, manufacturing and analytics of smart wearables, S. 2.

[96] Vgl. Chen/Zdorova/Nathan-Roberts: Implications of Wearables, Fitness Tracking Services, and Quantified Self on Healthcare, S. 1069.

[97] Vgl. Piwek et al.: The Rise of Consumer Health Wearables, S. 3.

[98] Vgl. Yetisen et al.: Wearables in Medicine, S. 7.

[99] Chen/Zdorova/Nathan-Roberts: Implications of Wearables, Fitness Tracking Services, and Quantified Self on Healthcare, S. 1069.

[100] Piwek et al.: The Rise of Consumer Health Wearables, S. 3.

[101] Vgl. Elman: Find Your Fit, S. 3761.

[102] Bröckling: Das unternehmerische Selbst, S. 17.

erinnern und damit ebenso geeignet sind, für individuelle Überforderung zu sorgen. Zudem wird darauf verwiesen, dass Wearables das nächste „Dr. Google" seien, was indirekt auch auf mögliche Gefahren von Selbstdiagnosen hinweist.[103] Neben dem Einsatz als Diagnosetool gibt es weitere Möglichkeiten, wie Wearables in das Gesundheitssystem integriert werden können. So bestehe die Möglichkeit, sie in die ärztliche Versorgung mit einzubinden,[104] einen Eingang von Wearable-Daten in Patientenakten zuzulassen[105] oder Wearable-Technologien für die Weiterentwicklung der personalisierten Medizin zu nutzen.[106] Insbesondere der letzte Punkt, der die Rolle von Big Data im Zukunftsfeld der personalisierten Medizin betrifft, setzt eben voraus, dass viele Datensätze vorliegen, die langfristig gezieltere Therapien möglich machen und damit auf Dauer zu Kosteneinsparungen im Gesundheitssystem führen können.[107] Andere Publikationen sprechen sogar von einem umfassenderen Einsatz von Wearables im Gesundheitssystem.

> In the near future, wearable devices not only will be preventive, diagnostic, and therapeutic technologies, but also will enable continous acquisition of data to monitor disease progression, drug response and assess clinical trial efficacy.[108]

---

[103] Vgl. Piwek et al.: The Rise of Consumer Health Wearables, S. 1.

[104] Vgl. Friel/Garber: Who Uses Wearable Activity Trackers and Why?, S. 767; Chen/Zdorova/Nathan-Roberts: Implications of Wearables, Fitness Tracking Services, and Quantified Self on Healthcare, S. 1070.

[105] Vgl. Shcherbina, Anna/Mattsson, C. M./Waggott, Daryl/Salisbury, Heidi/Christle, Jeffrey W./Hastie, Trevor/Wheeler, Matthew T./Ashley, Euan A.: „Accuracy in Wrist-Worn, Sensor-Based Measurements of Heart Rate and Energy Expenditure in a Diverse Cohort", in: Journal of personalized medicine Nr. 2/7. Jg. (2017), S. 2.

[106] Vgl. Strath/Rowley: Wearables for Promoting Physical Activity, S. 62. Personalisierte Medizin berücksichtigt bei der Medikation und der Behandlung „individuelle Unterschiede in der biologisch-genetischen Ausstattung" der Patient*innen. Im Zusammenhang mit individualisierter Medizin stehen auch weitere gesundheitsrelevante Daten, wie diese, die durch Selbstvermessung entstanden sind, denn auch diese Lebensstilbezogenen Daten können aufgrund der komplexen Wechselwirkungen wichtig für die Forschung sein. vgl. Kollek, Regine/Trojan, Alf: Prädiktive Medizin und individualisierte Medizin, 2017, https://leitbegriffe.bzga.de/alphabetisches-verzeichnis/praediktive-medizin-und-individualisierte-medizin/ vom 04.01.2017 (zuletzt geprüft 05.04.2022).

[107] Vgl. Swan, Melanie: „The Quantified Self. Fundamental Disruption in Big Data Science and Biological Discovery", in: Big data Nr. 2/1. Jg. (2013), S. 85–99, S. 87 f.; Sharon, Tamar: „Self-Tracking for Health and the Quantified Self. Re-Articulating Autonomy, Solidarity, and Authenticity in an Age of Personalized Healthcare", in: Philosophy & Technology Nr. 1/30. Jg. (2017), S. 93–121, S. 95 f.

[108] Yetisen et al.: Wearables in Medicine, S. 20. Wearables umfassen in diesem Aufsatz auch weitere Sensortechnologien wie Smart Clothes und elektronische Tattoos.

Es ist also wiederholt eine Position zu beobachten, die von einem positiven Zusammenhang zwischen Wearable-Nutzung und Gesundheit ausgeht. Gestützt wird diese Argumentation zum Teil mit dem Hinweis auf entsprechende Studien, die diesen Zusammenhang in bestimmten Konstellationen auch nachweisen.[109] Andere Publikationen sehen den positiven Zusammenhang einfach als gegeben an, insbesondere wenn es um die physische Aktivität geht – ein weiterer zentraler Begriff im Spezialdiskurs. Im Diskursmaterial zeigt sich oftmals eine Art argumentativer Dreischritt: Ausgehend von dem Umstand, dass mangelhafte physische Aktivität ein begünstigender Faktor für chronische Erkrankungen wie Diabetes, Herz-Kreislauf-Erkrankungen oder Schlaganfälle sein kann,[110] stellt eine Erhöhung der physischen Aktivität dementsprechend ein wünschenswertes Ziel aus Perspektive der Gesundheitsförderung und Prävention dar. Im zweiten Schritt der Argumentation werden Wearables in Form von Fitnesstrackern und Smartwatches herangezogen, die sich alle dadurch auszeichnen, dass sie durch die Vermessung der gelaufenen Schritte einen leicht nachvollziehbaren Indikator für die physische Aktivität erheben können. Und hier vollzieht sich nun der Schnellschuss, dass die Nutzung von Wearables demnach die physische Aktivität ihrer Nutzer*innen steigert.[111] So kommt es im dritten Schritt dazu, dass Wearables mit einem positiven Effekt auf die Gesundheit assoziiert werden, der nicht unbedingt immer empirisch belegbar ist.[112] Angemerkt sei an dieser Stelle auch noch eine weitere Problematik, die zwar nicht exklusiv nur auf das Wearable zutrifft, aber häufig im Feld der Gesundheitsförderung zu beobachten

---

[109] Vgl. Gupta et al.: Social comparison and continuance intention of smart fitness wearables, S. 3; Chen/Zdorova/Nathan-Roberts: Implications of Wearables, Fitness Tracking Services, and Quantified Self on Healthcare, S. 1069 f.

[110] Vgl. z. B. O'Brien, Tara/Troutman-Jordan, Meredith/Hathaway, Donna/Armstrong, Shannon/Moore, Michael: „Acceptability of wristband activity trackers among community dwelling older adults", in: Geriatric Nursing Nr. 2 Suppl/36. Jg. (2015), 21–25, S. 21; Colgan, Joanna C./Bopp, Melissa J./Starkoff, Brooke E./Lieberman, Lauren J.: „Fitness Wearables and Youths with Visual Impairments. Implications for Practice and Application", in: Journal of Visual Impairment & Blindness Nr. 5/110. Jg. (2018), S. 335–348, S. 336.

[111] Vgl. z. B. Kooiman et al.: Reliability and validity of ten consumer activity trackers, S. 1; Strath/Rowley: Wearables for Promoting Physical Activity, S. 53.

[112] Vgl. Piwek et al.: The Rise of Consumer Health Wearables, S. 4. Eine Studie argumentiert sogar, dass der Einsatz von Wearables insbesondere bei jungen Nutzer*innen die Motivation verringern kann, da durch die Geräte nur eine extrinsische Motivation unterstützt wird, die ohne das Gerät dann komplett fehlt. Vgl. Kerner/Burrows/McGrane: Health wearables in adolescents, S. 193.

ist: Das sogenannte *Präventionsdilemma* bzw. die *selektive Inanspruchnahme*.[113] Damit ist gemeint, dass häufig diejenigen gesundheitsfördernde Maßnahmen in Anspruch nehmen, die gar keinen erhöhten Bedarf haben. So wird auch bei der Wearable-Nutzung beobachtet, dass Nutzer*innen sowieso schon eine überdurchschnittliche physische Aktivität zeigen[114] oder einen als gesund zu bezeichnenden Lebensstil führen.[115]

Doch nicht nur im Bereich der Gesundheitsförderung, sondern auch auf Stufe der sekundären und tertiären Prävention finden sich Beispiele des Einsatzes im Spezialdiskurs. So helfe der Einsatz von Wearables beim Management chronischer Erkrankungen, indem Gesundheitsdaten in Echtzeit erhebbar,[116] Langzeitdaten leicht abruf- und auswertbar[117] und zum Austausch mit Dritten verfügbar sind.[118] Durch die Analyse des Spezialdiskurs wird also auch deutlich, dass sich die Grenzen zwischen regulären Verbrauchergeräten und medizinischen Wearables teilweise auflösen.

Den zuvor genannten Punkt, dass genau diese Verbrauchergeräte eine kostengünstige Alternative zu teuren medizinischen Erhebungsinstrumente darstellen können, möchte ich an dieser Stelle noch einmal aufgreifen: „If an activity tracker can approximate the results of a sleep lab, there is potential for huge savings."[119] Voraussetzung dafür ist eine hohe Akkuratesse der Geräte. Genau dies stellt ein weiteres zentrales Thema im Spezialdiskurs dar. Sieben der untersuchten Artikel beschäftigen sich zentral mit der Überprüfung der Messgenauigkeit der Wearables, die in der Regel mit spezialisierten Geräten aus dem medizinischen Bereich überprüft wird.[120] Eine Einordnung von Wearables in mögliche Nutzungskontexte und Nutzungsmotivationen oder eine generelle Diskussion über Chancen und Risiken

---

[113] Vgl. Franzkowiak, Peter: Prävention und Krankheitsprävention, 2022, https://leitbegriffe.bzga.de/alphabetisches-verzeichnis/praevention-und-krankheitspraevention/ vom 14.03.2022 (zuletzt geprüft 27.03.2022).

[114] Vgl. Hyde et al.: Physical Activity Surveillance Using Wearable Activity Monitors, S. 672.

[115] Vgl. Piwek et al.: The Rise of Consumer Health Wearables, S. 1; Xue, Yukang: „A review on intelligent wearables. Uses and risks", in: Human Behavior and Emerging Technologies Nr. 4/1. Jg. (2019), S. 287–294, S. 289.

[116] Vgl. Yetisen et al.: Wearables in Medicine, S. 19.

[117] Vgl. Piwek et al.: The Rise of Consumer Health Wearables, S. 3.

[118] Vgl. Chen/Zdorova/Nathan-Roberts: Implications of Wearables, Fitness Tracking Services, and Quantified Self on Healthcare, S. 1070.

[119] Hoy: Personal Activity Trackers and the Quantified Self, S. 96.

[120] Vgl. z. B. Haghayegh, Shahab/Khoshnevis, Sepideh/Smolensky, Michael H./Diller, Kenneth R./Castriotta, Richard J.: „Performance assessment of new-generation Fitbit technology in deriving sleep parameters and stages", in: Chronobiology International Nr. 1/37. Jg.

spielen dabei keine Rolle, es geht allein um die Akkuratesse. Das schließt an die Beobachtung von Espeland und Stevens an, dass sich viele wissenschaftliche Studien bei der Erforschung neuer Vermessungspraktiken gerade in der Anfangszeit sehr stark auf diesen Bereich konzentrieren.[121] Die Ergebnisse dieser empirischen Studien fallen dabei sehr unterschiedlich aus und sind von untersuchtem Gerät, Einsatzgebiet und Funktion abhängig. So kann beispielsweise *Fitbit*-Geräten eine hohe Messgenauigkeit hinsichtlich der Vermessung von Schlaf und Schlafphasen bescheinigt werden,[122] genau wie die Geräte der meisten Anbieter eine hohe Reliabilität und Validität hinsichtlich der Erhebung von gelaufenen Schritten aufweisen.[123] Auch die Akkuratesse der Herzratenmessung zeigt bei verschiedenen Verbrauchergeräten einen statistisch akzeptablen Fehlerbereich.[124] Anders sieht es beispielsweise bei der Vermessung und Berechnung des Energieverbrauchs aus[125], insbesondere bei sportlichen Aktivitäten.[126] Verallgemeinernde Aussagen darüber, dass ein Wearable genau oder ungenau misst, müssen also stets hinterfragt werden.

Eigenverantwortung und neoliberale Logiken: Den Körper produktiv erhalten

Einer großen Anzahl von Positionen, die einen positiven Zusammenhang zwischen der Wearable-Nutzung und Gesundheit sehen und Studien, welche diesen Zusammenhang in bestimmten Konstellationen auch bestätigen, stehen einige kritische Positionen gegenüber. So könnten Faktoren zusammenkommen, die dafür sorgen, dass Wearables entweder keine Auswirkungen auf die Gesundheit[127] oder unter Umständen sogar negative Effekte auf das Wohlbefinden haben.[128] Zudem

---

(2020), S. 47–59; Shcherbina et al.: Accuracy in Wrist-Worn, Sensor-Based Measurements of Heart Rate and Energy Expenditure in a Diverse Cohort; Zambotti et al.: A validation study of Fitbit Charge 2™ compared with polysomnography in adults.

[121] Vgl. Espeland/Stevens: A Sociology of Quantification, S. 402.

[122] Vgl. Haghayegh et al.: Performance assessment of new-generation Fitbit technology in deriving sleep parameters and stages, S. 57.

[123] Vgl. Kooiman et al.: Reliability and validity of ten consumer activity trackers.

[124] Vgl. Shcherbina et al.: Accuracy in Wrist-Worn, Sensor-Based Measurements of Heart Rate and Energy Expenditure in a Diverse Cohort, S. 9.

[125] Vgl. ebd..

[126] Vgl. Hoy: Personal Activity Trackers and the Quantified Self, S. 97.

[127] Vgl. Elman: Find Your Fit, S. 3763.

[128] Vgl. Piwek et al.: The Rise of Consumer Health Wearables, S. 4.

sei immer auch die Möglichkeit gegeben, dass die Geräte Fehldiagnosen verursachen,[129] indem sie entweder „False Positives"[130] oder „False Negatives"[131] melden. Dies kann im ersten Fall Stress auf Seiten der Nutzer*innen verursachen und im zweiten ein falsches Gefühl der Sicherheit vermitteln. Stress könnte ebenfalls entstehen, wenn Wearables Vorgaben kommunizieren, welche die Nutzer*innen zu erreichen haben.[132] Eine der untersuchten Studien berichtet über Nutzer*innen, die ihre Erfahrungen mit Wearables mit Angst, Zwang und Unruhe verbinden.[133] Im Großen und Ganzen überwiegen allerdings die positiv eingestellten Positionen, die das Wearable als bedeutsames Instrument für ein Gesundheitssystem rahmen, das als Teil eines neues Gesundheitsparadigmas die Eigenverantwortung zu einem zentralen Bestandteil macht.

> As an 'active goal', health is no longer a biological state but something I can ideally 'seek to accomplish' through particular strategies. Thus, health becomes expressed through behaviors: nutritional, exercise, counseling, mindfulness practice, and environmental choices to be made day after day. This places the burden of health on individuals who must take on the responsibility of making the 'right' decisions about daily habits and long-term healthcare. Determining the boundaries between 'healthy' and 'unhealthy behavior' enfolds health into socially conditioned value judgments and power structures that may rearticulate ideological positions.[134]

Dieses Zitat verweist damit indirekt auf den sogenannten *Healthism*-Imperativ, der auch im Spezialdiskurs einige Male aufgegriffen wird.[135] Der Begriff beschreibt den Umstand, dass die Beschäftigung mit der eigenen Gesundheit zu einem zentralen Aspekt des Lebens wird, gepaart mit der Überzeugung, dass das individuelle Wohlbefinden abhängig von Modifizierungen des eigenen Verhaltens ist. Gesundheit wird damit als das Ergebnis von Entscheidungen gerahmt, die Verantwortung für die

---

[129] Vgl. Lopez/Afrin/Nepal: Examining the design, manufacturing and analytics of smart wearables, S. 10.

[130] Hoy: Personal Activity Trackers and the Quantified Self, S. 96.

[131] Lopez/Afrin/Nepal: Examining the design, manufacturing and analytics of smart wearables, S. 11.

[132] Vgl. Ward et al.: Embodied display, S. 97.

[133] Vgl. Zimdars: The Self-Surveillance Failures of Wearable Communication, S. 35.

[134] Kressbach: Breath work, S. 188.

[135] Vgl. z. B. Millington, Brad: „Fit for prosumption: interactivity and the second fitness boom", in: Media, Culture & Society Nr. 38/8. Jg. (2016), S. 1184–1200, S. 1192; Zimdars: The Self-Surveillance Failures of Wearable Communication, S. 26; Ward et al.: Embodied display, S. 101.

eigene Gesundheit an das Individuum übertragen.[136] Diesen Umstand diskutieren ein Teil der untersuchten Artikel kritisch, insbesondere den ‚neoliberalen Anstrich' des propagierten gesunden Lebensstils,[137] der sich durch den Wearable-Diskurs zieht. Immer wieder geht es dabei um die individuelle Eigenverantwortung[138] und *self-care*, die lediglich darauf abzielt, Subjekte (wieder) fit für den Arbeitsmarkt zu machen.[139] Hinzu kommt, dass in dieser Diskussion um Gesundheitsversprechen marginalisierte Personengruppen und unterschiedlich befähigte Körper nicht berücksichtigt werden, ein Aspekt, der sich auch generell auf die Fitness- und Wellness-Diskurse übertragen lässt.

> As historians of disability and race have shown, the language of 'fitness' has been mobilized by doctors, legislators, educators, immigration officials, psychiatrists, and others to pathologize physical disability, neuroatypicality, poverty, non-Whiteness, or non-Americanness.[140]

Zudem werden Bedenken geäußert, dass man durch die Nutzung von Wearables automatisch, auch trotz besseren Wissens die „mainstream ideas about health and bodily practices"[141] adaptiert, sprich eine Internalisierung der Diskurse und der Werbeversprechen stattfindet.[142] In Bezug auf das Gesundheitsverhalten zeigt sich das darin, dass Subjekte nicht mehr aktiv von außen diszipliniert werden müssen, denn die disziplinarischen Ziele des Staates werden verinnerlicht und als eigenes Verlangen wahrgenommen. Durch Selbstkontrolle und Selbststeuerung sollen normativ vorgegebene Gesundheits- und Fitnessziele erfüllt werden, unterstützt durch Wearables als helfende und motivierende Werkzeuge.[143] Nicht nur, aber insbesondere für ‚risikobehaftete Körper', also Personen, denen nach dem Risikofaktorenmodell

---

[136] Vgl. Crawford, Robert: „Healthism and the medicalization of everyday life", in: International Journal of Health Services Nr. 3/10. Jg. (1980), S. 365–388, S. 368; Vgl. Kressbach: Breath work, S. 188.
[137] Vgl. Ward et al.: Embodied display, S. 95.
[138] Vgl. z. B. Elman: Find Your Fit, S. 3763; Sharon: Self-Tracking for Health and the Quantified Self, S. 101.
[139] Vgl. Kressbach: Breath work, S. 185 f.; Millington: Fit for prosumption, S. 1195.
[140] Elman: Find Your Fit, S. 3770.
[141] Ward et al.: Embodied display, S. 98.
[142] Vgl. Zimdars: The Self-Surveillance Failures of Wearable Communication, S. 38.
[143] Vgl. ebd., S. 26.

5.1 Diskursive Praktiken

ein höheres gesundheitliches Risiko zugesprochen wird,[144] bedeutet das in gewisser Weise eine „diffusion of the hospital apparatus into daily life."[145]

In der Einordnung von Personen in ein Risikofaktorenmodell findet sich hier eine präemptive Logik[146] wieder, indem Maßnahmen stattfinden, bevor überhaupt ein Anlass dazu besteht. Diese Perspektive ist ein wiederkehrendes Muster in der Diskussion um Gesundheitsförderung, Prävention und Wellness – alles Diskurse, die Überschneidungen mit dem Wearable-Diskurs aufweisen. *Wellness* meint „den Zustand des Sich-wohl-Fühlens im körperlichen u. seelischen Sinne"[147] und gehört in den Bereich der Gesundheitsförderung. Wearables unterstützen die Intention von Wellness-Maßnahmen, indem sie mit „Achtsamkeit" oder „Relax" gelabelten Funktionen immer mehr in diesen Bereich vordringen.[148] Auch hier lassen sich erneut die neoliberalen Tendenzen kritisieren, denn schlussendlich ginge es auch bei Wellness-Anwendungen und Achtsamkeitsübungen nur darum, die individuelle Arbeitsproduktivität wiederherzustellen.[149] Ebenso zeigt sich die angesprochene präemptive Logik: „It imagines a patient whose future is laden with illness, offering preventative methods to condition the present in order to avoid this inevitable future."[150] Wellness-Maßnahmen sollen also präventiv eingesetzt werden, noch bevor tatsächlich Ausfälle der Produktivität zu verzeichnen sind. „In the era of lifestyle disease, everyone is potentially sick and must take measures to keep well."[151]

Neben der Neoliberalismus-Kritik lassen sich Querverbindungen zu weiteren Diskursen schlagen, die auch in dem untersuchten Korpus an einigen Stellen angesprochen werden. Exemplarisch zu nennen ist eine Publikation, die argumentiert, dass Selbstvermessung auf das Erreichen normativer Weiblichkeit abzielt und so Diskurse um Körperbilder, Schönheit und Mode berühre.

---

[144] „Risikofaktor: Umstand, der eine besondere Gesundheitsgefährdung begründet; ist z. B. aus der Eigen- u. Familienanamnese, aus Mortalitäts- u. Morbiditätsstatistiken ersichtlich; z. B. Hypertonie, Übergewicht, Bewegungsarmut, psychosozialer Stress, Erbleiden, Diabetes mellitus." Hoffmann-La Roche AG/Urban & Fischer: Hoffmann-La Roche AG et al. 2003, S. 1607 f.

[145] Gilmore: Everywear, S. 2530.

[146] Vgl. Anderson, Ben: „Preemption, precaution, preparedness. Anticipatory action and future geographies", in: Progress in Human Geography Nr. 6/34. Jg. (2010), S. 777–798, S. 789 f.

[147] Hoffmann-La Roche AG/Urban & Fischer: Hoffmann-La Roche AG et al. 2003, S. 1968.

[148] Vgl. Kressbach: Breath work, S. 185.

[149] Vgl. ebd., S. 186.

[150] Ebd., S. 188.

[151] Schüll: Data for life: Wearable technology and the design of self-care, S. 3.

> I contend that digital self-tracking devices, and the fashion/beauty, public health, and marketing discourses that endorse them, will amplify women's sense of obligation to engage in digitally assisted regimes of self-improvement in the name of both health and beauty. Women addressed by these discourses experience heightened pressure to utilize the latest technology to take greater care and greater control of their health and physical appearance. And women who do use self-trackers will become subject to continual incitements to make personal choices pursuant to normative feminine embodiment.[152]

Direkt daran schließt sich die Betrachtung von Wearables aus einer Perspektive der *Fat Studies* an, die den Wearables-Diskurs als fettfeindlich markiert. Indem der Diskurs sehr zentral Übergewicht als gesellschaftliches Problem herausstellt, welches Interventionen bedarf, wird die Strategie legitimiert, die Tiefe und den Umfang des Überwachungsapparats auszubauen.[153] Durch die Etablierung der bereits erwähnten Risikofaktoren brandmarkt das System übergewichtige Personen als potenzielle Gefahren, die dem Gesundheitssystem hohe Kosten verursachen und rechtfertigt damit eine Überwachungsmedizin, die unter anderem durch Wearables umgesetzt wird.[154]

Anschluss findet der Wearable-Diskurs auch an den aktuellen Fitness-Diskurs. Nachdem Fitness bereits in den 1970er und 1980er Jahren ein populäres Thema war, ist in den letzten Jahren ein neuer Fitness-Boom zu beobachten, der, wie auch schon in der Vergangenheit, Fitness als „moral responsibility"[155] propagiert. Insbesondere, wenn man an den Begriff des *Healthism* denkt, also einer Perspektive auf Gesundheit als steuerbaren Zustand, ist eine Trennung von Gesundheitsverhalten und Fitness kaum aufrechtzuerhalten. Damit verbunden ist die Diskussion um Praktiken von Versicherungen, die ihre Tarife mit der Nutzung von Wearables koppeln wollen und damit das Narrativ verstärken, dass Gesundheitsversorgung etwas ist, was man sich durch das ‚richtige' Verhalten erst verdienen muss.[156] Dies steht im Kontrast zum Gedanken eines Solidarprinzips, was im Spezialdiskurs auch angesprochen und kritisiert wird.[157]

---

[152] Sanders: Self-tracking in the Digital Era, S. 51.
[153] Vgl. ebd., S. 42.
[154] Vgl. ebd., S. 43.
[155] Vgl. Millington: Fit for prosumption, S. 1185.
[156] Vgl. Elman: Find Your Fit, S. 3770.
[157] Vgl. Paluch, Stefanie/Tuzovic, Sven: „Persuaded self-tracking with wearable technology. Carrot or stick?", in: Journal of Services Marketing Nr. 4/33. Jg. (2019), S. 436–448, S. 442; Braun/Nürnberg: Verhaltensbasierte Versicherungstarife, S. 70.

Um ein Zwischenfazit zu ziehen, lässt sich also festhalten, dass im Spezialdiskurs davon ausgegangen wird, dass Wearables eine Kostenersparnis für das Gesundheitssystem bedeuten, weil beispielsweise Erkrankungen viel früher entdeckt werden, die erhobenen Daten gezielt im Sinne personalisierter Medizin genutzt werden können und sich durch die Nutzung die physische Aktivität erhöht, was ebenfalls positive Effekte auf die Gesundheit haben kann. Obwohl es sich also bei Wearables nicht um nach dem Medizinproduktegesetz zugelassene Medizinprodukte handelt, werden sie im Spezialdiskurs als potenzielle Heilsbringer im Gesundheitssystem gehandelt. Auf der anderen Seite werden Wearables als unterstützende Instrumente einer Internalisierung neoliberaler Narrative gesehen. Ein dem verwandtes Themenfeld, welches neben den beiden großen Themen User Experience und Gesundheit auch immer mal wieder eine Rolle spielt, ist der „Quantified Workplace"[158], der mit Wearables umgesetzt wird. Darauf möchte ich nun im Folgenden eingehen.

Surveillance, Control, Detection: Das Wearable als Werkzeug
Bei der Überwachung am Arbeitsplatz reichen die Maßnahmen von den bereits kurz erwähnten Corporate Wellness Programmen, bei denen Fitnesstracker kostenlos an die Arbeitnehmer*innen ausgeteilt werden, bis hin zu einer kompletten Überwachung dieser durch Sensortechnologien, wie es bei dem taiwanesischen Unternehmen *Foxconn* festgestellt wurde.[159] Zieht man hier wieder Deborah Luptons Einordnung der Self-Tracking Modi heran, geht es hier somit um ein von außen auferlegtes, also ein *imposed self-tracking*.[160] Das Ziel solcher Maßnahmen eines quantifizierten Arbeitsplatzes ist, dass die überwachten Arbeitnehmer*innen und deren Verhalten berechenbar, steuerbar und damit ökonomisch produktiver werden, mit dem Ziel „[...] to squeeze every last drop of labour-power from their bodies."[161] Selbst scheinbar harmlose Mechanismen, wie firmeninterne „Schritte-Challenges" haben zur Folge, dass die Grenzen zwischen privater und öffentlicher Überwachung verschwimmen,[162] auch weil das Design der Wearables und ihre soziale Akzeptanz es erlauben, die Geräte dauerhaft zu nutzen und sie somit gleichermaßen in professionelle wie auch private Kontexte zu integrieren.[163] Unkritische Berichte über

---

[158] Gabriels/Coeckelbergh: Technologies of the self and other, S. 120.
[159] Vgl. Moore, Phoebe/Robinson, Andrew: „The quantified self: What counts in the neoliberal workplace", in: New Media & Society Nr. 11/18. Jg. (2016), S. 2774–2792, S. 2779.
[160] Vgl. Lupton: Self-Tracking Modes, 2014, S. 9 f.
[161] Moore/Robinson: The quantified self: What counts in the neoliberal workplace, S. 2775.
[162] Vgl. Sharon: Self-Tracking for Health and the Quantified Self, S. 98.
[163] Vgl. Gorm/Shklovski: Episodic use, S. 2506.

die Nutzung von Überwachungstechnologien, die sich auch im untersuchten Korpus finden,[164] tragen somit weiter zu einer Normalisierung der Überwachung am Arbeitsplatz bei, indem lediglich auf mögliche Vorteile von Wearables am Arbeitsplatz verwiesen wird, wie dem, dass die Geräte dabei helfen potenzielle Gefahren zu überwachen oder effizienter zu arbeiten.[165]

Der *Quantified Workplace* spielt auf das *Quantified Self* an, ein weiterer Begriff, der den Wearable-Diskurs bestimmt. In einigen Artikeln findet die *Quantified Self*-Community dabei lediglich eine Erwähnung, ohne dass die Autor*innen näher auf die Bedeutung eingehen[166] oder es wird ohne weiteren Kontext auf einen „Quantified-Self-Trend"[167] oder eine „Quantified-Self-Bewegung"[168] verwiesen. Teilweise erfolgt auch eine allgemeine Einordnung, was unter dem Begriff zu verstehen sei, ohne dass Bezug auf das durch Gary Wolf und Kevin Kelly gegründete Netzwerk genommen wird: „The practice of collecting metrics about oneself, including data about health, exercise and bodily processes, is known as the 'Quantified Self.'"[169]

Umgekehrt folgen auch Erklärungen, die explizit auf die beiden Gründer verweisen[170], aber auch erläutern, dass im Spezialdiskurs häufig nicht mehr die konkrete Gemeinschaft, sondern ein „Mainstream-Phänomen" gemeint sei.[171] *Quantified Self* gilt als „technological project of self-improvement"[172] und „driving force behind wearable technology",[173] auf die Besonderheiten der *Quantified Self*-Mitglieder im Sinne der „single subject research" geht allerdings kaum ein Artikel ein.[174] Eine Ausnahme stellt ein Aufsatz von Melanie Swan dar, die Überlegungen anstellt,

---

[164] Vgl. Budzinski/Schneider: Smart Fitness, S. 100; Zhu et al.: Social Networkout, S. 979.

[165] Vgl. Xue: A review on intelligent wearables, S. 288 f.

[166] Vgl. z. B. Reichert: Digitale Selbstvermessung, S. 77; Gorm/Shklovski: Episodic use, S. 2506.

[167] Vgl. Canhoto/Arp: Exploring the factors that support adoption and sustained use of health and fitness wearables, S. 46.

[168] Vgl. z. B. O'Neill: Haptic media and the cultural techniques of touch, S. 1616; Karanasiou, Argyro P./Kang, Sharanjit: „My Quantified Self, my FitBit and I", in: Digital Culture & Society Nr. 1/2. Jg. (2016), S. 123–142, S. 124.

[169] Chen/Zdorova/Nathan-Roberts: Implications of Wearables, Fitness Tracking Services, and Quantified Self on Healthcare, S. 1066.

[170] Vgl. z. B. Sharon: Self-Tracking for Health and the Quantified Self, S. 103; Budzinski/Schneider: Smart Fitness, S. 96.

[171] Vgl. Karanasiou/Kang: My Quantified Self, my FitBit and I, S. 124.

[172] Crawford/Lingel/Karppi: Our metrics, ourselves, S. 490.

[173] Yetisen et al.: Wearables in Medicine, S. 1.

[174] Vgl. Piwek et al.: The Rise of Consumer Health Wearables, S. 2.

5.1 Diskursive Praktiken

dass diese Mitglieder eigentlich ein „Qualified Self" produzieren, denn ihr selbstexperimentelles Verhalten bestehe eben nicht nur auf der Generierung quantitativer Daten, sondern es würden auch subjektive Erfahrungen und damit qualitative Daten eingebracht.[175] Im Grunde sei aber jeder gewissermaßen ein Self-Tracker

> since many individuals measure something about themselves or have things measured about them regularly, and also because humans have innate curiosity, tinkering, and problem-solving capabilities.[176]

Obwohl dieser Umstand sich nahe dem Begriff der Selbstoptimierung verorten lässt, geht es im Spezialdiskurs überraschend selten explizit um das Thema Selbstoptimierung. Eher werden persönliche Zielsetzungen thematisiert und demnach im Anschluss an Stefan Meißner eine Selbstoptimierung im Sinne einer Selbsteffektivierung, also dem Erreichen eines individuellen Optimums.[177] Eine solche Zielsetzung wird als wichtig erachtet, da so die individuelle Sinnhaftigkeit der Nutzung hergestellt wird, was wiederum die längerfristige Nutzung motiviert. Elpida Prasopoulou bringt dies in ihrer autobiographischen Fallstudie auf den Punkt, wenn sie feststellt: „Once there was a target in sight, recording my movement made more sense."[178] Ein anderer Artikel bezeichnet dies auch als eine „controlled self-optimization",[179] wenn Wearables dazu genutzt werden, gesetzte Ziele zu erreichen. Anders sieht es aus, wenn eine Selbstoptimierung im Hinblick auf ein nicht zu erreichendes Optimum gemeint ist, also dem, was Stefan Meißner als Selbststeigerung bezeichnet,[180] denn diese Ziele sind „by nature unending – to 'sleep better', 'manage weight' and 'get active', for example."[181] Trotzdem fungieren Wearables hier als Kontrollmedien, was im Spezialdiskurs auch wiederholt thematisiert wird. Das schlägt sich zum einem auf sprachlicher Ebene nieder, indem davon gesprochen wird, dass Wearables dabei helfen, Kontrolle zu erlangen („to take control"),[182] zum anderen wird dies auch inhaltlich aufgegriffen, beispielsweise wenn Wearables als Instrumente beschrieben werden, die strategisch eingesetzt werden, um Kontrolle

---

[175] Vgl. Swan: The Quantified Self, S. 85.
[176] Ebd.
[177] Vgl. Meißner: Selbstoptimierung durch Quantified Self?, S. 224.
[178] Prasopoulou: A half-moon on my skin, S. 291.
[179] Paluch/Tuzovic: Persuaded self-tracking with wearable technology, S. 442.
[180] Vgl. Meißner: Selbstoptimierung durch Quantified Self?, S. 224.
[181] Millington: Fit for prosumption, S. 1192.
[182] Vgl. Schüll: Data for life: Wearable technology and the design of self-care, S. 7; Millington: Fit for prosumption, S. 1192.

über „gesunde Körper" zu erlangen.[183] Illustriert wird die Kontrollfunktion von Wearables auch durch Auszüge aus qualitativen Interviews: „When my life was out of control – death in the family, job offer, 50th birthday, I felt the need to reach the approved steps as a measure of control."[184] Dies schließt an die These meiner Arbeit an, die davon ausgeht, dass Wearables als „stabilisierende Ressource"[185] dienen können. Eng damit verknüpft ist das diskursiv vermittelte Bild von Wearables, die nicht nur in der Lage sind, den Körper lesbar und damit kontrollierbar zu machen, sondern, wie bereits im Kontext der Bedeutung von Wearables für das Gesundheitssystem gezeigt, den Körper sogar besser kennen als das betroffene Individuum selbst. Auch dies geschieht wieder auf sprachlicher Ebene, indem Wearables die Fähigkeit der „detection" zugesprochen wird, ähnlich wie bei den Werbeanzeigen für Personenwaagen Mitte des 20. Jahrhunderts.[186] So sollen auch Wearables besser als ihre Nutzer*innen in der Lage sein, gesundheitliche Probleme[187], Verhaltensmuster[188] oder Aktivitäten[189] zu erkennen („to detect") und sehen dank ihres „sechsten Sinns"[190] auch mehr als das medizinische Fachpersonal. Anders ausgedrückt: „Digital tracking products take the guesswork out of everyday living."[191] Den Anbietern ist bewusst, dass es sich bei diesem Umstand um einen großen Anreiz handelt, den auch der Spezialdiskurs reproduziert. So heißt es „Now one can attain a look inside the body"[192] und es wird die Möglichkeit angepriesen, auf Wissen über den Körper zuzugreifen, welches vorher im Alltag unzugänglich war.[193] An dieser Stelle ist es wichtig auf die Unterscheidung zwischen einem *self-monitoring* und *self-knowledge* hinzuweisen.[194] Im Spezialdiskurs wird dies häufig gleichgesetzt, sprich schon die Möglichkeit, mit dem Wearable Daten zu erheben (*self-monitoring*), wird mit dem Zuwachs von Wissen assoziiert. Dabei lässt man außer Acht, dass es, wie zu Beginn von Kapitel 3 erläutert, zunächst Kompetenzen benötigt, die entstandenen Daten richtig zu interpretieren, damit daraus Informationen entstehen, aus

---

[183] Vgl. Ward et al.: Embodied display, S. 94.
[184] Ebd., S. 101.
[185] King et al.: Überforderung als neue Normalität, S. 229.
[186] Vgl. Schwartz: Never satisfied, S. 216.
[187] Vgl. Dunn/Runge/Snyder: Wearables and the medical revolution, S. 437.
[188] Vgl. Crawford/Lingel/Karppi: Our metrics, ourselves, S. 485.
[189] Vgl. Xue: A review on intelligent wearables, S. 291.
[190] Schüll: Data for life: Wearable technology and the design of self-care, S. 9.
[191] Ebd.
[192] Gabriels/Coeckelbergh: Technologies of the self and other, S. 125.
[193] Vgl. Gilmore: Everywear, S. 2534.
[194] Vgl. O'Neill: Haptic media and the cultural techniques of touch, S. 1628.

5.1 Diskursive Praktiken

denen schlussendlich Wissen generiert werden kann (*self-knowledge*). Die Frage, ob die Produktion dieses Wissens höher einzustufen ist als das individuelle Körpergefühl, wird uneindeutig diskutiert. So lassen sich sowohl Aussagen finden, dass durch Wearables ein besseres Körpergefühl entsteht,[195] als auch, dass durch Wearables das Körpergefühl im Prinzip ausgelagert wird („from selves to sensors"[196]) oder sogar dafür sorgt, dass Nutzer*innen aktiv davon abgehalten werden auf ihren Körper zu hören.[197]

Ein Thema, welches mit dem Sichtbarmachen von Körperzuständen durch Wearables zusammenhängt, ist das der Datenmanipulation und die Frage danach, ob bei aller Akkuratesse die erhobenen Werte trotzdem der ‚Wahrheit' entsprechen. Aufgeworfen werden solche Fragen, indem selbst im Spezialdiskurs Anekdoten herangezogen werden, welche an der Aussagekraft von Wearable-Daten zweifeln lassen: So sei es bereits vorgekommen, dass Nutzer*innen ihr Wearable am Halsband ihres Haustiers befestigten, um so ihre eigenen Werte zur physischen Aktivität zu manipulieren.[198] An diesem Beispiel lässt sich exemplarisch die Problematik solcher Anekdoten erläutern: Ein Blick in den verlinkten Artikel macht deutlich, dass sich diese Form der Manipulation in einer britischen Studie zur Erhebung der physischen Aktivität bei Schulkindern zwar so abgespielt hat – einige Kinder hatten versucht, so ihre Schrittzahlen zu erhöhen[199] – allerdings stammt die Studie aus dem Jahr 2009 und wurde mit Pedometern durchgeführt, die sich gar nicht mit den erst später auf den Markt gekommenen Wearables vergleichen lassen. Trotzdem stützt die aus dem Kontext genommene Anekdote das Narrativ der unzuverlässigen Wearable-Daten, welches sich heute eigentlich nicht mehr aufrechterhalten lässt. Aktuelle Verbrauchergeräte weisen nicht nur in den meisten Bereichen eine hohe Messgenauigkeit auf, auch eine durch Studien nachgewiesene Validität zeigt auf, dass die Wearables bisher zwar nicht unterschiedliche Nutzer*innen eindeutig differenzieren[200], aber mittlerweile zwischen tatsächlich gelaufenen Schritten und anderen Bewegungsmustern unterscheiden können.[201]

---

[195] Vgl. Prasopoulou: A half-moon on my skin, S. 292.
[196] Schüll: Data for life: Wearable technology and the design of self-care, S. 7.
[197] Vgl. Zimdars: The Self-Surveillance Failures of Wearable Communication, S. 36.
[198] Vgl. Hoy: Personal Activity Trackers and the Quantified Self, S. 97.
[199] Vgl. o. A.: Sly children fool exercise study. BBC News Channel, 2009, http://news.bbc.co.uk/2/hi/uk_news/england/london/8143364.stm vom 10.07.2009 (zuletzt geprüft 03.05.2021).
[200] Vgl. Lopez/Afrin/Nepal: Examining the design, manufacturing and analytics of smart wearables, S. 10.
[201] Vgl. Kooiman et al.: Reliability and validity of ten consumer activity trackers, S. 10.

„Always-On/Always-on-you": Zwischen Datensicherheit und Privacy Paradox

Die bei der Nutzung entstehenden sensiblen Daten stellen ein besonders schützenswertes Gut dar, die vor einem unbefugten Zugriff abgesichert werden sollten.[202] Das führt in diesem Zusammenhang zu einem letzten Thema, das zentral für den Spezialdiskurs ist: *Privacy* und Datensicherheit. Gerade weil Wearables als etwas gerahmt werden, das ständig vermisst und somit immer aktiv ist, entstehen große Datenmengen mit einer hohen Informationstiefe. In Anlehnung an Sherry Turkles „Always-On/Always-On-You"[203] heißt es:

> Everyware is always on, always gathering data [...] Everywear is tethered to bodies and, through habitualization, designed to add value to everyday life in the form of physical wellbeing. Everywear transforms movement into numbers by counting steps and turning our bodies into places that are "always on" and "always on [us]"[204]

Durch diese Umstände, dass der Tracker „immer da ist"[205] entstehen auch eine Reihe von Risiken und Angriffsflächen in der Wearable-Infrastruktur, die in einigen Artikeln fokussiert werden.[206] So kann unterschieden werden zwischen *Privacy Risks, Safety Risks, Performance Risks* und *Social and Psychological Risks*.[207] Speziell in Bezug auf die Daten können die Risiken dabei durch externe Faktoren (z. B. Hackerangriffe oder Viren), aber auch durch interne Faktoren (z. B. Datenverlust) bestehen und auf unterschiedlichen Ebenen auftauchen, auf Nutzerebene, bei der Datenübertragung und bei der Datenspeicherung.[208] Zudem wird kritisiert, dass sich die persönlichen Daten oftmals der eigenen Kontrolle entziehen,[209] kein

---

[202] Vgl. z. B. Yetisen et al.: Wearables in Medicine, S. 10.

[203] Sherry Turkle nimmt mit dem Begriff des „Always-on/Always-on-you" Bezug auf die ständig bestehende Verbindung durch mobile Kommunikationstechnologien. „We are tethered to our 'always-on/always-on-us' communications devices and the people and things we reach through them." Turkle, Sherry: „Always-On/Always-On-You. The Tethered Self", in: James E. Katz (Hg.), Handbook of Mobile Communication Studies: The MIT Press, 2008, S. 121–138, S. 121.

[204] Gilmore: Everywear, S. 2525.

[205] Prasopoulou: A half-moon on my skin, S. 291.

[206] Vgl. Classen et al.: Anatomy of a Vulnerable Fitness Tracking System, S. 2 f.; Cilliers, Liezel: „Wearable devices in healthcare. Privacy and information security issues", in: Health Information Management Nr. 2–3/49. Jg. (2020), S. 150–156, S. 151 f.

[207] Vgl. Xue: A review on intelligent wearables, S. 290 ff.

[208] Vgl. Cilliers: Wearable devices in healthcare, S. 151 f.

[209] Vgl. Gabriels/Coeckelbergh: Technologies of the self and other, S. 124.

Besitzanspruch über die Daten besteht[210] und stets nur ein eingeschränkter Zugriff darauf möglich sei.[211] Insbesondere Gesundheitsdaten genießen eigentlich einen besonderen Schutz[212], bei den durch ein Wearable erhobene Daten gibt es bisher allerdings keine eindeutige gesetzliche Grundlage, wem diese Daten eigentlich gehören – zurzeit ist es weder der*die Nutzer*in noch der Anbieter des Geräts.[213]

Hinzu kommt, dass bei vielen Nutzer*innen kaum ein Bewusstsein darüber herrscht, welche Informationen über sie erhoben werden und warum es wichtig ist, diese Daten zu schützen.[214] Und selbst, wenn sie auf der einen Seite betonen, wie wichtig ihnen der Schutz der eigenen Daten ist, ergreifen sie auf der anderen Seite keine entsprechenden Maßnahmen. Dieses Phänomen wird unter dem Begriff des *Privacy Paradox* diskutiert.[215] Eine bekannte Anekdote, die illustriert, wie wenig bewusst Nutzer*innen mögliche Konsequenzen sind, ist die der *Strava Heatmaps*, nach der durch öffentlich einsehbare Datenvisualisierungen beliebter Laufstrecken geheime Militärstützpunkte sichtbar wurden, weil Soldat*innen beim Training ihre Daten mit der App getrackt hatten.[216] Neben diesem Risiko, dass die Daten zu unbeabsichtigten Informationen weiterverarbeitet werden, können sie in privaten, beruflichen oder Gesundheitskontexten unter anderem auch Grundlage für Diskriminierung, Profiling oder einfach nur personalisiertes Marketing sein.[217]

---

[210] Vgl. Piwek et al.: The Rise of Consumer Health Wearables, S. 4.

[211] Vgl. Yetisen et al.: Wearables in Medicine, S. 10.

[212] Im Bundesdatenschutzgesetz (BDSG) werden Gesundheitsdaten unter „besondere Kategorien personenbezogener Daten" (§46, Absatz 14d) aufgeführt, was „personenbezogene Daten, die sich auf die körperliche oder geistige Gesundheit einer natürlichen Person, einschließlich der Erbringung von Gesundheitsdienstleistungen, beziehen und aus denen Informationen über deren Gesundheitszustand hervorgehen" umfasst (§46. Absatz 13). Vgl. Bundesministerium der Justiz und für Verbraucherschutz/Bundesamt für Justiz: Bundesdatenschutzgesetz. BDSG, 2017.

[213] Vgl. Cilliers: Wearable devices in healthcare, S. 151.

[214] Vgl. ebd., S. 154.

[215] Vgl. Xue: A review on intelligent wearables, S. 292; Budzinski/Schneider: Smart Fitness, S. 112. Das „Privacy Paradox" meint „the relationship between individuals' intentions to disclose personal information and their actual personal information disclosure behaviors." Norberg, Patricia A./Horne, Daniel R./Horne, David A.: „The Privacy Paradox. Personal Information Disclosure Intentions versus Behaviors", in: Journal of Consumer Affairs Nr. 1/41. Jg. (2007), S. 100–126, S. 100.

[216] Vgl. Hern, Alex: Fitness tracking app Strava gives away location of secret US army bases. The Guardian, 2018, https://www.theguardian.com/world/2018/jan/28/fitness-tracking-app-gives-away-location-of-secret-us-army-bases vom 28.02.2018 (zuletzt geprüft 02.08.2021).

[217] Vgl. Cilliers: Wearable devices in healthcare, S. 150; Vgl. Moore/Robinson: The quantified self: What counts in the neoliberal workplace, S. 2775.

Wearable-Daten sollten demnach besonders geschützt werden, indem sowohl die Anbieter mehr Verantwortung übernehmen und die Daten vor fremdem Zugriff sichern als auch beteiligte Dritte.[218]

> As service firms create personalized experiences, they will necessarily gather and store massive amounts of personal data about consumers, their habits, and their preferences, making databases of insurance firms or other corporate entities more lucrative targets for cyber-criminals. The challenges posed by the security risks are substantial.[219]

Aus strategischer Perspektive lässt sich sagen, dass einige Artikel des untersuchten Korpus explizit den möglichen Missbrauch von Daten in den Fokus stellen[220] und demnach auch die Position vertreten, dass diese Daten besser geschützt werden müssen. Verstärkt wird dieser Aspekt durch den Hinweis, dass Self-Tracking auch immer ein „Other-Tracking" sei[221] und demnach auch Dritte betroffen sein können.[222]

Um die Analyse des Spezialdiskurs zusammenzufassen lässt sich grundsätzlich feststellen, dass wenige der untersuchten Artikel eine kritische Perspektive gegenüber Wearables einnehmen. Auch wenn in der Mehrzahl der Artikel sowohl Chancen als auch Risiken diskutiert werden, verbleibt der Grundtenor dennoch positiv. Viele Artikel lassen darauf schließen, dass das Wearable automatisch mit einer Verbesserung von z. B. Gesundheit und physischer Aktivität in Verbindung gebracht wird. Dabei lassen sich aus Perspektive des Spezialdiskurs zwei zentrale Interessen feststellen, die ineinandergreifen: von Seite der Anbieter soll die Nutzung von Wearables intensiviert werden, was sich in den Themen User Experience und Langzeitnutzung niederschlägt. Für die Anbieter bedeutet das größere Datenmengen und damit ökonomische Vorteile. Auch aus Perspektive des Gesundheitssystems wird eben diese Intensivierung der Wearable-Nutzung angestrebt, denn dies bedeutet ebenfalls größere Datenmengen und damit eine bessere Berechnungsgrundlage für gesundheitsfördernde und präventive Maßnahmen, eine Verstärkung

---

[218] Vgl. Yetisen et al.: Wearables in Medicine, S. 10; Classen et al.: Anatomy of a Vulnerable Fitness Tracking System, S. 22.

[219] Paluch/Tuzovic: Persuaded self-tracking with wearable technology, S. 444.

[220] Vgl. Karanasiou/Kang: My Quantified Self, my FitBit and I; Moore/Robinson: The quantified self: What counts in the neoliberal workplace; Crawford/Lingel/Karppi: Our metrics, ourselves.

[221] Selbstvermessung stellt insofern auch ein „Other-Tracking" dar, als dass es durch Praktiken der *surveillance* und *coveillance* weitere Personen mit in den Prozess einschließt. Vgl. Gabriels/Coeckelbergh: Technologies of the self and other, S. 123 f.

[222] Vgl. ebd.; Crawford/Lingel/Karppi: Our metrics, ourselves, S. 494.

des Paradigmas der Eigenverantwortung und auf Dauer weniger Belastungen für das Gesundheitssystem.

5.1.2 „Handgelenksdämon"[223] und Assistenztechnologie: Wearables in der Medienberichterstattung

Nach der Analyse des Spezialdiskurs anhand meines Korpus wissenschaftlicher Publikationen, wechsle ich nun auf die Interdiskursebene. Im Interdiskurs geht es um das Wissen, welches außerhalb des Spezialdiskurs entsteht, aber unter Umständen auch „Brücken schlagen"[224] kann und auf diesen zurückgreift. Die Analyse des Interdiskurs leistet nicht nur einen wichtigen Beitrag zur Produktion von Alltagswissen über Wearables, sondern trägt zu einem späteren Zeitpunkt der Arbeit auch zur Beantwortung der Frage danach bei, welche Subjekte das Wearable-Dispositiv produziert. Im Zuge der Analyse sollen, wie bereits beim Spezialdiskurs geschehen, auch hier im Sinne der in Abschnitt 4.2.1 entworfenen Diskursanalyse die Gegenstände, Begriffe, Positionen und Interessen herausgearbeitet werden, die sich im Zusammenhang mit Wearables als Regelmäßigkeiten identifizieren lassen.

„Begleiter auf Schritt und Tritt"[225]: Gegenstände in der Medienberichterstattung
Auch wenn sich die für diese Analyse ausgewählten Artikel alle mit Wearables in Form unterschiedlicher Verbrauchergeräte beschäftigen, lassen sich auch weitere Gegenstände identifizieren, die Bestandteil des Interdiskurses sind. Neben Fitnesstrackern und Smartwatches ist die Datenbrille, speziell *Google GLASS*[226] die am häufigsten genannte Technologie, allerdings ausschließlich in den früheren Artikeln der Medienberichterstattung (bis 2015).[227] Danach wird es still um diese

---

[223] Beuth, Patrick: Ist das Avantgarde oder nervt das nur? Zeit Online, 2015, https://www.zeit.de/digital/mobil/2015-05/apple-watch-test vom 05.05.2015 (zuletzt geprüft 12.02.2021).

[224] Link, Jürgen: „Diskurs, Interdiskurs, Kollektivsymbolik. Am Beispiel der aktuellen Krise der Normalität", in: Zeitschrift für Diskursforschung Nr. 1(2013), S. 7–23, S. 11.

[225] o. A.: Fitness-Tracker kaufen: Auf diese Features sollten Sie achten. Focus Online, 2021, https://www.focus.de/shopping/service/fitness-tracker-kaufen-diese-fitness-tracker-und-smartwatches-sorgen-fuer-spass-am-sport_id_11189248.html vom 04.01.2021 (zuletzt geprüft 12.02.2021).

[226] https://www.google.com/glass/start/ (zuletzt überprüft 27.03.2022).

[227] Vgl. z. B. Schröder, Thorsten: Wearables sind die Lösung, nur für welches Problem? Zeit Online, 2014, https://www.zeit.de/digital/mobil/2014-03/sxsw-wearables vom 11.03.2014

Art Wearable, das sich im Gegensatz zu Smartwatches und Fitnesstrackern nie am Markt durchsetzen konnte und inzwischen nur noch an Entwickler und Unternehmen vertrieben wird.[228] Auch auf spezielle Formen von Verbrauchergeräten, wie den *Oura Ring*[229] oder das zur Vermessung der Fruchtbarkeit bestimmte *Ava Armband*[230] wird nur in einzelnen Artikeln hingewiesen.[231]

Anders als in den untersuchten Publikationen des Spezialdiskurs wird das Wearable in den Medienberichten häufiger als die Weiterentwicklung einer bestimmten Vorläufertechnologie präsentiert. Das erfüllt zwei Funktionen: Zum einen wird so gezeigt, dass es sich bei den Geräten nicht um komplett neue Technologien handelt, sondern dass Handhabung und Nutzungsweisen an etwas bereits Bekanntes anschließen, sei es die Armbanduhr[232], das Tamagotchi[233], das Pedometer[234] oder

---

(zuletzt geprüft 25.01.2022); Maak: E-Mails im Blut, 2014; Spehr, Michael: Motivation am Plastikband. Frankfurter Allgemeine, 2013, https://www.faz.net/aktuell/technik-motor/technik/fitness-tracker-motivation-am-plastikband-12215599.html vom 09.06.2013 (zuletzt geprüft 12.02.2021).

[228] Vgl. Hauck, Mirjam: Die Zukunft gehört den Hologrammen. Süddeutsche Zeitung, 2020, https://www.sueddeutsche.de/digital/augmented-reality-datenbrille-hololens-microsoft-1.4756247 vom 16.01.2020 (zuletzt geprüft 19.02.2021).

[229] https://ouraring.com/ (zuletzt geprüft 27.03.2022).

[230] https://www.avawomen.com/ (zuletzt geprüft 27.03.2022).

[231] Vgl. z. B. Ahlrichs, Domenika/Hansen, Lina: Wearable Ava: eine Innovation zur Messung der fruchtbaren Tage. Vogue, 2017, https://www.vogue.de/beauty/beauty-tipps/zyklus-fruchtbarkeit-tracking-ava-app vom 27.01.2017 (zuletzt geprüft 26.02.2021); Wegner, Jochen: Futur perfekt. Süddeutsche Zeitung Magazin, 2020, https://www.zeit.de/zeit-magazin/2020/51/technologie-zukunft-vertikale-farmen-starlink-kuenstliche-intelligenz vom 16.12.2020 (zuletzt geprüft 12.02.2021); Tapper, James: A step too far? How fitness trackers can take overour lives. The Guardian, 2019, https://www.theguardian.com/lifeandstyle/2019/nov/10/counting-steps-fitness-trackers-take-over-our-lives-quantified-self vom 10.11.2019 (zuletzt geprüft 12.02.2021).

[232] Vgl. z. B. Maak: E-Mails im Blut, 2014; o. A.: Fitness-Tracker kaufen, 2021.

[233] Vgl. Beuth: Ist das Avantgarde oder nervt das nur?, 2015. „Tamagotchis waren Spielzeuge aus den Neunziger Jahren. Gemacht, um zu nerven. Ständig verlangten die Fantasiewesen in ihrem Plastikei nach Aufmerksamkeit, wollten gefüttert, bespaßt und von ihrer Pixelkacke befreit werden. Wer ein Tamagotchi besaß, hatte einen Erziehungsauftrag, aber in Wahrheit erzog das Tamagotchi seinen Besitzer. Die Apple Watch tut genau das, wenn man sie nicht bremst."

[234] Vgl. McDonough, Megan: Your fitness tracker may be accurately tracking steps, but miscounting calories. The Washington Post, 2016, https://www.washingtonpost.com/lifestyle/wellness/fitbit-and-jawbone-are-accurately-tracking-steps-but-miscounting-calories/2016/05/24/64ab67e6-20fd-11e6-8690-f14ca9de2972_story.html vom 24.05.2016 (zuletzt geprüft 12.02.2021); Spehr: Motivation am Plastikband, 2013.

auch weniger bekannte Produkte wie das *Dick Tracy Wrist Radio*.[235] Zum anderen dient die Kontextualisierung mit einer bereits bekannten Technologie dazu, die Funktion des – gerade in den frühen Artikeln noch unbekannten – Trackers besser erklären können. Dabei greifen die Journalist*innen im Zuge ihrer Erklärungen auf die Funktionsweise einer Armbanduhr[236] oder eines Computers[237], besser gesagt eines „Minicomputers" zurück, den „man direkt am Körper mit sich herumträgt, am Arm, im Ohr oder auf der Nase."[238] Um eher mögliche Einsatzgebiete als die Funktionsweise zu erläutern werden auch Gadgets aus dem Sportbereich herangezogen, beispielsweise Brustgurte zur Messung der Herzrate beim Laufen.[239]

Andere Selbstvermessungstechnologien werden immer mal wieder am Rande genannt, spielen aber in der Medienberichterstattung keine zentrale Rolle und so zeigt die Analyse nur wenige Nennungen der Personenwaage[240] oder von Tabellen zur Dokumentation von Körperdaten.[241] In einigen Fällen werden Technologien ins Spiel gebracht, die eher dem Bereich der innovativen Zukunftstechnologien zuzuordnen sind und aktuelle am Markt erhältliche Wearables technisch bereits hinter sich lassen, dazu gehören biometrische Pflaster[242] und unterschiedliche Ausprägungen smarter Kleidung.[243] Insgesamt werden Wearables im Interdiskurs also als

---

[235] Vgl. Maak: E-Mails im Blut, 2014.

[236] Vgl. ebd.

[237] Vgl. z. B. Biermann, Kai: Der Computer am Handgelenk. Zeit Online, 2013, https://www.zeit.de/digital/mobil/2013-01/smartwatch-wearable-computer vom 07.01.2013 (zuletzt geprüft 12.02.2021); Spehr: Motivation am Plastikband, 2013.

[238] Moorstedt: Richtig verbunden, 2015.

[239] Vgl. Appel, Holger: Sport mit Garmin. Frankfurter Allgemeine, 2017, https://www.faz.net/aktuell/technik-motor/datensammler-sport-mit-garmin-14993855.html vom 29.04.2017 (zuletzt geprüft 12.02.2021).

[240] Vgl. z. B. Spehr: Motivation am Plastikband, 2013; Parker-Pope, Tara: To Create a Healthy Habit, Find an Accountability Buddy. The New York Times, 2021, https://www.nytimes.com/2021/01/08/well/live/habits-health.html vom 08.01.2021 (zuletzt geprüft 12.02.2021).

[241] Vgl. z. B. Tapper: A step too far?, 2019; Spehr: Motivation am Plastikband, 2013.

[242] Vgl. z. B. Martin-Jung: Wenn der Mensch zum bloßen Datenlieferanten wird, 2016; Iwersen, Ann-Kristin: Zukunftstrends der Datensammlung: Wearables und biometrische Tattoos. Barmer, 2019, https://www.barmer.de/gesundheit-verstehen/gesellschaft/wearables-tattoos-106136 vom 05.08.2019 (zuletzt geprüft 12.02.2021).

[243] Vgl. z. B. dpa: Wearables: Schönes Spielzeug oder Technologie der Zukunft? Focus Online, 2015, https://www.focus.de/gesundheit/diverses/gesundheit-wearables-schoenes-spielzeug-oder-technologie-der-zukunft_id_4564874.html vom 23.03.2015 (zuletzt geprüft 12.02.2021); Schmieder, Jürgen/Werner, Kathrin: Hautnah. Süddeutsche Zeitung, 2016, https://www.sueddeutsche.de/wirtschaft/technik-am-leib-hautnah-1.2809712 vom 08.01.2016 (zuletzt geprüft 26.01.2022).

Geräte präsentiert, die sich in ein Kontinuum einordnen lassen und dabei sowohl auf vergangene, bestehende als auch (mögliche) zukünftige Technologien verweisen. Anzumerken ist, dass die Berichte Wearables fast ausschließlich als autarke Geräte darstellen, nicht aber die Infrastruktur, Sensortechnologien oder Software erwähnen. Etwas, das komplett fehlt, ist eine Einordnung in den kulturgeschichtlichen Kontext der Selbstvermessung, ein Verweis auf historische (öffentliche) Personenwaagen, auf Standardtabellen oder auf ein Self-Tracking via Tagebuch. Eine Ausnahme stellt ein Artikel dar, der auf Gordon Bell als „Urahn des datenbasierten Lebens"[244] verweist, der bereits in den 1990er Jahren mit Kamera und Mikrofon seinen Alltag aufzeichnete. Diese fehlende Einordnung des Trackings mit Wearables in eine bestehende Tradition und der Fokus ausschließlich auf gegenwärtige Praktiken trägt mit dazu bei, dass Selbstvermessung als etwas Innovatives gerahmt wird, das erst mit dem Aufkommen von Wearables entstanden ist.

Im Zusammenhang mit Wearables ist des Weiteren auffällig, dass häufig konkrete Geräte und Hersteller genannt werden, ganz vorne liegen dabei die *Apple Watch*[245] sowie Tracker der Marken *Fitbit*[246] und *Garmin*.[247] Speziell in Bezug auf den Hersteller *Fitbit* kommt es noch zu einem besonderen Phänomen, wie auch ein Artikel feststellt[248], nämlich einer Deonymisierung der Marke, so dass „Fitbit" zu einer Art Gattungsbegriff für Fitnesstracker wird. Neben den tatsächlichen Modellnamen oder der Benennung des Herstellers tauchen im Interdiskurs auch eine weite Bandbreite sowohl negativer als auch positiver Bezeichnungen der Geräte auf. So wird das Wearable zum „kleinen Alleskönner",[249] „digitalen Fitnesstrainer"[250] und

---

[244] Koller, Catharina: Ich messe, also bin ich. Zeit Online, 2012, https://www.zeit.de/2012/07/WOS-Quantified-Self vom 09.02.2012 (zuletzt geprüft 12.02.2021).
[245] https://www.apple.com/de/watch/ (zuletzt geprüft 28.03.2022).
[246] https://www.fitbit.com/global/de/home (zuletzt geprüft 28.03.2022).
[247] https://www.garmin.com/de-DE/ (zuletzt geprüft 28.03.2022).
[248] Vgl. Schmieder: Ein Band, sie zu knechten, 2016.
[249] Köhn: Kleine Alleskönner ersetzen das Smartphone, 2018.
[250] Majica, Marin: Bewegt euch! Zeit Online, 2013, https://www.zeit.de/digital/mobil/2013-10/NikeFuelband vom 16.10.2013 (zuletzt geprüft 12.02.2021).

„Coach am Handgelenk",[251] aber auch zur „nützlichen Nervensäge",[252] „Handfessel der Überwachungsgesellschaft",[253] zum „Handgelenksdämon"[254] und „Über-i am Handgelenk."[255] Dieses breite Spektrum an Zuschreibungen entspricht auch dem Gesamtbild meines Korpus, in dem sich die Artikel hinsichtlich eines negativen und positiven Grundtenors auf den ersten Blick die Waage halten.

„Wie kann ich optimal leben?"[256]: Potenziale der Wearable-Nutzung

Einer der sich häufig wiederholenden positiven Aspekte von Wearables ist ihr Potential zur Verbesserung der physischen Aktivität. Die Geräte werden als Lösung des Problems verkauft, dass die Menschen sich zu wenig bewegen. Physische Inaktivität sei weltweit der vierthöchste Risikofaktor in Bezug auf die Mortalitätsrate – hinter Bluthochdruck, Rauchen und hohem Blutzucker[257] – zu wenig Bewegung wird so zur „Sünde des 21. Jahrhunderts."[258] Die Nutzung von Fitnesstrackern und Wearables soll zu einem aktiveren Leben verhelfen.[259] In diesem

---

[251] Boehringer, Simone: Alles was messen, was geht. Süddeutsche Zeitung, 2017, https://www.sueddeutsche.de/wirtschaft/minicomputer-am-koerper-alles-messen-was-geht-1.3369197 vom 08.02.2017 (zuletzt geprüft 12.02.2021).

[252] Majica: Bewegt euch!, 2013.

[253] Moorstedt: Richtig verbunden, 2015.

[254] Beuth: Ist das Avantgarde oder nervt das nur?, 2015.

[255] Maak: E-Mails im Blut, 2014.

[256] Wolfangel, Eva: „Dieser Wille, sein Leben zu verändern". Süddeutsche Zeitung, 2017, https://www.sueddeutsche.de/wissen/selbstoptimierung-dieser-wille-sein-leben-zu-veraendern-1.3638817 vom 25.08.2017 (zuletzt geprüft 25.01.2022).

[257] Vgl. Dredge, Stuart: Is 'sitting the new cancer'? What Apple CEO Tim Cook really meant. The Guardian, 2015, https://www.theguardian.com/technology/2015/feb/11/tim-cook-apple-sitting-the-new-cancer vom 11.02.2015 (zuletzt geprüft 04.02.2022).

[258] Zeh, Juli: Der vermessene Mann. Tages-Anzeiger, 2012, https://www.tagesanzeiger.ch/leben/gesellschaft/der-vermessene-mann/story/14508375 vom 11.07.2012 (zuletzt geprüft 12.02.2021).

[259] Vgl. z. B. Fleming, Amy: Fitness trackers: healthy little helpers or no-good gadgets? The Guardian, 2015, https://www.theguardian.com/lifeandstyle/2015/sep/28/fitness-trackers-healthy-helpers-motivation-inefficient vom 28.09.2015 (zuletzt geprüft 20.01.2022); Internetredaktion Barmer: Quantified Self – Wie nützlich und sinnvoll ist das sogenannte Self-Tracking? Barmer, 2019, https://www.barmer.de/gesundheit-verstehen/gesellschaft/quantified-self-30728 vom 29.04.2019 (zuletzt geprüft 12.02.2021); Schadwinkel, Alina: Die 10.000 Fragezeichen. Zeit Online, 2015, https://www.zeit.de/wissen/gesundheit/2015-04/quantified-self-fitness-gesundheit-wissenschaft vom 20.04.2015 (zuletzt geprüft 25.01.2022).

Zusammenhang werden auch die symbolischen „10.000 Schritte" angesprochen[260], die jede*r pro Tag zurücklegen sollte und die sich mittlerweile zu einer Art Schlüssel zu einem gesunden Lebensstil etabliert haben – und das, obwohl diese weit verbreitete Empfehlung weder aus einem medizinischen noch gesundheitswissenschaftlichen Kontext stammt, sondern einer japanischen Werbung für ein Pedometer aus den 1960er-Jahren entspringt.[261] Doch geht es im Interdiskurs nicht nur um die physische Aktivität in Form von idealen Schrittzielen, sondern auch um Sport und Trainingseinheiten. Die Verbindung von Wearables und Sport und Fitness ist wenig überraschend, wird das Wearable doch in fast der Hälfte aller Artikel als „Fitnessarmband" oder „Fitness-Tracker" vorgestellt. Insbesondere der Zusammenhang mit dem Laufsport wird stark gemacht, obwohl mittlerweile bei den meisten Geräten auch spezielle Funktionen für das Tracking anderer Sportarten vorhanden sind bzw. auch Geräte am Markt erhältlich sind, die speziell für eine bestimmte Sportart entwickelt wurden.[262] Ebenfalls im Zuge des Sports angesprochen werden Praktiken, die sich einem *Social Competing* zuordnen lassen. Diese umfassen verschiedene Möglichkeiten sich beispielsweise via App mit anderen Nutzer*innen zu messen und mit ihnen in einen Wettbewerb zu treten.[263] Das schließt an die in Abschnitt 3.2.2 erläuterte Wirkungsdimension des Vergleichs an, durch den Feedbackschleifen in Gang gesetzt werden.

Neben der physischen Aktivität wird auch das Thema Ernährung immer wieder aufgegriffen. Dies ist insofern interessant, als dass ein Wearable hier durch die Funktion der automatischen Berechnung des Kalorienverbrauchs nur indirekt involviert ist, was hinsichtlich der Akkuratesse sowohl im Spezial- als auch im Interdiskurs stark umstritten ist.[264] Trotzdem gilt das Wearable nicht nur als Fitness-

---

[260] Vgl. z. B. Wolfangel: Dieser Wille, sein Leben zu verändern, 2017; Tapper: A step too far?, 2019; Knoke, Felix: Diese Fitnessarmbänder sind besser als die Apple Watch. Süddeutsche Zeitung, 2016, https://www.sueddeutsche.de/digital/wearables-diese-fitnessarmbaender-sind-besser-als-die-apple-watch-1.3161819 vom 18.09.2016 (zuletzt geprüft 12.02.2021).

[261] Vgl. Calechman, Steve: 10,000 steps a day – or fewer?, 2019, https://www.health.harvard.edu/blog/10000-steps-a-day-or-fewer-2019071117305 vom 11.07.2019 (zuletzt geprüft 28.02.2020).

[262] Exemplarisch seien hier genannt der „Equimo Tracker", der speziell für den Reitsport entwickelt wurde (https://www.equimo.com/de/produkt) oder der „Mammut Climbax" zum Klettern (https://www.mammut.com/de/de/climbax/) (beide zuletzt geprüft 22.02.2021).

[263] Vgl. z. B. Tapper: A step too far?, 2019; Maak: E-Mails im Blut, 2014; Fleming: Fitness trackers: healthy little helpers or no-good gadgets?, 2015.

[264] Vgl. McDonough: Your fitness tracker may be accurately tracking steps, but miscounting calories, 2016; O'Brien et al.: Acceptability of wristband activity trackers among community dwelling older adults; Jung, Nora: Bei Diäten ungeeignet. Süddeutsche Zeitung,

5.1 Diskursive Praktiken

sondern auch als „Ernährungscoach."[265] Generell wird im Interdiskurs einiges auf das Wearable ausgelagert und ihm ein hohes Veränderungs- und Optimierungspotenzial zugeschrieben. So soll das Gerät wappnen „im Kampf gegen den inneren Schweinehund"[266] und als „digitaler Sport-Coach und Trainer"[267] für den „virtuellen Tritt in den Hintern"[268] sorgen. Die ‚Verantwortung' für die eigene Motivation wird so externalisiert.

Das führt direkt zu einem nächsten zentralen Thema im Wearable-Diskurs: Wearables als „Technologien der Selbstoptimierung."[269] Der Begriff der Selbstoptimierung selbst fällt selten explizit, die beschriebenen Aspekte lassen sich auf Basis meiner theoretischen Vorarbeiten aus Abschnitt 3.2 aber Optimierungslogiken zuordnen. Dabei geht es um Optimierungsleistungen in unterschiedlichen Lebensbereichen, wie Fitness, Produktivität, Körpergewicht oder Ernährung. Mit Hilfe der Vermessung via Wearables sollen Aspekte gefunden werden, die anschließend verbessert werden können,[270] entweder um im Sinne einer *surveillance* ein bestimmtes Ziel (z. B. Körpergewicht) oder nach der Logik einer *routinisation* ein unbestimmtes Ziel (z. B. Ernährungsumstellung) zu erreichen.[271] Im Interdiskurs werden also nach Stefan Meißner sowohl Prozesse der Selbsteffektivierung als auch solche der Selbststeigerung mit dem Wearable in Verbindung gebracht.[272] Doch nicht nur die reine Optimierung des Selbst wird als großes Potenzial der Wearables hervorgehoben, auch die Produktion exklusiven Wissens über den eigenen Körper und sein Verhalten werden in der Berichterstattung immer wieder betont. Durch die Nutzung der Geräte lerne man viel über sich selbst und könne u. a. seinen Schlaf[273] oder die Vorgänge in seinem Körper[274] besser verstehen. Die eingesetzte Technologie

---

2017, https://www.sueddeutsche.de/wirtschaft/wearables-bei-diaeten-ungeeignet-1.3632722 vom 18.08.2017 (zuletzt geprüft 26.01.2022).
[265] Knoke: Diese Fitnessarmbänder sind besser als die Apple Watch, 2016.
[266] Majica: Bewegt euch!, 2013.
[267] o. A.: Fitness-Tracker kaufen, 2021.
[268] Schmieder: Ein Band, sie zu knechten, 2016.
[269] Willmroth: Regieraum des Lebens, 2014.
[270] Vgl. Wolfangel: Dieser Wille, sein Leben zu verändern, 2017.
[271] Vgl. Pharabod/Nikolski/Granjon: La mise en chiffres de soi, S. 108 ff.
[272] Vgl. Meißner: Selbstoptimierung durch Quantified Self?, S. 224.
[273] Vgl. Wegner: Futur perfekt, 2020.
[274] Vgl. Ahlrichs/Hansen: Wearable Ava, 2017; Members Health Fund Alliance: Hack your health: a guide to tracking yourself to a happier, healthier you. The Guardian, 2020, https://www.theguardian.com/members-health-fund-alliance-health-before-profit/2020/feb/19/hack-your-health-a-guide-to-tracking-yourself-to-a-happier-healthier-you vom 18.02.2020 (zuletzt geprüft 26.01.2022).

„vervollständigt den menschlichen Körper"[275] und ist in der Lage „Zusammenhänge [zu] entdecken, die sonst verborgen bleiben".[276] Dies kann insbesondere auf die individuelle Gesundheit einen positiven Effekt haben, wenn beispielsweise Erkrankungen so zu einem frühen Zeitpunkt festgestellt werden können.

Die Berechenbarkeit des gesunden Lebens: Wearables als Retter des Gesundheitssystems?

Im zentralen Themenbereich der Gesundheit zeigen sich wie bereits im Spezialdiskurs eine Reihe von Hoffnungen für das Gesundheitswesen, die an die Nutzung von Wearables gekoppelt sind. Dies kann man insbesondere daran ablesen, dass das Wearable fester Bestandteil der Diskussionen um Maßnahmen im Bereich der Gesundheitsförderung und Prävention ist. Neben dem bereits angesprochenen gesundheitlichen Nutzen einer Erhöhung der physischen Aktivität, reproduziert der Interdiskurs auch das Wissen darüber, dass ein Wearable als eine Art gesundheitliches Frühwarnsystem fungieren kann. So sei es laut Medienberichterstattung möglich, dass die Geräte einen Schlaganfall[277], ein Vorhofflimmern[278] oder eine Borreliose-Erkrankung[279] frühzeitig erkennen können, da schon geringe Abweichungen der Körperdaten messbar sind und im Notfall sogar Hilfe angefordert werden kann.[280] Dabei wird in der Diskussion zum größten Teil ausgeblendet, dass nicht alle Geräte über solch einen Funktionsumfang verfügen – das Frühwarnsystem bezüglich eines Vorhofflimmerns betrifft beispielsweise zurzeit exklusiv die

---

[275] Willmroth: Regieraum des Lebens, 2014.

[276] Ebd..

[277] Vgl. Martin-Jung: Wenn der Mensch zum bloßen Datenlieferanten wird, 2016.

[278] Vgl. Riedl, Thorsten: Smartwatch mit analoger Anzeige. Süddeutsche Zeitung, 2020, https://www.sueddeutsche.de/wirtschaft/braucht-man-das-smartwatch-mit-analoger-anzeige-1.5024656 vom 08.09.2020 (zuletzt geprüft 12.02.2021); Sebayang, Andreas: Apple Watch warnte 0,5 Prozent der Studienteilnehmer. golem.de, 2019, https://www.golem.de/news/vorhofflimmern-apple-watch-warnte-0-5-prozent-der-studienteilnehmer-1903-140068.html vom 18.03.2019 (zuletzt geprüft 11.01.2022).

[279] Vgl. Jung: Bei Diäten ungeeignet, 2017; Berres, Irene: Du bist doch krank. Spiegel Online, 2017, https://www.spiegel.de/gesundheit/diagnose/fitnessarmbaender-wie-wearables-die-medizin-revolutionieren-koennten-a-1129754.html vom 19.01.2017 (zuletzt geprüft 20.01.2022).

[280] Vgl. Riedl, Thorsten: Wenn das Armband Kalorien zählt. Süddeutsche Zeitung, 2020, https://www.sueddeutsche.de/wirtschaft/digitale-fitnessuhren-wenn-das-armband-kalorien-zaehlt-1.5090085 vom 28.10.2020 (zuletzt geprüft 12.02.2021).

5.1 Diskursive Praktiken

Apple Watch, für welche diese Funktion eine „Killer-App"[281] und erfolgreiches Verkaufsargument darstellt.

Das Thema Frühwarnsystem kommt auch im Zusammenhang mit Covid-19 zur Sprache. Auch hier wird, wie bereits beobachtet, den Geräten eine hohe Verantwortung zugeschrieben hinsichtlich des Versprechens, dass diese zu einer Verbesserung der pandemischen Situation führen können. Dies soll passieren, in dem das Wearable frühzeitig Krankheitssymptome erkennt,[282] was besonders gut mit dem *Oura Ring* funktionieren soll, der dauerhaft Abweichungen der Körpertemperatur beobachtet.[283] Etwas, was sich bei dieser Diskussion andeutet, ist die Frage nach dem eigenen Körpergefühl und inwiefern dieses an die Wearables ausgelagert wird. Anders als im Spezialdiskurs überwiegt in der Medienberichterstattung die Position, dass Wearables dazu beitragen, dass sich das eigene Körpergefühl verschlechtert,[284] bzw. wird es als etwas Ungenaues abgewertet wird im Vergleich zu den ‚faktenbasierten' Messungen:

> Das Self-Tracking deckt schonungslos persönliche Schwächen und Mängel auf und kann Verbesserungspotenziale identifizieren, sowie Erfolge kontrollieren und nachweisen. Diese zahlenbasierte Selbstanalyse ersetzt gefühltes Wissen durch messbare Ergebnisse. Fakten statt Annahmen.[285]

Vereinzelte Gegenpositionen verweisen auf den Spezialdiskurs, indem sie argumentieren, dass Wearables auch zu einer besseren Wahrnehmung des eigenen Körpers beitragen können,[286] oder wenden sich ganz gegen die Vermessung

---

[281] Arthur, Charles: Wearables: one-third of consumers abandoning devices. The Guardian, 2014, https://www.theguardian.com/technology/2014/apr/01/wearables-consumers-abandoning-devices-galaxy-gear vom 01.04.2014 (zuletzt geprüft 25.01.2022).

[282] Vgl. Singer, Natasha: The Hot New Covid Tech Is Wearable and Constantly Tracks You. The New York Times, 2020, https://www.nytimes.com/2020/11/15/technology/virus-wearable-tracker-privacy.html vom 15.11.2020 (zuletzt geprüft 12.02.2021); Chen, Brian X.: The New Apple Watch Measures Your Blood Oxygen. Now What? The New York Times, 2020, https://www.nytimes.com/2020/09/17/technology/personaltech/new-apple-watch-blood-oxygen-level-review.html vom 22.12.2020 (zuletzt geprüft 20.01.2022).

[283] Vgl. Wegner: Futur perfekt, 2020.

[284] Vgl. z. B. Martin-Jung: Wenn der Mensch zum bloßen Datenlieferanten wird, 2016; dpa: Wearables: Schönes Spielzeug oder Technologie der Zukunft?, 2015; Weiguny, Bettina: Der Chip und ich. Frankfurter Allgemeine, 2014, https://www.faz.net/aktuell/wirtschaft/hightech-am-koerper-der-chip-und-das-ich-13029982.html vom 05.07.2014 (zuletzt geprüft 20.01.2022).

[285] Internetredaktion Barmer: Quantified Self, 2019.

[286] Vgl. Schmundt: Falsch vermessen, 2017.

des Körpers, da diese überflüssig sei und plädieren für „Selbstvertrauen" statt „Selbstvermessung."[287]

Doch nicht nur der mögliche Verlust des Körpergefühls stellt einen kritischen Punkt in der Hervorhebung der gesundheitsfördernden und präventiven Potentiale der Wearables dar. Die Darstellung des Wearables als potenziell lebensrettender „Assistent am Handgelenk"[288] füttert auch das Narrativ, dass Menschen im Sinne der Werbeslogans wie „Understand what's happening on the inside"[289] auf technische Hilfsmittel angewiesen seien, um den eigenen Körper zu verstehen. Hinzu kommt, dass implizit auch die Diskussion um den Stellenwert der Eigenverantwortung darin enthalten ist, die in der Frage mündet, ob man persönlich die Konsequenzen von etwas verantworten kann, was durch ein Wearable möglicherweise zu verhindern gewesen wäre. Gibt es ein „Selber-schuld-Prinzip"?[290] Nutzer*innen sind angehalten, sich um sich selbst und ihre Gesundheit zu kümmern, sprich, sich eigenverantwortlich über die ‚richtige' Lebensweise zu informieren, nach ihr zu leben[291] und Wellness-Maßnahmen zu befolgen, um eine „overall body and mind health"[292] zu gewährleisten. Auch hier kommt wieder das Problem der selektiven Inanspruchnahme[293] ins Spiel, denn eine ausdauernde Nutzung von Wearables und eine verstärkte Eigenverantwortung lässt sich vornehmlich bei denen beobachten, die sowieso schon ein gesundheitsförderndes Verhalten zeigen.[294] Schwieriger sei es, eine Veränderung des Verhaltens derer herbeizuführen, die sich bisher nicht gesundheitsfördernd verhalten haben.[295] Das strategische Interesse dieser Eigenverantwortung wird sogar sehr direkt angesprochen: „Wer sich mehr bewegt, bewusster lebt, wird seltener krank und schont in der Folge das Gesundheitssystem."[296] So

---

[287] Vgl. Zeh: Der vermessene Mann, 2012.
[288] Beuth: Ist das Avantgarde oder nervt das nur?, 2015.
[289] Oura Health: What Makes the Oura Ring Different?, https://ouraring.com/blog/the-oura-difference/ (zuletzt geprüft 22.02.2021).
[290] Zeh: Der vermessene Mann, 2012.
[291] Vgl. Schwinn: Gesundheit ist mehr als Ziffern und Kurven, 2018.
[292] Members Health Fund Alliance: Hack your health, 2020.
[293] Vgl. Franzkowiak: Prävention und Krankheitsprävention, 2022.
[294] Vgl. Chamorro-Premuzic, Tomas: Wearable devices: tracking your every step may not make you happier. The Guardian, 2015, https://www.theguardian.com/media-network/2015/jul/17/wearable-devices-technology-monitor-behaviour-wellbeing vom 17.07.2015 (zuletzt geprüft 12.02.2021).
[295] Vgl. Berres, Irene/Weber, Nina: Die Kasse trainiert mit. Spiegel Online, 2015, https://www.spiegel.de/gesundheit/ernaehrung/apple-watch-und-co-was-soll-die-krankenkasse-bezuschussen-a-1046835.html vom 07.08.2015 (zuletzt geprüft 30.01.2022).
[296] Weiguny: Der Chip und ich, 2014.

5.1 Diskursive Praktiken

kann ich als ein zentrales diskursives Muster identifizieren, dass die Vorteile von regelmäßiger Bewegung, gesunder Ernährung und eigenverantwortlichem Handeln für das eigene Leben vermittelt werden – was auch die Nutzung eines Wearables beinhaltet.

Generell stellen viele der untersuchten Artikel in Aussicht, dass durch die Verbreitung von Wearables eine Verbesserung der medizinischen Versorgung auf privater wie auch gesellschaftlicher Ebene zu erwarten ist, insbesondere durch die großen Datenmengen, die bei der Nutzung entstehen. Diese könnten u. a. einen großen Nutzen bei der Weiterentwicklung personalisierter Medizin[297] oder der Überwachung der individuellen Gesundheit haben.[298] Voraussetzung für diese Potenziale sind in allen Fällen eine strukturierte Erfassung und Auswertung der Wearable-Daten, die dann dazu geeignet sind, nach entsprechendes Mustern durchsucht zu werden.[299] Die einzelne Person wird so „berechenbarer und behandelbarer"[300] und große Forschungszusammenhänge könnten von diesen Daten profitieren, beispielsweise die Parkinson-Forschung.[301] Daten werden so zum „Gold des 21. Jahrhunderts".[302] Kritisch merkt ein Artikel an, dass sich hier die ethische Frage nach einer „Bringschuld für Datenspenden"[303] anschließt: Was ist mehr wert, individueller Schutz der Daten oder potenzielle Gesundheitsverbesserungen für viele? Bisher erübrigt sich eine tiefergehende Beschäftigung mit dieser Frage allerdings insofern, als dass in Deutschland Rahmenbedingungen und Infrastruktur nicht in dem Ausmaß existieren, als dass Big Data durch Selbstvermessung als großer Problemlöser im Gesundheitswesen gehandelt werden kann.[304]

Neben vielen Stimmen, die einen positiven Einfluss der Nutzung von Wearables für das Gesundheitssystem sehen, gibt es auch einige kritische. So könnten Wearables auch negative Auswirkungen auf die Gesundheit haben, indem die Nutzung der Geräte und die erhobenen Daten Stress auslösen, beispielsweise, wenn

---

[297] Vgl. Baureithel: Bringschuld für Datenspenden, 2018.
[298] Vgl. Berres: Du bist doch krank, 2017.
[299] Vgl. ebd.; Baureithel: Bringschuld für Datenspenden, 2018.
[300] Schadwinkel: Die 10.000 Fragezeichen, 2015.
[301] Vgl. Beuth, Patrick: Apple schafft ein neues Statussymbol. Zeit Online, 2015, https://www.zeit.de/digital/mobil/2015-03/apple-watch-preise-verkaufsstart/komplettansicht vom 09.03.2015 (zuletzt geprüft 10.02.2021).
[302] Baureithel: Bringschuld für Datenspenden, 2018.
[303] Ebd.
[304] Vgl. Zinkant, Kathrin: Das Recht auf Unvernunft. Süddeutsche Zeitung, 2016, https://www.sueddeutsche.de/wirtschaft/gesundheitsbranche-das-recht-auf-unvernunft-1.3258063 vom 18.11.2016 (zuletzt geprüft 11.01.2022); Schadwinkel: Die 10.000 Fragezeichen, 2015.

Nutzer*innen sich unter Druck gesetzt fühlen, bestimmte Ziele zu erreichen[305] oder weil sie unter der dauernden Beobachtung ihres Wearables stehen.[306] Auch zu viele Messungen von Körper- und Gesundheitsdaten können bei gesunden Personen für Unsicherheit sorgen,[307] gleichzeitig können sie vorhandene gesundheitliche Probleme verstärken[308] oder gesundheitsschädliches Verhalten verursachen, indem sie beispielsweise den Weg in eine mögliche Essstörung erleichtern.[309] Auch für die teilweise formulierte Idee, dass Wearables „den Arztbesuch überflüssig"[310] machen gibt es Gegenstimmen: „Let a medical expert – not your watch – create the action plan."[311] Nicht nur in Bezug auf potenziell gefährliche Selbstdiagnosen, wird vereinzelt Kritik am Thema Eigenverantwortung formuliert.

> Gefährlich wird es dann, wenn jemand sein Leben komplett danach ausrichtet, was der Gesundheit zuträglich ist, und es nicht mehr darum geht, was man als sinnvoll erlebt. Gesundheit ist nicht wichtiger als Freiheit und ein selbstbestimmtes Leben. Wäre es umgekehrt, könnte das auch gravierende Folgen für die Solidarität in unserer Gesellschaft haben. [...] Das könnte Druck auf diejenigen aufbauen, die nicht einem angeblich gesunden Lebensstil folgen, etwa weil sie krank oder körperlich eingeschränkt sind oder weil sie eben ihr Leben so führen wollen, wie sie es für richtig halten.[312]

Was hier angesprochen wird, führt zu einem weiteren zentralen Begriff des Interdiskurses: das Solidarprinzip. Dieses Thema beschäftigt die Medienberichterstattung insbesondere im Zusammenhang dem Thema Versicherungen: Gemeint ist im deutschsprachigen Raum damit speziell der Versuch der *Generali*-Versicherung, mit *Vitality* ein Programm zu entwickeln, das mit bestimmten Versicherungen kombinierbar ist und einen gesunden und aktiven Lebensstil mit reduzierten Versicherungsprämien und Partnerangeboten belohnt.[313] Dabei wird auch die Kopplung

---

[305] Vgl. Fleming: Fitness trackers: healthy little helpers or no-good gadgets?, 2015.

[306] Vgl. Duus, Rikke/Cooray, Mike: How we discovered the dark side of wearable fitness trackers. The Conversation, 2015, https://theconversation.com/how-we-discovered-the-dark-side-of-wearable-fitness-trackers-43363 vom 19.06.2015 (zuletzt geprüft 30.01.2022).

[307] Vgl. Chen: The New Apple Watch Measures Your Blood Oxygen, 2020.

[308] Vgl. Chen, Brian X.: The Sad Truth About Sleep-Tracking Devices and Apps. The New York Times, 2019, https://www.nytimes.com/2019/07/17/technology/personaltech/sleep-tracking-devices-apps.html vom 17.07.2019 (zuletzt geprüft 25.01.2022).

[309] Vgl. Mahdawi: The unhealthy side of wearable fitness devices, 2014.

[310] Weiguny: Der Chip und ich, 2014.

[311] Chen: The New Apple Watch Measures Your Blood Oxygen, 2020.

[312] Schwinn: Gesundheit ist mehr als Ziffern und Kurven, 2018.

[313] https://www.generali.de/vitality/ (zuletzt geprüft 23.02.2021).

eines Wearables mit der *Generali Vitality*-App empfohlen, um so die Schrittanzahl, die Herzfrequenz und den Kalorienverbrauch zu erheben und je nach Ergebnis eine bestimmte Anzahl an *Generali Vitality*-Punkten gutgeschrieben zu bekommen.[314] Verwiesen wird dabei auch mehrfach auf Autoversicherungen, bei denen das Prinzip, die eigenen Fahrdaten der Versicherung zu übermitteln, um sein risikoarmes Fahrverhalten nachzuweisen und somit monetäre Vorteile zu erhalten, bei den sogenannten Telematik-Tarifen bereits seit einigen Jahren möglich ist. Die Bemühungen, dieses Konzept auf Kranken- und Lebensversicherungen zu übertragen wird sehr kritisch diskutiert, denn auch wenn gleichzeitig die Position unbestritten scheint, dass die Nutzung von Wearables die physische Aktivität langfristig steigern kann und damit positive Effekte auf die Gesundheit verzeichnet werden können, sieht man durch Versicherungskonzepte wie dem der *Generali* die Gefahr der schleichenden Entsolidarisierung in einem dualen Gesundheitssystem, das in weiten Teilen auf dem Solidarprinzip beruht.[315] Eine Bevorteilung von Personen, die ihre Daten zum Beweis ihres ‚guten Lebens' der Versicherung offenlegen, würde langfristig die Benachteiligung jener Menschen nach sich ziehen, die diesen Nachweis nicht erbringen können oder wollen.[316] Eine potenzielle Zuordnung von Krankheit und Schuld würde „das Ende von persönlicher Freiheit und gesellschaftlicher Solidarität"[317] bedeuten. Zudem bestehe auch immer ein „Recht auf Unvernunft."[318]

„Like a selfie stick for the soul"[319]: Motivation, Überwachung und Wissen
Die Frage nach dem Balanceakt zwischen persönlicher Freiheit und Verantwortung steht ebenfalls im Raum, wenn es um das sogenannte *Geofencing* geht, also die Überwachung insbesondere von Kindern via Wearable unter einem Sicherheitsaspekt, die Eltern „einen Alltag ohne Angst"[320] ermöglichen sollen. Auch diese

---

[314] Siehe https://www.generalivitality.com/de/de/punkte-und-vorteile/ (zuletzt geprüft 23.02.2021).

[315] Vgl. z. B. Gentrup, Anne: Defizite bei Datenkraken. ÄrzteZeitung, 2017, https://www.aerztezeitung.de/Wirtschaft/Defizite-bei-Datenkraken-310660.html vom 28.04.2017 (zuletzt geprüft 12.02.2021); Baureithel: Bringschuld für Datenspenden, 2018; Berres/Weber: Die Kasse trainiert mit, 2015.

[316] Vgl. Schwinn: Gesundheit ist mehr als Ziffern und Kurven, 2018.

[317] Zeh: Der vermessene Mann, 2012.

[318] Zinkant: Das Recht auf Unvernunft, 2016.

[319] Chamorro-Premuzic: Wearable devices: tracking your every step may not make you happier, 2015.

[320] Olbrisch, Miriam/Wiedmann-Schmidt: Auf Schritt und Tritt. Der Spiegel, 2015, https://www.spiegel.de/spiegel/print/d-136184620.html vom 11.07.2015 (zuletzt geprüft 12.02.2021).

Einsatzmöglichkeit der Geräte ist Teil des Interdiskurses.[321] Indem allerdings ein direkter Vergleich zur „digitalen Fußfessel"[322] gezogen wird, handelt es sich bei dieser Art der Nutzung nicht mehr um ein selbst initiiertes *pivate self-tracking*, sondern ein *imposed self-tracking*.[323] Überwachung stellt sowieso seit jeher einen Begriff dar, der untrennbar mit dem Wearable verbunden ist, schon lange bevor Smartwatches und Fitnesstracker am Markt erhältlich waren.[324] Neben der Überwachung der eigenen Gesundheit und der sicherheitsbedingten Überwachung von Kindern wird im Interdiskurs auch noch die Überwachung am Arbeitsplatz thematisiert. Entsprechende Maßnahmen in den Unternehmen werden dabei zumeist als gesundheitsfördernde Maßnahmen etabliert, im Kern zielen diese aber auf die Optimierung der individuellen Leistungsfähigkeit ab, also die Erhöhung der Produktivität der Arbeitnehmer*innen insgesamt.[325] Die Umsetzung in den Unternehmen kann ganz unterschiedlich ausfallen, mal geht es um Beitragsrabatte der Betriebskrankenkasse, wenn sich durch die Nutzung eines Wearables genug physische Aktivität nachweisen lässt, mal werden die gelaufenen Schritte während der Arbeitszeit für Produktivitätsanalysen erhoben, mal sollen Wearables den Stress der einzelnen Mitarbeiter*innen vermessen und sichtbarer machen.[326] Kritische Stimmen in der Medienberichterstattung zeigen die potenziellen Gefahren für die Arbeitnehmer*innen auf, die in der Zweckentfremdung der Körperdaten liegen: Was passiert, wenn die Daten ein scheinbar gesundheitsschädliches bzw. ein die Arbeitsproduktivität gefährdendes Verhalten zeigen?[327] Das vom Arbeitgeber angeordnete Tragen eines Wearables sei „eine weitere Stufe des Überwachungskapitalismus,"[328] was zu einer Entgrenzung der Arbeit führe. Aus dem *Quantified Self* werde ein „Quantified Employee",[329] ein

---

[321] Vgl. ebd.; Smechowski, Emilia: „Das ist ja Mamas und mein Geheimnis". Süddeutsche Zeitung, 2019, https://www.sueddeutsche.de/digital/kinder-smartwatch-sicherheit-1.4258567 vom 31.01.2019 (zuletzt geprüft 12.02.2021).

[322] Olbrisch/Wiedmann-Schmidt: Auf Schritt und Tritt, 2015.

[323] Vgl. Lupton: Self-Tracking Modes, 2014, S. 5 ff.

[324] Vgl. z. B. Mann/Nolan/Wellman: Sousveillance.

[325] Vgl. z. B. Tapper: A step too far?, 2019; Willmroth: Regieraum des Lebens, 2014; Martin-Jung: Wenn der Mensch zum bloßen Datenlieferanten wird, 2016.

[326] Vgl. Lobe: Jede Regung im Blick, 2016.

[327] Vgl. Iwersen: Zukunftstrends der Datensammlung, 2019.

[328] Moorstedt, Michael: Alexa, wie geht es mir? Süddeutsche Zeitung, 2020, https://www.sueddeutsche.de/digital/amazon-halo-gadget-tracker-1.5014899 vom 01.09.2020 (zuletzt geprüft 11.01.2022).

[329] Willmroth: Regieraum des Lebens, 2014.

Artikel zieht den naheliegenden Vergleich zu Benthams *Panopticon*, bei dem „jede Regung im Blick" ist.[330]

In Bezug auf die private Nutzung wird, gerade unter der Prämisse, dass Wearables im Interdiskurs mehr oder weniger als Garant für ein gesünderes, sicheres und produktiveres Leben gehandelt werden, in einigen Artikeln Aspekte angesprochen, die sich den Themen Langzeitnutzung und Nutzungsmotivation zuordnen lassen. Diskutiert wird, welche Faktoren dazu führen, dass Menschen Wearables dauerhaft nutzen oder die Nutzung wieder abbrechen. Als großer Motivationsfaktor werden immer wieder potenzielle Verhaltensveränderungen und deren positive Auswirkungen angesprochen, mit dem Wearable als idealem Werkzeug für dieses Vorhaben. Der Verweis auf wissenschaftliche Studien untermauert diesen Einsatz von Wearables,[331] gleichzeitig wird aber auch die Einschränkung formuliert, dass der Wille zum „Ändern von Gewohnheiten"[332] für entsprechende Erfolgserlebnisse vorhanden sein muss.[333] Neben der Aussicht auf eine solche Selbstoptimierung und den bereits angesprochenen Versprechen von Gesundheit und Produktivität findet sich allerdings noch eine weitere Strategie im Interdiskurs, die geeignet ist, die Intensivierung der Wearable-Nutzung voranzutreiben. Dabei handelt es sich um die Etablierung des Wearables als unverzichtbare Assistenztechnologie im Alltag, insbesondere über zwei mögliche Funktionen, die Bezahl- und Navigationsfunktion.[334] Im Spezialdiskurs diskutierte Einsatzgebiete wie die Generierung sicherer Kommunikationskanäle zwischen zwei Geräten[335] werden nur vereinzelt angesprochen,[336] stellen aber auch noch sich in der Forschung befindliche Zukunftstechnologien dar.

---

[330] Lobe: Jede Regung im Blick, 2016.

[331] Vgl. z. B. Schmundt: Falsch vermessen, 2017; Duus/Cooray: How we discovered the dark side of wearable fitness trackers, 2015.

[332] Spehr: Motivation am Plastikband, 2013.

[333] Vgl. Fleming: Fitness trackers: healthy little helpers or no-good gadgets?, 2015; Wolfangel: Dieser Wille, sein Leben zu verändern, 2017; Chamorro-Premuzic: Wearable devices: tracking your every step may not make you happier, 2015.

[334] Vgl. z. B. Grauvogl, Alexandra: An der Biomarkt-Kasse scheitert die Smartwatch. Welt, 2018, https://www.welt.de/wirtschaft/webwelt/article181753520/Garmin-Fenix-5-Plus-So-schlaegt-sich-die-mobile-Bezahlfunktion-im-Test.html vom 04.10.2018 (zuletzt geprüft 12.02.2021); Köhn: Kleine Alleskönner ersetzen das Smartphone, 2018; Moorstedt: Richtig verbunden, 2015.

[335] Vgl. Shen, Yiran/Du, Bowen/Xu, Weitao/Luo, Chengwen/Wei, Bo/Cui, Lizhen/Wen, Hongkai: „Securing Cyber-Physical Social Interactions on Wrist-Worn Devices", in: ACM Transactions on Sensor Networks Nr. 2/16. Jg. (2020), S. 1–22.

[336] Vgl. Kretschmar, Daniél: Wir wissen, wie und wo du schlägst. taz, 2019, https://taz.de/Systeme-zur-Personenidentifizierung/!5614314/ vom 10.08.2019 (zuletzt geprüft 12.02.2021).

Ein Aspekt, der allerdings noch deutlicher betont wird als im Spezialdiskurs, ist der Anspruch an die Messgenauigkeit der Geräte. Ein Großteil der untersuchten Artikel spricht das Thema Akkuratesse an, entweder, in dem auf die verlässliche Messung der Geräte hingewiesen wird[337] oder aber um das Gegenteil zu behaupten.[338] Belegt werden diese Aussagen auf beiden Seiten selten und ein expliziter Verweis auf den Spezialdiskurs ist nur in Ausnahmen[339] zu beobachten, obwohl sich dieser sehr intensiv mit der Genauigkeit der Messoptionen unterschiedlicher Geräte auseinandersetzt.[340] Manchmal wird differenziert, dass manche Aspekte, wie beispielsweise die Messung gelaufener Schritte oder des Herzschlags akkurat gemessen werden, andere, wie der Energieverbrauch oder der Schlaf eher als Schätzung verstanden werden sollten.[341]

Thematisieren die Artikel die Messgenauigkeit der Geräte, dann im Zusammenhang mit den Funktionen der Wearables bzw. den verschiedenen Optionen, welche die Nutzer*innen bei der Verwendung dieser haben. Dabei fällt auf, dass neben den zentralen Funktionen, welche die gängigen Verbrauchergeräte mitbringen, darunter u. a. die Erhebung der Schritte, des Schlafs, des Puls und die Berechnung des Kalorienverbrauchs, häufig auch Messoptionen genannt werden, die nicht automatisch jedes Gerät bietet. Dies sind beispielsweise die Messung der Körpertemperatur, des Sauerstoffgehalts im Blut, des Blutdrucks oder die Erhebung des Standorts.[342] Mitunter entsteht so ein verzerrtes Bild darüber, was die Geräte eigentlich können,

---

[337] Vgl. z. B. Knoke: Diese Fitnessarmbänder sind besser als die Apple Watch, 2016; Koller: Ich messe, also bin ich, 2012.

[338] Vgl. z. B. Riedl: Smartwatch mit analoger Anzeige, 2020; Martin-Jung: Wenn der Mensch zum bloßen Datenlieferanten wird, 2016; Spehr, Michael: Wie man im Bett ist. Frankfurter Allgemeine, 2018, https://www.faz.net/aktuell/technik-motor/digital/apps-fuer-die-schlafanalyse-im-test-15598787.html vom 19.05.2018 (zuletzt geprüft 30.01.2022).

[339] Vgl. McDonough: Your fitness tracker may be accurately tracking steps, but miscounting calories, 2016; Jung: Bei Diäten ungeeignet, 2017.

[340] Vgl. z. B. Zambotti et al.: A validation study of Fitbit Charge 2™ compared with polysomnography in adults; Shcherbina et al.: Accuracy in Wrist-Worn, Sensor-Based Measurements of Heart Rate and Energy Expenditure in a Diverse Cohort.

[341] Vgl. McDonough: Your fitness tracker may be accurately tracking steps, but miscounting calories, 2016; Chen: The Sad Truth About Sleep-Tracking Devices and Apps, 2019; Jung: Bei Diäten ungeeignet, 2017.

[342] Vgl. z. B. Berres: Du bist doch krank, 2017; o. A.: Fitness-Tracker kaufen, 2021; dpa: Wearables: Schönes Spielzeug oder Technologie der Zukunft?, 2015; Haase, Uwe-Folker: Fitnesstracker: Jeder Schritt zählt. Die Techniker, 2020, https://www.tk.de/techniker/magazin/digitale-gesundheit/fitnesstracker/fitness-tracker-jeder-schritt-zaehlt-2006070 vom 10.01.2020 (zuletzt geprüft 12.02.2021).

welche Daten dabei entstehen und welches Wissen über den*die Nutzer*in produziert werden kann. Das hat den Effekt, dass der *Black Box*-Charakter der Wearables noch weiter verstärkt wird. Dies in Kombination mit dystopisch anmutenden Warnungen wie „man kann sich ausmalen, was es [...] bedeutet, wenn Blutdruckwerte online gehen"[343] oder „viele warten bloß darauf, an diese Daten zu gelangen"[344] hat zur Folge, dass den Geräten in noch größerem Maß eine Autorität zugesprochen wird, welcher die Nutzer*innen ausgeliefert sind.

Beware of the „Datenkraken"[345]
Zweifellos entstehen bei der Nutzung von Wearables eine große Menge an persönlichen Daten und somit lässt sich auch das Thema Datenschutz als ein Schwerpunkt im Interdiskurs identifizieren. Hier überwiegen eher kritische Artikel, die klare Warnungen aussprechen oder dystopische Zukunftsszenarien hinsichtlich der „Datenschleuder Fitnessarmband"[346] zeichnen.[347] Mehrfach findet sich die Erzählung des ‚unsichtbaren Dritten', welcher Nutzer*innen „rund um die Uhr"[348] beobachtet, über deren Bewegungen, Schlafstörungen, gesundheitliche Komplikationen und Liebesleben Bescheid weiß.[349] Andere Vorbehalte sind etwas zurückhaltender formuliert und informieren über mögliche Gefahren bezüglich der Weiterverarbeitung, Manipulation und Interpretation der privaten Daten, über deren Ausmaß sich die Nutzer*innen oftmals nicht im Klaren seien.[350] Unsicherheiten in Bezug auf das Thema Datenschutz sieht ein Artikel hauptsächlich in der „unübersichtlichen Gemengelage"[351] der zahlreichen Datenschutzrichtlinien unterschiedlicher

---

[343] Maak: E-Mails im Blut, 2014.
[344] Martin-Jung: Wenn der Mensch zum bloßen Datenlieferanten wird, 2016.
[345] Gentrup: Defizite bei Datenkraken, 2017.
[346] dpa: Datenschleuder Fitnessarmband. Welt, 2017, https://www.welt.de/regionales/nrw/article164022369/Datenschleuder-Fitnessarmband.html vom 26.04.2017 (zuletzt geprüft 12.02.2021).
[347] Vgl. z. B. Biselli, Anna: Wearables und Fitnessapps verbreiten sich mit Hilfe der Krankenkassen, Regierung verkennt Datenschutzprobleme. Netzpolitik.org, 2016, https://netzpolitik.org/2016/wearables-und-fitnessapps-verbreiten-sich-mit-hilfe-der-krankenkassen-regierung-verkennt-datenschutzprobleme/ vom 26.07.2016 (zuletzt geprüft 12.02.2021); Maak: E-Mails im Blut, 2014.
[348] Spehr: Motivation am Plastikband, 2013.
[349] Vgl. dpa: Datenschleuder Fitnessarmband, 2017; Schmundt: Falsch vermessen, 2017; Schmieder/Werner: Hautnah, 2016.
[350] Vgl. dpa: Datenschleuder Fitnessarmband, 2017; Baureithel: Bringschuld für Datenspenden, 2018; Jung: Bei Diäten ungeeignet, 2017.
[351] Iwersen: Zukunftstrends der Datensammlung, 2019.

Drittanbieter. Hinsichtlich dieser Kritik kommt es zum Teil auch vor, dass zwar zunächst ein entsprechender Hinweis formuliert wird („Digitale Fitnessuhren sind beliebt. Doch dabei sollte man auf Sicherheit und Datenschutz achten. Denn die Tracker sammeln ununterbrochen Informationen."[352]), der restliche Artikel dann aber einen den Wearables sehr zugewandten Ton anschlägt, so dass fast der Eindruck entsteht, es handle sich um ein Advertorial im Auftrag der Wearable-Anbieter. Vereinzelt finden sich auch Positionen, die Bedenken hinsichtlich des Datenschutzes zerstreuen oder herunterspielen.[353] Wieder andere betonen das Potenzial der Daten im Bereich der Zukunftsmedizin, wo es, wie bereits erwähnt, Hoffnungen u. a. in Bezug auf die Erforschung personalisierter Medizin oder des verbesserten Managements chronischer Erkrankungen gibt.[354]

Doch dies bleibt im Interdiskurs nicht der einzige Blick in eine mögliche Zukunft: Generell werden Wearables in vielen Artikeln auch viele Jahre nach ihrem Erscheinen auf dem Verbrauchermarkt noch als Zukunftstechnologie gerahmt.[355] Das Verhältnis zwischen den Artikeln, die Wearables dabei für eine wünschenswerte Zukunftstechnologie halten und denen, die eher einen warnenden Ton anschlagen, ist dabei relativ ausgeglichen. Erstere verweisen auf die schon angesprochenen Vorteile und damit auf eine mögliche gesündere, aktivere, produktivere, sicherere und komfortablere Zukunft. So wird prognostiziert, dass zukünftige Wearables in der Lage sein werden, noch weitaus mehr Körperdaten zu erheben, beispielsweise den Blutdruck, den PH-Wert der Haut, den Hydrationszustand oder sogar die Zusammensetzung des Blutes.[356] Zweitere warnen zusätzlich zu den bereits genannten Gefahren hinsichtlich Datenmissbrauch, Überwachungsszenarien, Entsolidarisierung und Verlust des Körpergefühls bzw. gesunden Menschenverstands auch vor möglichen Weiterentwicklungen des Wearables, die eine eindeutige Identifizierbarkeit von Personen durch ihren Herzschlag ermöglichen.

> Mit Wearables haben Technologieunternehmen unser Herz im Blick. [...] Wer im Wissen darum ruhig Blut bewahrt, darf nicht vergessen, dass jede Technologie noch

---

[352] Riedl: Wenn das Armband Kalorien zählt, 2020.

[353] Vgl. z. B. Hagen, Patrick: Die Daten nutzen. Süddeutsche Zeitung, 2015, https://www.sueddeutsche.de/wirtschaft/generali-die-daten-nutzen-1.2495917 vom 27.05.2015 (zuletzt geprüft 12.02.2021); Appel: Sport mit Garmin, 2017.

[354] Vgl. z. B. Baureithel: Bringschuld für Datenspenden, 2018; Vgl. Beuth: Apple schafft ein neues Statussymbol, 2015.

[355] Vgl. z. B. Wegner: Futur perfekt, 2020; Iwersen: Zukunftstrends der Datensammlung, 2019; dpa: Wearables: Schönes Spielzeug oder Technologie der Zukunft?, 2015.

[356] Vgl. Duus/Cooray: How we discovered the dark side of wearable fitness trackers, 2015; Schröder: Wearables sind die Lösung, nur für welches Problem?, 2014.

5.1 Diskursive Praktiken

> Wege findet, sich in fragwürdige Richtungen zu entwickeln. [...] Wenn nun aber das US-Verteidigungsministerium Interesse an einer Technologie zur möglichst eindeutigen Identifizierung von Einzelpersonen zeigt, dann nicht, um Blumensträuße zu verschicken.[357]

Ein weiterer Aspekt, der auch bereits als eines der Merkmale der Quantifizierungsgesellschaft in Abschnitt 3.1.1 kritisch diskutiert wurde, taucht ebenfalls wieder im Interdiskurs auf und dies ist der fortschreitende Bedeutungsverlust nicht quantifizierbarer Merkmale: Kritisiert wird bei der Nutzung von Wearables, dass „sie den Körper auf das Messbare [reduzieren]."[358] Viele Aspekte des Lebens – auch des Wohlbefindens und der Gesundheit – seien allerdings nicht quantifizierbar und messbar, manchmal sei auch „ein anderes Optimum [.] gefragt"[359], welches sich ggf. nicht in Zahlenwerte übertragen lässt. Die Gefahr läge dann darin, dass eine Fixierung auf das Zählbare um sich greift und im Umkehrschluss andere wichtige Bereiche vernachlässigt werden.[360]

> So erzieht die Uhr ihre Nutzer zu paradoxen Effizienzmonstern, und mitgeteilt wird am Ende des Tages durch das calvinistische Über-i am Handgelenk nur, ob man genug Kalorien verbrannt hat, nicht, ob man genug mit seinen Kindern gespielt, gedöst und herumgegammelt, also das getan hat, was jenseits aller Funktionsoptimierung zu einem gelungenen Tag gehört.[361]

Mit dieser Entwicklung einer geht auch die mögliche Verschiebung dessen, was als erwünschtes und gesellschaftlich akzeptiertes (Gesundheits-)Verhalten angesehen wird. Ebenfalls kritisiert wird damit die in Abschnitt 3.1.1 angesprochene „quantitative Mentalität"[362], also die Ausrichtung des eigenen Handelns nach quantitativ messbaren Werten in Verbindung mit einer Zahlengläubigkeit.

---

[357] Kretschmar: Wir wissen, wie und wo du schlägst, 2019.
[358] Schadwinkel: Die 10.000 Fragezeichen, 2015.
[359] Wolfangel: Dieser Wille, sein Leben zu verändern, 2017.
[360] Vgl. Mahdawi: The unhealthy side of wearable fitness devices, 2014.
[361] Maak: E-Mails im Blut, 2014.
[362] Porter: Trust in numbers, S. 118.

Sie können beeinflussen, wie der Begriff Gesundheit verstanden wird. Wenn ich für 30 Minuten Joggen oder den Kauf von Brokkoli belohnt werde, aber nicht für zehn Minuten Meditation oder ein wohltuendes Gespräch mit einem Freund, wird das Verständnis von Gesundheit einseitig. Wer darf definieren, was belohnenswertes gesundes Verhalten ist? Gesundheit ist viel mehr als Ziffern und Kurven.[363]

Neben den eindeutig positiven oder negativen Artikeln lässt sich bei einigen auch eine Art Kippmoment beobachten, an dem eine zunächst hilfreich eingestufte Funktion ins Unheimliche umschlägt, oder wie ein Artikel attestiert „phantastisch oder, je nach Temperament, gruselig"[364] erscheint:

> Fitness-Wearables erkennen, ob man beim Joggen übertreibt, und spielen dann automatisch beruhigende Musik. Gut möglich, dass ein Computer bald über Sensoren einen Nährstoffmangel feststellt und die entsprechenden Produkte auf dem Einkaufszettel notiert: Bananen und Zink![365]

Insgesamt ist es auffällig, dass viele Artikel im vorliegenden Korpus versuchen mit humorvollen Wortspielen und Ironisierungen eine Komplexitätsreduktion zu erreichen und damit den eigentlichen Kern der Diskussion um Überwachung, Datenmissbrauch und Co verharmlosen.[366]

> Wir müssen davon ausgehen, dass jede Mail gehackt und jeder Anruf gescannt werden kann, dass Hacker vielleicht bald den intelligenten Kühlschrank infiltrieren und die Dinnerparty sabotieren. Es ist durchaus möglich, dass uns die Versicherung bald schon bitten wird, unsere Fitnessdaten zu übermitteln, und vielleicht schickt uns dann eine App abends um halb zehn ins Bett.[367]

---

[363] Schwinn: Gesundheit ist mehr als Ziffern und Kurven, 2018. Hier sei der Hinweis gegeben, dass manche Geräte heute auch Meditations-Einheiten, Ruhepausen oder Atemübungen unterstützen, quantifizieren und ‚belohnen', z. B. *Fitbit Blaze 2* durch die Funktion „Relax". https://help.fitbit.com/articles/de/Help_article/2077.htm (zuletzt überprüft 24.02.2021).

[364] Nosthoff, Anna-Verena/Maschewski, Felix: Das vermessene Selbst. Frankfurter Allgemeine, 2020, https://www.faz.net/aktuell/feuilleton/debatten/amazons-fitnesstracker-halo-will-uns-rundum-vermessen-17124226.html?premium vom 30.12.2020 (zuletzt geprüft 12.02.2021).

[365] Moorstedt: Richtig verbunden, 2015.

[366] Vgl. z. B. Fleming: Fitness trackers: healthy little helpers or no-good gadgets?, 2015; Appel: Sport mit Garmin, 2017; Beuth, Patrick: Vermessen und verkauft. Zeit Online, 2015, https://www.zeit.de/digital/mobil/2015-04/quantified-self-apple-watch-geschaeftsmodelle vom 20.04.2015 (zuletzt geprüft 12.02.2021).

[367] Moorstedt: Richtig verbunden, 2015.

Auf der anderen Seite operieren die kritisch geprägten Artikel mit militärischen Begriffen, sprechen vom „Kampf um den Datenschutz"[368], dem „endlosen Bombardement mit Informationen"[369] oder „permanenten Appelle[n]"[370] der Geräte. Die strategischen Interessen, die sich im Korpus ausmachen lassen, reichen also von optimistisch gerahmter Werbung über Chancen und Risiken darstellende Abwägungen bis hin zu nachdrücklich formulierten Warnungen dystopischen Ausmaßes.

Ein Aspekt, der mich überrascht hat, ist, dass das Thema *Quantified Self* im Interdiskurs viel weniger präsent ist als im Spezialdiskurs, wo Wearable-Nutzung und *Quantified Self* enger verknüpft sind.[371] Bis ins Jahr 2015 wird über die Bewegung um Gary Wolf und Kevin Kelly bzw. im deutschsprachigen Raum Florian Schumacher berichtet, doch danach taucht der Begriff in den Artikeln meines Korpus kaum mehr auf, als hätte die anfängliche Faszination um den „eclectic mix of early adopters, fitness freaks, technology evangelists, personal-development junkies, hackers and patients suffering from a wide variety of health problems"[372] schlagartig nachgelassen. Die Bewegung in welcher sich „junge Männer [...] zu wandelnden Statistiken [machen]"[373] und somit zu einem „in Zahlen gefassten[n] Ich"[374] werden, wird dabei kritisch betrachtet und als „Nebenwirkung des konsumgestützten Kapitalismus" verstanden: „Unser Wirtschaftssystem ist nun mal darauf angewiesen, dass wir permanent durch eine Mischung aus Leistung und Konsum nach Glück zu streben suchen."[375]

Nicht nur aus dieser Beschreibung geht hervor, dass im Wearable-Diskurs ein bestimmtes Bild der Nutzer*innen gezeichnet wird. Dabei wird häufig die Erwartungshaltung reproduziert, welche die Anbieter durch die Produkttexte der Geräte an die potenziellen Nutzer*innen herantragen.

> Wer benutzt hier wen? Diese Frage stellt sich, weil Apple mit seiner Smartwatch auch ein bestimmtes Menschenbild verkauft. Der Apple-Watch-Träger hat demnach von

---

[368] Biselli: Wearables und Fitnessapps verbreiten sich mit Hilfe der Krankenkassen, Regierung verkennt Datenschutzprobleme, 2016.

[369] Maak: E-Mails im Blut, 2014.

[370] Majica: Bewegt euch!, 2013.

[371] Vgl. z. B. Sharon/Zandbergen: From data fetishism to quantifying selves; Swan: The Quantified Self; Sharon: Self-Tracking for Health and the Quantified Self; Karanasiou/Kang: My Quantified Self, my FitBit and I.

[372] Chamorro-Premuzic: Wearable devices: tracking your every step may not make you happier, 2015.

[373] Zeh: Der vermessene Mann, 2012.

[374] Willmroth: Regieraum des Lebens, 2014.

[375] Zeh: Der vermessene Mann, 2012.

Montag bis Sonntag den gleichen Tagesablauf, will immer über alles informiert sein, will immer sofort auf alles antworten können und springt einmal pro Stunde auf, wenn seine Uhr ihn daran erinnert, woran Apple-CEO Tim Cook neuerdings glaubt: Sitzen ist der neue Krebs.[376]

Ein*e typische*r Wearable-Nutzer*in lebt also entsprechend der Voreinstellungen seines Geräts, „Ausnahmen und Unregelmäßigkeiten sind nicht vorgesehen."[377] Gelegentlich findet sich sogar ein Vergleich mit dem Auto, bei welchem man „oft sehr detailliert [weiß], wie es [diesem] geht"[378] und das man „mit mehr Sensoren [überwacht] als [den] Körper."[379] Das werde sich laut der Artikel bald ändern, „der Mensch aus Sicht der Entwickler [so zu einer] Maschine, die man berechnen und beherrschen kann."[380] In dieser Zeichnung des Menschen im Wearable-Diskurs stecken neoliberale Strukturen, in denen die eigenverantwortliche Selbstoptimierung in den Bereichen Gesundheit, Alltag, Sicherheit, Produktivität und Fitness als Ideal angepriesen wird. Ohne Wearable ist der Mensch plan- und orientierungslos und damit hilflos.[381] Auch die kritischeren Medienberichte diagnostizieren den Wearables eine Passung zum Kontrollbedürfnis vieler Menschen, fragen aber auch nach der Grenze zwischen Fremd- und Selbstkontrolle.[382] Letztendlich sei es eine „Illusion, mit totaler Selbstkontrolle Herr über das eigene Schicksal werden zu können."[383] Die wahre Kontrolle liege bei den Plattformen, die so zum „Regieraum des Lebens"[384] werden.

Zusammenfassend lässt sich sagen, dass im Interdiskurs das Wissen produziert wird, dass es sich bei einem Wearable um eine Technologie handelt, welche für die Optimierung verschiedener Lebensbereiche eingesetzt werden kann. Das Wearable erscheint dabei als etwas, das für einen gesunden, sicheren und produktiven Alltag unabdingbar ist bzw. es in Zukunft werden wird, wenn man nicht auf die potenziellen Vorteile verzichten möchte. Gleichzeitig entsteht ein Machtgefüge zwischen eigenverantwortlicher Selbst- und von außen herangetragener Fremdregulierung, bei welcher der *Black Box*-Charakter der Geräte genutzt wird, um eine diffuse Gefahr

---

[376] Beuth: Ist das Avantgarde oder nervt das nur?, 2015. Zum Zitat von Tim Cook siehe auch Dredge: Is 'sitting the new cancer'?, 2015.
[377] Beuth: Ist das Avantgarde oder nervt das nur?, 2015.
[378] Boehringer: Alles was messen, was geht, 2017.
[379] Berres: Du bist doch krank, 2017.
[380] Lobe: Jede Regung im Blick, 2016.
[381] Vgl. z. B. Grauvogl: An der Biomarkt-Kasse scheitert die Smartwatch, 2018.
[382] Vgl. Willmroth: Regieraum des Lebens, 2014; Weiguny: Der Chip und ich, 2014.
[383] Zeh: Der vermessene Mann, 2012.
[384] Willmroth: Regieraum des Lebens, 2014.

des Datenmissbrauchs und der Dauerüberwachung abzubilden. Im folgenden Teilkapitel möchte ich aus den Ergebnissen der Analysen des Spezial- und Interdiskurs nun stabile Aussagemuster herausarbeiten, die in Abschnitt 5.3 mit den Kernergebnissen der Analyse der nicht-diskursiven Praktiken aus Abschnitt 5.2 in Beziehung gesetzt werden sollen.

5.1.3 Stabile Aussagemuster im Wearable-Diskurs

Im Anschluss an die beiden Analysen auf den Ebenen des Spezial- und Interdiskurs soll es nun darum gehen, die übergreifenden Themenkomplexe herauszuarbeiten. Diese „stabilen Aussagemuster"[385] zeichnen sich dadurch aus, dass sie sich systematisch und wiederholt in den untersuchten wissenschaftlichen Aufsätzen wie auch in den Medienberichten finden lassen und demnach als wiederkehrende Muster identifiziert werden können. Im Folgenden möchte ich diese Aussagemuster nun in Bezug auf den Wearable-Diskurs beschreiben.

Ein Leben ohne Wearables ist möglich, aber sinnlos
Ein erstes Diskursmuster, auf das ich eingehen möchte, ist, die Rahmung des Wearables als praktisch unverzichtbare Technologie zur Alltagsbewältigung. Dies zeigt sich nicht nur an häufigen Bezeichnungen wie „Coach",[386] „Assistent"[387] oder „Manager",[388] sondern auch dadurch, dass immer wieder exemplarische Situationen geschildert werden, in denen das Wearable den Zugang zu exklusivem Wissen erlaubt. Dabei handelt es sich beispielsweise um die regelmäßig erwähnte Funktion bestimmter Geräte als Frühwarnsystem mögliche Erkrankungen zu erkennen[389]

---

[385] Sarasin: Michel Foucault zur Einführung, S. 106.
[386] Vgl. Boehringer: Alles was messen, was geht, 2017; Millington: Fit for prosumption, S. 1193; Knoke: Diese Fitnessarmbänder sind besser als die Apple Watch, 2016.
[387] Vgl. Motti/Caine: Micro interactions and Multi dimensional Graphical User Interfaces in the Design of Wrist Worn Wearables, S. 1713; Beuth: Ist das Avantgarde oder nervt das nur?, 2015.
[388] Vgl. Gabriels/Coeckelbergh: Technologies of the self and other, S. 124.
[389] Vgl. z. B. Chen/Zdorova/Nathan-Roberts: Implications of Wearables, Fitness Tracking Services, and Quantified Self on Healthcare, S. 1069; Piwek et al.: The Rise of Consumer Health Wearables, S. 3; Riedl: Smartwatch mit analoger Anzeige, 2020; Sebayang: Apple Watch warnte 0,5 Prozent der Studienteilnehmer, 2019.

oder überraschende Insights in den eigenen Körper zu gewährleisten.[390] Das Wearable wird damit zu einer Überwachungsinstanz, die Aspekte des Lebens entdeckt („detect"[391]), die ohne es unsichtbar geblieben wären. Die genaue Funktionsweise wird in der Regel nicht weiter erläutert, was dazu beiträgt, dass Wearables als eine Art *Black Box* erscheinen.

Im Kontrast zu den ‚allwissenden' Geräten steht das eigene Körpergefühl, welches im Diskurs zum Teil als unterlegen gilt.[392] Hinsichtlich der Frage, ob sich durch die Wearable-Nutzung das Gespür für den Körper verbessert oder verschlechtert, besteht Uneinigkeit: Mal wird argumentiert, dass Wearables eine Verbesserung der Körpergefühls begünstigen können,[393] mal heißt es, es ginge durch die Datenhörigkeit verloren.[394] Darüber liegt das zentrale Aussagemuster, welches besagt, dass signifikante Effekte der Wearable-Nutzung, z. B. auf das individuelle Körpergefühl, noch ein Bereich darstellt, der empirischer Forschung bedarf.

Heute, morgen, übermorgen: Potenziale des Wearables für das Gesundheitswesen
Neben der Funktion des Frühwarnsystems sind es noch weitere Potenziale, die das Wearable zu einer interessanten Technologie aus Perspektive des Gesundheitswesens machen. Angefangen bei dem Aspekt, dass unzureichende physische Aktivität in westlichen Gesellschaften als bedeutender Risikofaktor gilt,[395] und Wearables

---

[390] Vgl. z. B. Prasopoulou: A half-moon on my skin, S. 291; Budzinski/Schneider: Smart Fitness, S. 96; Wegner: Futur perfekt, 2020; Nosthoff/Maschewski: Das vermessene Selbst, 2020.

[391] Vgl. z. B. Chen: The Sad Truth About Sleep-Tracking Devices and Apps, 2019; Xue: A review on intelligent wearables, S. 291; Dunn/Runge/Snyder: Wearables and the medical revolution, S. 437.

[392] Vgl. z. B. Internetredaktion Barmer: Quantified Self, 2019; Moorstedt: Richtig verbunden, 2015; Crawford/Lingel/Karppi: Our metrics, ourselves, S. 488.

[393] Vgl. z. B. Prasopoulou: A half-moon on my skin, S. 292; Kressbach: Breath work, S. 195; Schmundt: Falsch vermessen, 2017.

[394] Vgl. z. B. Schüll: Data for life: Wearable technology and the design of self-care, S. 7; Zimdars: The Self-Surveillance Failures of Wearable Communication, S. 33; Weiguny: Der Chip und ich, 2014; Martin-Jung: Wenn der Mensch zum bloßen Datenlieferanten wird, 2016.

[395] Vgl. z. B. Strath/Rowley: Wearables for Promoting Physical Activity, S. 53; Kerner/Burrows/McGrane: Health wearables in adolescents, S. 191 f.; Schadwinkel: Die 10.000 Fragezeichen, 2015; Dredge: Is 'sitting the new cancer'?, 2015; Hoffmann-La Roche AG/Urban & Fischer: Hoffmann-La Roche AG et al. 2003, S. 1607 f.

hierbei als Werkzeug gehandelt werden, diesem Problem entgegenzuwirken.[396] Dies stellt gleichzeitig auch ein weiteres stabiles Aussagemuster dar. Des Weiteren verspricht der Einsatz von Wearables gewinnbringend im Management chronischer Erkrankungen zu sein[397] oder bei der Weiterentwicklung personalisierter Medizin, indem die bei der Nutzung entstehenden Datenmengen weiterverarbeitet werden.[398] In unterschiedlichen Einsatzgebieten zeigt sich demnach eine Verknüpfung des Wearables mit positiven Effekten auf die Gesundheit. Diese könne sich laut Diskurs in Zukunft noch intensivieren, denn häufig wird auf Technologien verwiesen, die sich zurzeit noch in der Entwicklung befinden. So seien Sensortechnologien in der Zukunft noch akkurater, könnten noch mehr Werte erheben, weitere Erkrankungen früher entdecken und in Form von Tattoos, Pflastern und Kleidung in noch mehr Kontexten genutzt werden.[399] Eher am Rande verhandelt werden mögliche negative Effekte der Wearable-Nutzung auf die Gesundheit, die durch Stress, Druck und Zwang ausgelöst werden und in einem gesundheitsschädlichen Verhalten münden können.[400] Es dominiert demnach das Aussagemuster, dass Wearables bedeutende Potenziale für das Gesundheitswesen haben können, die positive Effekte sowohl auf Individual- als auch auf Gesellschaftsebene beinhalten. Das schließt an eine weitere Diskussion in diesem Zusammenhang an: dem Thema Eigenverantwortung.

Das Paradigma der Eigenverantwortung und das Solidarprinzip
Das Diskursmuster eines Paradigmas der Eigenverantwortung zeigt sich insbesondere im Kontext der Diskussionen um Gesundheitsförderung und Prävention.

---

[396] Vgl. z. B. Kooiman et al.: Reliability and validity of ten consumer activity trackers, S. 1; Zhu et al.: Social Networkout, S. 974; Internetredaktion Barmer: Quantified Self, 2019; Fleming: Fitness trackers: healthy little helpers or no-good gadgets?, 2015.

[397] Vgl. z. B. Sharon: Self-Tracking for Health and the Quantified Self, S. 100; Piwek et al.: The Rise of Consumer Health Wearables, S. 3; Chen/Zdorova/Nathan-Roberts: Implications of Wearables, Fitness Tracking Services, and Quantified Self on Healthcare, S. 1070; Beuth: Vermessen und verkauft, 2015.

[398] Vgl. z. B. Strath/Rowley: Wearables for Promoting Physical Activity, S. 62; Baureithel: Bringschuld für Datenspenden, 2018; Yetisen et al.: Wearables in Medicine, S. 1.

[399] Vgl. z. B. Zambotti et al.: A validation study of Fitbit Charge 2™ compared with polysomnography in adults, S. 474; Dunn/Runge/Snyder: Wearables and the medical revolution, S. 435; Yetisen et al.: Wearables in Medicine, S. 20; Duus/Cooray: How we discovered the dark side of wearable fitness trackers, 2015.

[400] Vgl. z. B. Zimdars: The Self-Surveillance Failures of Wearable Communication, S. 35; Gabriels/Coeckelbergh: Technologies of the self and other, S. 124; Mahdawi: The unhealthy side of wearable fitness devices, 2014; Fleming: Fitness trackers: healthy little helpers or no-good gadgets?, 2015.

Hier macht der Diskurs immer wieder die Verantwortung auf Ebene der Einzelperson deutlich, beispielsweise Erkrankungen früh zu erkennen, individuelle Risikofaktoren zu beseitigen oder gesundheitsfördernde Verhaltensweisen zu fördern.[401] Wearables werden dabei als ideale Werkzeuge präsentiert, in genau diesen ‚Problembereichen' eingesetzt zu werden und im Idealfall die Belastungen für das Gesundheitssystem zu reduzieren. Die Aufforderungen zu einer solchen Nutzung von Wearables unterstützen dabei eine Verantwortungsverschiebung des Gesundheitssystems auf Einzelpersonen. Dieser Umstand wird im Diskurs von entsprechenden Gegenpositionen gleichzeitig auch stark kritisiert, denn die individuelle Gesundheit sei eben zu großen Teilen von Strukturen beeinflusst, die außerhalb des individuellen Einflussbereichs liegt.[402]

Unmittelbar damit zusammen hängt die Diskussion um die Praktiken von Versicherungen, ein gesundheitsförderndes Verhalten ihrer Versicherungsnehmer*innen monetär zu belohnen, beispielsweise indem diese durch ihre Wearable-Daten nachweisen, dass sie bestimmte Bewegungsziele erreicht haben. Eine vorherrschende Position ist hier, dass eine solche Entwicklung kritisch zu sehen ist, denn sie untergrabe das Gesundheitssystem, welches in weiten Teilen auf dem Prinzip einer Solidargemeinschaft beruht.[403] Im Diskurs zeigen sich demnach die beiden zum Teil gegenläufigen Diskursstränge, die einerseits ein Paradigma der Eigenverantwortung fördern und andererseits die innewohnende Gefahr einer Entsolidarisierung kritisieren. Ein weiterer Kritikpunkt liegt in der neoliberalen Logik einer Förderung eines eigenverantwortlichen Gesundheitsverhaltens: Sämtliche Maßnahmen der Gesundheitsförderung unter den Labeln ‚Wellness', ‚Selfcare' oder ‚Mindfulness' seien am Ende lediglich Strategien, die Arbeitsproduktivität des Einzelnen zu erhalten.[404]

---

[401] Vgl. z. B. Lopez/Afrin/Nepal: Examining the design, manufacturing and analytics of smart wearables, S. 2; Yetisen et al.: Wearables in Medicine, S. 1; Chen: The New Apple Watch Measures Your Blood Oxygen, 2020; Tapper: A step too far?, 2019.

[402] Vgl. Gorm/Shklovski: Episodic use, S. 2507; Sanders: Self-tracking in the Digital Era, S. 47.

[403] Vgl. z. B. Braun/Nürnberg: Verhaltensbasierte Versicherungstarife, S. 70; Paluch/Tuzovic: Persuaded self-tracking with wearable technology, S. 440; Schwinn: Gesundheit ist mehr als Ziffern und Kurven, 2018; Baureithel: Bringschuld für Datenspenden, 2018.

[404] Vgl. z. B. Millington: Fit for prosumption, S. 1195; Kressbach: Breath work, S. 186; Moore/Robinson: The quantified self: What counts in the neoliberal workplace, S. 2775; Lobe: Jede Regung im Blick, 2016.

Quantified Self, Quantified Workplace, Quantified Everything: Optimierung in allen Lebenslagen

Bezogen auf die Arbeitsproduktivität ist ein wiederkehrendes Element im Diskurs auch der Einsatz von Tracking in Arbeitskontexten, sozusagen dem „Quantified Workplace."[405] Auch wenn es nicht in allen wiedergegebenen Fällen um den Einsatz von Verbrauchergeräten am Arbeitsplatz geht, ist die Verknüpfung von Wearables und Überwachungspraktiken doch immer wieder ein Thema. Die Optimierung der individuellen Arbeitsproduktivität soll in unterschiedlichen Eskalationsstufen gewährleistet werden, das Spektrum reicht dabei von gesundheitsfördernden Maßnahmen wie die Erhöhung der physischen Aktivität beispielsweise durch firmeninterne „Schritte-Challenges" bis hin zur Überwachung sämtlicher Bewegungsmuster im Arbeitsalltag zwecks Analyse des Optimierungspotenzials, sprich der Identifikation mangelnder Produktivität einzelner Arbeitnehmer*innen.[406] Bei diesen Formen der Selbstvermessung handelt es sich nicht mehr um ein selbstinitiiertes *private self-tracking*, sondern um ein *imposed self-tracking*, mindestens aber ein *pushed self-tracking*.[407]

Freiwillig hingegen bleibt die Vermessung des Selbst im Alltag, besonders interessierte Nutzer*innen, die sich als Teil der *Quantified Self* Community verstehen, zeigen dabei sehr individuelle Praktiken, die zum Teil weit über das hinausgehen, was durch die Nutzung einfacher Verbrauchergeräte möglich ist.[408] Doch auch wenn der Begriff des *Quantified Self* im Diskurs weit verbreitet ist, bleibt eine intensive Beschäftigung mit deren Praktiken im Großen und Ganzen aus, *Quantified Self* wird eher als Sammelbegriff für alle genutzt, die sich mit Hilfe eines Wearables selbst vermessen.[409] Und dies tun diese Nutzer*innen aus unterschiedlichen Gründen, zentral

---

[405] Vgl. z. B. Gabriels/Coeckelbergh: Technologies of the self and other, S. 119; Reichert: Digitale Selbstvermessung, S. 76; Moore/Robinson: The quantified self: What counts in the neoliberal workplace, S. 2775; Lobe: Jede Regung im Blick, 2016.

[406] Vgl. z. B. Koo/Fallon: Preferences in tracking dimensions for wearable technology, S. 183; Moore/Robinson: The quantified self: What counts in the neoliberal workplace, S. 2779; Tapper: A step too far?, 2019; Moorstedt: Alexa, wie geht es mir?, 2020.

[407] Vgl. Lupton: Self-Tracking Modes, 2014, S. 5 ff.

[408] Vgl. z. B. Sharon: Self-Tracking for Health and the Quantified Self, S. 110; O'Neill: Haptic media and the cultural techniques of touch, S. 1627; Wolfangel: Dieser Wille, sein Leben zu verändern, 2017; Koller: Ich messe, also bin ich, 2012.

[409] Vgl. z. B. Gilmore: Everywear, S. 2525; Canhoto/Arp: Exploring the factors that support adoption and sustained use of health and fitness wearables, S. 46; Schadwinkel: Die 10.000 Fragezeichen, 2015; Spehr: Motivation am Plastikband, 2013.

im Diskurs ist das Erreichen persönlicher Zielsetzungen, also eine Selbstoptimierung sowohl im Sinne einer Selbsteffektivierung als auch einer Selbststeigerung[410], welche durch Praktiken der *surveillance*, *routinisation* oder *performance* erreicht werden sollen.[411] Ein stabiles Aussagemuster ist demnach, dass Wearables als eine Art ‚Allzweckwaffe' für eine Optimierung des Selbst auf unterschiedlichen Ebenen eingesetzt werden können.

Darf's ein bisschen mehr sein? Intensivierung der Wearable-Nutzung
Der umfassende Einsatz des Wearables in unterschiedlichen Kontexten ist ein weiteres wiederkehrendes Muster. Dabei kann die Intensivierung der Nutzung als ein strategisches Interesse des Diskurses gesehen werden. Diese findet zum einen statt, indem Wearables zusätzlich zu den Kernfunktionen der Selbstvermessung zunehmend in weiteren Kontexten genutzt werden können, seien es Funktionen in den Bereichen Bezahlung, Unterhaltung, Kommunikation oder Information.[412] Zum anderen wird immer wieder deutlich gemacht, welche Vorteile eine dauerhafte Nutzung der Geräte haben kann. Verzichtet man darauf, die Geräte abzulegen, lässt sich noch mehr Wissen produzieren werden, lassen sich mehr Gesundheitsrisiken erkennen und Optimierungspotenziale gewährleisten. Sowohl die Potenziale der Funktionserweiterung als auch die einer dauerhaften Nutzung sind dabei stabile Aussagemuster des Diskurses. Des Weiteren trägt die Erweiterung der Vergleichsdimensionen zu einer Intensivierung der Nutzung bei. Indem immer wieder neue Aspekte messbar gemacht werden, erweitern sich auch die Möglichkeiten für ein *Social Sharing* und ein *Social Competing*. Dies schließt an das übergreifende Diskursmuster an, dass für eine dauerhafte Nutzung immer wieder ein Anreiz für die Nutzer*innen geschaffen werden muss, mit anderen Worten eine *Perceived Usedfulness* etabliert werden sollte.

Daten, Daten, Daten
Eine Erweiterung der Nutzungskontexte und des Nutzungsumfangs von Wearables bedeutet auch eine Zunahme der dabei entstehenden Datenmengen. Diese Daten bedürfen eines besonderen Schutzes, denn sie können durch den unweigerlichen

---

[410] Vgl. Meißner: Selbstoptimierung durch Quantified Self?, S. 224.
[411] Vgl. Pharabod/Nikolski/Granjon: La mise en chiffres de soi, S. 108 ff.
[412] Vgl. z. B. Gupta et al.: Social comparison and continuance intention of smart fitness wearables, S. 5; Kreitzberg et al.: What is Your Fitness Tracker Communicating?, S. 97; Grauvogl: An der Biomarkt-Kasse scheitert die Smartwatch, 2018; o. A.: Fitness-Tracker kaufen, 2021.

Gesundheitsbezug sehr sensible Informationen enthalten.[413] Ein zentrales Diskursmuster ist daran anschließend die Warnung vor Sicherheitsrisiken, dem potenziellen Missbrauch von Daten und der Weiterverarbeitung der Daten durch Dritte – im Spezialdiskurs eher sachlich[414], im Interdiskurs durchaus emotional vorgetragen.[415] Wie bereits erläutert, sind die Daten besonders wertvoll für eine Weiterverarbeitung in Gesundheitskontexten, beispielsweise für die Erforschung chronischer Erkrankungen oder personalisierter Medizin, aber auch für Versicherungen oder die kommerzielle Vermarktung von Produkten. Der Wert der Daten ist dabei u. a. aber auch an die Voraussetzung gekoppelt, dass die erhebenden Geräte eine ausreichende Messgenauigkeit aufweisen. Auch hier ist wieder ein Muster im Diskurs zu erkennen, welches nach der Reliabilität von Wearables fragt. In diesem Zusammenhang muss differenziert werden zwischen der Vermessung bestimmter Aspekte wie der Anzahl von Schritten oder der Herzfrequenz, die mit einer hohen Akkuratesse erfolgt[416] und anderen wie dem Energieverbrauch oder der Unterscheidung einzelner Schlafphasen, die Ungenauigkeiten aufweisen kann.[417]

Wearables für alle?
Ein Diskursmuster, welches quer zu den hier genannten Aussagen liegt, ist, dass der Diskurs ableistische, klassistische und fettfeindliche Narrative stützt. Deutlich wird dies zum einen durch das diskursiv vermittelte Gesundheitsbild. Nicht nur die Werbeanzeigen und die Produkttexte der Hersteller, auch die untersuchten diskursiven Inhalte forcieren das Bild von körperlich fitten und gesunden Personen, die ihre individuelle Konstitution durch die Nutzung von Wearables noch weiter optimieren

---

[413] Vgl. z. B. Budzinski/Schneider: Smart Fitness, S. 99; Yetisen et al.: Wearables in Medicine, S. 10; dpa: Datenschleuder Fitnessarmband, 2017; Martin-Jung: Wenn der Mensch zum bloßen Datenlieferanten wird, 2016; Baureithel: Bringschuld für Datenspenden, 2018.

[414] Vgl. z. B. Xue: A review on intelligent wearables, S. 290 ff.; Cilliers: Wearable devices in healthcare, S. 151 f.; Gabriels/Coeckelbergh: Technologies of the self and other, S. 124.

[415] Vgl. z. B. Schmundt: Falsch vermessen, 2017; dpa: Datenschleuder Fitnessarmband, 2017; Schmieder/Werner: Hautnah, 2016.

[416] Vgl. z. B. Haghayegh et al.: Performance assessment of new-generation Fitbit technology in deriving sleep parameters and stages, S. 57; Shcherbina et al.: Accuracy in Wrist-Worn, Sensor-Based Measurements of Heart Rate and Energy Expenditure in a Diverse Cohort, S. 9; Knoke: Diese Fitnessarmbänder sind besser als die Apple Watch, 2016; Koller: Ich messe, also bin ich, 2012.

[417] Vgl. z. B. Zambotti et al.: A validation study of Fitbit Charge 2™ compared with polysomnography in adults, S. 472; Hoy: Personal Activity Trackers and the Quantified Self, S. 97; Riedl: Wenn das Armband Kalorien zählt, 2020; Martin-Jung: Wenn der Mensch zum bloßen Datenlieferanten wird, 2016.

können.[418] Es existiert demnach also eine ganz bestimmte Vorstellung davon, was ‚Gesundheit' bedeutet und wie diese auszusehen hat. Entsprechend der Perspektive von Crawfords *Healthism*-Imperativ wird Gesundheit zu einem steuerbaren und optimierungsfähigen Zustand, bei dem das erwünschte Ergebnis ein Resultat der richtigen Kombination von Entscheidungen, Verhalten und Kontrolle ist.[419] Daran schließen die Erzählungen an, das Wearable könne als Werkzeug eingesetzt werden, um die eigene Gesundheit, den Körper oder sein Verhalten zu optimieren. Im Diskurs wird ein bestimmtes Bild der regulären Nutzer*innen vermittelt, welches kaum unterschiedliche Körper und Lebensrealitäten berücksichtigt.[420] Gesundheit und Krankheit stellen realweltlich eben keine Zustände dar, die komplett in der Verantwortung des Einzelnen liegen, sondern idealerweise in einem solidarischen Gesundheitssystem aufgefangen werden. Forschungen im Bereich der gesundheitlichen Ungleichheit zeigen die strukturellen Probleme des Gesundheitssystems und dass viele Faktoren der individuellen Gesundheitsförderung außerhalb der Kontrolle einzelner Personen liegen – dies gilt insbesondere für marginalisierte Gruppen.[421]

Damit schließe ich die Beschreibung der von mir identifizierten Diskursmuster ab und gehe über in den nächsten Teil der Dispositivanalyse. Die Ergebnisse dieses Teilkapitels sowie diese der Analyse der nicht-diskursiven Praktiken werde ich dann in Abschnitt 5.3 gegenüberstellen, um ihr Verhältnis zu untersuchen.

5.2 Nicht-Diskursive Praktiken

Nach dem Abschluss der Analyse der diskursiven Praktiken des Wearable-Dispositivs möchte ich im Folgenden die nicht-diskursiven Praktiken in den Blick nehmen. Wie bereits in Abschnitt 4.2.1.2 erläutert, handelt es sich bei nicht-diskursiven Praktiken um die Alltagshandlungen innerhalb eines Diskurses,

---

[418] Vgl. z. B. Gorm/Shklovski: Episodic use, S. 2507; Members Health Fund Alliance: Hack your health, 2020; Lyall: Fitness for sale, S. 115.

[419] Vgl. Kressbach: Breath work, S. 188; Crawford: Healthism and the medicalization of everyday life, S. 368.

[420] Vgl. Elman: Find Your Fit, S. 3761; Beuth: Ist das Avantgarde oder nervt das nur?, 2015; Crawford/Lingel/Karppi: Our metrics, ourselves, S. 485.

[421] Vgl. Geyer, Siegfried: Soziale Ungleichheit und Gesundheit/Krankheit. Bundeszentrale für Gesundheitliche Aufklärung (BZgA), 2021, https://leitbegriffe.bzga.de/systematisches-verzeichnis/allgemeine-grundbegriffe/soziale-ungleichheit-und-gesundheitkrankheit/ vom 16.11.2021 (zuletzt geprüft 07.02.2022).

5.2 Nicht-Diskursive Praktiken

„die durch ihren Vollzug den Diskurs stützen, aktualisieren oder auch verändern."[422] Gleichzeitig geben diese Alltagspraktiken auch Aufschluss über die Entstehung von „Alltagswissen"[423] im Hinblick auf die Wearable-Nutzung. Dieses Alltagswissen lässt sich als Elementardiskurs bzw. Alltagsdiskurs verstehen, indem interdiskursiv vermittelte Inhalte aufgegriffen werden.[424] Um diese Alltagshandlungen zu untersuchen und die Ergebnisse für meine Dispositivanalyse zu nutzen, habe ich neun qualitative episodische Interviews mit Nutzer*innen von Wearables geführt.[425] Um einen Überblick über meine Interviewpartner*innen zu verschaffen, finden sich in Abschnitt 5.2.1 zunächst die Fallzusammenfassungen der einzelnen Interviews. In Abschnitt 5.2.2 folgt dann in Anlehnung an die in Abschnitt 4.2.1.2 beschriebene methodische Vorgehensweise die Darstellung der Ergebnisse meiner inhaltlich strukturierenden qualitativen Inhaltsanalyse.

5.2.1 Fallzusammenfassungen der Interviews

Die Fallzusammenfassungen sollen, wie in Abschnitt 4.2.1.2 dargelegt, die Kernaussagen des jeweiligen Interviews gemäß der Forschungsperspektive zusammenfassen, ohne, dass bereits Interpretationen vorgenommen werden. Eine charakterisierende Kurzbezeichnung der Befragten sowie ein markantes Zitat aus dem Interview werden dabei als Überschrift verwendet, was einen ersten Eindruck der Interviewpartner*innen vermitteln soll.

Annika L., die unverhoffte Smartwatch-Enthusiastin: „Mittlerweile so aus dem Alltag nicht mehr rauszudenken."[426]: Die 32-jährige Annika L. ist Produktentwicklerin in einem großen Unternehmen und nutzt seit etwa drei Jahren eine *Apple Watch*. Dabei handelt es sich um ein abgelegtes Gerät ihres Mannes, welches er ihr nach dem Kauf eines neuen Modells überlassen hatte. Anfangs noch skeptisch, ob eine solche Uhr ihr persönlich einen Mehrwert bieten kann, stellt sie schnell fest, dass einige Funktionen mehr Komfort für ihren Alltag bedeuten. So gehören das Lesen von News, die Kommunikation via Messaging, die Kalender- und Wetter-App zu den häufig genutzten Anwendungen. Zwar stellt

---

[422] Bührmann/Schneider: Vom Diskurs zum Dispositiv, S. 50.
[423] Reisigl: Elementardiskurs, S. 129 f.
[424] Vgl. Waldschmidt et al.: Diskurs im Alltag, Abschnitt 23.
[425] Durch die Einbindung von *MaxQDA* werden die Absätze der Interviews durchnummeriert statt wie oftmals üblich die Zeilen. Die Zitation der Interviews erfolgt demnach jeweils über den Verweis auf die entsprechende Absatznummer.
[426] Interview Annika L., 5.

Annika L. fest, dass es „Fluch und Segen zugleich"[427] sein kann, wenn man jederzeit erreichbar ist und immer alles mitkriegt, möchte aber nicht mehr auf das Gerät verzichten. Daneben erhebt die Uhr auch ihre Sporteinheiten, die sie über die Sharing-Funktion gelegentlich auch mit ihrem Mann teilt. Für ihre alltägliche Aktivität kommt hier die Aktivitäts-App von *Apple* zum Einsatz, auch bekannt als die *Drei Ringe*.[428] Insbesondere diese empfindet Annika L. als motivierend und gibt an, dass sie dadurch zu mehr Bewegung getrieben wird und das Erreichen der Ziele in ihr Glücksgefühle auslöst. Weitere Selbstvermessungspraktiken verfolgt sie nicht, die im Haushalt vorhandene Personenwaage nutzt sie nur selten.

Bernd B., der gewitzte Technikfreund: „Nach einem Monat hatte ich die Uhr voll im Griff."[429]: Der 65-jährige technikaffine Bernd B. besitzt seit etwa drei Jahren Smartwatches, hauptsächlich nutzt er eine *Samsung Gear S3*, hat sich aufgrund der ansprechenden Optik aber noch eine *Huawai Watch GT2* angeschafft und liebäugelt bereits mit einem weiteren Modell, was er seiner Uhren-Sammlung hinzufügen möchte. Er hat den Anspruch, sich in neue Geräte auch ohne intensive Lektüre der Bedienungsanleitung ‚reinzufuchsen' und sich die Technikumgebung individuell einzurichten, d. h. sie mit entsprechenden Geräten zu koppeln, passende Apps auszuwählen oder auch schonmal ein neues Armband für eines seiner Geräte anzuschaffen, weil ihm der Tragekomfort des Originalbands nicht zusagt. Im Alltag nutzt Bernd B. seine Smartwatch dafür, um die Zeit abzulesen, Nachrichten auszutauschen und um beim Fahrradfahren einen Überblick über seine Aktivität zu erhalten. Sein Beruf im Marketingbereich entspricht einer hauptsächlich sitzenden Tätigkeit, weshalb er es als positiv empfindet, dass die Uhr ihn regelmäßig daran erinnert, sich zwischendurch auch mal zu bewegen. Grundsätzlich freut er sich, wenn die Uhr ihm mitteilt, dass er das Schrittziel des Tages erreicht hat, dahinter steckt aber kein systematisches Self-Tracking. Was er allerdings regelmäßig erhebt und dokumentiert, ist auf Anraten des Arztes seinen

---

[427] Interview Annika L., 46.

[428] Bei *Apples* Aktivitäts-App erscheinen am Tagesbeginn drei blasse Ringe (magenta, grün und blau): Bei entsprechender körperlicher Aktivität der Nutzer*innen ‚schließen' sich die Ringe mit der jeweiligen Farbe. Beim magentafarbenen Bewegungsring geschieht dies durch das Verbrennen von Kalorien, beim grünen Trainingsring durch mindestens 30 Minuten schnelles Gehen oder einer vergleichbaren sportlichen Aktivität und der blaue Ring schließt sich, wenn man in 12 verschiedenen Stunden am Tag aufsteht und sich für mehr als eine Minute bewegt. Wenn innerhalb eines Tages alle drei Ringe geschlossen werden, wird eine Feuerwerks-Animation abgespielt. Siehe auch https://www.apple.com/de/watch/close-your-rings/ (zuletzt geprüft 28.03.2022).

[429] Interview Bernd B., 9.

Blutdruck, dies geschieht aber unabhängig von den Wearables. Während er diese Daten mit dem behandelnden Arzt teilt, sind seine Wearable-Daten höchstens mal ein Thema, wenn jemand im Bekanntenkreis zufällig auf seine Uhr zu sprechen kommt.

David G., der komfortliebende Alltagsnutzer: „Das Leben einfacher zu machen, mit Hilfe der technischen Möglichkeiten."[430]: David G. ist 45 Jahre alt und nutzt seit mehreren Jahren eine *Apple Watch*. Seine Wearable-Nutzung ist geprägt von Offenheit und Neugierde, so dass er abends regelmäßig die *Drei Ringe* kontrolliert und zusammen mit seiner Frau abgleicht, wer an diesem Tag die meisten Schritte gelaufen ist. Abgesehen davon spielt die Selbstvermessung für ihn aber keine große Rolle. Vielmehr sind es die Funktionen der Uhr, die Komfort in seinem Alltag versprechen, die er in den Mittelpunkt seiner Erzählung rückt, dazu gehören z. B. die Bezahl- oder Erinnerungsfunktion. Auch beim Sport empfindet er es als praktisch, dass alle für ihn wichtigen Funktionen in einem einzigen Gerät zusammenlaufen. Auch wenn er sich durchaus bewusst ist, dass von dem Wearable Steuerungsmechanismen ausgehen, kann er sich vorstellen, in Zukunft seinen Alltag durch neue Funktionen der Uhr noch weiter zu optimieren, z. B. durch die Integration von Eintritts- und Fahrkarten, Gesundheits- und Bezahldaten in das *Wallet*[431] der Uhr, sodass alles bequem zur Verfügung steht. Diese Vorstellungen davon, wie man Kommunikation und Alltagshandlungen mit Hilfe von Smartwatches vereinfachen kann, sind auch geprägt durch seine berufliche Tätigkeit als Abteilungsleiter im Bereich digitaler Kommunikation eines großen Unternehmens.

Janina F., die effiziente Sportlerin: „Man muss irgendwie die beste Version seiner selbst sein."[432]: Die 30-jährige Lehrerin und Personal Trainerin Janina F. hat sich vor einigen Monaten eine *Apple Watch* angeschafft, weil sie diese bei Freund*innen gesehen hatte und die angebotenen Möglichkeiten der Geräte auch für sich selbst als interessant empfand. Ihr Leben besteht nach eigener Aussage zur Hälfte aus Sport, bei dem die Uhr seit der Anschaffung nun auch täglich im Einsatz ist. Die beim Training und auch im Alltag erhobenen Daten kontrolliert sie engmaschig, hinterfragt sie aber auch, wenn sie nicht ihren eigenen Erwartungen entsprechen. Sie schätzt an dem Gerät besonders, dass es ihre Alltagsaktivität

---

[430] Interview David G., 57.

[431] In *Apples Wallet*-App können Nutzer*innen analog zu einem Portemonnaie u. a. Zahlungsdaten, Kunden- und Eintrittskarten hinterlegen, die sie dann beim Einkaufen bzw. beim Eintritt kontaktlos nutzen können. Siehe auch https://support.apple.com/de-de/guide/watch/apd16914b6d1/watchos (zuletzt geprüft 28.08.2022).

[432] Interview Janina F., 57.

sichtbar macht, so dass sie sich auf Basis dieser Bestätigung weniger unter Druck gesetzt fühlt, noch mehr Bewegung in den Tagesablauf einzubauen. Auch sonst hat sie Wege gefunden, die Uhr gezielt einzusetzen, um ihren Stress zu regulieren, z. B. durch geführte Atemübungen. Neben der Selbstvermessung spielen auch unterstützende Alltagsfunktionen für Janina F. eine Rolle. Insbesondere die durch die Stimme gesteuerten Kommunikationsfunktionen für Nachrichten und Anrufe erhöhen für sie die Effizienz von langen, beruflich notwendigen Autofahrten. Ihre Daten vergleicht sie nicht mit denen anderer Personen, ab und zu teilt sie Screenshots der Daten besonders gelungener Trainingseinheiten aber in den sozialen Medien.

Katharina Z., die selbstvermessende Langzeitnutzerin: „Wenn ich merke, meine Werte sind nicht mehr so schön, wie ich das eigentlich gewohnt bin, dann ist es schon so, dass ich dann sage, okay, jetzt, jetzt mache ich wieder was."[433]: Die 36-jährige Katharina Z. nutzt bereits seit sieben Jahren unterschiedliche Wearables, nach dem *Microsoft Band* und einem Modell von *Fitbit* ist es zurzeit die *Garmin Venu*, die sie rund um die Uhr begleitet. Angeschafft hatte sie ihr erstes Gerät, nachdem sie bemerkt hatte, wie der Schrittzähler ihres Smartphones sie zu mehr Bewegung motivierte und landete dann auf der Suche nach einer praktikableren Lösung bei ihrem ersten Fitnesstracker. Durch ihren Beruf im IT-Bereich eines Unternehmens, den sie bereits seit vielen Jahren im Home-Office ausführt, gab es nur wenig körperliche Aktivität in ihrem Alltag, so dass Katharina Z. sich zum Ziel setzte, dies mit Hilfe des Wearables zu ändern und dabei auch ihr Körpergewicht zu reduzieren. Dies führte auch schnell zu Erfolgen, so dass sie aus heutiger Perspektive nicht nur ein höheres Wohlbefinden und ihr gewünschtes Gewicht erreicht hat, sondern auch eine nachhaltige Veränderung ihres Verhaltens, sodass Bewegung nun ein selbstverständlicher Bestandteil ihres Alltags ist. Mit Hilfe des Wearables, Apps, einer Personenwaage und eines Maßbands trackt und dokumentiert Katharina Z. ihre Schritte, Aktivitäten wie Joggen und Fitness, ihren Schlaf, Körpergewicht und -umfang, Puls, und Kalorienzufuhr. Ihre Werte vergleicht sie mit ihren eigenen, zu einem früheren Zeitpunkt erhobenen Werten und kontrolliert diese engmaschig, damit sie reagieren kann, wenn diese nicht mehr ihren Erwartungen entsprechen. Neben dem Self-Tracking nutzt sie das Gerät auch für Alltagsfunktionen, wie die Wetter- oder Kalender-App oder zum Musik hören, so dass sie ihr Smartphone häufig gar nicht mehr zusätzlich zur Hand nehmen muss.

---

[433] Interview Katharina Z., 52.

Leon O., der sportliche Experimentierfreudige: „Das erste Mal, als ich die anhatte, war ich so sehr fasziniert von meinem Puls. Und war, boah okay, wann ist der wie hoch und was ist eigentlich mein Ruhepuls"[434]: Der 27-jährige Leon O. ist seit wenigen Monaten Besitzer eines *Polar* Fitnesstrackers, den er zu Weihnachten geschenkt bekommen hat. Während der Covid-19-Pandemie war für ihn das Joggen als Freizeitaktivität wieder mehr in den Vordergrund getreten, weshalb er im Vorfeld den Wunsch geäußert hatte, diese Sporteinheiten mit einem entsprechenden Gerät vermessen zu können. Seine Nutzung ist besonders am Anfang geprägt von Neugierde und hat den Charakter von Selbstexperimenten, wenn er beispielsweise ausprobiert, wie sein Puls in unterschiedlichen Situationen reagiert. Als Therapeut in einer klinischen Einrichtung für Suchtkranke hat er auch eine professionelle Perspektive auf Selbstvermessungspraktiken und Kontrollmechanismen und benennt das gesellschaftliche Phänomen eines Kontroll- und Sicherheitsbedürfnis, was er mit dem Wearable verbindet. Für sich selbst bezeichnet er den Tracker aber als Motivator, der dafür sorgt, dass er regelmäßig Sport treibt. Und so vermisst Leon O. hauptsächlich Trainingseinheiten beim Joggen, Fitness, Schwimmen oder Yoga. Dadurch entsteht für ihn auch eine Art Trainingstagebuch, welches ihm eine Übersicht über absolvierte Sporteinheiten gibt. Daneben trackt er auch seinen Schlaf und seine Schlafqualität, auch wenn er darin für sich persönlich keinen Mehrwert sieht. Abseits davon nutzt er seinen Tracker im Alltag auch als Uhr und Wecker.

Michaela N., die aktiv Kontrollierende: „Weil, es gibt mir einfach ein beruhigendes Gefühl."[435]: Die 55-jährige Michaela N. besitzt seit etwa sechs Jahren eine *Apple Watch* und hatte vor dem aktuellen Gerät bereits ein Vorgängermodell. Motivation für die Anschaffung war damals nach eigenen Aussagen eine „Herzgeschichte", die auch einen medizinischen Eingriff notwendig machte. Von der Uhr versprach sie sich, dass diese ein Motivator dafür sein würde, mehr auf den Körper zu achten und sich im Alltag mehr zu bewegen. Diese Vorstellung hat sich bewahrheitet: Obwohl sie als Zahnarzthelferin bereits einen vergleichsweise aktiven Beruf ausübt, bei dem sie viel auf den Beinen ist, nehmen sportliche Aktivitäten heute einen wichtigen Part in ihrer Freizeit ein, so dass sie regelmäßig lange Spaziergänge macht oder auf ihren Heimtrainer steigt. Diese Sporteinheiten trackt sie mit der Uhr und hat als Ziel nicht nur das Schließen der *Drei Ringe*, sondern steht auch mit Freund*innen im virtuellen Wettbewerb um die höchsten Wochenpunkte, die sich aus den individuellen sportlichen Aktivitäten speisen. Eine besondere Rolle spielt für Michaela N. aber das Vermessen der Herzfrequenz

---

[434] Interview Leon O., 9.
[435] Interview Michaela N., 51.

und das Frühwarnsystem der *Apple Watch*: die regelmäßige Vergewisserung, dass ihre Daten in diesem Bereich unauffällig sind, gibt ihr ein beruhigendes Gefühl. Aus diesem Grund trägt sie die Uhr auch Tag und Nacht. Neben der Selbstvermessung nutzt sie die Uhr auch schon mal zur schnellen Kommunikation, dies ist für sie aber keine zentrale Funktion. Ein weiteres Gerät, was bei ihr zur täglichen Routine gehört, ist die Personenwaage.

Simon J., der tracking-affine Optimierungsexperte: „Also ich bin mein eigener Kontrahent und da muss ich besser werden und mich weiterhin optimieren."[436]: Der 35-jährige Simon J. besitzt eine *Garmin Forerunner 735XT* und hatte davor bereits ein anderes Vorgänger-Modell, so dass er insgesamt bereits seit etwa zehn Jahren Wearable-Nutzer ist. Da er das Gerät ausschließlich für seine Trainingseinheiten benutzt und nicht im Alltag trägt, war dem Hobby-Triathleten bei der Anschaffung die Sporttauglichkeit, speziell die GPS-Funktion und Wasserdichte wichtig. So stehen im Fokus seiner Nutzung auch die Daten und Leistungswerte seiner sportlichen Aktivitäten, für die Überwachung des Pulses kommt zusätzlich ein Brustgurt zum Einsatz. Die entstandenen Daten wertet er im Nachgang aus und passt auf deren Basis bei Bedarf seinen Trainingsplan an. Durch die Wearable-Nutzung hat er auf der einen Seite ein besseres Körpergefühl bekommen, so dass er seine Leistungsfähigkeit besser einschätzen kann, berichtet auf der anderen Seite aber auch über den Druck, den der Tracker bzw. die Daten ausüben können. Seine Affinität zum Tracking macht sich nicht nur in seiner Freizeit und seinem Beruf in der Marktforschung eines großen Unternehmens bemerkbar, sondern auch in seinem Alltag. So erhebt und dokumentiert er u. a. Energie-, Wasser- und Gasverbrauch sowie die Leistung der Solaranlage seines Eigenheims. Generell bezeichnet Simon J. sich selbst als „affin" für Tracking und Optimierung[437] und legt es darauf an, verschiedene Lebensbereiche nach Möglichkeit zu analysieren und effizienter zu gestalten.

Torsten D., der frühgewarnte Vielnutzer: „Für mich ist es halt jeden Morgen cool zu sehen, dass halt nichts war."[438]: Torsten D. ist 37 Jahre alt und Verkaufsleiter im Außendienst eines Unternehmens. Seit etwa drei Jahren besitzt er eine *Apple Watch*, nutzte davor aber auch schon einen Tracker von *Fitbit*, der aber nur über wenige Funktionen verfügte und ihn schnell nicht mehr zufriedengestellt hatte. Da er sowieso einige Geräte der Marke *Apple* besaß, entschied er sich somit auch für eine *Apple Watch*, mit der er seitdem sehr zufrieden ist. Das Gerät nutzt

---

[436] Interview Simon J., 58.
[437] Vgl. Interview Simon J., 26.
[438] Interview Torsten D., 66.

er vielseitig, sowohl als unkompliziertes Kommunikationsmittel, mit dem er in jeder Situation erreichbar ist, um News zu konsumieren oder auch als lautlosen Wecker am Handgelenk. Auch zur Selbstvermessung dient ihm die Uhr, ergänzt durch ein Blutdruckmessgerät und eine Personenwaage, deren Daten ebenfalls in die *Apple Health App* einfließen. Dass Torsten D. die Uhr Tag und Nacht trägt, hat sich für ihn auf besondere Weise bezahlt gemacht: Vor einigen Monaten meldete das Frühwarnsystem der *Health App* ihm morgens ein wiederholtes Vorhofflimmern im Schlaf. Daraufhin folgten einige medizinische Untersuchungen und ein notwendiger operativer Eingriff. Seitdem hat Torsten D. u. a. seine Ernährung umgestellt und sein Körpergewicht reduziert, wobei ihn ebenfalls das Tracken mit der Uhr unterstützt hat. Eine wichtige Rolle spielt diese nun auch bei der regelmäßigen Rückversicherung, dass seine Herzfrequenz, insbesondere während des Schlafs, im normalen Bereich liegt.

5.2.2 „So Fluch und Segen irgendwie zugleich"[439]: Inhaltsanalyse der Interviews

Nachdem die Fallzusammenfassungen einen ersten Überblick über die neun episodischen Interviews ermöglicht haben, folgt nun die Darstellung meiner Analyseergebnisse. Bei der Strukturierung der Analyse habe ich mich an den thematischen Hauptkategorien orientiert, die sich aus der Kategorienbildung im Zuge der inhaltlich strukturierenden qualitativen Inhaltsanalyse ergeben haben, sowie an meinen theoretischen Vorarbeiten.

Always-On-You: „Mini-Handys" am Handgelenk
Wie bereits jeweils bei beiden Analysen der diskursiven Praktiken geschehen, möchte ich auch die Analyse der nicht-diskursiven Praktiken mit der Betrachtung der Gegenstände beginnen, die in den Erzählungen der Befragten eine Rolle spielten. Den Anfang macht dabei der Gegenstand, der in dieser Arbeit im Mittelpunkt steht: das Wearable. Aktuell nutzen fünf Interviewpartner*innen eine *Apple Watch*, zwei ein Gerät der Marke *Garmin* und jeweils einer einen *Samsung*- und einen *Polar*-Fitnesstracker. Zuvor haben einige Personen bereits Vorgängermodelle oder Geräte anderer Hersteller genutzt. So besteht meine Stichprobe aus fünf Erstnutzer*innen und vier Personen, die bereits zum wiederholten Male ein Wearable nutzen. Bei der Nutzung werden einige Eigenschaften der Geräte als besonders wichtig erachtet, dazu gehört u. a. die Messgenauigkeit – und damit ist ein Thema betroffen,

---

[439] Interview Annika L., 46.

welches sich bereits im Spezial- und Interdiskurs als zentral erwiesen hat. Auch in den Interviews lassen sich die beiden bereits bekannten Pole wiederfinden, d. h. auf der einen Seite die Zuschreibung einer hohen Messgenauigkeit der Geräte, mit denen man im Vergleich zu den als ungenau messend eingeordneten Smartphones endlich „vernünftig trackt"[440] und auf der anderen Seite ein Infragestellen der tatsächlichen Akkuratesse.[441] In einem Fall wurde auch ein Brustgurt zur Messung der Herzfrequenz als Prüfungsinstanz eingesetzt, um die Genauigkeit der Datenerhebung des Wearables zu testen. Das Ergebnis war eine „positive Überraschung", denn die Daten des Brustgurts stimmten „relativ genau mit dem, was auf dem Wearable steht"[442] überein. Eine weitere wichtige Eigenschaft des Wearables, über die in den Interviews häufiger gesprochen wurde, ist die ständige Erreichbarkeit in Bezug auf Anrufe und Nachrichten, welche im Vergleich zu Smartphones durch das unmittelbare Tragen am Körper nochmal erhöht ist. Dies sei zwar „so Fluch und Segen irgendwie zugleich",[443] sorgt aber dafür, dass die Nutzer*innen nichts Wichtiges verpassen und bei Bedarf unmittelbar reagieren können, beispielsweise, „wenn das jetzt was mit den Kindern sein sollte."[444] In Anlehnung an Sherry Turkles Begriff des „Always-On/Always-On-You"[445] ist eben auch das Wearable „immer am Handgelenk, ist immer dabei."[446]

Neben der Messgenauigkeit und der Erreichbarkeit zeigt sich des Weiteren der Tragekomfort als wesentlich für die (dauerhafte) Nutzung der Geräte. So führt die „angenehme"[447] Art seines Wearables dazu, dass Leon O. dieses rund um die Uhr trägt, im Gegensatz zu Bernd B., bei dem das drückende Armband seiner Smartwatch der Grund ist, diese nicht nachts zu tragen.[448] Ein letzter Punkt, den ich aus den Interviews herausarbeiten konnte, ist der Aspekt der Multikonvergenz. Die Befragten schätzen, dass „alles in einem Gerät miteinander verbunden"[449] ist und keine weiteren Geräte mehr genutzt werden müssen, wenn man beispielsweise Sport treiben möchte.

---

[440] Interview Janina F., 13.
[441] Vgl. Interview Leon O., 23.
[442] Interview Katharina Z., 30.
[443] Interview Annika L., 46.
[444] Interview Michaela N., 65.
[445] Turkle: Always-On/Always-On-You, S. 122.
[446] Interview David G., 43.
[447] Interview Leon O., 21.
[448] Vgl. Interview Bernd B., 17.
[449] Interview David G., 5.

> Äh, Musik auch. Also das Garmin zum Beispiel hat eine Datenbank direkt auf dem Gerät selbst. Da brauche ich auch das Smartphone nicht. Das war mir tatsächlich jetzt bei dem neuesten Gerät wichtig. Ähm das heißt, ich habe dann einfach meine Kopfhörer dabei, äh habe die Uhr um und ähm, ist mit Bluetooth verbunden, und ich kann einfach losjoggen, ohne dass ich noch ein Smartphone irgendwo hin packen muss.[450]

Das führt direkt zum nächsten Gegenstand neben den Wearables, der sich als zentral in den Interviews erwiesen hat: das Smartphone. Hier lassen sich zwei unterschiedliche Perspektiven auf Smartphones bzw. Handys erkennen. Zum einen ist das eine Betrachtungsweise, die das Handy gegenüber dem Wearable als überlegen einordnet. Das wird beispielsweise an Erklärungen deutlich, dass bestimmte Funktionen des Wearables nicht genutzt werden, da dies auf dem Handy komfortabler gehe[451] oder nicht nötig sei, weil das Handy „eh immer dabei"[452] sei. Zum anderen zeigt sich aber auch die Ansicht, dass Wearables und insbesondere Smartwatches als mögliche Ablöse für das Smartphone betrachtet werden, da dieses „Mini-Handy am Handgelenk"[453] alle relevanten Funktionen enthalte: „Wenn ich ein Smartphone habe, kann ich es halt auch in einer Watch haben."[454] Dabei wird in erster Linie der Vorteil betont, das Handy nicht immer extra bei sich tragen zu müssen,[455] was insbesondere bei der Datenerhebung körperlicher Aktivität als positiv wahrgenommen wird.

> Ich habe gemerkt, als ich dann mein erstes Smartphone hatte, was automatisch äh Schritte getrackt hat, dass mich das motiviert hat, ähm diese Schritte auch wirklich zu verfolgen, dann wirklich ein Ziel zu verfolgen. Ähm ich habe aber auch schnell gemerkt, dass ich äh genervt bin, mein Smartphone überall mit hinzutragen.[456]

Im Gegensatz zum Smartphone ist „die Uhr halt immer am Arm"[457] und hat neben der bereits erwähnten höheren Messgenauigkeit der automatisch getrackten Körperdaten somit auch die Vorteile der ständigen Verfügbarkeit, Erreichbarkeit, einer hohen Praktikabilität und Komfort. Nachteile ergeben sich jedoch hinsichtlich der Größe des Displays, die es bei einigen Anwendungen notwendig macht, auf den größeren Bildschirm des Smartphones zurückzugreifen, z. B. beim Anschauen der

---

[450] Interview Katharina Z., 18.
[451] Vgl. Interview Annika L., 27.
[452] Interview Torsten D., 83.
[453] Interview Annika L., 9.
[454] Interview David G., 49.
[455] Vgl. Interview Annika L., 46–48; Interview Leon O., 5; Interview Katharina Z., 18.
[456] Interview Katharina Z., 5.
[457] Interview Janina F., 47.

archivierten Trackingdaten.⁴⁵⁸ Ein weiterer Aspekt des Smartphones ist, dass dieses ein Bindeglied zwischen den Selbstvermessungstechnologien darstellt. So laufen beispielsweise in der *Apple Health App* die erhobenen Daten der *Apple Watch* und eines externen Blutdruckmessgeräts zusammen⁴⁵⁹ oder Apps von Drittanbietern auf dem Smartphone werden mit dem Wearable gekoppelt wie u. a. *My Fitness Pal*⁴⁶⁰ oder *Runtastic*.⁴⁶¹ Abgesehen davon verwenden die Befragten aber nur wenige externe Apps im Zusammenhang mit den Wearables, da die anbietereigenen in den meisten Anwendungsszenarien ausreichend sind. Weitere Selbstvermessungstechnologien spielen bei meinen Interviewpartner*innen nur eine untergeordnete Rolle, aber zumindest gelegentlich nutzen jeweils drei Personen eine Personenwaage, ein Blutdruckmessgerät oder einen Brustgurt zur Vermessung der Herzfrequenz beim Sport.

Bezahlen und Händewaschen: Wearables als praktische Begleiter im Alltag
In Bezug auf die Wearable-Nutzung, möchte ich als nächstes einen Blick auf die Gründe zur Anschaffung der Geräte werfen. Hier zeigt sich in meiner Stichprobe eine Bandbreite an unterschiedlichen Motiven. Eines, welches mehrfach genannt wurde, ist die Absicht und Neugierde, sportliche Aktivitäten zu vermessen und damit die Leistungen sichtbar zu machen.⁴⁶² Auch spezifische Ziele, wie eine Gewichtsabnahme und eine Erhöhung der körperlichen Aktivität im Alltag wurden als Anschaffungsgründe genannt, dies entspricht den Logiken einer *surveillance* (Erreichen eines bestimmten Körpergewichts) und einer *routinisation*⁴⁶³ (Integration von mehr Bewegung in den Tagesablauf).⁴⁶⁴ Andere Gründe lagen in dem ansprechenden Design des entsprechenden Geräts,⁴⁶⁵ der Kontrolle des eigenen Gesundheitszustands⁴⁶⁶ oder der ständigen Erreichbarkeit durch die Uhr:

> Ähm, ich habe mir sie vor drei Jahren gekauft, weil ähm (1) weil (1) ich/, bei meinem damaligen Arbeitgeber war Handyverbot am Arbeitsplatz. (1) Und ich einfach wissen

---

⁴⁵⁸ Vgl. Interview David G., 63. Hinzu kommt, dass die meisten Wearables auf dem Gerät selbst nur die tages- oder wochenaktuellen Daten anzeigen. Für die Betrachtung weiterer Archivdaten ist dann die Smartphone-App notwendig.
⁴⁵⁹ Vgl. Interview Torsten D., 37.
⁴⁶⁰ Vgl. Interview Katharina Z., 16.
⁴⁶¹ Vgl. Interview David G., 23.
⁴⁶² Vgl. Interview Janina F., 5; Interview Leon O., 5, Interview Simon J., 7.
⁴⁶³ Vgl. Pharabod/Nikolski/Granjon: La mise en chiffres de soi, S. 108 ff.
⁴⁶⁴ Vgl. Interview Katharina Z., 5.
⁴⁶⁵ Vgl. Interview Bernd B., 5.
⁴⁶⁶ Vgl. Interview Michaela N., 11.

5.2 Nicht-Diskursive Praktiken

wollte, wenn meine Frau angerufen hat, weil wir grad Eltern geworden sind. (I) Und/ und das für mich einfach so war, ohne auf das Handy zu gucken, konnte ich auf die Uhr gucken ähm, ob irgendwas ist oder nicht ist. Und das war für mich einfach nur eine Sicherheit gewesen.[467]

Auch die Covid-19-Pandemie war ein treibender Faktor: So geben beide Befragten, die ihr Gerät erst seit kurzer Zeit nutzen an, dass die Pandemie ein Anschaffungsgrund war,[468] auch weil durch Corona bestehende Routinen und sportliche Aktivitäten weggefallen sind und das Wearable dann eingesetzt wurde, um neue Routinen zu entwickeln.[469] In einem Fall lag keine eigenmotivierte Anschaffung davor, sondern die Nutzung des Wearables ergab sich aus dem Umstand, dass die Befragte „oft die alten technischen abgelegten Dinge [ihres] Mannes vererbt [kriegt]"[470] und ein Interviewpartner hat sich den Tracker auf seinen Wunsch hin schenken lassen.[471] Alle anderen meiner Interviewpartner*innen haben ihr Gerät selbst angeschafft, wobei häufig die Kompatibilität mit bereits vorhandener Hardware ein zentrales Kriterium war.[472]

Nach ihrem ersten Eindruck bei der Nutzung der Wearables gefragt, lassen sich auf Basis der Antworten zwei Gruppen unterteilen, die eine, welche die Nutzung des Geräts von Anfang an als sehr positiv und intuitiv beschreibt, sich selbst aber auch als technikaffin darstellt,[473] die andere, die über Anfangsschwierigkeiten berichtet[474] und den Umstand, dass alles erst passend konfiguriert werden müsse „bis man dann genau das hat, was man eben braucht."[475] In beiden Gruppen haben sich dann aber schnell insofern erste Erfolgserlebnisse eingestellt, als dass das Wearable Umstände sichtbar gemacht hat, die den Befragten vorher nicht bewusst waren.

> Also ähm grade am Anfang war es so, dass das für mich sehr schockierend war äh zu sehen, wie wenig ich mich tatsächlich am Tag bewege. Also mir kam das immer viel mehr vor.[476]

---

[467] Interview Torsten D., 11.
[468] Vgl. Interview Janina F., 5; Interview Leon O., 5.
[469] Vgl. Interview Leon O., 37.
[470] Interview Annika L., 5.
[471] Vgl. Interview Leon O., 5.
[472] Vgl. Interview Michaela N., 9; Interview Katharina Z., 7.
[473] Vgl. Interview Katharina Z., 14; Interview Simon J., 11.
[474] Vgl. Interview Bernd B., 9.
[475] Interview Torsten D., 13.
[476] Interview Katharina Z., 28.

Dieses Sichtbarmachen wird auch sprachlich in Formulierungen wie diesen deutlich: „Wie bewege ich mich *wirklich*. Man meint immer, man bewegt sich. Man bewegt sich doch nicht."[477]

Bevor ich weiter auf die Selbstvermessungspraktiken eingehe, soll es zunächst um die Rolle der Wearables im Alltag der Befragten gehen und darum, welche Funktionen der Geräte dort eingesetzt werden. Anhand der Interviews lassen sich einige Einsatzszenarien festhalten, die mehrfach genannt wurden. Dies ist zum einen die Verwendung der Bezahlfunktion und des *Wallets*. Auch hier zeigen sich wieder zwei Gruppen von Nutzer*innen, die eine, welche diese Funktionen gerne einsetzen und als sehr praktisch empfinden, weil es „mit der Uhr so einfach"[478] sei und sie den Komfort schätzen, alles an einem Ort zu haben, egal ob Flugtickets[479] oder Kinokarten.[480] Die andere Gruppe der Befragten lehnt das Bezahlen via Wearable allerdings ab, entweder weil es für sie nicht praktikabel ist,[481] sie Sicherheitsbedenken haben[482] oder sie Alternativen nutzen.

> Nein. Da bin ich dann halt doch altbacken. Nein. (lacht) Also das A/ Apple Pay, das habe ich nicht. Das habe ich immer abgelehnt. Äh (1) ich finde das auch ein bisschen affig, ehrlich gesagt, da. Ich habe es einmal erlebt, da hat ein Mann eben mit der Uhr bezahlt. (1) Das finde ich/, also nein. Ich habe dann halt doch noch meine Karte. Irgendwann wird das vielleicht die Zukunft sein, dass man mit dem Handy bezahlen kann. Aber dann würde ich das Handy nehmen und nicht die Uhr.[483]

Eine Funktion der Wearables, die zwar erstmal selbstverständlich klingt, aber hier nicht unerwähnt bleiben soll, ist ihre Nutzung als Armbanduhr und Wecker, denn diese sorgt in vielen Fällen für eine dauerhafte Nutzung der Geräte, auch bei Personen, die angeben, dass sie eigentlich sonst keine Uhr tragen würden.[484] Zum Teil wachen die Befragten also bereits morgens durch die Weckerfunktion ihres Wearables auf,[485] auch weil dadurch ein unauffälliges Wecken möglich ist.

---

[477] Interview Michaela N., 17.
[478] Interview David G., 43.
[479] Vgl. Interview Torsten D., 83.
[480] Vgl. Interview David G., 43.
[481] Vgl. Interview Katharina Z., 18.
[482] Vgl. Interview Torsten D., 83.
[483] Interview Michaela N., 94.
[484] Vgl. Interview Annika L., 9; Interview Michaela N., 57.
[485] Vgl. Interview Janina F., 15; Interview Torsten D., 15.

> Und für mich war halt auch die Weckerfunktion super, weil es halt am Handgelenk vibriert hat, ohne dass irgendwie ein Wecker geklingelt hat, weil ich manchmal schon um fünf Uhr aufstehen musste, damals. Und ähm das war halt super angenehm, dass ich halt aufstehen konnte, ohne dass meine Frau wach wird.[486]

Auch die Nutzung als Informationsmedium ist unter den Interviewpartner*innen verbreitet, indem externe Apps Push-Nachrichten über wichtige Ereignisse direkt auf die Uhr schicken, beispielsweise Apps von *n-tv*[487] oder der *Tagesschau*,[488] oder indem die Wetter-App als unmittelbar verfügbare Orientierung genutzt wird.[489] Weitere Wearable-Funktionen werden vereinzelt verwendet, wie das unabhängig von einem Smartphone mögliche Hören von Musik,[490] die zeitnahe Erinnerung an anstehende Termine[491] oder die während der Covid-19-Pandemie veröffentlichte Funktion der *Apple Watch* „Händewaschen", welche die Nutzer*innen nicht nur an die regelmäßige Reinigung der Hände erinnert, sondern auch die empfohlene Dauer des Waschvorgangs überwacht und damit eine Steuerung des erwünschten Hygieneverhaltens während der Pandemie sicherstellt.[492]

Zwischen Glücksgefühlen und Tracking-Zwang
Die Nutzung des Wearables zieht eine Reihe von positiven wie negativen Effekten bei den Befragten nach sich. Erstere betreffen beispielsweise als erwünscht wahrgenommene Verhaltensänderungen wie die nachhaltige Integration von mehr körperlicher Betätigung und Bewegung im Alltag, welche durch das Wearable motiviert wurde.[493]

> Und vielleicht lege ich auch den einen Weg, den ich früher mit dem Auto gefahren wäre, jetzt einfach mal mit dem Fuß zurück. Dann habe ich halt eine halbe Stunde länger, die ich brauche. Ähm, aber wir haben damals noch in [*Name einer deutschen Großstadt*] zum Beispiel gewohnt. Und ähm [*Name der Stadt*] ist ja einfach nicht so groß. Und da konnte man dann einfach mal in die Innenstadt laufen. (1) Das habe ich dann auch gemacht, auch wenn ich einen günstigen Parkplatz gehabt hatte. Ähm, das hat es dann schon sehr verändert. Also meine Einstellung zu Bewegung und zu

---

[486] Interview Torsten D., 13
[487] Vgl. Interview Torsten D., 19
[488] Vgl. Interview Annika L., 29.
[489] Vgl. Interview Katharina Z., 18; Interview Annika L., 50.
[490] Vgl. Interview Katharina Z., 18
[491] Vgl. Interview Katharina Z., 36.
[492] Vgl. Interview David G., 11. Siehe dazu auch https://support.apple.com/de-de/guide/watch/apdc9b9f04a8/watchos (zuletzt geprüft 31.08.2021).
[493] Vgl. Interview Annika L., 44.

Strecken, die ich zu Fuß äh wirklich bewältigen konnte, hat sich <u>sehr</u>, sehr stark verändert. Also was ich früher wirklich gescheut habe an Bewegung, habe ich dann ganz bewusst wahrgenommen und habe gesagt, das möchte ich machen.[494]

Insbesondere das Erreichen von gesetzten Zielen, wie einer bestimmten Anzahl gelaufener Schritte am Tag wird mit positiven Emotionen verbunden, mit „Glücksgefühlen"[495], Stolz[496] und Entspannung.[497] Die Geräte nehmen dabei die Rolle eines Motivators ein, der einen „schon nochmal an der einen oder anderen Stelle [pusht]"[498] und erwünschtes Verhalten positiv verstärkt.

Wenn ich spazieren gehe, (1) dann sagt sie an dann, ‚haste gut gemacht, haste toll gemacht'. (Wirkt?) natürlich auch, ein tolles Gefühl, dass ich mich bewegt habe. (1) Und dann äh (1) freut man sich riesig, wenn ich meine Schrittzahl erreicht habe. Kriege ich auch von der Uhr mitgeteilt.[499]

Die gesetzten Ziele werden internalisiert, so dass tatsächliche Verhaltensmodifikationen passieren, z. B. „um halt dann auch auf die Schrittfolge zu kommen."[500] Dabei werden unterschiedliche motivationale Faktoren deutlich erkennbar, wie beispielsweise dass das Sehen der gewünschten Erfolge Nutzer*innen motivieren kann, Wearables weiter zu nutzen: „Also ich habe gesehen, meine Fitness geht hoch, mein Gewicht geht runter."[501] Zu sehen, „dass das wirklich funktioniert",[502] kann dabei genau wie gamifizierte Elemente in Form von Achievements wie „kleinen Medaillen"[503] ein Antrieb dafür sein, dranzubleiben und ein Tracken der eigenen Körperdaten auch über einen längeren Zeitraum fortzusetzen. So ergibt es sich, dass einige der Befragten äußern, dass ein Wearable für sie nicht mehr wegzudenken sei,[504] sie sich „sehr nackt"[505] ohne es fühlen. Dieser Aspekt leitet gleichzeitig über zu möglichen negativen Effekten, die mit der Wearable-Nutzung einhergehen.

---

[494] Interview Katharina Z., 28.
[495] Interview Annika L., 64.
[496] Vgl. Interview Leon O., 61.
[497] Vgl. Interview Janina F., 47.
[498] Interview Annika L., 19.
[499] Interview Bernd B., 11.
[500] Interview David G., 15.
[501] Interview Katharina Z., 5.
[502] Interview Katharina Z., 34.
[503] Interview Janina F., 35.
[504] Vgl. Interview Annika L., 5; Interview David G., 45.
[505] Interview Katharina Z., 16.

5.2 Nicht-Diskursive Praktiken

So kann die intensive Integration der Geräte in den Alltag auch als „ein Schritt in Richtung Techniksucht"[506] betrachtet werden.

> Ähm, und der Griff zum Handy (1) kommt dann dadurch auch nochmal öfters, äh wird dadurch öfters nochmal gepusht. (1) Also wenn ich eine Nachricht sehe (1) und vielleicht antworten möchte oder eine Sprachnachricht abhören möchte, dann kommt doch nochmal öfter äh der Griff zum/ zum Telefon, um das nach zu (1) lesen (1) oder zu antworten. (1) Also ich glaube, die Nutzungshäufigkeit (1) meines Handys hat sich durch die Uhr äh (1) erhöht.[507]

Zudem berichtet ein Teil der Befragten über akustische[508] und optische Störungen[509] im Alltag, welcher sowieso schon stark durch die Nutzung technischer Geräte geprägt ist. Neben diesen Aspekten sind es aber auch negative Emotionen, die durch die Wearable-Nutzung und das Tracken der Körperdaten ausgelöst werden können, wie ein „schlechtes Gewissen",[510] wenn Ziele nicht erreicht wurden, Stress[511] und Leistungsdruck.[512] So wie das Sehen getrackter Daten eine positive Bestätigung für die Nutzer*innen sein kann, kann das Nicht-Sehen von tatsächlich erbrachten Leistungen Stress verursachen, denn nur das, was auch sichtbar gemacht werden kann, erscheint als wahr und stellt einen wirklichen ‚Beweis' für das Geleistete dar.

> Also was ich nicht getrackt habe, weil die Uhr ausgefallen ist oder so, macht innerlich Stress, weil die Einheit war ja trotzdem dieselbe. Also (?) passiert oder so. Aber man hatte Stress, weil es war schon klar, es muss (1) hochgeladen werden, damit es für mich innerlich ZÄHLT! (1) Was inhaltlich ja totaler Quatsch ist! Weil ich habe ja trotzdem meine Einheit gemacht oder irgendwie mein/ mein Sport gemacht. Ähm aber diesen Zw/ (1), ja, diesen Zwang zu haben, okay, es muss da drin stehen, damit ich meine Liste weitergeführt habe oder so, äh (1) das war auf jeden Fall auch da, dass man äh, ja, diesen Tracking-Zwang dann auch hat.[513]

Dieser wahrgenommene Tracking-Zwang wird auch durch das Machtgefüge innerhalb des Dispositivs verstärkt: Indem der Mensch diskursiv als unwissend im

---

[506] Interview Annika L., 9.
[507] Interview Annika L., 13.
[508] Vgl. Interview Bernd B., 31.
[509] Vgl. Interview Katharina Z., 14.
[510] Interview Annika L., 64.
[511] Vgl. Interview Janina F., 61.
[512] Vgl. Interview Simon J., 50.
[513] Interview Simon J., 48.

Hinblick auf sein Körperwissen gerahmt wird und die Wearable-Nutzung als Möglichkeit in Aussicht gestellt wird, diese ‚Wissenslücken' zu schließen, wird Druck auf die einzelnen Nutzer*innen ausgeübt, diese Chance auf Wissenszuwachs auch wahrzunehmen.

Trotz der möglichen negativen Konsequenzen planen einige der Interviewpartner*innen, auch in Zukunft ein Wearable zu nutzen[514] und ihre Nutzung sogar noch zu intensivieren, indem die Uhr weitere Funktionen des Smartphones und des Portemonnaies übernimmt.[515] Janina F., eine der beiden Befragten, die das Wearable erst seit kurzer Zeit nutzen, äußert als einzige, dass sie sich auch vorstellen kann, dass nach der „Anfangseuphorie" das Gerät „irgendwann wahrscheinlich auch nicht mehr Teil [ihres] Lebens sein wird."[516]

Die Ordnung der Ringe: Sitzen, laufen, liegen
Neben den bereits beschriebenen Funktionen sind es hauptsächlich Selbstvermessungspraktiken, für welche die Wearables eingesetzt werden. Das Verständnis für den Begriff der Selbstvermessung variiert unter den befragten Personen von einer manuellen Erhebung von Körperdaten[517] über die Berücksichtigung automatisch getrackter Daten[518] bis hin zu einer Vorstellung davon, dass neben dem Körper auch weitere Lebensbereiche mit eingeschlossen sind[519] und Selbstvermessung damit bedeutet, „dass man alles trackt, was man macht."[520] Als weitere Assoziationen zu dem Begriff nennen meine Interviewpartner*innen die notwendige Interpretation der Daten,[521] den Datenvergleich als zentrales Element[522] und die Einordnung der Selbstvermessung als aktuelles gesellschaftliches Phänomen, das mit einem Leistungs- und Optimierungsgedanken verknüpft ist.[523] Das schließt an meine Vorarbeiten aus Kapitel 3 an.

Schaut man sich die Aspekte an, die von den Nutzer*innen getrackt werden, ergeben sich auch hier einige Gemeinsamkeiten. Hinsichtlich der automatisch mit dem Wearable getrackten Daten sind dies die körperliche Aktivität in Form von

---

[514] Vgl. Interview Bernd B., 53; Interview David G., 5 und 45.
[515] Vgl. Interview David G., 49 und 57.
[516] Interview Janina F., 47.
[517] Vgl. Interview Annika L., 36–38; Interview Michaela N., 37.
[518] Vgl. Interview Bernd B., 39; Interview Katharina Z., 24.
[519] Vgl. Interview Simon J., 26.
[520] Interview Torsten D., 29.
[521] Vgl. Interview Janina F., 43.
[522] Vgl. Interview Katharina Z., 24.
[523] Vgl. Interview Leon O., 25–27.

Bewegung im Alltag, die Herzfrequenz, der Schlaf und die gelaufenen Schritte, die überwiegend erhoben werden, bei den Nutzer*innen der *Apple Watch* kommen noch die *Drei Ringe* hinzu.[524] Bei vielen der Befragten scheint insbesondere das Tracken der Bewegung und das „Sammeln"[525] der Schritte im Vordergrund zu stehen, so dass zum Teil auch die Tagesplanung danach ausgerichtet wird, das gesetzte Tagesziel zu erreichen.[526] Das Vermessen der Herzfrequenz hat hingegen eher einen experimentellen Charakter, dort geht es häufig darum auszuprobieren, wie der eigene Puls sich in unterschiedlichen Situationen verhält,[527] bei anderen nimmt die Beobachtung der Herzfrequenz eine gesundheitsbezogene Kontrollfunktion ein.[528] Den Einsatz der Wearables in einem Gesundheits- wie auch im Sportkontext möchte ich zu einem späteren Zeitpunkt nochmal aufgreifen und zunächst mit den allgemein genutzten Trackingfunktionen fortfahren. Dies betrifft auch die Vermessung des Schlafs. Hier lassen sich wieder zwei gegensätzliche Positionen derer erkennen, die den Schlaf vermessen und derer, die dies ablehnen. Gründe für diese Ablehnung umfassen dabei, dass die „Technikfreiheit [.] im Schlafbereich"[529] als wichtig eingeordnet, die Uhr als störend am Handgelenk empfunden[530] oder die Messung als unzureichend eingeschätzt wird.[531] Dort, wo allerdings das Schlafverhalten getrackt wird, wird der Aspekt deutlich, den ich in Abschnitt 3.2.2. beschrieben habe: Insbesondere der Schlaf stellt eine Phase im Tagesverlauf dar, die als rätselhafte Instanz durch die Nutzung von Wearables zu entschlüsseln versucht wird. Erst die Daten können so sichtbar machen, „was [man] da so nachts getrieben [hat]."[532]

> Äh die gucke ich mir jeden/ jeden Morgen an. (lacht leicht auf) Das ist so ein Ritual, aufstehen, gucken, hab/ wie tief habe ich wirklich geschlafen, habe ich wirklich so schlecht geschlafen, wie ich mich grade fühle.[533]

---

[524] Vgl. Interview Annika L., 44; Interview David G., 7; Interview Michaela N., 23.
[525] Interview Katharina Z., 16.
[526] Vgl. Interview Bernd B., 11; Interview David G., 15.
[527] Vgl. Interview Janina F., 13; Interview Leon O., 9.
[528] Vgl. Interview Michaela N., 21 und 51; Interview Torsten D., 17.
[529] Interview Annika L., 33.
[530] Vgl. Interview Bernd B., 15.
[531] Vgl. Interview Simon J., 17.
[532] Interview Katharina Z., 42.
[533] Interview Michaela N., 69.

Hier tritt das eigene Körpergefühl in Konkurrenz mit den Daten, die einen Aushandlungsprozess darüber nach sich ziehen, wem ein höherer Wahrheitsanspruch zugesprochen wird, dem eigenen Gefühl oder den ‚unbestechlichen' Daten.

Neben den automatisch getrackten Daten umfasst die Selbstvermessung der Befragten auch manuell erhobene Körperdaten, mehrfach unter den genannten Daten waren das Körpergewicht[534] und die Kalorienaufnahme.[535] Unabhängig von der Art der Daten und deren Erhebung, ist diese mit unterschiedlichen Zielsetzungen verknüpft, die zum Teil absichtlich niedrig eingestellt[536] oder dynamisch angepasst werden,[537] um individuelle Erfolgserlebnisse zu gewährleisten. Kategorisieren lassen sich die verschiedenen Motive mit den in Abschnitt 3.2.1 erläuterten Selbstvermessungslogiken, der *surveillance*, *routinisation* und *performance*.[538] In den Bereich der *surveillance*, also dem Setzen bestimmter zu erreichender Werte, fällt beispielsweise die Einstellung einer Mindestanzahl an Schritten, die über den Tag hinweg erlaufen werden müssen. Diese Zahl entspricht meist der diskursiv vermittelten Idealzahl von 10.000 Schritten.[539] Ebenfalls der *surveillance* zugeordnet werden kann die Reduktion des Körpergewichts mit der Zielvorgabe eines individuellen Wunschgewichts[540] und das Schließen der *Drei Ringe*.[541] Die Logik der *routinisation*, also der Entwicklung von erwünschten Routinen, schließt direkt daran an, denn auch wenn Anwendungen wie die *Drei Ringe* mit expliziten Zielvorgaben arbeiten, werden Aktivitäten wie „aufstehen" und „sich bewegen" idealerweise verinnerlicht und nachhaltig übernommen, so wie beispielsweise Katharina Z. darüber berichtet, dass Spaziergänge durch das Wearable ein fester Bestandteil ihres Alltags geworden sind.[542] Eine Form der *performance* lässt sich feststellen, wenn es um die Optimierung von sportlichen Leistungen geht, also beispielsweise die Verbesserung der Zeiten beim Joggen.[543] Das Erreichen der unterschiedlichen Ziele wird häufig durch ein positives Feedback des Wearables belohnt: „Wenn ich mein Ziel erreicht habe, leuchtet die auf und die gratuliert dann."[544] Nicht immer ist

---

[534] Vgl. Interview Katharina Z., 5; Interview Michaela N., 37; Interview Torsten D., 41.
[535] Vgl. Interview Katharina Z., 16 und 28; Interview Simon J., 62; Interview Torsten D., 21.
[536] Vgl. Interview Annika L., 64; Interview Janina F., 31.
[537] Vgl. Interview Katharina Z., 38.
[538] Vgl. Pharabod/Nikolski/Granjon: La mise en chiffres de soi, S. 108 ff.
[539] Vgl. Interview David G., 67; Interview Janina F., 47; Interview Katharina Z., 16.
[540] Vgl. Interview Katharina Z., 34.
[541] Vgl. Interview Annika L., 44; Interview Janina F., 67; Interview Michaela N., 25.
[542] Vgl. Interview Katharina Z., 28.
[543] Vgl. Interview Katharina Z., 38.
[544] Interview Bernd B., 66.

5.2 Nicht-Diskursive Praktiken

die Selbstvermessung aber an bestimmte Ziele gekoppelt, denn das Wearable stellt auch Möglichkeiten zur Selbstbeobachtung und zum Experimentieren bereit, indem beispielsweise mit dem Tracking der Herzfrequenz Daten erhoben, angesehen und interpretiert werden können, in die es in der Regel ohne diese Geräte keinen Einblick gibt. So berichtet ein Teil der Befragten über das Austesten, wie ihr Puls in unterschiedlichen Situationen reagiert[545]

> Da fand ich, also ich glaube, das erste Mal, als ich die anhatte, war ich (1) so sehr (1) fasziniert von meinem Puls. Und war, boah okay, (1) wann ist der wie hoch, und was ist eigentlich mein Ruhepuls. Und krass, guck' mal, wie tief ist der beim Schlafen. Und (1) der geht ja gar nicht hoch, wenn ich den ganzen Tag auf der Couch liege. Und (1) so hoch geht der bei diesen Aktivitäten. Und dann ein bisschen zurückverfolgt. (1) Oder die Zusammenhänge so ein bisschen mir angeschaut, was ich wann gemacht habe und wie hoch dann da mein Puls war. (1) Also da, das fand ich sehr spannend.[546]

Ein Motiv dafür, dieses Wissen über den eigenen Körper zu generieren vermutet Leon O. darin, dass „alles erklären zu wollen […] ja auch irgendwie eine Neigung von uns Menschen [ist]."[547] Das Experimentieren mit dem Tracking von Körperdaten kann auch bewirken, dass die Daten mit dem eigenen Körpergefühl abgeglichen und hinterfragt werden.

> Ähm (5) ich fand es ganz erstaunlich, dass ich, ich war jetzt ein paar Tage in Urlaub. (1) Und da war meine (2)/ mein Ruhepuls relativ hoch. (3) Und eigentlich habe ich mich total entspannt gefühlt. Und das sind so Sachen, wo ich dann (1) schon wieder/, also wo ich dann mal gucke, wo ist der Unterschied. (1) Ähm wenn ich zuhause bin, dass mein/ dass mein Ruhepuls irgendwie bei fünfzig liegt, und wenn ich im Urlaub bin, ist der (1) höher. Liegt es daran, dass ich dann aufgeregter bin oder dass ich äh (2) so viel aktiver, würde ich gar nicht sagen, dass ich war. […] aber trotzdem hat es mich gewundert, dass die Herzfrequenz dann zum Beispiel höher (1)/ höher lag als sonst.[548]

So kann die Nutzung eines Wearables auf der einen Seite dazu führen, dass man sich selbst mit seinem Körper und seinem Empfinden auseinandersetzt, auf der anderen Seite ist es aber auch möglich, dass ein Misstrauen gegenüber dem eigenen Körper entwickelt wird und stattdessen das Wearable als ‚Sprachrohr' des Körpers eingesetzt wird. Ansätze beider Ausprägungen lassen sich im untersuchten Material

---

[545] Vgl. Interview Janina F., 13; Interview Leon O., 9 und 69.
[546] Interview Leon O., 9.
[547] Interview Leon O., 73.
[548] Interview Janina F., 71.

finden: Zum einen sind es Aussagen, dass das Tracken dabei geholfen hat, ein „Gefühl dafür [zu] bekommen, was kann ich essen, wie viel kann ich essen"[549] sowie die Leistungsfähigkeit des eigenen Körpers besser einzuschätzen.

> Weil ich es mit den Jahren immer wieder ablesen konnte und irgendwann da das Gefühl hatte. […] Du siehst deinen hohen Puls, (1) schon bevor du gestartet bist, denkst nun, ist aber irgendwie hö/ höher als üblich. (1) Und merkst das hinterher aber auch in der Einheit, dass dein Körper heute scheinbar noch abgelenkt war mit was anderem und irgendwie was zu verknappen hatte. (1) Ähm, dafür dann aber auch wieder ein Verständnis für zu kriegen, zu sagen, okay, (1) äh in den Körper reinhorchen, und wenn du merkst, es läuft nicht, dass du es an den Zahlen auch erkennen kannst, ja, es/ es läuft tatsächlich nicht, und es war von vornherein abzusehen.[550]

Zum anderen gibt es aber auch die Tendenz, dass nur die Daten als gültiger Beweis für das ‚wahre' Körpergefühl wahrgenommen werden. Erst der Blick auf die Daten markiert den Moment, in welchem dem eigenen Gefühl ein Wahrheitsgehalt zugesprochen wird.[551]

> Da die Herzgeschichte jetzt vom Kopf her, a) ich bin wieder hergestellt sozusagen, ich habe einen Stent bekommen. Aber das ist ja oftmals, bis man gesund ist, eine Kopfsache. (1) Und der Kopf spielt jetzt wieder nach fünf Jahren dann doch wieder einigermaßen mit. Also fünf Jahren habe ich gemerkt, dass ich nicht mehr so darauf achte, was sagt dein Körper, was sagt deine Bewegung, was sagt dein Herz, was sagt dein Puls. (1) Sondern mittlerweile läuft sie einfach mit. Und mittlerweile ist es so, nur wenn ich jetzt meine, mir geht es grad nicht so gut, vom/ vom Kreislauf her oder so, dann kann ich mir halt ein EKG schreiben.[552]

Dieser Aspekt des Einsatzes der Selbstvermessungsfunktion leitet über zur Betrachtung der Interviewpartner*innen und ihrem Umgang mit Wearables im Kontext von Gesundheitsförderung und Prävention.

---

[549] Interview Katharina Z., 34.
[550] Interview Simon J., 50.
[551] Vgl. Interview Michaela N., 69; Interview Simon J., 7.
[552] Interview Michaela N., 21.

Wearables als Schlüssel zu einem gesunden Leben

Insbesondere im Gesundheitsbereich wird das Wearable, so wie im Beispiel von Michaela N., als Kontrollmedium eingesetzt. Es hilft dabei, „Kontrolle zu bewahren",[553] den Gesundheitszustand zu kontrollieren[554] und eine Kontrollüberzeugung zu erlangen, die auch zur Beruhigung dient, wenn man sieht, „dass nichts war."[555] Seine eigene Gesundheit im Blick zu behalten, spielt in einem Gesundheitssystem, was zunehmend von einem Paradigma der Eigenverantwortung bestimmt ist, eine zentrale Rolle. So werden Self-Tracking-Praktiken schon seit längerer Zeit in der Gesundheitsversorgung eingesetzt, beispielsweise durch ein angewiesenes (*pushed self-tracking*) regelmäßiges Erheben des Blutdrucks, wie es z. B. auch bei Bernd B. der Fall ist.[556] Die Vermessung, Interpretation und Dokumentation liegt dabei in eigener Verantwortung. Das trifft ebenso auf die Daten zu, die durch ein *private self-tracking* erhoben werden, auch hier sind die Nutzer*innen in der Verantwortung, die erhobenen Werte entsprechend einzuordnen und, wenn es drauf ankommt, auch zu „hinterfragen, ist die Apple Watch grade falsch oder muss ich vielleicht doch mal zum Arzt gehen."[557] Ein weiterer Aspekt ist, dass in Verbindung mit dem Wearable Regeln eines ‚gesunden Lebens' internalisiert wurden: „10.000 Schritte sollten es schon sein am Tag, um gesund zu leben,"[558] lautet beispielsweise eines dieser diskursiv vermittelten Gebote. Auch hier liegt die Verantwortung der Umsetzung und damit der „Schlüssel zum gesunden Leben"[559], um nochmal einen der Produkttexte der Fitnesstracker aufzugreifen, beim Individuum selbst.

Andererseits wird das Wearable auch als etwas wahrgenommen, an das man die Verantwortung ein Stück weit abgeben kann. So erhofft man sich „manchmal einen Arschtritt"[560] von der Uhr, indem auf gewisse Weise ein Kontrollmechanismus in den Alltag eingebaut wird. Sehr viel Vertrauen wird auch in die EKG- und Frühwarnsysteme, hier speziell der *Apple Watch* gelegt. Zwei der Befragten sind durch persönliche Betroffenheit durch Herzerkrankungen intensive Nutzer*innen der

---

[553] Interview Leon O., 27.
[554] Vgl. Interview Michaela N., 21; Interview Torsten D., 17.
[555] Interview Torsten D., 66.
[556] Vgl. Interview Bernd B., 41–43.
[557] Interview Janina F., 43.
[558] Interview Katharina Z., 28.
[559] Garmin: Vivoki Aktivitätsmonitor, https://buy.garmin.com/de-DE/DE/p/150042 (zuletzt geprüft 16.09.2021).
[560] Interview Michaela N., 11.

EKG-Funktion, das Wissen über anekdotische Erzählungen, nach denen ein Wearable als Lebensretter fungieren kann, existiert aber auch bei Nicht-Betroffenen.[561] Für Michaela N. war eine Herzerkrankung und der daraus folgende Eingriff vor einigen Jahren ein Anschaffungsgrund für die Uhr, bis heute überwacht sie damit bei Bedarf ihre Herzfrequenz.

> Also für mich ist das einfach beruhigend. (1) Weil, es hat auch einfach durch diese Herzgeschichte ähm ein Frühwarnsystem. (1) Und ich vertraue dem. (1) Ich/ es hat Gott sei Dank noch nie angeschlagen. (1) Äh und deshalb schlafe ich auch (lacht leicht) damit. Weil, es gibt mir einfach ein beruhigendes Gefühl. Und wenn ich unruhig wäre, da kann ich draufschauen, wie mein Puls zum Beispiel geht oder mache mir ein EKG. (1) Das beruhigt mich einfach. (1) Weil oftmals ist es einfach eine mentale Geschichte. (1) Hm, viele sagen, ‚du bist bescheuert, verlässt dich auf eine Uhr'. (1) Äh, es (1) beruhigt mich aber trotz/ nichtsdestotrotz.[562]

Torsten D. berichtet über seine Erfahrungen mit der *Apple Watch* als Frühwarnsystem, die bei ihm ein wiederholtes Vorhofflimmern festgestellt hatte, was einen operativen Eingriff nach sich zog.[563] Das Erkennen einer *absoluten Arrhythmie*[564], wie das Vorhofflimmern auch genannt wird, spielt insbesondere in der Prävention von ischämischen Schlaganfällen eine wichtige Rolle, gilt diese doch als häufiger Indikator.[565] Eine Früherkennung ist also dementsprechend wichtig und kann schwerere gesundheitliche Komplikationen verhindern. Torsten D. berichtet, dass es laut einem behandelnden Arzt häufiger zu einem frühen Erkennen von im Vorfeld nicht diagnostiziertem Vorhofflimmern durch die *Apple Watch* kommt.[566] So waren

---

[561] Vgl. Interview Janina F., 43.
[562] Interview Michaela N., 51.
[563] Vgl. Interview Torsten D., 43 und 47.
[564] Vgl. Schindler, Ehrenfried/Pschyrembel Redaktion: Vorhofflimmern. Pschyrembel Online, 2018, https://www.pschyrembel.de/Vorhofflimmern/K0NW4 vom 01.05.2018 (zuletzt geprüft 16.09.2021).
[565] Vgl. Häusler, Karl G./Breithardt, Günter/Endres, Matthias: „Schlaganfallprävention bei Vorhofflimmern", in: Nervenheilkunde Nr. 06/31. Jg. (2018), S. 409–418, S. 409.
[566] Vgl. Interview Torsten D., 49. Die Wirksamkeit des Frühwarnsystems legt auch eine Studie nahe, die besagt, dass die *Apple Watch* eine hohe Validität bei der Erkennung von Vorhofflimmern hat. Vgl. Perez, Marco V./Mahaffey, Kenneth W./Hedlin, Haley/Rumsfeld, John S./Garcia, Ariadna/Ferris, Todd/Balasubramanian, Vidhya/Russo, Andrea M./Rajmane, Amol/Cheung, Lauren/Hung, Grace/Lee, Justin/Kowey, Peter/Talati, Nisha/Nag, Divya/Gummidipundi, Santosh E./Beatty, Alexis/Hills, Mellanie T./Desai, Sumbul/Granger, Christopher B./Desai, Manisha/Turakhia, Mintu P.: „Large-Scale Assessment of a Smartwatch to Identify Atrial Fibrillation", in: The New England Journal of Medicine Nr. 20/381. Jg. (2019), S. 1909–1917.

5.2 Nicht-Diskursive Praktiken

auch bei ihm bis dato keine gesundheitlichen Probleme dieser Art bekannt. Mit Hilfe des Frühwarnsystems konnten die Anomalien erkannt und zeitnah behandelt werden.

> Letztes Jahr im (1) Ende November (1), ähm hatte ich meine Apple Watch getragen. Und man kriegt ja so viel Nachrichten drauf, die man eigentlich gar nicht braucht. Und die habe ich dann morgens alle weggewischt, bis dann irgendwann eine Nachricht gekommen ist, ‚Sie hatten Vorhofflimmern'. (1) Und das war für mich dann halt so WOW! (1) Ähm, weil ich bin 37 Jahre alt. Und ähm jetzt kein großer Risikopatient. Ich könnte ein bisschen leichter sein, aber (1) jetzt auch nicht äh (1) irgendwie vorgeschädigt. [...] Und irgendwann habe ich dann mal nachts gemerkt, dass es jetzt soweit ist. (1) Und dann bin ich ins Krankenhaus gefahren. Und die hatten dann ein EKG geschrieben, ein richtiges. Und daraufhin konnte es dann eben behandelt werden. (1) Und dann ging es auch ratzfatz (1), weil dann hat mich noch mein Kardiologe direkt ins Krankenhaus überwiesen. Und der hat dann/ die haben dann eben gesagt, wenn man jung ist kann man Vorhofflimmern supergut behandeln. (1) Und ähm mittels einer Kryoablation, das heißt, du bekommst zwei Katheter ins Herz reingeschoben und bekommst die Venen verödet außen herum. Und dadurch leiten dann die Koronarvenen eben kein Strom mehr ans Herz und verursachen keine (1) Vorhofflimmern oder verursacht kein Vorhofflimmern mehr. Und ähm (1) bei dem Eingriff ist dann halt auch aufgefallen, dass ich auch noch Vorhofflattern habe, durch Zufall. (1) Ähm, was auch so ein bisschen aufgefallen ist. Und seitdem ich den Eingriff hatte, das war jetzt im Dezember gewesen, ist seitdem nichts mehr aufgetreten. (2) Also von daher bin ich echt MEGA happy![567]

Erzählungen wie diese stärken das Machtgefüge innerhalb des Dispositivs, wenn es um Fragen nach individueller Eigenverantwortung im Gesundheitssystem geht: Bis zu welchem Punkt ist es gesellschaftlich akzeptiert, auf präventive Maßnahmen wie ein solches Frühwarnsystem zu verzichten und ab wann greift das bereits angesprochene „Selber-schuld-Prinzip"?[568] Die Weiterentwicklung der technischen Möglichkeiten und anekdotische Erzählungen von Wearables als Lebensretter sind dazu geeignet, diese Grenze weiter zu verschieben.

Bezogen auf den erweiterten Einsatz regulärer Verbrauchergeräte in privaten präventiven Gesundheitsmaßnahmen wird allerdings auch Skepsis hinsichtlich der Grenzen geäußert.

> Es soll ja jetzt auch noch Diabetes möglich sein, dass man Diabetes (1), genauso mit/ mit/ mit diesem Blutsauerstoff. Da/ da bin ich/, das (1)/, nein, glaube ich nicht dran. (1) Dass man so innen reingehen kann und wirklich diese Daten äh erfassen kann

---

[567] Interview Torsten D., 43 und 47.
[568] Zeh: Der vermessene Mann, 2012.

durch eine Uhr mit Sensoren. (1) Das kann ich mir bei/, also da bin ich ein bisschen skeptisch.[569]

Damit wird die Ankündigung von *Apple* angesprochen, in der nächsten Geräte-Generation die *Apple Watch* mit einem Blutzuckersensor auszustatten.[570] Somit werden allein in Deutschland mehrere Millionen Diabetiker*innen[571] als potenzielle neue Wearable-Nutzer*innen und *Apple*-Kund*innen angesprochen, denn die Kontrollfunktion der Uhr soll laut Angaben komfortabel und im Gegensatz zu bereits am Markt erhältlichen Spezial-Wearables nicht-invasiv sein.

Training und Sportification des Alltags
Neben dem Gesundheitsbereich dienen Wearables auch im Sportkontext als Mittel der Kontrolle. Wie bereits beschrieben, nehmen Wearables die Funktion von Motivatoren für mehr Aktivität ein, die auch abseits konkreter sportlicher Aktivitäten zu mehr körperlicher Bewegung auffordern und motivieren.[572] Insbesondere hilft das Wearable dabei, aktive Routinen zu entwickeln und zu kontrollieren sowie „regelmäßige Bewegung"[573] in den Alltag zu integrieren, auch indem es stetig daran erinnert.[574] Zudem ist eine Art *Sportification*[575] des Alltags zu erkennen, was beinhaltet, dass beispielsweise auch Spaziergänge als Trainingseinheiten wahrgenommen und getrackt werden.[576] Als motivierend wird dabei die Sichtbarkeit

---

[569] Interview Michaela N., 90.

[570] Vgl. Donath, Andreas: Blutzuckermessung per Apple Watch. golem.de, 2021, https://www.golem.de/news/smartwatch-blutzuckermessung-per-apple-watch-2101-153666.html vom 26.01.2021 (zuletzt geprüft 16.09.2021).

[571] Vgl. Bundesministerium für Gesundheit: Diabetes mellitus Typ 1 und Typ 2, 2021, https://www.bundesgesundheitsministerium.de/themen/praevention/gesundheitsgefahren/diabetes.html vom 28.06.2021 (zuletzt geprüft 16.09.2021).

[572] Vgl. Interview Annika L., 19 und 44; Interview Bernd B., 11.

[573] Interview Annika L., 44.

[574] Vgl. Interview Bernd B., 11 und 70.

[575] Grupe, Ommo: „Sport and Culture-The Culture of Sport", in: International Journal of Physical Education Nr. 2/31. Jg. (1994), S. 15–26, S. 21. „As a cultural phenomenon today's sport on the one side reaches far beyond its traditional boundaries of structure and organization, and in the other of sense, meaning, perception and expectancies. It is an expression of really a new and in some respect post-modern understanding of culture. This process has been called sportization or sportification of culture, and it means that sport-related values, norms, and beaviour-models penetrate deeply into the cultural course of life and form new lifestyle-patterns."

[576] Vgl. Interview Janina F., 51; Interview Katharina Z., 16, Interview Michaela N., 78.

der Erfolge bzw. der Daten genannt, man möchte „die Kurve [...] aufrecht erhalten"[577] und die Ringe schließen.[578] Insgesamt nutzen meine Interviewpartner*innen ihr Wearable zum Tracken einer großen Bandbreite unterschiedlicher Sportarten, darunter Fahrradfahren,[579] laufen bzw. joggen,[580] Fitness bzw. Workout,[581] schwimmen,[582] Training auf dem Heimtrainer[583] und Yoga.[584] Sie berichten auch darüber, dass sie durch das Wearable motiviert wurden, neue Sportarten auszuprobieren[585] oder alleine Sport zu treiben.[586] Um diese Sporteinheiten nachzuhalten, wird die App des Wearables zum Teil auch als Trainingstagebuch eingesetzt, mit dem Ziel, mehr Kontrolle und Übersicht über die eigenen Aktivitäten zu erhalten, denn „so habe [man] das einfach präsenter."[587] Dies scheint insbesondere während der Covid-19-Pandemie wichtig zu sein, denn so fungieren die erhobenen Daten als Nachweis der erbrachten Leistungen, sozusagen als ‚Gegenbeweis' der eigenen Untätigkeit. Außerdem ermöglicht die Archivierungsfunktion der App auch den Zugriff auf vergangene Einheiten und bietet Orientierung und Vergleichsoptionen an[588], was zu einer empfundenen Professionalisierung des Trainings beiträgt,[589] vor allem weil das Training auf Basis der Daten neu ausgerichtet werden kann.[590]

> Wenn du mal ehrlich auf deine (1) Daten guckst, was du letzte Woche gemacht hast, war das auch irgendwie falsch [...] oder einfach zu viel gemacht, falsch strukturiert. (1) Und das jetzt nicht verwunderlich ist, dass (du?) jetzt an dem fünften Tag (1) äh (1) nicht mehr die Leistung bringst oder dich irgendwie schlapp fühlst oder so. (2) Ähm, also es brachte sozusagen, die Konsequenz war daraus (1), Verständnis (2) so

---

[577] Interview Leon, 13.
[578] Vgl. Interview Janina F., 67; Interview Michaela N., 25.
[579] Vgl. Interview Bernd B., 35; Interview Katharina Z., 16; Interview Simon J., 13.
[580] Vgl. Interview David G., 23; Interview Katharina Z., 5; Interview Leon O., 5; Interview Simon J., 7.
[581] Vgl. Interview Janina F., 17 und 21; Interview Katharina Z., 16.
[582] Vgl. Interview Leon O., 33; Interview Simon J., 7.
[583] Vgl. Interview Michaela N., 21 und 25.
[584] Vgl. Interview Leon O., 37.
[585] Vgl. Interview Katharina Z., 5.
[586] Vgl. Interview Leon O., 43.
[587] Interview Leon O., 37.
[588] Vgl. Interview Simon J., 15; Interview Janina F., 71.
[589] Vgl. Interview Simon J., 48.
[590] Vgl. Interview Janina F., 67.

gesehen auch wieder für den Körper und für die eigene Leistungsfähigkeit. (1) Ähm (1) und dann halt eine Änderung des Trainingsplans. (1) Oder nicht.[591]

Zusammengefasst lassen sich im Anschluss an Choe et al. die beschriebenen Nutzungsmotivationen bei meinen Interviewpartner*innen erkennen.[592] Eine Gesundheitsverbesserung („Improve health") im Sinne eines Umgangs mit bestehenden Konditionen zeigt sich beispielsweise bei Michaela N. und Torsten D., das Erreichen von Zielen wie das, ein bestimmtes Körpergewicht zu halten bei Katharina Z. Den Aspekt „Find new live experiences" u. a. im Sinne von Wissenszuwachs findet sich beispielsweise bei Leon O. und die Verbesserung weiterer Aspekte des Lebens („Improve other aspects of life") bei Simon J.

„Die Uhr sagt: ‚Beweg dich!'"[593]: Wirkungsdimensionen der Selbstvermessung mit Wearables
Nachfolgend möchte ich die in Abschnitt 3.2.2 herausgearbeiteten Wirkungsdimensionen von Selbstvermessungspraktiken – Orientierung, Vergleich und Steuerung – thematisieren. Alle drei lassen sich anhand der vorliegenden Interviewmaterials gut nachvollziehen. Im Kontext der Selbstvermessung dient das Gerät insofern der Orientierung, als dass die Befragten ihre getrackten Daten im Verlauf des Tages abgleichen und schauen, wie weit der Prozess, die gesetzten Tagesziele zu erreichen, bereits fortgeschritten ist.[594] Das scheint einigen ein wichtiger Indikator für die weitere Tagesgestaltung zu sein:

> Und dann (1) schaue ich immer, okay, bei der Arbeit (1), wenn ich nach Hause komme, wie viel Schritte habe ich schon gemacht, was ist heute schon so passiert, muss ich heute noch einen (lacht leicht) Spaziergang machen.[595]

> Und durch das Wearable war es dann wirklich so, mir das dann auch bewusst zu machen, okay, was mache ich grade. Ähm äh wie oft habe ich mich heute schon bewegt. Habe ich raufgeguckt, ah okay, erst 2.000 Schritte. Ich gehe dann in der Mittagspause mal spazieren und nach Feierabend gehe ich vielleicht nochmal spazieren.[596]

---

[591] Interview Simon J., 66.

[592] Vgl. Choe et al.: Understanding quantified-selfers' practices in collecting and exploring personal data, S. 1146.

[593] Interview Bernd B., 70.

[594] Vgl. Interview Annika L., 58.

[595] Interview Janina F., 17.

[596] Interview Katharina Z., 28.

5.2 Nicht-Diskursive Praktiken

Aus sportlicher Perspektive erfüllen die Wearable-Daten auch die Funktion, dass sie den Nutzer*innen sowohl im Vorfeld als auch nach den Trainingseinheiten einen orientierenden Einblick über die zu erwartenden[597] bzw. die erfüllten Leistungen[598] ermöglichen. Wearables haben noch auf einer anderen Ebene eine orientierende Funktion, die nicht mit der Selbstvermessung verbunden ist und das ist die Funktion des Wearables als Informationsmedium, die beispielsweise genutzt wird, um die passende Kleidung anhand des aktuellen Wetters auszuwählen.[599]

Die zweite Wirkungsdimension von Selbstvermessungspraktiken neben der Orientierung ist der Vergleich. Bei den befragten Personen liegt der Fokus auf dem intraindividuellen Vergleich, einem „an [sich] selbst messe[n]"[600], indem die eigenen Daten, meistens aus der nahen Vergangenheit, herangezogen und in den Kontext der aktuellen gestellt werden[601], z. B. der Vergleich zwischen den gelaufenen Schritten in der aktuellen Woche und denen der letzten.[602]

> Ansonsten vergleiche ich halt (1) gerne auch mal irgendwie, wenn ich ein/ wenn ich (1) Zirkel gemacht habe oder/. Er nimmt das ja immer alles mit auf. (1) Und dann kann ich ja gucken, ah, an dem Tag habe ich das und das gemacht. Jetzt mache ich das nochmal. Schaue ich mir die Daten an. Vergleiche die nochmal. Was hat sich/, wo war wohl der Unterschied. War ich an dem Tag müde. War ich nicht so fit. (1) Je nach dem. Es kommt immer so auf die Tagesform an, grade im Fitnessbereich.[603]

Auch wenn die genutzten Geräte und Apps die Möglichkeit beinhalten, die Daten anderer Nutzer*innen einzusehen, lehnen die meisten Befragten den Vergleich mit anderen eher ab, da durch die Erhöhung der Vergleichsoptionen ein zusätzlicher möglicher Stressfaktor gesehen wird.[604] Eine vergleichende Praktik im Sinne eines *Social Competing* findet sich aber ebenfalls unter den Befragten. So berichtet David G. darüber, dass zwischen seiner Frau und ihm manchmal ein „Battle"[605] darüber besteht, wer über den Tag die meisten Schritte erlaufen hat.

---

[597] Vgl. Interview Simon J., 50.
[598] Vgl. Interview Leon O., 55.
[599] Vgl. Interview Annika L., 17.
[600] Interview Katharina Z., 16.
[601] Vgl. Interview Katharina Z., 42.
[602] Vgl. Interview David G., 63.
[603] Interview Janina F., 71.
[604] Vgl. Interview Janina F., 71; Interview Katharina Z., 38.; Interview Leon O., 27.
[605] Interview David G., 7.

> Das (1)/, manchmal ist das auch ganz witzig. (?) erzählt, manchmal/ abends steht sie dann auf und (1) dann geht sie auf der Stelle. (?) brauche ich noch ein paar Schritte'. Also so weit ist es (lacht leicht) mittlerweile dann schon.[606]

Ansonsten ist es nur Michaela N., die aktiv mit Freund*innen virtuelle Wettbewerbe um wöchentliche Aktivitätspunkte veranstaltet.

> Also wir battlen uns sozusagen. [...] Das heißt, man versucht äh mit einer Freundin (1), geht auch nur um den Sport. Es geht nicht um sonst irgendwas, sondern es geht da drum, wie viele Punkte erreichst du oder wie viel, nä. (1) Du wirst dann ja halt so eingegliedert in den Wochenplan. (1) Äh, ich bin jetzt bei 320, glaube ich, meine Freundin schon irgendwie 450. (1) Ja, das sind dann halt so Sachen, so, und da musst du halt gucken, wer hat mehr Punkte gemacht oder so. Und dann, ich habe das mal gemacht. Und man ist dann, also ich bin dann so ehrgeizig, dann setzt man auch um zehn Uhr abends nochmal auf das Fahrrad und tritt eine Runde.[607]

Das leitet direkt über zur dritten und letzten Wirkungsdimension, der Steuerung. Unter dem Begriff verstehe ich, dass ein Verhalten gezeigt wird, was explizit durch das Wearable ausgelöst worden zu sein scheint. Darunter fallen regelmäßiges Aufstehen und Bewegung bei längeren sitzenden Tätigkeiten,[608] der Spaziergang, der noch eingeschoben wird, um Aktivitätsziele zu erreichen,[609] das Einlegen von Entspannungspausen[610] oder durch das Wearable angestoßene Sporteinheiten.[611] Da „macht man halt Übungen, damit sich dieser Kreis auch mal wirklich schließt"[612] und versucht „schon irgendwie der App gerecht zu werden".[613]

> Das ist dann eher so das/ das kleine Teufelchen, was einem auf der Schulter sitzt und immer sagt, ‚okay, stell' dich jetzt mal hin und beweg' dich ‚ne Minute'.[614]

Flankiert wird die steuernde Funktion der Wearables in den Interviews durch das rhetorische Mittel der Personifikation der Geräte, die scheinbar Anweisungen an

---

[606] Interview David G., 71.
[607] Interview Michaela N., 73.
[608] Vgl. Interview Annika L., 19 und 44; Interview Janina F., 19; Interview Bernd B., 11.
[609] Vgl. Interview Annika L., 44; Interview David G., 15; Interview Katharina Z., 28.
[610] Vgl. Interview Janina F., 21.
[611] Vgl. Interview Leon O., 13; Interview Michaela N., 17 und 25.
[612] Interview Michaela N., 25.
[613] Interview Leon O., 55.
[614] Interview Annika L., 50.

5.2 Nicht-Diskursive Praktiken

ihre Nutzer*innen erteilen. So heißt es u. a. „sagt die Uhr mir, ‚beweg' dich'",[615] „sagt sie so halt ‚Zeit zum Händewaschen'"[616] oder „sagt die Uhr dir dann ‚okay, jetzt musst du eine Minute atmen'".[617] Gleichzeitig ist es aber auch nicht möglich, der Uhr etwas „vorzumachen", denn, „dass ich mich nicht bewege, merkt sie"[618] und sie „sagt ‚ja, hier, du hast gar keine Fitness mehr gemacht oder Herz-Kreislauf.'"[619] Im Falle der erbrachten Leistung verteilt die Uhr aber auch Lob, denn „sie sagt dann ‚haste gut gemacht, haste toll gemacht'"[620] und „ist also auch immer mit mir sehr zufrieden."[621] Teilweise besteht zwar ein Verständnis darüber, dass man „schon ein bisschen auch gesteuert [wird] dadurch",[622] gleichzeitig wird die eigene Handlungsmacht betont.

> Da nutze ich das wirklich als Motivator. (1) Äh dass äh (1) der/ die Uhr mir dann sagt, ‚ja, hier, du äh (1) hast gar kein St/ kein/ keine äh Fitness mehr gemacht oder Herz-Kreislauf mehr'. Und dann sagt mir die Uhr das. Oder es gibt so eine Kurve irgendwie auf einer App ähm, die dann mit der Uhr verbunden ist und die mir dann anzeigt, okay, die Kurve geht nach unten, du sollst wieder Sport machen. Und deswegen (1) versuche ich viel (1) und kontinuierlich Sport zu treiben, äh um diese Kurve (1), die auf meiner App von der Uhr angezeigt wird, (aufrecht erhalten?). Also es motiviert mich schon, in der Hinsicht Sport zu treiben.[623]

Auf sportlicher Ebene fungiert das Wearable als Trainer-Instanz, indem es den Nutzer*innen Orientierung über die aktuellen Leistungen, Handlungsempfehlungen und Vergleichswerte bietet.[624] Simon J. empfindet sein Training dadurch als „professionalisiert" und benennt die „klarere datengetriebene Steuerung."[625]

---

[615] Interview Bernd B., 70.
[616] Interview David G., 15.
[617] Interview Janina F., 21.
[618] Interview Bernd B., 49.
[619] Interview Leon O., 13.
[620] Interview Bernd B., 11.
[621] Interview Bernd B., 35.
[622] Interview David G., 15.
[623] Interview Leon O., 13.
[624] Vgl. Interview Simon J., 13.
[625] Interview Simon J., 48.

„Was sagt denn die Uhr?"[626]**: Gespräche über Wearables und Social Sharing**
Als nächstes möchte ich auf das Kommunikationsverhalten bezüglich der Wearable-Nutzung bei den Befragten eingehen. Im Freundes- und Bekanntenkreis erfolgt vereinzelt ein Austausch über die generelle Nutzung, diese geschieht aber „eher beiläufig"[627] oder wenn sich eine konkrete Gelegenheit ergibt, wie z. B. bei Bernd B., der häufiger von Freunden darauf angesprochen wird, warum das Display seiner Uhr plötzlich aufleuchtet,[628] wobei hier das Gerät eher als Störfaktor wahrgenommen wird. Andere Interviewpartner*innen berichten darüber, dass neben der allgemeinen Unterhaltung über das Gerät auch schonmal ein Abgleich der Messgenauigkeit erfolgt.[629] Leon O., der seine Uhr erst seit kurzer Zeit besitzt, stellt außerdem fest, dass er durch seine Euphorie gerade zu Beginn der Nutzung ein hohes Mitteilungsbedürfnis hatte, seine positiven Erfahrungen mit dem Wearable zu kommunizieren.[630] Allgemein drehen sich die Gespräche aber in erster Linie um das Wearable selbst und weniger um die erhobenen Daten, wie auch Katharina Z. anmerkt.[631] Aber auch diese werden auf unterschiedlichen Wegen kommuniziert: Daniel St. Clair Kreitzberg et al., die in einer Studie das Kommunikationsverhalten in Bezug auf das Teilen von Wearable-Daten untersuchen, differenzieren zwischen drei unterschiedlichen Kommunikationswegen des *Social Sharing*.[632] Erstens das Teilen der Daten im direkten Gespräch, zweitens eine technikvermittelte Kommunikation, indem beispielsweise Screenshots der Körperdaten via Messenger verschickt werden und drittens ein öffentliches Teilen der Daten via Social Media. Jede dieser Möglichkeiten findet sich auch unter meinen Interviewpartner*innen wieder. So gibt es einen engeren Austausch über die Wearable-Nutzung und die erhobenen Daten im Rahmen von persönlichen Gesprächen in der Regel nur mit dem*der Partner*in.[633] Technikvermittelt geschieht der Austausch bei einigen über die anbietereigene App, die es ermöglicht, seine Daten gezielt mit bestimmten Personen zu teilen[634] oder über Messengerdienste,[635] auch als ‚Beweis' über erbrachte Leistungen.

---

[626] Interview Bernd B., 72.
[627] Interview Annika L., 66.
[628] Vgl. Interview Bernd B., 76 und 78.
[629] Vgl. Interview Janina F., 75.
[630] Vgl. Interview Leon O., 63.
[631] Vgl. Interview Katharina Z., 54.
[632] Vgl. Kreitzberg et al.: What is Your Fitness Tracker Communicating?, S. 96 f.
[633] Vgl. Interview Bernd B., 53; Interview David G., 71; Interview Torsten D., 93.
[634] Vgl. Interview Katharina Z., 58; Interview Simon J., 62.
[635] Vgl. Interview Leon O., 55.

5.2 Nicht-Diskursive Praktiken

Ich gehe mit einer Freundin unheimlich oft spazieren. Und wir gehen dann halt wirklich so eben zwei Stündchen. (1) Und dann kann ich aber die Runde, die wir gehen, aufzeichnen mit der Uhr. (1) Und dann halt kann ich ihr das schicken und sagen, ,so, guck' mal, wie fleißig wir waren'. (1) Insofern, finde ich eigentlich ganz putzelig. (1) [Ja, das ist halt wirklich eine Spielerei. (lacht)[636]

Social Media als Kanal zum *Social Sharing* spielt bei den Interviewten kaum eine Rolle. So berichtet lediglich Katharina Z., dass sie in der Vergangenheit ihre Joggingrunden via Facebook geteilt hat, dies aber nun nicht mehr tue[637] und Janina F. thematisiert gelungene Trainingseinheiten und die dabei erhobenen Daten gelegentlich auf Instagram.[638]

Wearable-Daten: Komfort first, Bedenken second[639]

Um noch einmal genauer auf die erhobenen Daten einzugehen, möchte ich als nächstes die Einstellung der Interviewten auf diese beleuchten. Diejenigen, die das Wearable überwiegend im Alltag tragen, berichten davon, dass sie mehrfach am Tag ihre Daten auf der Uhr anschauen, auch um zu kontrollieren, wieviel Prozent der gesetzten Ziele schon erreicht wurden.[640] Bei vielen scheint der Blick auf die Daten regelrecht ritualisiert zu sein, wenn es heißt, dass sie jeweils abends die *Drei Ringe* kontrollieren,[641] direkt nach dem Training eine Analyse der Daten geschieht[642] oder jeden Morgen als erstes die Ansicht der Schlafdaten erfolgt.[643] Neben der unmittelbaren Kontrolle der Daten auf dem Wearable selbst, geben auch einige der Interviewpartner*innen an, dass sie regelmäßig die Smartphone-App nutzen[644], um eine breitere wochen- oder monatsaktuelle Perspektive auf ihre Körperdaten zu erhalten. Die Vermittlung der Ergebnisse erfolgt dabei in der Regel über normative Visualisierungen, wie bereits in Abschnitt 3.2.2 beschrieben. Bei den Befragten drückt sich das neben den bereits erwähnten *Drei Ringen* in Form von steigenden

---

[636] Interview Michaela N., 78.
[637] Vgl. Interview Katharina Z., 56.
[638] Vgl. Interview Janina F., 77.
[639] Angelehnt an den vielfach kritisierten Slogan der FDP im Bundestagswahlkampf 2017 „Digital First, Bedenken Second", siehe auch https://taz.de/Debatte-FDP-Digitalkampagne/!5449680/ (zuletzt geprüft 05.11.2021).
[640] Vgl. Interview Annika L., 58; Interview David G., 15.
[641] Vgl. Interview David G., 7; Interview Annika L., 67; Interview Michaela N., 23.
[642] Vgl. Interview Janina F., 69; Interview Leon O., 55.
[643] Vgl. Interview Michaela N., 69, Interview Torsten D., 66.
[644] Vgl. Interview Bernd B., 66; Interview David G., 63, Interview Simon J., 21.

und sinkenden Kurven,[645] Erfolgsgraphen[646] und Trends[647] aus. Betont werden muss auch hier nochmal, dass trotzdem noch eine Notwendigkeit besteht, die Daten zu hinterfragen und im Hinblick auf das eigene Körpergefühl zu interpretieren, was auch die Interviewten thematisieren.[648]

Unmittelbar im Zusammenhang mit der Erhebung der persönlichen Daten steht auch die Frage nach der Preisgabe der Daten und die Einstellung zum Thema Datensicherheit. Hier ähneln sich die Formulierungen der Interviewpartner*innen teilweise deutlich, wenn es beispielsweise um Aussagen geht, dass man keine Angst davor habe, dass die Daten weiterverarbeitet werden, denn man „fühle [sich] sicher",[649] „die ganzen Daten sind sowieso irgendwo"[650] und „wenn man nichts zu verbergen hat, ist es auch nicht schlimm."[651] Gleichzeitig wird versucht, die Position aufrecht zu erhalten, dass man ja „die wichtigsten Daten [...] natürlich nicht [abgibt]"[652] und die Preisgabe der Daten bewusst und gesteuert funktioniert.[653] Die Nutzung eines Wearables sei da ein „überschaubares"[654] bzw. „kalkuliertes Risiko, wo [man] eben hoffe, dass das funktioniert."[655] Ein interessanter Punkt ist, dass auf der einen Seite einige Arten von Daten genannt werden, bei denen bewusst die Datenpreisgabe eingeschränkt wird, beispielsweise Bankdaten[656] oder die Nutzung sicherer Messenger und Suchmaschinen angestrebt wird.[657] Auf der anderen Seite jedoch werden die eigenen Gesundheitsdaten als „nicht wirklich wichtig"[658] eingeordnet, man macht sich „wenig Gedanken"[659] und versucht, etwaige Sorgen beiseite zu schieben, da man „auf den Komfort [seiner] Geräte nicht verzichten möchte."[660] Einige der Befragten bezeichnen ihr eigenes Verhalten in diesem Kontext auch als

---

[645] Vgl. Interview Leon O., 13 und 55.
[646] Vgl. Interview Katharina Z., 26.
[647] Vgl. Interview Katharina Z., 42.
[648] Vgl. Interview Janina F., 43; Interview Simon J., 50 und 66.
[649] Interview Katharina Z., 58.
[650] Interview Janina F., 83.
[651] Interview Torsten D., 99.
[652] Interview Bernd B., 86.
[653] Vgl. Interview David G., 39 und 78; Interview Michaela N., 69.
[654] Interview Katharina Z., 58.
[655] Interview David G., 78
[656] Vgl. Interview David G., 78; Interview Katharina Z., 58.
[657] Vgl Interview Leon O., 77.
[658] Interview Michaela N., 69.
[659] Interview Katharina Z., 58.
[660] Interview Annika L., 72.

„ein bisschen naiv"[661] und als „wirklich nicht durchdacht"[662] oder sogar „ein bisschen schizophren",[663] weil man sich eigentlich des Werts der Daten bewusst sei, aber trotzdem zu wenig um deren Schutz bemüht ist.

„Hol das Maximum aus dir selbst raus"[664]: Selbstoptimierung mit und ohne Wearables

Gefragt nach ihrem Verständnis des Begriffs „Selbstoptimierung" zeigt sich unter den Interviewten eine recht breite Perspektive. So bezieht sich das Konzept einer Optimierung des Selbst bei den meisten nicht nur auf den Bereich der Selbstvermessungspraktiken, sondern es werden unterschiedliche Lebensbereiche miteinbezogen. Allgemein verstehen die Befragten darunter eine Gestaltung eines Alltags, der effizienter[665] und mit weniger Aufwand[666] bewältigt werden kann. Oder, wie David G. es zusammenfasst: „Das Leben einfacher machen mit den technischen Möglichkeiten."[667] Zu diesen technischen Möglichkeiten zählt er dabei auch das Wearable, welches er bereits in vielen Alltagssituationen, wie dem Bezahlen, einsetzt, um den „täglichen Tagesablauf zu optimieren."[668] Damit ist er der Einzige der Befragten, der explizit seine Smartwatch als Werkzeug zur Selbstoptimierung benennt. Alle anderen bleiben in ihren Ausführungen abstrakt, sprechen davon, dass Selbstoptimierung sich nicht nur auf einzelne Bereiche beschränkt, sondern etwas damit zu tun hat, „wie [man] komplett [ist]."[669] Dazu zählt nicht nur der private Alltag, sondern auch eine Optimierung von Effektivität und Zeitmanagement im beruflichen Kontext,[670] seines ökologischen Fußabdrucks, des Allgemeinwissens und des kulturellen Kapitals.[671] Dabei wird das Narrativ eines Leistungsprinzips reproduziert, was sich in Aussagen äußert, man solle das „Maximum aus [sich] selbst

---

[661] Interview Janina F., 85.
[662] Interview Leon O., 77.
[663] Interview Simon J., 71.
[664] Interview Torsten D., 87.
[665] Vgl. Interview Annika L., 54; Interview Simon J., 58.
[666] Vgl. Interview Simon J., 58.
[667] Interview David G., 57.
[668] Interview David G., 57.
[669] Interview Janina F., 57.
[670] Vgl. Interview Annika L., 54.
[671] Vgl. Interview Leon O., 49. Siehe dazu auch Bourdieu: Ökonomisches Kapital – Kulturelles Kapital – Soziales Kapital, S. 59 ff.

raus[holen]"[672] oder man müsse „die beste Version seiner selbst sein,"[673] beides Aussagen, die wieder stark an die Produkttexte bzw. Slogans der Wearable-Anbieter erinnern. Um dies zu erreichen, könnten auch verschiedene Mittel zum Einsatz kommen, hier werden exemplarisch Nahrungsergänzungsmittel[674] und *Cognitive Enhancer*[675] genannt. Als Treiber dieses Drangs zur Selbstoptimierung vermutet Leon O. unter anderem die hohe Vergleichbarkeit in den sozialen Medien.[676] Michaela N. verbindet den Selbstoptimierungsbegriff mit dem Begriff „Ehrgeiz" und bezieht dies in erster Linie auf sportliche Leistungen und, „dass man eben immer wieder mehr versucht zu erreichen."[677]

Die Optimierungslogik nach einem ‚immer mehr' lässt sich mit Stefan Meißner auch hier wieder differenzieren in Praktiken der Selbsteffektivierung und der Selbststeigerung.[678] Beide Konzepte finden sich in den Interviews wieder. So zeigen sich verschiedene Beispiele für eine Selbstoptimierung im Sinne einer Selbsteffektivierung, in welche Wearables involviert sind, beispielsweise überall dort, wo die Interviewten sich Ziele setzen, konkrete Bereiche zu verbessern, in denen es ein zu erreichendes Optimum gibt. Dies beinhaltet eine Erhöhung der am Tag gelaufenen Schritte,[679] die Verbesserung sportlicher Leistungen (z. B. schneller laufen)[680] oder das Erreichen eines Wunschgewichts.[681] Insbesondere beim letzten Beispiel zeigt sich allerdings auch die Gefahr, dass das angestrebte Ziel im Sinne einer Selbsteffektivierung zwar erreichbar ist, dies aber nicht bedeutet, dass als Folge davon Ziele nicht immer neu gesteckt werden.

> Ähm, (2) meine Frau hat zu mir gesagt, also ich habe es tatsächlich dann im letzten Sommer geschafft, auf 78 Kilo runterzukommen. Da hat sie gesagt so, (1) ‚hm, das ist schon sehr wenig; ähm versuch' mal, das so wieder in Balance zu kriegen'.

---

[672] Interview Torsten D., 87.
[673] Interview Janina F., 57.
[674] Vgl. Interview Torsten D., 87.
[675] Vgl. Interview Leon O., 49. „Cognitive Enhancement bezeichnet so in der Regel die Einnahme von Stimulanzien wie Ritalin, die mit dem Zweck der Steigerung von Konzentration und Wachheit eingenommen werden." (S. 35) Mehr zu Neuroenhancement im Zusammenhang mit dem Thema Selbstoptimierung findet sich bei Wagner, Greta: Selbstoptimierung. Praxis und Kritik von Neuroenhancement, Frankfurt: Campus, 2017.
[676] Vgl. Interview Leon O., 27.
[677] Interview Michaela N., 61.
[678] Vgl. Meißner: Selbstoptimierung durch Quantified Self?, S. 224.
[679] Vgl. Interview Bernd B., 63.
[680] Vgl. Interview Janina F., 57; Interview Katharina Z., 38; Interview Simon J., 7.
[681] Vgl. Interview Katharina Z., 5.

5.2 Nicht-Diskursive Praktiken

[...] da habe ich da wirklich äh nur noch so/ so gedacht so, okay, wenn ich jetzt noch (1) bisschen/ bisschen mich mehr antreibe, dann schaffe ich noch diese 78 Kilo! Da ging es gar nicht mehr darum, dass es für mich gesund ist oder so, sondern da ging es nur noch darum, ich will diese Zahl auf dem Display sehen. Ich möchte das jetzt unbedingt sehen. Und wenn ich das habe, dann bin ich zufrieden. Und da habe ich das gesehen und habe gedacht, jetzt kann ich vielleicht noch die 75 anvisieren und so weiter. Das war dann einfach irgendwann nicht mehr (1)/ nicht mehr so schön. Also, das würde ich jetzt unter dem Begriff Selbstoptimierung da verstehen. Was allerdings ähm (1), ja, in meinem Fall vielleicht nicht immer so optimal war.[682]

Diese „Unabschließbarkeit der Optimierungszwänge"[683] wird auch in den Praktiken deutlich, die einer Selbststeigerung zuzuordnen sind. Dies ist vor allem dort der Fall, wo der Wunsch der Interviewten nach einer effizienteren Alltagsgestaltung ins Spiel kommt,[684] einem Aspekt, der kein konkretes zu erreichendes Optimum hat. Ähnliches gilt bei Zielen wie sich zu entspannen, wohlzufühlen[685] oder etwas nicht nur effizienter, sondern auch „sinnvoller zu gestalten."[686]

Um sich vor den Optimierungslogiken abzugrenzen und zu schützen, schränken einige der Interviewpartner*innen die Nutzung ihrer Wearables ein, indem das Gerät bewusst an- und ausgeschaltet[687] oder die Uhr abends abgelegt wird.[688] So ist die Nacht bei einigen der Befragten ein „technikfreier"[689] und damit auch optimierungsfreier Zeitraum. Es kommt hier also zu einer Verweigerung der durch die Anbieter angepriesenen Funktion der Schlafvermessung. Dies hat bei allen Betroffenen individuelle Gründe, einer davon ist es aber, dass das Einschränken der Nutzungszeit und damit der Optimierungsoptionen ein Selbstschutz darstellen kann.[690] Denn auch wenn die Uhr in vielen Situationen in der Lage ist Stress zu reduzieren, wird sie in anderen als potenzieller Stressfaktor betrachtet.[691]

Aber (3) ich glaube nicht, dass man sich die ganze Zeit immer selbst optimieren muss. Also man muss vielleicht auch mit sich (1) zum Teil zufrieden sein. (2) Ähm (1) auch

---

[682] Interview Katharina Z., 38.
[683] Bröckling: Das unternehmerische Selbst, S. 17.
[684] Vgl. Interview Annika L., 54; Interview David G., 57; Interview Simon J., 58.
[685] Vgl. Interview Leon O., 37.
[686] Interview Simon J., 58.
[687] Vgl. Interview Bernd B., 11.
[688] Vgl. Interview David G., 15; Interview Janina F., 19; Interview Annika L., 33.
[689] Interview Annika L., 33.
[690] Vgl. Interview Janina F., 61.
[691] Vgl. Interview Janina F., 19.

> wenn man sich reflektieren soll. [...] Und, ich weiß nicht, ob das (1) optimal ist oder ob man manchmal vielleicht auch einen Gang zurücklegen sollte. (3) So!⁶⁹²

Auch eine Selbstbegrenzung im Sinne von Meißner⁶⁹³ lässt sich bei den Befragten beobachten. So helfen die erhobenen Daten seines Wearables Simon J. dabei, sich selbst im Rahmen seines Lauftrainings Grenzen zu setzen, so dass er sich dem Möglichkeitsraum der Selbstoptimierung aktiv entgegenstellen kann.⁶⁹⁴ Eine besondere Form einer Widerstandspraktik gegenüber den durch das Wearable kommunizierten Anforderungen zeigt Bernd B. Für ihn erscheint die Uhr als eine Art anonyme Kontrollinstanz, die von ihm durch entsprechende Leistungen zufriedengestellt werden muss. Und so hat er am Anfang seiner Nutzung einen speziellen ‚Workaround' gefunden, um sich den Optimierungsanforderungen entgegenzustellen:

> Aber (1), wie gesagt, ich habe auch ein bisschen gepfuscht. Ich habe dann eingetragen äh, Alter 96. (1) Und (lacht auf), ja, damit die mich in Ruhe lässt. (I lacht) Weil wenn man richtig (lacht leicht) das alles einstellt (lacht leicht), nä, 96 und so weiter und so fort, dann sind die immer sehr zufrieden mit mir. (lacht leicht, I lacht) Weil die dann (bei?) 96 sich nicht vorstellen können (1), äh (1) dass der noch so viel macht.⁶⁹⁵

Abschließend lässt sich festhalten, dass sich anhand der Analyse des Interviewmaterials gut die verschiedenen Rollen zeigen lassen, die das Wearable im Leben der Befragten einnimmt.⁶⁹⁶ So hat die Uhr für Katharina Z. und Bernd B. die Funktion eines Motivators, welcher die beiden zu mehr Aktivität im Alltag auffordert und durch motivationale Faktoren beeinflusst. Für Annika L. und David G. ist das Gerät mehr ein Alltagsbegleiter, welcher durch verschiedene für sie nützliche Funktionen den Alltag effizienter und komfortabler gestaltet. Eine ganz andere Bedeutung hat die Uhr für Michaela N. und Torsten D., denn dort nimmt sie, durch ihre gesundheitliche Vorgeschichte bedingt, die Rolle eines Kontrolleurs ein, welcher sicherstellen soll, dass die erhobene Herzfrequenz im Normalbereich liegt. Für Janina F. und Simon J. ist das Wearable schließlich ein Coach, der sportliche Aktivitäten und Trainingseinheiten begleitet und auswertet. Für Leon O. hingegen ist sein Tracker – auch aufgrund des momentanen Neuheitswerts – zurzeit eine Art Werkzeug zur

---

[692] Interview Janina F., 57.
[693] Vgl. Meißner: Selbstoptimierung durch Quantified Self?, S. 229.
[694] Vgl. Interview Simon J., 66.
[695] Interview Bernd B., 27.
[696] Natürlich kann ein Wearable je nach Nutzungskontext für die Nutzer*innen auch unterschiedliche Rollen erfüllen, ich habe mich in diesem zusammenfassenden Abschnitt auf die Funktion der Geräte konzentriert, die für die jeweilige Person im Mittelpunkt steht.

Selbsterforschung, welches er nutzt, um seine Körperdaten in unterschiedlichen Situationen zu erheben. Im Folgenden möchte ich die in diesem Kapitel dargestellten Ergebnisse nun mit den Aussagemustern aus Abschnitt 5.1.3 in Beziehung setzen.

5.3 Verhältnis diskursive und nicht-diskursive Praktiken

Nachfolgend soll, gemäß des Forschungsdesigns, die Bearbeitung der ersten Leitfrage meiner Dispositivanalyse im Mittelpunkt des Teilkapitels stehen. Diese Leitfrage beschäftigt sich mit dem Verhältnis der diskursiven und nicht-diskursiven Praktiken innerhalb des Wearable-Dispositivs. Demnach werde ich herausarbeiten, inwiefern sich Überschneidungen des diskursiv vermittelten Wissens und der wiederkehrenden Aussagemuster mit den Praktiken der Wearable-Nutzer*innen in meinem Analysematerial ergeben, die nicht-diskursiven Praktiken also den Diskurs stützen. Darüber hinaus geht es aber auch um Aspekte, in denen sich Differenzen zeigen und die nicht-diskursiven Praktiken den Diskurs unter Umständen aktualisieren oder verändern.[697] In der Verhältnisbestimmung der diskursiven und nicht-diskursiven Praktiken zeigt sich auch der Zugriff auf das „Alltagswissen"[698] der Nutzer*innen in Bezug auf Wearables, welches von interdiskursiv vermittelten Inhalten und den individuellen Alltagspraktiken geprägt ist. Exemplarisch verdeutlichen lässt sich die Produktion dieses Wissens am Frühwarnsystem der *Apple Watch*. Das durch den Interdiskurs kommunizierte Wissen über die Wirksamkeit und den erfolgreichen Einsatz dieser Funktion in Gesundheitskontexten, ist auch Teil der Alltagskommunikation und wird so zum Alltagswissen.[699] Das gleiche trifft auf die Festlegung der zu laufenden 10.000 Schritte als ideales Tagesziel zu. Auch hier erfolgt ein Zugriff auf den Interdiskurs, womit sich die kommunizierte Empfehlung der 10.000 Schritte[700] zum verbreiteten Alltagswissen entwickelt.[701]

---

[697] Vgl. Bührmann/Schneider: Vom Diskurs zum Dispositiv, S. 50.
[698] Reisigl: Elementardiskurs, S. 129.
[699] Vgl. Interview Janina F., 43.
[700] Vgl. Knoke: Diese Fitnessarmbänder sind besser als die Apple Watch, 2016; o. A.: Fitness-Tracker kaufen, 2021; Haase: Fitnesstracker: Jeder Schritt zählt, 2020.
[701] Vgl. Interview David G., 67; Interview Janina F., 13; Interview Katharina Z., 16.

Unterschiedliche Rollen des Wearables im Alltag ihrer Nutzer*innen

Erste Parallelen sehe ich in den diskursiven Bezeichnungen des Wearables und der Erfüllung dieser Rollen, die sich in den nicht-diskursiven Praktiken zeigen. So nimmt das Gerät für einen Teil der Befragten die Rolle des „Coach am Handgelenk"[702] ein, welcher Trainingseinheiten überwacht und steuert.[703] Für andere ist das Wearable eher ein Alltagsbegleiter, ein „companion"[704], der hilfreiche Funktionen für die Alltagsbewältigung bereitstellt, beispielsweise in den Bereichen Bezahlung, Information oder Kommunikation.[705] Ebenso sichtbar ist die Rolle als Motivator[706], der dabei unterstützt, bestimmte Ziele wie die Erhöhung der physischen Aktivität umzusetzen.[707] Eine kontrollierende Instanz[708] ist das Wearable bei zwei Befragten, die aufgrund vergangener Komplikationen ihrer Herzgesundheit ihre Herzfrequenz überwachen, um bei Unregelmäßigkeiten eingreifen zu können,[709] in einem Fall wird das Gerät sogar als Lebensretter wahrgenommen, da dieses ursprünglich überhaupt erst auf ein bestehendes Vorhofflimmern aufmerksam gemacht hatte.[710]

Eine Rolle, die das Wearable für alle der Befragten einnimmt, ist die des *Detectors*. Ähnlich wie schon bei den mit diesem Modellnamen versehenen Personenwaagen, denen damit zugeschrieben wurde, sie könnten verborgene Informationen über ihre Nutzer*innen ‚aufdecken'[711], findet sich dieses Narrativ sowohl in den diskursiven als auch den nicht-diskursiven Praktiken wieder. Immer wieder wird kommuniziert, dass Wearables in der Lage seien, bis dato unbekannte Aspekte

---

[702] Boehringer: Alles was messen, was geht, 2017.
[703] Vgl. Interview Simon J., 48; Interview Janina F., 51.
[704] Prasopoulou: A half-moon on my skin, S. 292.
[705] Vgl. Interview David G., 8; Interview Annika L., 17.
[706] Vgl. z. B. Canhoto/Arp: Exploring the factors that support adoption and sustained use of health and fitness wearables, S. 45; Kerner/Burrows/McGrane: Health wearables in adolescents, S. 198; Sanders: Self-tracking in the Digital Era, S. 51.
[707] Vgl. Interview Bernd B., 11; Interview Katharina Z., 5.
[708] Vgl. z. B. Swan: The Quantified Self, S. 86; Schüll: Data for life: Wearable technology and the design of self-care, S. 7; Donath, Andreas: Apple verbietet Weiterverkauf von Gesundheitsdaten. golem.de, 2014, https://www.golem.de/news/ios-8-apple-verbietet-weiterverkauf-von-gesundheitsdaten-1408-108900.html vom 29.08.2014 (zuletzt geprüft 15.02.2022); Weiguny: Der Chip und ich, 2014.
[709] Vgl. Interview Michaela N., 21; Interview Torsten D., 17.
[710] Vgl. Interview Torsten D., 43 bis 49.
[711] Vgl. Crawford/Lingel/Karppi: Our metrics, ourselves, S. 485; Fleming: Fitness trackers: healthy little helpers or no-good gadgets?, 2015; Chen: The Sad Truth About Sleep-Tracking Devices and Apps, 2019.

des Körpers oder des Verhaltens sichtbar zu machen und somit exklusives Wissen über die Person zu produzieren.[712] Eben dies zeigt sich auch in den Erzählungen der Befragten, die betonen, wie die Nutzung des Wearables neues Wissen hervorgebracht hat, sei es über ihre Aktivität, ihre Gesundheit oder ihren Körper.[713] Der Wunsch, auf dieses Wissen zugreifen zu können, scheint insofern auch interdiskursiv vermittelt worden zu sein, als dass einige Befragte dies als Anschaffungsgrund angeben.[714] Die nicht-diskursiven Praktiken stützen damit den Diskurs. Gleichzeitig besteht hier auch ein Machtgefüge, welches die Nutzer*innen als unvollständig und optimierungsbedürftig rahmt und das individuelle Körpergefühl abwertet. Die Selbstvermessung durch Wearables wird in diesem Zusammenhang als Lösung in Aussicht gestellt, die vorgebliche ‚Wissenslücke' zu schließen.

Effekte der Wearable-Nutzung auf die eigene Körperwahrnehmung
In Bezug auf die Diskussion über das Verhältnis von Wearable-Nutzung und dem eigenen Körpergefühl existieren im Diskurs unterschiedliche Positionen. Eine Seite geht von einem Verlust aus, weil Nutzer*innen dazu neigen würden, eher auf die Daten zu schauen, als in sich hineinzuhören.[715] Die andere Seite hingegen vermutet eine Verbesserung, auch durch den Zuwachs an Wissen, welches durch die Selbstvermessung entsteht.[716] Für beide Positionen lassen sich Anhaltspunkte in den Alltagspraktiken der Interviewten finden. Für den diskursiv geäußerten Verdacht, dass dem Wearable eine höhere Glaubwürdigkeit zugesprochen wird als der individuellen Wahrnehmung, gibt es mehrere Hinweise darauf, dass erst der Blick auf die erhobenen Körperdaten das eigene Körpergefühl legitimiert oder sogar ‚überschreiben' kann.[717] Ebenso zeigt sich, dass die Wearable-Nutzung dafür sorgen kann, dass sich ein besseres Gefühl für den Körper entwickelt, beispielsweise in dem eingeübt

---

[712] Vgl. O'Neill: Haptic media and the cultural techniques of touch, S. 1625; Zimdars: The Self-Surveillance Failures of Wearable Communication, S. 26; Members Health Fund Alliance: Hack your health, 2020; Internetredaktion Barmer: Quantified Self, 2019.
[713] Vgl. Interview Katharina Z., 28; Interview Michaela N., 17; Interview Leon O., 9; Interview Torsten D., 43.
[714] Vgl. Interview Janina F., 5; Interview Leon O., 5; Interview Simon J., 7.
[715] Vgl. Schüll: Data for life: Wearable technology and the design of self-care, S. 7; Zimdars: The Self-Surveillance Failures of Wearable Communication, S. 36; dpa: Wearables: Schönes Spielzeug oder Technologie der Zukunft?, 2015; Weiguny: Der Chip und ich, 2014.
[716] Vgl. Prasopoulou: A half-moon on my skin, S. 292; Kressbach: Breath work, S. 195; Schmundt: Falsch vermessen, 2017.
[717] Vgl. Interview Michaela N., 69; Interview Simon J., 7; Interview Katharina Z., 42.

wird, die tagesaktuelle Leistungsfähigkeit des Körpers anhand der Daten zu beurteilen.[718] Auch hier wird der Diskurs demnach durch die nicht-diskursiven Praktiken gestützt.

Positive Verknüpfung von Wearables und Gesundheit
Im Diskurs werden Wearables einige Potenziale im Bereich der Gesundheit zugeschrieben und die Verknüpfung von Gesundheit und Wearable-Nutzung ist überwiegend positiver Art.[719] Zwei Aspekte spielen dabei eine besonders große Rolle in den Alltagspraktiken der Interviewten, zum einen die Nutzung des Wearables zur Steigerung der physischen Aktivität und damit der Einsatz gegen Inaktivität als Risikofaktor und zum anderen die Funktion des Frühwarnsystems der *Apple Watch*, die Unregelmäßigkeiten der Herzfrequenz erkennen kann. Bei ersterem Beispiel kommt das diskursiv vermittelte Wissen darüber zum Tragen, dass Wearables geeignete Werkzeuge sind, um die physische Aktivität zu erhöhen.[720] Als solches setzen einige der Befragten das Wearable auch im Alltag ein und verorten den Grund für ihre Leistungssteigerung auch klar beim Gerät.[721] Zweiteres, das Frühwarnsystem, ist insbesondere bei den beiden Interviewten Teil der Alltagspraktiken, die bereits Komplikationen im Bereich der Herzgesundheit erlebt haben und das Wearable nun eine kontrollierende Funktion einnimmt, indem es die Herzfrequenz überwacht.[722] Dieser Einsatz der Wearables in Form nicht-diskursiver Praktiken stützt auch hier wieder das Diskursmuster der positiven Zuschreibungen der Geräte für den Gesundheitsbereich. Potenzielle negative gesundheitliche Konsequenzen der Wearable-Nutzung, wie die Produktion von Druck und Stress, werden sowohl im Diskurs als auch bei den Befragten eher am Rande thematisiert.[723]

---

[718] Vgl. Interview Simon J., 50.

[719] Vgl. z. B. Strath/Rowley: Wearables for Promoting Physical Activity, S. 53; Dunn/Runge/Snyder: Wearables and the medical revolution, S. 439; dpa: Wearables: Schönes Spielzeug oder Technologie der Zukunft?, 2015; Beuth: Apple schafft ein neues Statussymbol, 2015.

[720] Vgl. Zhu et al.: Social Networkout, S. 975; Sharon: Self-Tracking for Health and the Quantified Self, S. 100; Fleming: Fitness trackers: healthy little helpers or no-good gadgets?, 2015.

[721] Vgl. Interview Bernd B., 70; Interview David G., 15; Interview Katharina Z., 28.

[722] Vgl. Interview Michaela N., 21 und 51; Torsten D., 17.

[723] Vgl. Interview Janina F., 19 und 61; Interview Simon J., 48 und 50; Gabriels/Coeckelbergh: Technologies of the self and other, S. 120; Internetredaktion Barmer: Quantified Self, 2019; Zimdars: The Self-Surveillance Failures of Wearable Communication, S. 35.

Messgenauigkeit als Kriterium der Nutzung

Wie im Diskurs, spielt auch das Thema Messgenauigkeit eine Rolle für die tatsächliche Nutzung der Geräte. Ähnlich wie sowohl der Spezial- als auch der Interdiskurs einigen Messfunktionen der Wearables eine hohe und anderen eine niedrige Akkuratesse bescheinigen, geschieht dies auch bei den Nutzer*innen. Um die Genauigkeit der Datenerhebung ihres Wearables zu überprüfen, wurden zum Teil weitere Geräte als Prüfungsinstanz eingesetzt, was jeweils die hohe Qualität der Messung bestätigt hat.[724] Auf der anderen Seite gibt es zum Teil aber auch ein Infragestellen der korrekten Messung der Geräte.[725] Hier geschehen die Zuschreibungen jedoch eher aus einem Bauchgefühl heraus als durch wissenschaftlich fundierte Begründungen oder die Überprüfung der Daten. Das Wissen über die Akkuratesse scheint in beiden Fällen demnach nicht interdiskursiv vermittelt worden zu sein, sondern beruht allein auf eigenen Erfahrungen. Die hohe Messgenauigkeit ist die Voraussetzung dafür, dass den Wearable-Daten überhaupt Wert zugeschrieben werden kann. Nur reliable, valide und objektive Daten können alle geforderten Gütekriterien erfüllen, die nötig sind, um sie z. B. in Gesundheitskontexten weiterzuverarbeiten. Auch für die Nutzer*innen ist die akkurate Messung ein wichtiges Kriterium sinnvoller Nutzung.[726]

Mit Wearables die Eigenverantwortung teilen

Das Paradigma der Eigenverantwortung, welches ich als eines der zentralen Diskursmuster herausgearbeitet habe, schlägt sich ebenfalls in den Praktiken der Interviewpartner*innen nieder. Auch hier geht es um die Verantwortungsübernahme in Bezug auf die Früherkennung von Erkrankungen, die Reduktion von Risikofaktoren oder die Steigerung gesundheitsfördernden Verhaltens und wie Wearables eingesetzt werden können, um diese Anforderungen umzusetzen. Vor allem die Perspektive auf Gesundheit als einen steuerbaren und optimierungsfähigen Lebensbereich zeigt sich beispielsweise in der Einhaltung bestimmter Gebote wie das Erreichen der täglichen 10.000 Schritte „um gesund zu leben"[727] oder bestimmten Risikofaktoren wie dem Faktor „Alter" entgegenzuwirken.[728] Hervorzuheben ist hierbei, dass es zu einer Art ‚geteilten Verantwortung' kommt, denn diese liegt nicht mehr bei der Person alleine, sondern wird ein Stück weit an das Wearable abgegeben, indem es die Überwachung der Gesundheit übernimmt oder verantwortlich

---

[724] Vgl. Interview Katharina Z. 30; Interview Janina F., 13.
[725] Vgl. Interview Leon O., 23; Michaela N., 90.
[726] Vgl. Interview Janina F., 75; Interview Leon O., 37; Interview Katharina Z., 30.
[727] Interview Katharina Z., 28.
[728] Vgl. Interview David G., 15.

ist für die Motivation zu gesundheitsfördernden Verhalten.[729] Insofern kann man hier von einer Aktualisierung des Diskurses durch die nicht-diskursiven Praktiken sprechen, da das Zusammenspiel von Verantwortungsübernahme und Delegation der Verantwortung so bisher kaum verhandelt wurde.

Wearable-Nutzung und das Privacy Paradox
Warnungen vor möglichen Sicherheitsrisiken, Datenmissbrauch und der Weiterverarbeitung der Daten durch Dritte finden sich im Diskurs zuhauf.[730] Durch den unvermeidlichen Gesundheitsbezug gelten Wearable-Daten als besonders sensibel und schützenswert, insbesondere wenn man bedenkt, dass die Datenmengen durch die Intensivierung der Nutzung und der Erweiterung der Nutzungskontexte immer umfangreicher werden und mehr Informationstiefe erhalten.[731] Das macht die Daten besonders wertvoll für die Weiterarbeitung in Gesundheitskontexten und der medizinischen Forschung, aber auch für Versicherer oder den Marketingbereich. Im Kontrast dazu stehen die Einschätzungen der Befragten, die den Wert ihrer produzierten Daten oftmals unterschätzen, überwiegend angeben, dass das eigene Sicherheitsgefühl im Status quo nicht gestört sei.[732] Mehr noch wird die Weitergabe der Daten von ihrer Seite aus so eingeschätzt, dass diese nur „bewusst"[733] und gezielt verläuft.[734] Auch wenn grundsätzlich ein Bewusstsein über den Wert von Daten generell besteht – so werden beispielsweise die Bankdaten oder die Internetnutzung als besonders sensible Bereiche wahrgenommen[735] – werden die bei der Wearable-Nutzung entstandenen Daten nicht als besonders wichtig empfunden.[736] Demnach wird der Diskurs gestützt, indem sich auch in den nicht-diskursiven Praktiken das sogenannte *Privacy Paradox* beobachten lässt.[737]

---

[729] Vgl. Interview Michaela N., 11 und 51; Interview Torsten D., 43 und 47.

[730] Vgl. z. B. Classen et al.: Anatomy of a Vulnerable Fitness Tracking System, S. 2 f.; Xue: A review on intelligent wearables, S. 290 ff.; dpa: Datenschleuder Fitnessarmband, 2017; Biselli: Wearables und Fitnessapps verbreiten sich mit Hilfe der Krankenkassen, Regierung verkennt Datenschutzprobleme, 2016.

[731] Vgl. Baureithel: Bringschuld für Datenspenden, 2018.

[732] Vgl. Interview Katharina Z., 58; Interview Janina F., 83; Interview Torsten D., 99.

[733] Interview David G., 39.

[734] Vgl. Interview Michaela N., 69; Interview Bernd B., 86; Interview David G., 78.

[735] Vgl. Interview David G., 78; Interview Leon O., 77.

[736] Vgl. Interview Bernd B., 86; Interview Michaela N., 69; Interview Torsten D., 99.

[737] Vgl. Budzinski/Schneider: Smart Fitness, S. 112; Xue: A review on intelligent wearables, S. 292.

Selbstoptimierung und Selbstbegrenzung bei der Wearable-Nutzung

In den meisten Fällen ist die Nutzung eines Wearables an bestimmte Ziele gekoppelt, die sich – wie auch im Diskurs – den Logiken der Selbstvermessung zuordnen lassen:[738] Dies sind beispielsweise das Erreichen eines bestimmten Körpergewichts (*surveillance*), die Integration von mehr Bewegung in den Alltag (*routinisation*) oder die Verbesserung der Laufzeiten (*performance*).[739] Besonders verbreitet scheint die Festlegung eines täglichen Schrittziels, das mit Hilfe des Wearables erreicht werden soll,[740] hier wieder oftmals in Form der 10.000 Schritte-Grenze.[741] Das deckt sich mit den diskursiven Praktiken, die ebenfalls das Tracking gelaufener Schritte häufig in den Mittelpunkt stellen.[742] Diesbezüglich hatte bereits 2011 eine Studie die unterschiedlichen Empfehlungen bezüglich der Anzahl von Schritten pro Tag untersucht und dabei betont, dass nicht die Schrittanzahl alleine, sondern auch das Lauftempo ein wichtiger Faktor bei der Bestimmung der idealen physischen Aktivität darstellt.[743]

In Bezug auf die diskursiv vermittelten Optimierungsansprüche lässt sich anhand der Interviews gut zeigen, wie diese auf verschiedenen Ebenen internalisiert wurden. Wearables werden als Werkzeuge der Selbstoptimierung verstanden, die beispielsweise eine Verhaltensveränderung unterstützen und für Erfolgserlebnisse sorgen können.[744] Dies stützt die diskursiven Aussagemuster.[745] Ähnlich wie im Diskurs kann man mit Stefan Meißner[746] auch in den nicht-diskursiven Praktiken differenzieren zwischen einer Selbsteffektivierung und damit der Erfüllung eines

---

[738] Vgl. Pharabod/Nikolski/Granjon: La mise en chiffres de soi, S. 108 ff.

[739] Vgl. z. B. Interview Katharina Z., 5.

[740] Vgl. Interview David G., 15; Interview Bernd B., 11.

[741] Vgl. Interview Janina F., 47; Interview Katharina Z., 16; Interview David G., 67.

[742] Vgl. z. B. Kooiman et al.: Reliability and validity of ten consumer activity trackers, S. 1; McDonough: Your fitness tracker may be accurately tracking steps, but miscounting calories, 2016; Haase: Fitnesstracker: Jeder Schritt zählt, 2020.

[743] Vgl. Tudor-Locke, Catrine/Craig, Cora L./Brown, Wendy J./Clemes, Stacy A./Cocker, Katrien de/Giles-Corti, Billie/Hatano, Yoshiro/Inoue, Shigeru/Matsudo, Sandra M./Mutrie, Nanette/Oppert, Jean-Michel/Rowe, David A./Schmidt, Michael D./Schofield, Grant M./Spence, John C./Teixeira, Pedro J./Tully, Mark A./Blair, Steven N.: „How many steps/day are enough? For adults", in: International Journal of Behavioral Nutrition and Physical Activity/8. Jg. (2011), S. 1–17, S. 14.

[744] Vgl. Interview Katharina Z., 28; Interview Annika L., 44.

[745] Vgl. Strath/Rowley: Wearables for Promoting Physical Activity, S. 53; Kreitzberg et al.: What is Your Fitness Tracker Communicating?, S. 99; Cilliers: Wearable devices in healthcare, S. 150.

[746] Vgl. Meißner: Selbstoptimierung durch Quantified Self?, S. 224.

erreichbaren Optimums[747] und einer Selbststeigerung, die von einer Unabschließbarkeit geprägt ist, da es kein zu erreichendes Optimum gibt.[748] Ein entscheidender Unterschied zwischen den diskursiven und den nicht-diskursiven Praktiken liegt allerdings nicht in Praktiken der Selbstoptimierung, sondern in denen der Selbstbegrenzung. Sehr deutlich zeigen sich solche Praktiken im Alltag der Nutzer*innen, indem diese sich zum Teil von den Optimierungsansprüchen abgrenzen, die Nutzung des Wearables bewusst einschränken,[749] sich selbst abhängig von ihrer Tagesform konkrete Grenzen setzen[750] oder Zielsetzungen absichtlich niedrig einstellen oder dynamisch anpassen.[751] In diesem Punkt verändern die nicht-diskursiven Praktiken den Diskurs demnach, denn in diesem dominiert das Narrativ von Nutzer*innen, die sich immer mehr Optimierungsansprüchen unterordnen müssen, Möglichkeiten der Abgrenzung werden dabei kaum thematisiert.

Intensivierung der Nutzung
Als eine der zentralen diskursiven Praktiken habe ich herausgearbeitet, dass es ein strategisches Interesse an der Intensivierung der Nutzung des Wearables gibt. Dieses drückt sich aus, indem die Nutzungskontexte der Geräte auf Funktionen jenseits der Selbstvermessung ausgeweitet werden (Bezahlung, Kommunikation, Unterhaltung etc.), aber auch indem immer wieder die Vorteile einer dauerhaften Nutzung betont werden (Wissensproduktion, Früherkennung von Gesundheitsproblemen, Optimierungspotenziale nutzen etc.). Dies soll auch die *Perceived Usefulness*[752] bei den Nutzer*innen sicherstellen, so dass ein Abbruch der Wearable-Nutzung nach Möglichkeit vermieden wird. Dass dieser Plan aufgeht, lässt sich anhand der Interviews zeigen: Hier besteht ein großes Interesse an Funktionen der Wearables, die über die Selbstvermessung hinausgehen und die Geräte so zu einem wichtigen Alltagsbegleiter machen.[753] Anders als durch den Diskurs vermittelt nutzen die

---

[747] Vgl. Interview Bernd B., 63; Interview Janina F., 57; Interview Katharina Z., 5, Interview Simon J., 7.
[748] Vgl. Interview Annika L., 54; Interview David G., 57; Interview Leon O., 37; Interview Simon J., 58.
[749] Vgl. Interview Bernd B., 11; Interview David G., 15; Interview Janina F., 19; Interview Annika L., 33.
[750] Vgl. Interview Simon J., 50.
[751] Vgl. Interview Annika L., 64; Interview Janina F., 31; Interview Katharina Z., 38; Interview Bernd B., 27.
[752] Gupta et al.: Social comparison and continuance intention of smart fitness wearables, S. 10.
[753] Vgl. Interview David G., 43; Interview Torsten D., 19; Interview Annika L., 2; Interview Katharina Z., 18.

Befragten die Möglichkeiten der Wearables allerdings sehr differenziert und übernehmen nicht ‚alles, was geht.' Eher erfolgt eine individuelle Abwägung, was als sinnvoll erachtet wird und was nicht, wie sich beispielsweise an der Vermessung des Schlafs illustrieren lässt: Entgegen der diskursiv kommunizierten Aufforderung, endlich „gefühltes Wissen durch messbare Ergebnisse"[754] zu ersetzen, entscheiden sich die Befragten zum Teil bewusst dagegen.[755] Insofern sehe ich hier eine Aktualisierung des Diskurses, denn eine Intensivierung der Wearable-Nutzung findet zwar statt, diese geschieht aber sehr viel individueller und differenzierter, als es der Diskurs vermittelt.

Vergleich, Steuerung, Orientierung: Dimensionen der Selbstvermessung
Die in Abschnitt 3.2.2 beschriebenen Wirkungsdimensionen der Selbstvermessung mit Wearables zeigen sich auch im Abgleich der diskursiven und nicht-diskursiven Praktiken. In Bezug auf die erste Dimension, den Vergleich, wird allerdings deutlich, dass der Vergleich mit anderen zum größten Teil abgelehnt wird.[756] Hier wird der Diskurs also insofern aktualisiert, als dass Praktiken des Vergleichens zwar eine wichtige Rolle in der Wearable-Nutzung einnehmen, dieser aber eher intraindividuell erfolgt.[757] *Social Competing*, was im Diskurs sehr viel dominanter verhandelt wird,[758] kommt innerhalb der nicht-diskursiven Praktiken lediglich sehr eingeschränkt im engsten sozialen Umfeld vor.[759] Eher zu beobachten ist ein *Social Sharing*, entweder durch persönliche Gespräche,[760] technikvermittelt[761] oder via Social Media,[762] aber auch dies hat keine so hohe Bedeutung, wie im Diskurs angenommen.

Die zweite Dimension der Orientierung erfüllt sich in Bezug auf die Wearable-Nutzung in unterschiedlichen Kontexten. So erlaubt der Blick auf die Daten eine bessere Einschätzung der momentanen sportlichen Leistungsfähigkeit[763] oder bietet

---

[754] Internetredaktion Barmer: Quantified Self, 2019.
[755] Vgl. Interview Annika L., 33; Interview David G., 27; Interview Simon J., 17.
[756] Vgl. Interview Janina F., 71; Interview Katharina Z., 38; Interview Leon O., 27.
[757] Vgl. Interview Katharina Z., 42; Interview David G., 63; Interview Janina F., 71.
[758] Vgl. z. B. Gilmore: Everywear, S. 2533; Reichert: Digitale Selbstvermessung, S. 73; Maak: E-Mails im Blut, 2014
[759] Vgl. Interview Michaela N., 73; Interview David G., 7 und 71.
[760] Vgl. Interview Bernd B., 53; Interview David G., 71; Interview Torsten D., 93.
[761] Vgl. Interview Katharina Z., 58; Interview Simon J., 62; Interview Michaela N., 78.
[762] Vgl. Interview Janina F., 77.
[763] Vgl. Interview Simon J., 50; Interview Leon O., 55.

einen orientierenden Rahmen für die weitere Tagesplanung.[764] Hier wird das regelmäßige Anschauen der aktuellen Daten zu einer ritualisierten Handlung, die fester Bestandteil des Alltags ist.[765] Gamifizierende Elemente wie *Apples Drei Ringe* haben dabei nicht nur eine orientierende Funktion, sondern wirken auch motivierend auf die Nutzer*innen, eventuell noch nicht erreichte Ziele weiter zu verfolgen.[766]

Die dritte und letzte Wirkungsdimension spricht die Ebene der Steuerung im Spannungsfeld von Selbst- und Fremdregulierung an. In den Interviews wird deutlich, inwiefern die Wearable-Nutzung Steuerungsmechanismen beinhaltet. In verschiedenen Kontexten zeigt sich ein Verhalten, welches durch das Wearable ausgelöst wird, beispielsweise die Steigerung der physischen Aktivität, um gesetzte Ziele zu erreichen[767] oder während sitzender Tätigkeit regelmäßig aufzustehen.[768] Die Bedeutung der Orientierungs- und Steuerungsfunktion im Zuge der Selbstvermessung ist ein Thema, was diskursiv nur vereinzelt angesprochen wird.[769] Dementsprechend sehe ich hier eine Veränderung des Diskurses bzw. erkenne bedeutende nicht-diskursive Praktiken, die bisher nicht Teil des Diskurses zu sein scheinen.

Damit möchte ich den ersten Teil meiner Dispositivanalyse – die Untersuchung der diskursiven und nicht-diskursiven Praktiken sowie deren Verhältnis zueinander – abschließen. Ich habe aufgezeigt, welches Wissen über Wearables diskursiv vermittelt wird und welche Effekte dies zur Folge haben kann. Als Aussagemuster des Diskurses ergaben sich u. a. die Rahmung des Wearables als unverzichtbare Technologie zur Alltagsbewältigung oder die positive Verknüpfung der Wearable-Nutzung mit dem Gesundheitsbereich. Ebenso trägt dieses Kapitel zur Beantwortung der Frage danach bei, welche Rolle Wearables im Alltag ihrer Nutzer*innen einnehmen. Abschließend konnte ich zeigen, dass die nicht-diskursiven Praktiken den Diskurs in vielen Punkten stützt, ihn vereinzelt aber auch aktualisiert oder verändert.

---

[764] Vgl. Interview Annika L., 58; Interview Janina F., 17; Interview Katharina Z., 28.
[765] Vgl. Interview David G., 7; Interview Annika L., 67; Interview Michaela N., 23 und 69; Interview Torsten D., 66.
[766] Vgl. Interview Michaela N., 25; Interview Janina F., 67.
[767] Vgl. Interview Annika L., 44; Interview David G., 15; Interview Katharina Z., 28.
[768] Vgl. Interview Bernd B., 11; Interview Annika L., 19; Interview Janina F., 19.
[769] Vgl. Reichert: Digitale Selbstvermessung, S. 66/74; Spehr: Motivation am Plastikband, 2013; Willmroth: Regieraum des Lebens, 2014.

Objektivationen 6

„Gemacht für einen aktiven Lebensstil"[1]

„Mehr Möglichkeiten an deinem Handgelenk"[2]

„Sie ist das ultimative Tool für ein gesundes Leben"[3]

Nach der Beschäftigung mit den diskursiven und nicht-diskursiven Praktiken innerhalb des Wearable-Dispositivs, wendet sich dieses Kapitel nun dem Gegenstand selbst zu: dem Wearable. Der Fokus dieses zweiten Parts meiner Dispositivanalyse liegt auf dem Verhältnis des Wearables als Vergegenständlichung des Wearable-Dispositivs und der diskursiven Praktiken. In diesem Machtgefüge bringen sich Diskurs und Objektivation gegenseitig hervor – das eine kann ohne das andere nicht existieren. Die Untersuchung dieser Vergegenständlichung ist insofern bedeutsam, als dass so in den Gegenstand eingeflossenes Wissen und Nutzungsvorgaben rekonstruiert werden sollen.[4] Zu diesem Zweck werde ich, gemäß der in Abschnitt 4.2.2 erläuterten methodischen Vorgehensweise, in Abschnitt 6.1 zunächst eine Artefaktanalyse durchführen. In Abschnitt 6.2. möchte ich dann im Anschluss an die zweite Leitfrage der Dispositivanalyse das Verhältnis zwischen diskursiven Praktiken und Objektivationen untersuchen.

---

[1] Garmin: Venu 2 Plus, https://www.garmin.com/de-DE/p/730659 (zuletzt geprüft 17.02.2022).

[2] Huawei: Huawei Watch Fit, https://consumer.huawei.com/de/wearables/watch-fit-new/ (zuletzt geprüft 17.02.2022).

[3] Apple: Apple Watch, https://www.apple.com/de/watch/ (zuletzt geprüft 17.02.2022).

[4] Vgl. Bührmann/Schneider: Vom Diskurs zum Dispositiv, S. 103.

6.1 Artefaktanalyse

Artefakte werden als „materialisiertes Produkt menschlichen Handelns"[5] verstanden und können, wie in Abschnitt 4.2.2 dargelegt, durch eine Artefaktanalyse empirisch zugänglich gemacht werden. Ziel der Analyse ist es, die latenten und manifesten Informationen, die intendierte Nutzung und sozialen Kontexte herauszuarbeiten, die mit dem Wearable verbunden sind. Die Analyse besteht aus zwei Teilen, zum einen der *Dekonstruktiven Bedeutungsrekonstruktion* in Abschnitt 6.1.1 und zum anderen der *Distanzierend-integrativen Rekonstruktion* in Abschnitt 6.1.2. Der Untersuchungsgegenstand ist ein Gerät der Marke *Fitbit*, die *Fitbit Versa*, welche über einen Funktionsumfang verfügt, der sich bei den meisten Wearables anderer Anbieter wiederfinden lässt. Die Ergebnisse der Artefaktanalyse lassen sich somit größtenteils auch auf andere Geräte übertragen.

6.1.1 Dekonstruktive Bedeutungskonstruktion

Die zweiteilige Artefaktanalyse beginnt mit der *Dekonstruktiven Bedeutungskonstruktion*, welche für mein Methodendesign aus vier Aspekten besteht. Erstens ist das der Aspekt der Materialität und der Frage danach, welche Konsequenzen aus den Materialeigenschaften resultieren. Zweitens die Struktur des Artefakts, welche mögliche Hierarchien und Gründe für den Aufbau rekonstruieren soll. Drittens geht es um die Kontexte, in denen das zu untersuchende Artefakt in den Alltag eingebettet ist. Der vierte und letzte Bereich dieses Analyseteils umfasst dann die Hinwendung zu Akteursgruppen und deren Intentionen, die mit dem Artefakt zusammenhängen. Diese vier Bereiche werde ich im Folgenden anhand des Artefakts – des Wearables *Fitbit Versa* – untersuchen.

Materialität: Das Wearable als robuster Gebrauchsgegenstand
Bei dem Wearable *Fitbit Versa* handelt es sich um eine Smartwatch, welche wie eine Armbanduhr am Handgelenk getragen werden kann und auf den ersten Blick optisch auch an eine typische Digitaluhr erinnert. Wie eine solche Uhr, besteht auch der Tracker aus einem Gehäuse, welches das Anzeigeelement beinhaltet und einem Armband, welches oben und unten am Gehäuse befestigt ist. Insgesamt wiegt das Wearable 35 g mit Armband und 23 g ohne, das Gehäuse hat die Abmessungen von 3,9 × 3,9 cm und ist 0,9 cm hoch. Misst man das Armband mit, dann ergibt sich eine Gesamtlänge von 24 cm. Das komplett schwarze

---

[5] Lueger: Grundlagen qualitativer Feldforschung, S. 141.

6.1 Artefaktanalyse

Aluminium-Gehäuse des Trackers hat eine quadratische Form mit abgerundeten Ecken, am unteren Rand befindet sich mittig ein kleines *Fitbit*-Logo. Die Oberseite des Gehäuses glänzt, gegen das Licht gehalten sieht man Fingerabdrücke und kleine Kratzer auf dem Bildschirm sowie leichte Abstoßungen am Rand. Der Bildschirm besteht aus *Gorilla Glass*, auf dem man die tieferen Kratzer deutlich spürt, wenn man mit dem Fingernagel darüberfährt. Auf der linken Seite ist mittig ein Knopf angebracht, auf der rechten Seite zwei Knöpfe. Beim Drücken dieser Knöpfe kann man unterschiedliche Widerstände feststellen, am leichtesten lässt sich der Knopf auf der linken Seite drücken. Auf Knopfdruck leuchtet das Display des Geräts auf.

Auf der Rückseite des Gehäuses befinden sich Sensoren, die bei Hautkontakt grüne Lichtimpulse aussenden. Zusätzlich befinden sich dort der Anschluss für das Ladegerät und einige schriftliche Hinweise auf die Modellnummer („M/N: FB505"), das Design („Designed by Fitbit"), den Sensor („6 Axis Sensor"), das Material („Aerospace Grade Aluminium"), die Bezahlfunktion („Fitbit Pay"), den Herzfrequenzmesser („Purepulse Heart Rate"), die Wasserdichte („WR 50 Metres") sowie die CE-Kennzeichnung.[6] Die Oberfläche hier fühlt sich etwas rauer an als die auf der Vorderseite. Auffällig ist, dass sich hier nirgendwo Schrauben befinden, was zwar auf der einen Seite verhindert, dass Wasser in das Gerät eindringen kann, aber auch bedeutet, dass man das Gerät nicht ohne weiteres öffnen kann, um beispielsweise bei Bedarf den Akku zu wechseln. Unten und oben an der Seite des Gehäuses befindet sich ein Spangenmechanismus, mit dem die beiden Teile des Armbands befestigt sind. In diesem Fall handelt es sich dabei um ein schmales schwarzes Echtlederarmband mit deutlichen Gebrauchsspuren mit elf Verschlusslöchern, zwei Schlaufen, um das Band beim Tragen zu befestigen und glänzenden Metallschnallen. An den Scharnieren, mit denen das Armband am Tracker befestigt ist, erkennt man einige Staubablagerungen.

Insgesamt ist das Gerät sehr leicht und wirkt von den Materialien her sehr hochwertig, so dass es sich angenehm auf der Haut anfühlt. Zudem macht es einen robusten Eindruck, es ist durch die fehlenden Öffnungen wasser- und staubdicht und die kleinen Beschädigungen sind nur bei genauer Betrachtung zu sehen, schränken somit den Gebrauch also nicht ein. Die Konsequenzen, die aus diesen Eigenschaften abgeleitet werden können, sind, dass eine intensive und langfristige Nutzung in unterschiedlichen Kontexten damit befördert wird.

---

[6] Die CE-Kennzeichnung sagt aus, dass ein Produkt den europäischen Sicherheits-, Gesundheits- und Umweltschutzanforderungen entspricht. Siehe auch https://ec.europa.eu/growth/single-market/ce-marking_de (zuletzt geprüft 04.12.2021).

Struktur: Das Wearable und seine ‚substanziellen Nebenelemente'
Das Hauptelement des Artefakts ist das Gehäuse, welches den eigentlichen Tracker inklusive Computer und Sensoren enthält. Als Nebenelement lässt sich das Armband bezeichnen, welches aus zwei separaten Teilen besteht und oben und unten am Gehäuse befestigt wird. Das Armband ist nicht durchgängig, da die Sensoren des Trackers einen direkten Hautkontakt benötigen. Um das Hauptelement sinnvoll zu nutzen, ist das Nebenelement notwendig, denn die speziellen Features der *Versa*, wie die Erhebung der Herzfrequenz, funktionieren nur, wenn die Sensoren dauerhaften Hautkontakt haben. Einige andere Funktionen könnten theoretisch aber auch ohne das Nebenelement genutzt werden, z. B. die Anzeige der Uhrzeit, das Abspielen von Videos oder Apps wie die Wetteranzeige. Das Armband selbst kann durch den Spangenmechanismus sehr einfach abgetrennt und wieder befestigt werden, was bedeutet, dass es nach eigenen Vorlieben ausgetauscht werden kann. Im Kontext einer Hierarchisierung der einzelnen Elemente lässt sich also festhalten, dass zwar das Gehäuse die konstante und zentrale Komponente des Wearables darstellt, während das Armband austauschbar ist, eine umfängliche Nutzung aber nur durch die Kombination der beiden Elemente möglich ist. Das Armband wird somit zum ‚substanziellen Nebenelement' des Wearables.

Die Schnittstelle auf der Rückseite des Gehäuses gibt einen Hinweis darauf, dass mindestens noch ein weiteres Element zum Artefakt gehört, auch wenn dieses nicht dauerhaft mit diesem verbunden ist: Hierbei handelt es sich um das Aufladegerät, welches mit der Schnittstelle des Gehäuses gekoppelt werden kann. Dieses Aufladegerät stellt die einzige Möglichkeit dar, den Akku des Wearables aufzuladen, da hier ein proprietärer Anschluss vorliegt. Für eine langfristige Nutzung der *Versa* ist das entsprechende Aufladegerät also zwingend notwendig. Damit liegt auch hier ein eigentliches Nebenelement vor, welches für den tatsächlichen Gebrauch aber von zentraler Bedeutung ist.

Ferner nicht auf den ersten Blick sichtbar ist die Infrastruktur, in die das Wearable eingebettet ist, wenn es wie intendiert genutzt wird. Dies betrifft in erster Linie die zugehörige *Fitbit*-App, die notwendig ist, um die erhobenen Daten zu verarbeiten und jenseits des Gerätedisplays darzustellen. Das bedeutet auch, dass mindestens ein weiteres Gerät – hier sind theoretisch ein Smartphone oder ein PC mit Bluetooth-Verbindung möglich – unmittelbar in die Nutzung des Artefakts eingebettet ist. Neben der Bluetooth-Verbindung, die Voraussetzung ist, um die Daten auf das Endgerät zu übertragen, kann auch eine Internetverbindung erforderlich sein, wenn die Daten in der Cloud gespeichert werden sollen oder das Wearable ein Update erhält. Auch hier handelt es sich also wieder um notwendige Komponenten, die für eine umfängliche Nutzung unumgänglich sind.

Durch diese Infrastruktur ist auch die Verwendungsweise des Wearables vorgegeben: Möchte man die Daten anschauen, speichern und vergleichen, muss ein Endgerät mit der entsprechenden App herangezogen und das Wearable mit dieser App synchronisiert werden.

Kontexte: Die Einbettung des Wearables in die Alltagsnormalität
Nachdem zunächst Materialität und Struktur des Artefakts im Fokus der Analyse standen, möchte ich im Zuge der *Alltagskontextuellen Sinneinbettung* nun ableiten, welchen Einsatz das Artefakt signalisiert und wie es in den Alltag eingebettet werden kann. Wie bereits beschrieben erscheint das Wearable als sehr robust, auch wenn einige Gebrauchsspuren festzustellen sind, was nahelegt, dass das Gerät intensiv genutzt wird. Diese Unempfindlichkeit sowie das leichte Gewicht tragen dazu bei, dass sich die *Versa* gut für eine Alltagsnutzung eignet. Legt man das Wearable am Handgelenk an, fühlt es sich so unauffällig an, dass man darauf schließen kann, dass Nutzer*innen im Alltag völlig vergessen könnten, dass sie überhaupt ein solches Gerät tragen. Insofern fördert die *Versa* eine dauerhafte Nutzung und damit auch eine umfassende Datenerhebung.

Das neutrale Design ordnet das Wearable nicht sofort einem bestimmten Nutzungskontext zu, anhand des Lederarmbands lässt sich aber vermuten, dass es nicht primär zum Sport, sondern eher im Alltag getragen wird. Grundsätzlich ist es durch seine Beschaffenheit aber für den Einsatz in Sport- und Outdoorkontexten, sogar im Wasser, geeignet. Für eine solche Nutzung müsste idealerweise das Lederarmband gegen ein ‚sporttaugliches' aus Kunststoff getauscht werden, was durch den Befestigungsmechanismus des Geräts einfach möglich wäre. Auch für andere Anlässe ist die Nutzung der *Versa* denkbar, wenn man davon ausgeht, dass das Armband dem gewünschten Erscheinungsbild entsprechend angepasst werden kann. Somit gibt das Armband, obwohl es nicht der Hauptbestandteil des Artefakts ist, den Nutzungskontext ein Stück weit vor. Anders als Accessoires wie Armbanduhren oder Handtaschen, wird das Wearable in der Regel nicht täglich gewechselt – die wenigsten Nutzer*innen werden mehrere Wearables parallel nutzen – und sollte demnach möglichst vielseitig einsetzbar sein. Die Designentscheidung des Herstellers, den Nutzer*innen die Möglichkeit zu bieten, das Armband schnell zu wechseln, kann somit dazu beitragen, dass die Nutzungsintensität des Geräts erhöht wird. Zudem ergibt sich für *Fitbit* hier noch ein lukrativer Komplementärmarkt, denn bei den Armbändern handelt es sich um ein typisches *unvollständiges Komplementärprodukt*[7], also ein Produkt, dass nur

---

[7] Als Komplementärgüter werden Güter bezeichnet, „die gemeinsam konsumiert werden müssen, damit sie überhaupt einen Nutzen erbringen, Beispiele sind Autos und Autoreifen,

mit einem anderen Produkt – dem Wearable – zusammen genutzt werden kann, aber auch einzeln am Markt nachgefragt wird. So heißt es im *Fitbit* Online-Shop: „Verleihe deiner Smartwatch oder deinem Tracker einen individuellen Look mit Zubehörarmbändern in einer Vielzahl verschiedener Styles."[8] Darunter findet sich für jedes Modell eine Auswahl an Wechselarmbändern aus Leder, Kunststoff, Edelstahl oder Gewebe, bei Preisen zwischen rund 30 bis 100 Euro pro Armband. Das vorliegende Wearable wurde mit seinem Lederarmband also einen solchen Armbandwechsel unterzogen, denn ausgeliefert wird die *Versa* mit einem Kunststoffband.

Das Artefakt wird in der Regel für alle sichtbar am Handgelenk getragen und gehört somit mittlerweile zur Alltagsnormalität. Damit unterscheidet es sich beispielsweise von speziellen Wearables, die Diabetiker*innen am Oberarm tragen und dort von Kleidung verdeckt werden können und somit weniger präsent im Alltag sind. Durch die offensichtliche Nutzung kann man auch davon ausgehen, dass das Wearable potenziell eine Projektionsfläche für Dritte bieten kann. Mögliche Zuschreibungen, welche auf die Nutzer*innen der Geräte übertragen werden können, sind beispielsweise die Zuordnung eines bestimmten Lifestyles, der mit einem Leistungs- und Optimierungsprinzip verknüpft ist, die Annahme einer Technikaffinität oder die Unterstellung eines „Datenfetischismus."[9] Eine andere Reaktion, die im Rahmen der Analyse zur Sprache kam, könnte auch eine abwertende sein, die dem*der Träger*in des Wearables Unwissenheit und Naivität im Umgang mit sensiblen Daten unterstellt wird. Dies kann insbesondere bei Dritten passieren, die sich selbst als überlegen betrachten, nicht ‚Teil dieses Systems' zu sein.[10] Eine Zuordnung, die, anders als bei regulären Armbanduhren, eher weniger vorgenommen werden kann, ist die, dass das Wearable als teures Statussymbol fungiert. Mit einem Neupreis von unter 200 Euro ist die *Versa* für eine breite Masse von Personen bezahlbar. Gleichzeitig ersetzt das Gerät bei seinen Nutzer*innen auch die Armbanduhr, da die Funktion der Zeitanzeige übernommen wird. Auch einige Funktionen eines Smartphones können

---

linke und rechte Schuhe." Thommen, Jean-Paul: Lexikon der Betriebswirtschaft. Managementkompetenz von A bis Z, Zürich: Versus, 2008, S. 353.

[8] Fitbit: Accessories, https://www.fitbit.com/global/de/products/accessories (zuletzt geprüft 05.12.2021).

[9] Sharon/Zandbergen: From data fetishism to quantifying selves, S. 1696.

[10] Die Beobachtung, dass sich Nicht-Nutzer*innen gegenüber Nutzer*innen überlegen fühlen stellen Neves et al. auch im Zusammenhang mit der (Nicht-)Nutzung von Social Networking Plattformen fest. Vgl. Neves, Barbara B./Matos, João M. de/Rente, Rita/Martins, Sara L.: „The ‚Non-aligned': Young People's Narratives of Rejection of Social Networking Sites", in: YOUNG Nr. 2/23. Jg. (2015), S. 116–135, S. 119.

durch das Wearable ergänzt oder ersetzt werden, z. B. die Musikwiedergabe oder die digitale Brieftasche (*Wallet*). Durch das Tragen am Handgelenk ist das Wearable stärker in den Alltag eingebunden und somit auch schneller zur Hand, so dass die Einsätze des Smartphones möglicherweise abnehmen.

Ein letzter Punkt, der sich aus dem Aufbau des Geräts ergibt, ist, dass die *Versa* eine begrenzte Gültigkeit signalisiert. Wie beschrieben, ist es nicht möglich, das Wearable zu öffnen, um beispielsweise den Akku auszutauschen und damit die Lebensdauer des Geräts zu erhöhen. Ähnlich wie bei vielen aktuellen Smartphones ist also nicht vorgesehen, dass Nutzer*innen die Möglichkeit haben, selbst auf das Innere des Geräts zuzugreifen oder Komponenten zu verändern. Zwar lassen sich die Armbänder wechseln, um dem Wearable ein neues äußeres Erscheinungsbild zu geben, aber die verbaute Technik bleibt statisch. Hinzu kommt, dass *Fitbit* die *Versa*-Reihe stetig weiterentwickelt, so dass nach der *Versa* (2018) und der *Versa 2* (2019) aktuell bereits die *Versa 3* (2020) erhältlich ist.[11] Dies kann den Eindruck erwecken, dass das jeweilige Vorgängermodell überholt ist.

Akteursgruppen: (K)Ein Wearable für alle
Der nächste Aspekt der Artefaktanalyse umfasst die mit dem Artefakt verbundenen unterschiedlichen Akteursgruppen. Neben den produzierenden Unternehmen, auf die ich zu einem späteren Zeitpunkt der Analyse noch eingehen werde, sind die bedeutendsten Akteur*innen die anbietenden, vertreibenden und subventionierenden Instanzen sowie die Nutzer*innen. Beim Anbieter *Fitbit* lassen sich zunächst zwei grundsätzliche Interessen feststellen: Der Absatz von Produkten auf der einen Seite und die Aggregation möglichst vollständiger Datensätze der Nutzer*innen auf der anderen Seite. Um letzteres zu erreichen, ist es strategisch von Bedeutung, die langfristige Nutzung des Wearables zu motivieren, was durch unterschiedliche Ansätze gefördert wird. Das ist z. B. der Aspekt, dass regelmäßige Updates für die *Versa* entwickelt werden, die Funktionserweiterungen und neue Vergleichsdimensionen bieten, um die Nutzung weiterhin interessant zu machen. Ferner werden gezielt *Social Competing*, *Social Sharing* und Gamification-Elemente eingesetzt, die ebenfalls an das Gerät und die Nutzung binden sollen. Gleichzeitig wird seitens von *Fitbit* das Narrativ gefüttert, dass die Wearable-Nutzung einen positiven Effekt auf die eigene Gesundheit haben kann, was ebenfalls dazu führen soll, dass Nutzer*innen auch auf Dauer auf entsprechende Geräte der Marke zurückgreifen. Neben diesen exemplarischen Strategien, eine Langzeitnutzung eines bestimmten Geräts zu fördern, geht es

---

[11] https://www.fitbit.com/global/de/products/smartwatches (zuletzt geprüft 05.12.2021).

dabei auch um eine Anschlussnutzung am Ende von dessen Lebenszyklus. Im Idealfall für *Fitbit* greift hier der *Lock-In-Effekt* insofern, also dass der mögliche Verlust der über die Zeit erhobenen Daten als so hohe Wechselbarriere wahrgenommen wird, dass auch das neue Gerät aus dem *Fitbit*-Portfolio stammt, denn dann lässt sich der persönliche Account fortführen und alle Daten und erreichten Leistungen bleiben erhalten.

Eine zweite Gruppe von Akteuren stellen die Instanzen dar, die den Absatz der Geräte vorantreiben, indem sie diese bewerben, verkaufen oder subventionieren. In Bezug auf die Subvention sind da in erster Linie Krankenkassen und Arbeitgeber zu nennen, welche die Anschaffung eines Wearables anteilsmäßig oder vollständig finanzieren. Wie bereits in Abschnitt 5.1.1 herausgearbeitet, kann in diesem Zusammenhang auf Intentionen geschlossen werden, die individuelle Arbeitsproduktivität und gesundheitsbezogene Eigenverantwortung zu steigern, indem die implementierten Funktionen von Wearables wie der *Versa* genutzt werden. Somit besteht in dieser Akteursgruppe potenziell ein doppeltes Interesse daran, dass Nutzer*innen Wearables wie die *Versa* langfristig nutzen: auf der einen Seite profitieren sie vom Absatz der Geräte und auf der anderen Seite ergeben sich unter Umständen weitere ökonomische Vorteile durch idealerweise möglichst fitte und gesunde – sprich produktive – Arbeitskräfte bzw. Versicherte.

Die dritte Akteursgruppe, um die es hier gehen soll, ist die der Nutzer*innen. Ausgehend von der Untersuchung der *Versa* und der dazugehörigen App lässt sich sagen, dass das Gerät nicht alle Personen gleichermaßen anspricht. So gibt es bei der Auswahl des Geschlechts nur zwei Optionen, von denen eine gewählt werden muss und die zu vermessenden Aktivitäten gehen von laufenden Personen aus, Personen, die einen Rollstuhl nutzen sind also beispielsweise erstmal nicht eingeschlossen. Somit wird allein durch die App der *Versa* schon eine bestimmte Norm aufgestellt, welche die Nutzer*innen erfüllen müssen, um das Wearable wie von *Fitbit* intendiert zu nutzen. Dies ist insofern besonders zu kritisieren, als dass *Fitbit* in der Vergangenheit explizit mit Diversität und Personen, die einen Rollstuhl nutzen geworben hat,[12] das Tracken von Aktivität für Rollstuhlnutzer*innen bis heute aber nicht in die Geräte implementiert ist.[13]

---

[12] Siehe dazu auch den Aufsatz von Julie Passanante Elman, in welchem u. a. darum geht, wie *Fitbit* durch den Einsatz Personen mit Behinderung in ihrem Werbespot Behinderung entpolitisiert. Vgl. Elman: Find Your Fit.

[13] Grundsätzlich ist die Nutzung von Fitnesstrackern für Rollstuhlnutzer*innen möglich, beispielsweise zeigen Studien die Eignung der *Apple Watch* für entsprechende Nutzungskontexte, vgl. Benning, Nils-Hendrik/Knaup, Petra/Rupp, Rüdiger: „Comparison of accuracy of activity measurements with wearable activity trackers in wheelchair users: a preliminary

Fitbit markiert damit deutlich, welche Art der Fortbewegung und welche Aktivitäten für seine Nutzer*innen vorgesehen ist. Auch weitere Einschränkungen der potenziellen Nutzer*innen werden durch das Gerät vorgegeben: Bildschirm und Bedienknöpfe sind vergleichsweise klein und nicht einfach zu bedienen, zudem wird das Menü der *Versa* durch eine Kombination von Knöpfen und Interaktion mit dem Touchscreen gesteuert, was eine gewisse Visuomotorik voraussetzt. Für Personen mit entsprechenden Einschränkungen ist die *Versa* also nicht ohne Assistenz nutzbar. Ähnliches gilt für sehbehinderte und blinde Personen: Da die *Versa* über keine Sprachsteuerung oder Sprachausgabe verfügt, sind auch diese Personen erstmal von der Nutzung ausgeschlossen. Anders als im Produktvideo behauptet, ist die *Versa* also keine „invitation to all to be healthier"[14] sondern eine sehr exklusive Einladung in die Community, indem die Nutzer*innen vom Wearable aus ‚vorstrukturiert' werden.

Nutzer*innen, die in erster Linie der Zielgruppe von *Fitbit* entsprechen, sind Personen, für die Aktivität ein wichtiger Teil ihres Alltags ist bzw. werden soll. Bei der Vermessung dieser Aktivitäten spielt hauptsächlich der intraindividuelle Vergleich eine Rolle, also der Abgleich und die Optimierung der eigenen Werte. Auch forciert *Fitbit* eine regelmäßige Ausübung der Trainingseinheiten und versucht so, sportliche Aktivitäten zu routinisieren. Eine mögliche Intention der Akteursgruppe der Nutzer*innen ist also demnach die Vermessung von Aktivität und Sport, sei es, um Gewicht zu reduzieren (*surveillance*), mehr Aktivität in den Alltag zu integrieren (*routinisation*) oder gezielt (sportliche) Leistungen zu verbessern (*performance*).[15] Für alle dieser Nutzungsszenarien sind Erhebungsmöglichkeiten in die App integriert.

Eine andere Intention für die Nutzung der *Versa* können Neugierde und die Freude am Ausprobieren neuer Technik sein Dies wird insbesondere dadurch von *Fitbit* vorangetrieben, indem sie immer wieder neue Erhebungs- und Vergleichsdimensionen implementieren, beispielsweise den Wert der „Herzfrequenzvariabilität" oder der „Unruhe im Schlaf" – beides Werte, die erst durch ein Update hinzugefügt wurden. Insbesondere den Bereich der Gesundheitsmesswerte hat *Fitbit* in den letzten Jahren weiter ausgebaut und spricht somit gemäß der Produkttexte gesundheitsbewusste Personen an, die mit Hilfe des Wearables Wissen über ihren Körper produzieren möchten.

---

evaluation", in: GMS Medizinische Informatik, Biometrie und Epidemiologie Nr. 2/16. Jg. (2020), S. 1–9.

[14] Fitbit: Introducing Fitbit Versa, 2018, https://www.youtube.com/watch?v=JnqKU-y01hk vom 29.03.2018 (zuletzt geprüft 07.12.2021), 01:10.

[15] Vgl. Pharabod/Nikolski/Granjon: La mise en chiffres de soi, S. 108 ff.

Zusammenfassend lässt sich also festhalten, dass ausgehend vom Artefakt eine Reihe von Intentionen mit der Nutzung der *Versa* verbunden sein können: einen Begleiter im Alltag zu haben, Sport zu treiben, das eigene Verhalten zu ändern, Freude an Technik, Neugierde in Bezug auf Körperwissen oder die Gesundheit zu fördern. Allgemein spricht die *Versa* Alltagsnutzer*innen und Freizeitsportler*innen an, denn für sportlich Ambitionierte und den Leistungssport sind Wearables, wie beispielsweise der Brustgurt erhältlich, die spezialisiert sind und umfangreichere Daten generieren.

6.1.2 Distanzierend-integrative Rekonstruktion

Den zweiten Teil der Artefaktanalyse stellt die *Distanzierend-integrative Rekonstruktion* dar, die im Zuge meines Methodendesigns wiederum in drei Aspekte unterteilt ist. Der erste nimmt die Produktion des Artefakts in den Blick und fragt nach den Rahmenbedingungen seiner Herstellung. Es folgt an zweiter Stelle die Nutzung des Artefakts, bei der es um seine Verwertungszusammenhängt geht sowie als drittes die potenziellen Wirkungen des Artefakts.

Produktion: Voraussetzungen der Erstellung des Wearables
Bei dem untersuchten Artefakt handelt es sich um ein Gerät der Marke *Fitbit*, ein 2007 gegründetes Unternehmen mit Hauptsitz in San Francisco, das sich auf die Entwicklung von Wearables spezialisiert hat. Bereits 2009 brachte *Fitbit* das erste Wearable auf den Markt, einen Schrittzähler, der an die Kleidung geklippt werden konnte. Inzwischen finden sich eine ganze Reihe unterschiedlicher Modelle von Fitnesstrackern und Smartwatches sowie passendes Zubehör und eine digitale Personenwaage im Angebot des Unternehmens. 2021 wurde *Fitbit* schließlich von *Google* gekauft, agiert aber weiter unter seinem Firmennamen. Gefertigt werden die Geräte in China, so auch das hier untersuchte Modell *Versa*. Für die Herstellung wird eine Reihe von zugelieferten Rohstoffen benötigt, u. a. Aluminium und Lithium.[16] Insbesondere am Beispiel des Lithiums lassen sich dabei kritisch die Auswirkungen der Gewinnung auf Umwelt, Gesundheit und soziale Ungleichheit diskutieren. Gebiete mit Lithium-Vorkommen befinden sich häufig im Globalen Süden und so lässt sich argumentieren, dass der Herstellungsprozess der *Versa* wie auch der vieler anderer Technologien auf dem Rücken des Globalen Südens ausgetragen wird. Die Nutzung eines Wearables beschränkt

---

[16] Vgl. Fitbit: Fitbit Versa. Bedienungsanleitung Version 2.6, 2021, https://help.fitbit.com/manuals/manual_versa_de.pdf (zuletzt geprüft 06.12.2021), S. 58.

sich in der Konsequenz also nicht ausschließlich auf das eigene Leben, sondern hat auch Auswirkungen auf diejenigen, die an der Gewinnung der Rohstoffe, der Produktion und am Vertrieb der Geräte beteiligt sind. Diese Personen stellen demnach eine weitere Akteursgruppe dar, die mit dem Wearable verbunden ist, den Nutzer*innen am Ende jedoch unsichtbar erscheint. Neben den entsprechenden Rohstoffen und der Infrastruktur, die für die Produktion der *Versa* notwendig sind, lassen sich noch weitere Voraussetzungen der Artefaktherstellung identifizieren. Diese umfassen Entwicklung und Implementierung von Technologien und Komponenten Dritter. So sind beispielsweise das verbaute *Gorilla Glass* oder die Sensoren, wie der *6-axis sensor* des Herstellers *TDK*[17] Bestandteile der *Versa*.

Ein weiterer Grund dafür, dass sich Wearables wie die *Versa* in der Form etablieren konnten und somit auch eine Voraussetzung für die Artefaktherstellung, ist, dass überhaupt eine Nachfrage danach entstanden ist, sich selbst zu vermessen und Wissen über den eigenen Körper zu generieren. In Kapitel 8 werde ich genauer auf die gesellschaftlichen Voraussetzungen des Wearable-Dispositivs eingehen, an dieser Stelle möchte ich aber noch einmal die Verbindung zwischen dem Wearable und einer „quantitativen Mentalität"[18] in einer Gesellschaft ziehen, die ich, wie in Kapitel 3 erläutert, als Quantifizierungsgesellschaft bezeichne. Wearables sehe ich demnach als Ausdruck bestimmter gesellschaftlicher Werte und dem Bestreben nach Optimierung und Quantifizierung aller Lebensbereiche. Diese Wertvorstellungen reproduziert das Artefakt gleichzeitig, beispielsweise, indem Aspekte quantifizierbar gemacht werden, die es vorher nicht waren oder in gewisser Weise sogar vor einer Leistungslogik geschützt waren, wie Schlaf oder Entspannung.

Insgesamt möchte ich im Rahmen der Artefaktanalyse also drei Aspekte der Produktion des Wearables festhalten: Erstens die im Endprodukt unsichtbaren Auswirkungen derjenigen, die am Rohstoffabbau und der Herstellung des Geräts beteiligt sind, zweitens Entwickler*innen und zuliefernde Unternehmen, die zentrale Komponenten des Wearables beisteuern und drittens die gesellschaftlichen Rahmenbedingungen, welche die Etablierung der Wearables überhaupt erst möglich gemacht haben.

Nutzungskontexte: Das Wearable als Begleiter im Alltag
Aus dem Artefakt selbst geht hervor, dass es auf unterschiedliche Art und Weise genutzt werden kann. Wie bereits beschrieben, ist die Nutzungsweise vom Wearable erstmal nicht vorgegeben, sondern ergibt sich zum Teil durch das aktuelle

---

[17] https://invensense.tdk.com/products/motion-tracking/6-axis/ (06.12.2021).
[18] Porter: Trust in numbers, S. 118.

Armband, was nach Belieben ausgewechselt werden kann. Mit diesem Armband sind dann unterschiedliche Funktionen verknüpft: robuste und wasserabweisende Kunststoffarmbänder eignen sich für sportliche Indoor- und Outdoor-Aktivitäten und sogar für den Wassersport, ein atmungsaktives leichtes Armband wird für das nächtliche Tragen bevorzugt, wenn die Schlafdaten aufgezeichnet werden sollen, Armbänder aus Leder, Edelstahl oder das farblich zur Kleidung abgestimmte Textilband sprechen für einen Einsatz im Alltag oder sogar zu festlichen Anlässen. Eine Internetrecherche nach passenden Armbändern für die *Versa* zeigt, dass sich neben denen des Original-Anbieters *Fitbit* auch zahlreiche andere Hersteller finden lassen, die mit einer sehr viel breiteren Auswahl an unterschiedlichen Designs und günstigeren Preisen einen parallelen Markt geschaffen haben.[19] Das verdeutlicht, dass das untersuchte Artefakt auch als modisches Accessoire betrachtet werden kann, was sich dem individuellen Lifestyle anpasst.

Aus dem konkret untersuchten Tracker lässt sich aufgrund des Lederarmbands schließen, dass es so vermutlich nicht für sportliche Kontexte eingesetzt wird und wenn doch, dass für diese Anlässe das Armband durch ein geeigneteres Sportarmband ausgetauscht werden müsste. In der vorliegenden Form wird es also eher in einem Alltagskontext genutzt und nicht in erster Linie, wie vom Produktvideo suggeriert, als „an empowering health & fitness smartwatch"[20] oder „daily health & fitness companion"[21] eingesetzt. Dies illustriert erneut, dass unterschiedliche Nutzungsmöglichkeiten in dem Gerät angelegt sind. Für individuelle Funktionen stellt *Fitbit* zudem die API als Schnittstelle zur Verfügung, damit Nutzer*innen eigene Apps und Ziffernblätter für die Versa entwickeln können.[22] Dies entspricht einer Individualisierung der Nutzung, die auch Anwender*innen innerhalb des *Quantified Self*-Netzwerks zugeschrieben wird.

Durch die Art und Weise des Tragens integriert sich die *Versa* unauffällig in den Alltag, ein Blick auf den Bildschirm am Handgelenk ist in vielen Situationen eher möglich als der Blick auf das Smartphone – auch weil es sich dabei um die gleiche Körperpraxis handelt wie beim Schauen auf die Armbanduhr. Das Wearable ist somit immer einsatzbereit und kann jederzeit genutzt werden, um Informationen und Nachrichten vom Bildschirm abzulesen. Dabei zeichnet sich

---

[19] Die Suche nach „Armband Fitbit Versa" ergibt beispielsweise auf Amazon 798 Treffer: https://www.amazon.de/s?k=armband+fitbit+versa&__mk_de_DE=%C3%85M%C3%85%25C%BD%C3%95%C3%91&crid=33GCU05OSBF4K&sprefix=armband+fitbit+versa%2Caps%2C85&ref=nb_sb_noss_2 (zuletzt geprüft 31.03.2022).

[20] Fitbit: Introducing Fitbit Versa, 2018, 00:19.

[21] Ebd., 00:35.

[22] Siehe dazu auch https://dev.fitbit.com/ (zuletzt geprüft 07.12.2021).

das Gerät durch eine Multifunktionalität aus, die eine Nutzung in unterschiedlichen Kontexten ermöglicht. Dahinter lässt sich die Intention vermuten, dass dies dazu beitragen soll, die *Versa* dauerhaft zu nutzen. Ebenfalls befördert wird dies durch die lange Akkulaufzeit des Geräts, die je nach Art der Nutzung mindestens vier Tage betragen kann und somit wirklich zu „einem Begleiter für den ganzen Tag"[23] macht. Dafür spricht auch die Vielzahl der auf dem Gerät bereits vorinstallierten Apps, die wichtige Funktionen für die Alltagsbewältigung darstellen können (Abbildung 6.1).

Die Kernfunktionen, die auch im Mittelpunkt des Marketings für die *Versa* stehen, sind in der Regel mit einem bestimmten Optimum verbunden, was sich auch in dem Slogan des Produktvideos widerspiegelt: „Live your best life."[24] Die empfohlenen Werte, die bei der Selbstvermessung erreicht werden sollen, sind dabei voreingestellt, können aber durch die Nutzer*innen individuell angepasst werden. Ebenfalls können diese einstellen, ob sie vom Gerät an das Erreichen bestimmter Ziele erinnert werden möchten, beispielsweise wenn noch eine Anzahl von Schritten fehlt, bevor das gesetzte Tagesziel erreicht wird.

Der bereits beschriebene Umstand, dass das Gerät nicht so konzipiert ist, dass man beispielsweise den Akku erneuern kann, verrät, dass die Nutzungsdauer der *Versa* nur auf einen begrenzten Zeitraum ausgelegt ist. Ähnlich wie bei vielen aktuellen Smartphone-Modellen lassen sich einzelne Komponenten auch hier nicht ohne weiteres austauschen, sodass gefördert wird, dass Nutzer*innen sich im Abstand weniger Jahre neue Modelle anschaffen. Um dann ihre über einen langen Zeitraum gesammelten Körperdaten nicht zu verlieren, sind sie eher dazu geneigt, auch ein Folgegerät aus dem Angebot des gleichen Anbieters auszuwählen, denn dann kann der bisherige *Fitbit*-Account bestehen und die Daten erhalten bleiben. Anbieter wie Fitbit nutzen hier also wie bereits beschrieben eine Form des *Lock-In-Effekts* aus. Ein interessanter Punkt, der ebenfalls mit den Daten zusammenhängt, ist, dass diese erhalten bleiben, auch wenn das Gerät zerstört oder auf seine Werkseinstellungen zurückgesetzt wird. Denn sind diese Daten erst einmal in die Cloud hochgeladen, sind sie vom Wearable selbst entkoppelt und können selbst bei Nutzung eines neuen Geräts weiter in der Smartphone-App verwendet werden. Das Gerät selbst ist somit zwar essenziell für die Nutzung und Erhebung der Daten, am Ende aber austauschbar. Der eigentliche Wert – die erhobenen Daten – ist dann in der *Fitbit*-Cloud zu verorten.

---

[23] Fitbit: Fitbit Versa, 2021, S. 6.
[24] Fitbit: Introducing Fitbit Versa, 2018, 01:17.

Training	Wahl zwischen verschiedenen sportlichen Aktivitäten, die getrackt werden können, darunter Laufen, Radfahren, Schwimmen, Laufband, Gewichte, Intervalltraining, Workout, Gehen, Crosstrainer, Wandern, Golf, Stepper, Tennis, Spinning, Yoga, Bootcamp, Zirkeltraining, Kickboxen, Kampfsport und Pilates.
Wecker	Aktivierung von gleichzeitig bis zu acht Weckern.
Relax	Durchführung von geführten Atemübungen.
Wetter	Anzeige des Wetters und der Wettervorhersage für den aktuellen Standort.
Timer	Enthält die Funktionen einer Stoppuhr und eines Countdowns.
Brieftasche	Muss in der Fitbit-App eingerichtet werden und ermöglicht die kontaktlose Bezahlung (für teilnehmende Banken) und Nutzung öffentlicher Verkehrsmittel in einigen internationalen Großstädten wie London, New York oder Sydney.
Einstellungen	Aktivierung und Deaktivierung einzelner Funktionen wie der Herzfrequenzmessung oder der Erinnerung an das Aktivitäts-Wochenziel. Zudem können Einstellungen u. a. an der Anzeigehelligkeit und des Vibrationsalarms vorgenommen werden.
Tipps	Tutorial für die Nutzung der Versa.
Musik	Hören von Musik über Bluetooth-Kopfhörer möglich. Musik muss über die Fitbit-Desktop-App auf das Wearable übertragen werden.
Strava	Fitbit-Version der Lauf- und Radfahr-Tracking-App Strava.
Deezer	App des Streamingdienst Deezer, ein kostenpflichtiger Premium-Account bei Deezer ist für die Nutzung notwendig.
Treasure Trek	Mini-Spiel, bei dem mit Hilfe der erlaufenen Schritte eine Schatzkiste gefunden werden soll.
Think Fast	Mini-Spiel, bei dem via Tastendruck möglichst schnelle Übereinstimmungen zwischen Obst-Icons bestimmt werden sollen.
Uhren	Auswahl zwischen bis zu fünf verschiedenen digitalen Designs für das Zifferblatt. Um auf den Gesamtkatalog möglicher Designs zugreifen zu können, ist die Fitbit-App notwendig.
Termine	Kalender-App, die mit der Fitbit-App synchronisiert werden muss.
Handy finden	Mit dieser Funktion lässt sich das mit dem Wearable verbundene Smartphone ausfindig machen, indem dieses laute Signaltöne sendet.

Abbildung 6.1 Übersicht über die vorinstallierten Apps der Fitbit Versa. (Eigene Darstellung)

Wirkungen: Das Wearable als Experte des Selbst

Ausgehend vom Artefakt können diesem eine Reihe von Wirkungen auf den unterschiedlichen Akteursebenen zugeschrieben werden. Insbesondere möchte ich hier auf die Ebene der Nutzer*innen eingehen sowie auf die Effekte, die aus der

6.1 Artefaktanalyse

Nutzung hervorgehen können. So lassen sich aus einigen der in der Artefaktanalyse beschriebenen Aspekte darauf schließen, dass die *Versa* sich in den Alltag ‚einschleicht', indem beispielsweise das geringe Gewicht des Geräts dafür sorgt, dass die *Versa* beim Tragen kaum wahrgenommen wird. Das kann dazu führen, dass sie weniger als Störfaktor oder Fremdkörper wahrgenommen und – für die datensammelnden Anbieter idealerweise – auch nachts getragen wird, sie regelrecht am Handgelenk ‚vergessen' wird. Von dort aus schreibt sich die *Versa* durch die Abtastungen der Sensoren quasi in den Körper ein, indem das Licht Haut, Gewebe und Gefäße durchdringt und von da aus reflektiert wird.[25] Die Folge der dauerhaften Nutzung ist, dass umfassender Daten erhoben werden können und die Nutzer*innen anfangen, Aspekte ihres Körpers und Verhaltens zu vermessen, die sie ohne die *Versa* nicht ohne weiteres hätten erheben können, wie beispielsweise das eigene Schlafverhalten. Dies stellt insofern eine strukturelle Veränderung dar, als dass die Wearable-Nutzung ein Zuwachs von Wissen über den eigenen Körper ermöglicht. Da, anders als beim manuellen Tracking, das automatische Erheben kaum manipuliert werden kann, führt dies dazu, dass das Wearable als eine ‚unbestechliche' Überwachungsinstanz wahrgenommen wird. Gleichzeitig besteht aber auch die Möglichkeit, dass das eigene Körpergefühl immer weniger eine Rolle spielt und das Vertrauen auf das Körperwissen an das Wearable ausgelagert wird. Der Aspekt, dass die *Versa* so zu einem Kontrollmedium des Körpers wird, schließt an den Ausgangspunkt meiner Arbeit an, dass Wearables eine Bewältigungsstrategie für Überforderung und das Anwachsen von Optimierungsanforderungen darstellen können, diese Anforderungen aber immer auch gleichzeitig reproduzieren. Diese Verstärkung der Optimierungsanforderungen lassen sich bei der *Versa* beispielsweise dadurch argumentieren, als dass sie Entspannung, Schlaf oder Yoga quantifiziert und damit einer Steigerungslogik unterwirft.

Weitere mögliche Wirkungen, die vom Wearable ausgehen, betreffen konkret das Zusammenwirken von Anbieter und Nutzer*innenbedürfnissen. Da die Anbieter ein Interesse daran haben, möglichst vollständige Datensätze zu erhalten, müssen sie stets dafür sorgen, die Motivation ihrer Nutzer*innen aufrechtzuerhalten, damit eine Langzeitnutzung ihrer Geräte gewährleistet werden kann. Mögliche Strategien sind, wie bereits erläutert, die Implementierung weiterer Vermessungs- und Vergleichsdimensionen, die Unterstützung des Narrativs

---

[25] Vgl. Ahmad Tarar, Ammar/Mohammad, Umair/K Srivastava, Soumya: „Wearable Skin Sensors and Their Challenges. A Review of Transdermal, Optical, and Mechanical Sensors", in: Biosensors Nr. 6/10. Jg. (2020), S. 5.

des „health companion"[26] am Handgelenk, der Einsatz von gamifizierenden Elementen oder die Integration weiterer Funktionen in das Wearable, so dass es die Nutzung beispielsweise von Smartphones ein Stück weit ersetzt.

Mit der Betrachtung der möglichen Wirkungen des Artefakts ist die Artefaktanalyse an dieser Stelle abgeschlossen. Gemäß der Intention dieser Methode konnte ich das Wissen und die Handlungsweisen, die in die *Versa* eingeflossen sind im Zuge der Analyse rekonstruieren. Die Kernergebnisse umfassen dabei das Wissen, dass das Gehäuse des Geräts zwar die zentrale Komponente für die Erhebung der Daten darstellt, für die sinnvolle Nutzung aber weitere Elemente zwingend notwendig sind. Zudem liegt der eigentliche Wert der Selbstvermessungspraktiken am Ende nicht mehr innerhalb des Wearables selbst, sondern die Daten befinden sich dauerhaft in der Cloud bzw. im eigenen *Fitbit*-Account, der damit zum eigentlich zentralen Element für Anbieter und Nutzer*innen wird. Herausarbeiten konnte ich auch die unterschiedlichen Nutzungskontexte, von denen aber durch das Wearable und seinen „rechten Gebrauch"[27] einige Personengruppen ausgeschlossen sind. Das Interesse liegt von Anbieterseite aus in der vollständigen Integration der Geräte in den Alltag, damit sie von der dauerhaften Datenerhebung profitieren, denn diese Daten haben für die Weiterverarbeitung und -veräußerung einen besonders hohen Wert. Im Folgenden möchte ich die Ergebnisse der Artefaktanalyse nun vergleichend diskutieren und dabei mit der Verhältnisbestimmung zwischen den diskursiven Praktiken und den Objektivationen die zweite Leitfrage der Dispositivanalyse in den Blick nehmen.

6.2   Verhältnis Objektivationen und diskursive Praktiken

Nach Abschluss der Artefaktanalyse folgt nun die Bearbeitung der zweiten Leitfrage meiner Dispositivanalyse. Diese untersucht das Verhältnis von Objektivationen und diskursiven Praktiken und richtet dabei den Blick insbesondere darauf, „wie und in welchen Funktionen diese Vergegenständlichungen im Dispositiv arbeiten."[28] Das beinhaltet die Beschäftigung mit den Machtgefügen in dem untersuchten Verhältnis und wie in diesem „produktive[n] Netz"[29] Wissen hervorgebracht wird, das den Diskurs stützt oder erweitert.

---

[26] Fitbit: Introducing Fitbit Versa, 2018, 00:35.
[27] Bührmann/Schneider: Vom Diskurs zum Dispositiv, S. 103.
[28] Ebd..
[29] Foucault: Dits et Ecrits III, S. 197.

Wearables als „calm technology"[30] im Alltag

Wearables werden im Diskurs als ideales Werkzeug zur Alltagsbewältigung gehandelt, ein Aussagemuster, welches die Artefaktanalyse stützt: Das Design des untersuchten Geräts mit seinem geringen Gewicht und den robusten Materialien machen es zu einem praktikablen Alltagsbegleiter. Durch die vielen vorinstallierten Funktionen können Nutzer*innen das Wearable flexibel in unterschiedlichen Nutzungskontexten einsetzen und so unter Umständen andere Geräte bzw. deren Funktionen zum Teil ersetzen, beispielsweise die Armbanduhr oder das Smartphone. Durch die Art und Weise, wie das Wearable getragen und genutzt wird, unterscheidet es sich auf den ersten Blick kaum von einer herkömmlichen Armbanduhr, so dass es die Voraussetzungen erfüllt, sich als „calm technology"[31] unauffällig in den Alltag zu integrieren. Als solches gewährt das Wearable den ständigen ‚Blick' in den eigenen Körper und produziert dadurch exklusives Wissen. Dieses prominente Diskursmuster[32] schließt insofern an die Untersuchung des Objekts an, als dass dieses durch die speziellen eingebauten Sensoren und Vermessungsoptionen auf die Möglichkeiten verweist, Daten zu erheben, die ohne das Gerät nicht ohne weiteres zu erheben wären. Die genaue Funktionsweise bleibt den Nutzer*innen allerdings verborgen – sowohl im wörtlichen als auch im übertragenen Sinne, denn das Gerät lässt sich nicht öffnen und erlaubt somit keine Einsicht in sein Inneres. Dies fördert den *Black Box*-Charakter dieser Technologie und stützt damit den Diskurs, der ebenfalls kaum auf die genaue Funktionsweise von Wearables eingeht.

Implementierte Selbstoptimierungsoptionen

Die Nutzung von Wearables ist nach Pharabod et al. geprägt von Praktiken, die sich der *surveillance*, *routinisation* oder *performance* zuordnen lassen und schließen damit an Logiken der Selbstoptimierung an.[33] Für alle drei dieser Ausdrucksformen sind entsprechende Funktionen im Gerät implementiert, was auch die Artefaktanalyse nochmal deutlich macht. Aus Perspektive des Wearables sind demnach eine Reihe von Intentionen mit seiner Nutzung verbunden, entweder bestimmte Ziele zu erreichen, das eigene Verhalten zu ändern oder seine Leistung zu steigern – alle diese Möglichkeiten sind im Gerät angelegt. Das Wearable wird

---

[30] Galloway: Intimations of everyday life, S. 388.
[31] Ebd.
[32] Vgl. z. B. Gilmore: Everywear, S. 2534; Prasopoulou: A half-moon on my skin, S. 291; Chen: The Sad Truth About Sleep-Tracking Devices and Apps, 2019; Ahlrichs/Hansen: Wearable Ava, 2017.
[33] Vgl. Pharabod/Nikolski/Granjon: La mise en chiffres de soi, S. 108 ff.

somit zu einem Kontrollmedium des Körpers, mit dem die gesetzten Ziele überprüft werden können. Auffällig ist hier, dass Optimierungs- und Leistungslogiken aus dem Sportbereich auf Alltagstätigkeiten übertragen werden, was sich an den Funktionen der *Fitbit Versa* verdeutlichen lässt, in denen Aktivitäten wie Schlaf, Entspannung oder Yoga quantifiziert werden und somit einer Optimierungslogik zugeführt werden. Ein anderes mögliches Beispiel für die *Sportification*[34] von Alltagstätigkeiten zeigt sich dadurch, dass Tätigkeiten wie gehen oder Fahrradfahren[35] in der App der *Versa* in der Liste der möglichen „Trainings" aufgeführt werden und damit gleichgesetzt sind mit Aktivitäten wie Kickboxen, Zirkeltraining oder Spinning. Auf diese Art integriert das Wearable Sportlogiken wie Optimierung und Leistung in den Alltag und versieht sie mit zu erreichenden Normwerten. Ebenfalls kritisch zu betrachten ist die Gleichsetzung von Yoga mit anderen sportlichen Trainings, die ebenfalls auf der Liste zum Tracking ausgewählt werden können. Die Quantifizierung steht dem ursprünglichen Sinn dieser Übungen entgegen und so führt die *Versa* Yoga neoliberalen Logik der Leistungssteigerung zu.[36] Unterstützt wird die *Sportification* dieser Aktivitäten, indem das Wearable seine Nutzer*innen daran erinnert, sich regelmäßig körperlich zu betätigen.[37] Gleichzeitig verdeutlicht dieser Aspekt auch die Zunahme von Optimierungsanforderungen. An dieser Stelle findet demnach eine Aktualisierung des Diskurses statt, der auf die *Sportification* sportfremder Bereiche nicht eingeht.

Ausweitung und Motivation der langfristigen Wearable-Nutzung
Als Diskursmuster konnte ich bereits herausarbeiten, dass sich ein strategisches Interesse an einer Intensivierung der Wearable-Nutzung feststellen lässt, welches auf der Motivation beruht, möglichst umfangreiche Datensätze mit entsprechender Informationstiefe zu generieren. Demzufolge zeigen sich Bestrebungen auf verschiedenen Ebenen, die Nutzung von Wearables auszuweiten, zum einen durch die Erweiterung der Nutzungskontexte (Bezahlung, Kommunikation, Unterhaltung etc.), des Weiteren durch die Implementierung neuer Vermessungsoptionen sowie die diskursive Vermittlung der individuellen Vorteile der Nutzung (Wissensproduktion, Früherkennung von Gesundheitsrisiken, Erhöhung der physischen

---

[34] Vgl. Grupe: Sport and Culture, S. 21.

[35] Gemeint sind hier gehen und Fahrradfahren im Sinne einer Fortbewegung im Alltag und nicht Geh- und Radsport.

[36] Das schließt an die Perspektive an, dass insbesondere Yoga in westlichen Gesellschaften als neoliberale Praktik eingesetzt wird, vgl. Godrej, Farah: „The Neoliberal Yogi and the Politics of Yoga", in: Political Theory Nr. 6/45. Jg. (2017), S. 772–800, S. 773.

[37] Diese Erinnerungen können jedoch nach Bedarf angepasst oder abgestellt werden.

6.2 Verhältnis Objektivationen und diskursive Praktiken

Aktivität etc.). Diese Maßnahmen sollen einen Abbruch der Nutzung verhindern – mehr noch, die Nutzer*innen idealerweise dazu motivieren, ihre Wearables gar nicht mehr abzulegen. Diese Strategien lassen sich aus den Eigenschaften und Funktionen des Geräts selbst rekonstruieren: Das Material der untersuchten *Fitbit Versa* ist unempfindlich und so leicht, dass man das Gewicht kaum am Handgelenk spürt. Zudem ist es so beschaffen, dass es in unterschiedlichen Kontexten genutzt werden kann, im Alltag, zum Sport, Outdoor oder im Wasser. Diese Eigenschaften und die Designentscheidung, das Armband flexibel austauschbar zu machen, machen das Gerät ideal für die dauerhafte Alltagsnutzung. Die Implementierung von weiteren Funktionen zusätzlich zur Selbstvermessung, die Integration von Drittanbieter-Apps (hier z. B. *Deezer* oder *Strava*) und die regelmäßigen Updates, die neue Vermessungsoptionen installieren, sind dazu geeignet, das Interesse der Nutzer*innen aufrechtzuerhalten. Weitere Strategien, um die Nutzung zu motivieren, umfassen die Ausweitung von Funktionen, die ein *Social Competing* und *Social Sharing* ermöglichen sowie die Anreicherung mit gamifizierenden Elementen. Die Anzeige der „Gesundheitswerte" und des „Cardio-Fitnessindex" in der *Fitbit*-App stützen zudem die diskursiv vermittelte Verknüpfung der Wearable-Nutzung mit (positiven) Auswirkungen auf die Gesundheit. All dies trägt zur Motivation einer dauerhaften Nutzung bei, von der mehrere Akteursgruppen profitieren, in erster Linie durch die Aggregation möglichst umfangreicher Datensätze.

> When taking a closer look at activity trackers and the way they are marketed, it becomes clear that they are designed around the assumption that continuous tracking is how the user needs to use the device to benefit from it.[38]

Das Aufrechterhalten der Nutzungsmotivation und die Berücksichtigung der Bedürfnisse der Nutzer*innen sind besonders für die Anbieter von Wearables noch aus einem anderen Grund von Bedeutung: In der Regel nutzt jede*r nur ein Wearable zur gleichen Zeit und bei Zufriedenheit mit dem Gerät ist die Wahrscheinlichkeit hoch, dass die Nutzer*innen auch beim Kauf eines neuen Modells auf dieselbe Marke zurückgreifen und somit der Zugriff auf die bisherigen Datensätze erhalten bleibt – es greift somit eine Art *Lock In*-Effekt. Der „Kampf um den Körper des Kunden"[39] ist für die Wearable-Anbieter demnach potenziell mit langfristigen Kund*innenbindungen verbunden.

---

[38] Gorm/Shklovski: Episodic use, S. 2513.
[39] Schmieder: Ein Band, sie zu knechten, 2016.

Das Wearable als Teil einer größeren Infrastruktur
Durch die Intensivierung der Nutzung entstehen auch umfangreichere Datenmengen, bezüglich derer im Diskurs auch immer wieder Warnungen ausgesprochen werden hinsichtlich der Weiterverarbeitung, des Datenmissbrauchs oder Sicherheitsrisiken.[40] Etwas, was die Untersuchung des Artefakts noch einmal verdeutlicht ist, dass diese Daten zwar durch ein entsprechendes Gerät erhoben werden, von da aus aber in die Cloud des Anbieters gelangen und dort verbleiben – unabhängig von der weiteren Nutzung des Geräts. Dieses ist austauschbar, das eigentliche Ergebnis der Nutzung und damit auch der Wert liegt in Form der Datensätze in der Cloud. Die Einbettung des Wearables in die komplexe Infrastruktur, die aus Vorgängen der Datenerhebung, des Datenuploads, der Datenverarbeitung und der Wartung des Geräts besteht und über das Gerät hinaus noch ein Aufladegerät, eine App, ein weiteres Endgerät, eine Internet- und Bluetooth-Verbindung, Server und eine Cloud benötigt, verbleibt im Diskurs in der Regel unsichtbar. Die Ergebnisse der Artefaktanalyse können den Diskurs hier dementsprechende erweitern.

Gesundheit und Fitness als Eigenleistung
Im Rahmen der Analyse der Diskursmuster konnte ich zeigen, dass der Wearable-Diskurs bestimmte Narrative fördert, die als ableistisch, fettfeindlich und klassistisch perspektiviert werden können. Dies ist in erster Linie der Fall, weil Gesundheit dort als ein steuerbarer Zustand dargestellt wird, ebenso wie ein von Fitness geprägter Lifestyle als erstrebenswert kommuniziert wird. Wearables verstärken so ein *Healthism*-Prinzip[41], welches die Optimierung des eigenen Gesundheitszustands und der körperlichen Fitness zum Lebensmittelpunkt machen. Die Artefaktanalyse der *Fitbit Versa* bestätigt diese diskursiven Strukturen: Die Nutzung des Wearables adressiert eine bestimmte Gruppe von Nutzer*innen und schließt wiederum ganze andere Gruppen aus, indem eine Norm aufgestellt wird, wie das Wearable intendiert zu nutzen ist. Diese Nutzung setzt u. a. gesunde, fitte und physisch aktive Körper sowie gleichmäßige Tagesstrukturen voraus. Personen, die das nicht leisten können oder wollen, erfahren durch die Geräte einen Ausschluss bzw. können diese nicht wie vorgegeben nutzen. Gleichzeitig wird ein Machtgefüge aufrechterhalten, die Gesundheit und

---

[40] Vgl. z. B. Classen et al.: Anatomy of a Vulnerable Fitness Tracking System, S. 2 f.; Xue: A review on intelligent wearables, S. 290 ff.; dpa: Datenschleuder Fitnessarmband, 2017; Biselli: Wearables und Fitnessapps verbreiten sich mit Hilfe der Krankenkassen, Regierung verkennt Datenschutzprobleme, 2016.

[41] Vgl. Crawford: Healthism and the medicalization of everyday life, S. 368.

Fitness als Eigenleistung rahmt, die – unterstützt durch das Wearable – nur genügend Willensstärke bedarf.

Das Wearable als Produkt eines komplexen Herstellungsprozess
Zwei Themenbereiche, welche der Diskurs nicht aufgreift, die aber im Zuge der Artefaktanalyse eine Rolle spielen, betreffen die Nachhaltigkeit von Wearables und den Herstellungsprozess. Die Nutzungsdauer von Wearables ist nur auf einen bestimmten Zeitraum ausgelegt, was sich u. a. daran ablesen lässt, dass Reparaturen oder der Akkutausch nicht ohne weiteres möglich sind, da sich das Gerät nicht öffnen lässt. Das bedeutet auch, dass Wearables wie die *Versa* nicht dem „Recht auf Reparatur"[42] entsprechen, welches das Europäische Parlament für Verbraucher*innen einfordert. Des Weiteren signalisiert das Wearable nur eine begrenzte Gültigkeit, wenn, wie im Falle der *Fitbit Versa*, in kurzen Abständen neue Modelle in der gleichen Modellreihe auf den Markt gebracht werden, die jeweils über einen erweiterten Funktionsumfang verfügen. Ein weiterer Aspekt, der an den Lebenszyklus der Geräte anschließt, ist der der Rohstoffgewinnung, beispielsweise des Lithiums, welches für die Herstellung benötigt wird.[43] Wie bei vielen anderen Materialien, welche die Mediennutzung erst ermöglichen, existiert hier ein ungleiches Verhältnis zwischen der Nutzung der Geräte in westlichen Gesellschaften und der Rohstoffgewinnung, die überwiegend im Globalen Süden geschieht. Auch weitere Akteursgruppen, die in den Produktionsprozess des Wearables eingebunden sind, spielen im Diskurs keine Rolle, beispielsweise Hersteller verbauter Technologien wie den spezialisierten Sensoren oder des *Gorilla Glass*. Der Diskurs lässt sich hier also insofern erweitern, als dass der enge Fokus auf das Endprodukt einer breiteren Perspektive auf die komplexe Infrastruktur weicht, in denen Geräte wie die *Fitbit Versa* eingebettet sind, genauso wie Themen wie Nachhaltigkeit und Ausbeutung im Diskurs verhandelt werden sollten.

---

[42] Europäisches Parlament: Parlament will Verbrauchern in der EU „Recht auf Reparatur" einräumen. Europäisches Parlament, 2020, https://www.europarl.europa.eu/news/de/pressroom/20201120IPR92118/parlament-will-verbrauchern-in-der-eu-recht-auf-reparatur-ein raumen vom 25.11.2020 (zuletzt geprüft 31.03.2022). Mehr zu Praktiken des Reparierens von Medientechnologien findet sich z. B. bei Kannengießer, Sigrid: Digitale Medien und Nachhaltigkeit. Medienpraktiken für ein gutes Leben, Wiesbaden: Springer Fachmedien Wiesbaden, 2022, S. 81 ff.

[43] Zur Bedeutung von Materialien wie Lithium, die Grundlage für die Nutzung von Medientechnologien sind siehe auch Parikka, Jussi: A geology of media, Minneapolis: University of Minnesota Press, 2015, S. 4 f.

Subjektivierungen 7

"Realize your potential."[1]

"Check mal bei dir selbst ein."[2]

"Ihre Transformation beginnt jetzt."[3]

"There's a better version of you out there. Get up and find it with the new UP MOVE fitness tracker."[4]

Die Berücksichtigung von Subjektivierungsprozessen als eigene Analysegegenstände stellt eine der Stärken der Dispositivanalyse als Forschungsstil dar. Diese Prozesse stehen nun in diesem Kapitel im Mittelpunkt. Wie in Abschnitt 2.3 und 4.2.3 dargelegt, produzieren Dispositive Subjekte, indem erwünschte Subjektformen als „Muster des Erstrebenswerten"[5] diskursiv vermittelt werden und Individuen durch die Unterwerfung dieser Anrufungen zu Subjekten gemacht werden. Dies betrifft auch das Wearable-Dispositiv, in welchem das Wearable das zentrale Werkzeug der Subjektivierung darstellt. Darüber, dass Selbstvermessungstechnologien eine bedeutende Rolle bei der Formung und Selbstformung von Subjekten spielen, besteht Konsens im wissenschaftlichen Diskurs.[6] Diese Selbstformung hat eine zweifache Bedeutung, wie Ulrich Bröckling anhand des

---

[1] Oura Health: Oura Ring, https://ouraring.com/ (zuletzt geprüft 27.03.2022).

[2] Apple: Apple Watch, https://www.apple.com/de/watch/ (zuletzt geprüft 17.02.2022).

[3] Xiaomi: Mi Smart Band 4, https://www.mi.com/de/mi-smart-band-4/ (zuletzt geprüft 09.02.2022).

[4] Jawbone: Tweet vom 27.12.2014, 01:17 Uhr, https://twitter.com/jawbone/status/548633718261161985?lang=de (zuletzt geprüft 01.03.2022).

[5] Reckwitz: Subjekt, S. 140.

[6] Vgl. z. B. Gabriels/Coeckelbergh: Technologies of the self and other, S. 121; Reichert: Digitale Selbstvermessung, S. 74; Wiede: Subjekt und Subjektivierung, 2020, S. 23.

Begriffs „Selbststeuerung" erläutert: Dadurch, dass so immer die steuernde wie auch die gesteuerte Instanz angesprochen wird, trifft diese Bezeichnung in doppelter Hinsicht auf das Subjekt zu.[7] Dies lässt sich demnach auf Begriffe wie die Selbstvermessung, die Selbstoptimierung und die Selbstformung übertragen. In diesem Zusammenhang ist es noch einmal wichtig darauf hinzuweisen, dass Subjektivierungsprozesse immer auch die Möglichkeit des Widerstands bieten, indem das geforderte Verhalten modifiziert oder abgelehnt werden kann.[8] Somit produziert ein Dispositiv nicht nur Subjekte, welche das erwünschte Verhalten zeigen, sondern auch Anti-Subjekte, die sich von diesem Verhalten abgrenzen – beide Subjektformen sind dabei stets abhängig vom jeweiligen kulturellen und historischen Bezugsrahmen.[9] So entstehen im Dispositiv Machtbeziehungen zwischen den einzelnen Elementen, wie hier beispielsweise zwischen den diskursiv vermittelten Subjektappellen, die zur Produktion erwünschter Subjekte beitragen sollen und den Alltagspraktiken von Wearable-Nutzer*innen. Diese Anrufungen an das Subjekt aufzuzeigen, ist Bestandteil dieses Kapitels, ebenso wie die Positionierung zu diesen Erwartungen seitens der Nutzer*innen. Nach der Subjektivierungsanalyse in Abschnitt 7.1 beschäftigt sich Abschnitt 7.2 im Anschluss mit der dritten Leitfrage der Dispositivanalyse und damit mit der Verhältnisbestimmung zwischen diskursiven und nicht-diskursiven Praktiken, Objektivationen und Subjektivierungen im Wearable-Dispositiv.

7.1 Subjektivierungsanalyse: Subjektproduktion im Wearable-Dispositiv

Um der Leitfrage nach den Beziehungen zwischen diskursiven und nicht-diskursiven Praktiken, Objektivationen und Subjektivierungen im Rahmen der Dispositivanalyse nachzugehen, werde ich nun zunächst, wie in Abschnitt 4.2.3 beschrieben, eine Subjektivierungsanalyse durchführen. Dabei unterscheide ich im Anschluss an Bührmann und Schneider zwischen *Subjektformierungen* und *Subjektpositionierungen* auf der einen sowie *Subjektivierungsweisen* auf der anderen Seite, auf die ich mein Analysematerial hin perspektivieren möchte. Das Ziel ist es, die Subjektivierungsprozesse, die sich im Wearable-Dispositiv zeigen, anhand meiner analyseleitenden Fragestellungen zu untersuchen und nachzuzeichnen. Dabei werde ich herausarbeiten, welche Subjektformen durch

---
[7] Vgl. Bröckling: Das unternehmerische Selbst, S. 21.
[8] Vgl. ebd., S. 40.
[9] Vgl. Saar: Analytik der Subjektivierung, S. 21; Reckwitz: Subjekt, S. 109.

das Dispositiv produziert werden und wie diese Subjekte als Effekt des Wearable-Dispositivs dafür sorgen, existierende Machtverhältnisse aufrechtzuerhalten. Auch hier sei noch einmal darauf hingewiesen, dass es sich bei diesen Subjekten nicht um „empirisch beobachtbare Entität[en]"[10] handelt, sondern um die Form der Adressierung, die an Individuen herangetragen wird, um es zu regieren. Eine bestimmte erwünschte Subjektform kann man nur annehmen, „weil man immer als solche[] angesprochen wird."[11]

7.1.1 Subjektformierungen und Subjektpositionierungen

Bei der folgenden Analyse der Subjektformierungen und Subjektpositionierungen geht es darum, die diskursiv vermittelten Normen und Regeln zu ermitteln, welche zur Produktion der Subjekte beitragen. Zugrunde liegt die Annahme, dass der Wearable-Diskurs – so wie andere Diskurse auch – bestimmte erwünschte und unerwünschte Subjektformen hervorbringt und diese zueinander positioniert.[12] Dabei handelt es sich um gouvernementale Akte, die den Handlungsspielraum für die Subjektformen vorstrukturieren und beschränken. Anhand meines Diskursmaterials, welches sich aus wissenschaftlichen Texten und Medienberichten zusammensetzt,[13] arbeite ich einige Aspekte heraus, die den Individuen als an sie gerichtete Erwartungen vorgesetzt werden und somit zur Produktion von Subjekten beitragen. Dafür untersuche ich die Anrufungen an das Individuum, die sich als zentral im Diskurs erweisen und zeige auf, wie auf dieser Grundlage Prozesse der Selbstformung entstehen, in denen das Subjekt geformt wird und sich gleichzeitig selbst formt. Im Folgenden möchte ich drei zentrale Subjektformen beschreiben, die sich aus dieser Analyse ergeben haben und diese auch im Hinblick auf die entsprechenden Anti-Subjekte kritisch diskutieren. Diese Subjektformen sollen nicht als voneinander getrennt verstanden werden, sondern stellen gemäß meinem in Abschnitt 2.3 erläuterten Bilds des Spirograph mögliche Schablonen im Subjektivierungsprozess dar, die sich mal mehr, mal weniger überlagern können.

---

[10] Bröckling: Das unternehmerische Selbst, S. 46.
[11] Ebd., S. 47.
[12] Vgl. Reckwitz: Subjekt, S. 26 ff.
[13] Die Zusammensetzung und Beschreibung der beiden Korpora finden sich in Abschnitt 4.2.1.1, eine ausführliche Analyse des Materials in Kapitel 5.

Das „fitte Subjekt": Fitter, happier, more productive[14]

Prominent im Wearable-Diskurs ist die Vermittlung einer Norm, die körperliche Aktivität und Fitness mit einem hohen Stellenwert versieht und im Gegensatz dazu zu wenig Bewegung als „Sünde des 21. Jahrhunderts"[15] rahmt. An zahlreichen Stellen lassen sich Appelle wiederfinden, die einen aktiven und fitten Lebensstil als Idealform darstellen und dafür geeignet sind, das individuelle Verhalten entsprechend zu steuern. Das Wearable wird dabei als „Coach,"[16] „Assistent"[17] oder „Begleiter"[18] zur Seite gestellt und soll dabei helfen, den diskursiv vermittelten Anforderungen nachzukommen und „auf Dauer in Form zu bleiben."[19] Auch Texte, die sich kritisch mit diesen Anrufungen auseinandersetzen, stellen einen Konsens darüber her, dass individuelle Fitness im Zusammenhang mit Selbstvermessungspraktiken ein „Subjektideal" darstellt.[20] Anrufungen zur physischen Aktivität werden in der Regel durch eine Verknüpfung der beiden Bereiche Fitness und Gesundheit vermittelt. Mit Beschreibungen, dass sich Menschen gesamtgesellschaftlich zu wenig bewegen[21] und aus dieser mangelnden Bewegung potenzielle Gesundheitsgefährdungen resultieren,[22] wird Fitness zu einer „moral responsibility"[23]. Dies ist insbesondere der Fall in einer Gesellschaft, die geprägt ist von „bewegungsarmer Büroarbeit, exzessiven Film- und

---

[14] Textzeile aus „Fitter Happier" von *Radiohead* aus dem Jahr 1997. Anspielungen auf diesen Song finden sich auch im Diskurs, vgl. Crawford/Lingel/Karppi: Our metrics, ourselves, S. 480; Chamorro-Premuzic: Wearable devices: tracking your every step may not make you happier, 2015; Moore/Robinson: The quantified self: What counts in the neoliberal workplace, S. 2779.

[15] Zeh: Der vermessene Mann, 2012. Siehe auch Dredge: Is ‚sitting the new cancer'?, 2015.

[16] Vgl. Schmundt: Falsch vermessen, 2017; Knoke: Diese Fitnessarmbänder sind besser als die Apple Watch, 2016; Millington: Fit for prosumption, S. 1193.

[17] Vgl. Beuth: Ist das Avantgarde oder nervt das nur?, 2015; Motti/Caine: Micro interactions and Multi dimensional Graphical User Interfaces in the Design of Wrist Worn Wearables, S. 1713.

[18] Vgl. Nosthoff/Maschewski: Das vermessene Selbst, 2020; Prasopoulou: A half-moon on my skin, S. 292.

[19] Haase: Fitnesstracker: Jeder Schritt zählt, 2020.

[20] Vgl. Millington: Fit for prosumption, S. 1185; Wiede: Subjekt und Subjektivierung, 2020, S. 23.

[21] Vgl. Gilmore: Everywear, S. 2528; Kerner/Burrows/McGrane: Health wearables in adolescents, S. 191; Zhu et al.: Social Networkout, S. 974.

[22] Vgl. O'Brien et al.: Acceptability of wristband activity trackers among community dwelling older adults, S. 21.

[23] Millington: Fit for prosumption, S. 1185.

Serien-Marathons (Binge-Watching) sowie bequemen Online-Bestellungen vom Sofa aus."[24] Subjekte unterwerfen sich diesen Anrufungen nach Aktivität und Fitness und setzen gleichzeitig Wearables als Selbsttechnologien ein, um sich entsprechend der an sie kommunizierten Erwartungen selbst zu formen. In der Konsequenz wird eine Subjektform produziert, die ich als das „*fitte Subjekt*" bezeichnen möchte. Zum Bild des „fitten Subjekts" gehört, dass es ständig in Bewegung ist, Schritte sammelt, Trainingseinheiten absolviert und ‚Ringe schließt.'[25] Die Etablierung der erwünschten Subjektform des „fitten Subjekts" wird ebenfalls durch die Werbung der Wearable-Anbieter verstärkt, indem diese in der Regel sportliche und aktive Personen darstellen[26] und explizit die körperliche Fitness als Idealziel formulieren.[27]

Kritisch zu diskutieren ist die unmittelbar mit dem „fitten Subjekt" verbundene Produktion von Anti-Subjekten, also den Subjekten, die sich den Anrufungen nach Fitness und körperlicher Aktivität nicht unterwerfen können oder wollen. Idealerweise besteht noch ‚Hoffnung' für diese Subjekte, wenn Wearables „sie zu neuer Form hochpeitschen, sie fit und gesund machen für ein neues, besseres Leben,"[28] denn diskursiv vermittelt wird die Norm eines fitten Körpers, der als „only natural and desirable form of embodiment or way of life"[29] präsentiert wird. Bei dieser idealisierten Vorstellung sind die Subjekte jederzeit zur physischen Aktivität fähig und richten auch ihren Alltag danach aus. Personen, welche diese Anforderungen nicht erfüllen können oder wollen, beispielsweise aufgrund von Behinderung, werden dadurch pathologisiert und exkludiert, der Wearable-Diskurs mit seinen Subjektpositionierungen des „fitten Subjekts" und des entgegenstehenden „unfitten Subjekts" weist somit ableistische Strukturen auf.[30]

---

[24] O. A.: Fitness-Tracker kaufen, 2021.

[25] Gemeint ist hier das Schließen der *Drei Ringe* am Tagesende bei Nutzung der *Apple Watch*, siehe auch Abschnitt 5.2.1.

[26] Vgl. Gorm/Shklovski: Episodic use, S. 2507; Schüll: Data for life: Wearable technology and the design of self-care, S. 6; Schmieder: Ein Band, sie zu knechten, 2016.

[27] Exemplarisch zu nennen sind hier „Starte jetzt und werde fit" (https://www.mi.com/de/product/redmi-watch-2-lite/), „Erreiche Tag für Tag 100 %" (https://www.polar.com/de/unite), „Immer wissen, wie fit du bist" (https://www.apple.com/de/watch/) oder „Lebe aktiver und bring dich in die Form deines Lebens" (https://www.fitbit.com/global/de/products/trackers/charge5?sku=421BKBK) (alle zuletzt geprüft 17.02.2022).

[28] Schmundt: Falsch vermessen, 2017.

[29] Elman: Find Your Fit, S. 3761.

[30] Vgl. dazu auch ebd., S. 3761/ 3770.

Das „eigenverantwortlich handelnde Subjekt": Sein Leben selbst in die Hand nehmen

Überschneidungen weist das „fitte Subjekt" mit einer weiteren Idealform der Subjektivierung auf, denn bestenfalls verfolgt das Individuum die Umsetzung des Fitness-Paradigmas mit einem hohen Maß an Eigenverantwortung, das sich zu einem Leitmotiv im Alltag auch auf andere Lebensbereiche ausweitet. Aus diesem Grund möchte ich diese Subjektform als das *„eigenverantwortlich handelnde Subjekt"* bezeichnen. Entsprechende Anrufungen zu einem eigenverantwortlichen Verhalten und dazu, sein Leben selbst in die Hand zu nehmen, ziehen sich quer durch den Wearable-Diskurs, welcher Wearables als passendes Werkzeug dieser Anrufungen präsentiert.[31] Insbesondere für den Gesundheitsbereich wird das „eigenverantwortlich handelnde Subjekt" als Idealform präsentiert, welches die Kontrolle über seine Gesundheit übernimmt und sich selbst um die ‚Instandhaltung' seines Körpers kümmert. Der Diskurs vermittelt dies durch verschiedene Strategien: Wie bereits beim „fitten Subjekt" angesprochen, ist ein zentraler Aspekt die sich stetig wiederholende Betonung der Bedeutung eines aktiven Lebensstils und dessen positive Effekte auf die Gesundheit – und im Umkehrschluss die negativen Auswirkungen von physischer Inaktivität.[32] Eine entsprechende eigenverantwortliche Umsetzung des gewünschten Verhaltens wird dabei zur angestrebten Norm, das „eigenverantwortlich handelnde Subjekt" wird geformt und formt sich durch die Nutzung von Wearables selbst. Generell geschieht die Anrufung zur Nutzung der Geräte, indem wiederholt die gesellschaftlichen Potenziale der bei der Wearable-Nutzung entstehenden Daten für das Gesundheitssystem,[33] aber auch individuelle Vorteile wie die Früherkennung von potenziellen Erkrankungen betont werden.[34] Insbesondere durch den letzten

---

[31] Vgl. z. B. Zimdars: The Self-Surveillance Failures of Wearable Communication, S. 26; Willmroth: Regieraum des Lebens, 2014; Members Health Fund Alliance: Hack your health, 2020.

[32] Vgl. u. a. Shcherbina et al.: Accuracy in Wrist-Worn, Sensor-Based Measurements of Heart Rate and Energy Expenditure in a Diverse Cohort, S. 1; Strath/Rowley: Wearables for Promoting Physical Activity, S. 53; Kerner/Burrows/McGrane: Health wearables in adolescents, S. 191.

[33] Vgl. z. B. Dunn/Runge/Snyder: Wearables and the medical revolution, S. 432; Yetisen et al.: Wearables in Medicine, S. 20; Lopez/Afrin/Nepal: Examining the design, manufacturing and analytics of smart wearables, S. 10.

[34] Vgl. u. a. Martin-Jung: Wenn der Mensch zum bloßen Datenlieferanten wird, 2016; Riedl: Smartwatch mit analoger Anzeige, 2020; Chen/Zdorova/Nathan-Roberts: Implications of Wearables, Fitness Tracking Services, and Quantified Self on Healthcare, S. 1069; Yetisen et al.: Wearables in Medicine, S. 19; Dunn/Runge/Snyder: Wearables and the medical revolution, S. 435.

Aspekt wird dem Individuum vermittelt, dass die Nutzung und die potentielle frühe Erkennung gesundheitlicher Komplikationen in der eigenen Verantwortung liegt, ein Verzicht auf Wearables demnach eigentlich unverantwortlich ist. Ebenfalls selbst in der Hand hätten Subjekte dabei ihre eigene Lebenserwartung, die laut Diskurs durch die datengestützte Kontrolle von Bewegung, Ernährung und Schlaf steigerbar ist.[35] Auf Basis dieser Daten wird außerdem eine optimierte medizinische Versorgung in Aussicht gestellt, sei es, weil Behandlungen datenbasiert individualisiert werden können,[36] das Management von chronischen Erkrankungen durch die Daten besser funktioniert[37] oder die ärztliche Betreuung aufgrund der hohen Informationsdichte der Vermessung engmaschiger erfolgen kann.[38] Eigenverantwortung wird so zum „Muster des Erstrebenswerten."[39]

Kritisch zu sehen bei der Produktion des „eigenverantwortlich handelnden Subjekts", ist die diskursive Vermittlung des bereits zu einem früheren Zeitpunkt dieser Arbeit angesprochenen „healthism imperative"[40], also der Annahme, dass der eigene Gesundheitszustand das Ergebnis von richtigen oder auch falschen Verhaltensentscheidungen ist. Die Anrufung zu einer eigenverantwortlichen Gesundheitsförderung impliziert, dass Gesundheit ein Ziel ist, das man mit dem entsprechenden Verhalten erreichen kann.[41] Dies ist insofern problematisch, als dass es die Verantwortlichkeiten verschiebt, weg von einer gesellschaftlichen, im Gesundheitssystem verankerten Verantwortung einer Solidargemeinschaft hin zum Individuum, welches die meisten Aspekte im Gesundheits-Krankheits-Kontinuum gar nicht beeinflussen kann. Eine solche Sichtweise, welche die Verantwortung bei Einzelnen verortet, kann im Extremfall zu einer Übernahme des „Selber-schuld-Prinzips"[42] führen, also der Position, dass die Schuld einer Erkrankung beim Individuum zu suchen ist und als riskant eingestuftes Gesundheitsverhalten (z. B. rauchen) sanktioniert werden sollte. Die Internalisierung des

---

[35] Vgl. Beuth: Vermessen und verkauft, 2015; Members Health Fund Alliance: Hack your health, 2020.
[36] Vgl. Chen/Zdorova/Nathan-Roberts: Implications of Wearables, Fitness Tracking Services, and Quantified Self on Healthcare, S. 1070; Swan: The Quantified Self, S. 92.
[37] Vgl. Piwek et al.: The Rise of Consumer Health Wearables, S. 1; Zinkant: Das Recht auf Unvernunft, 2016.
[38] Vgl. Sharon: Self-Tracking for Health and the Quantified Self, S. 100; Schüll: Data for life: Wearable technology and the design of self-care, S. 9.
[39] Reckwitz: Subjekt, S. 140.
[40] Millington: Fit for prosumption, S. 1192.
[41] Vgl. Kressbach: Breath work, S. 188.
[42] Zeh: Der vermessene Mann, 2012.

Paradigmas der Eigenverantwortung und damit verbundener *self-care* kann außerdem als neoliberal markiert werden, wenn es im Kern darum geht, die eigene Flexibilität und Arbeitsmarktfähigkeit zu gewährleisten.[43] Der Subjektivierungsappell ist klar: eigenverantwortlich, flexibel, belastbar und einsatzbereit sollte das Subjekt sein – selbst bei chronischer Erkrankung.[44]

Auch im Falle des „eigenverantwortlich handelnden Subjekts" wird im Diskurs ein entsprechendes Anti-Subjekt produziert und von diesem ein deutliches Bild gezeichnet: Das unerwünschte Subjekt ist ein inaktives, welches sich in einer „Paralyse vor dem Bildschirm"[45] befindet und als ein solcher „fauler Couch-Potatoe"[46] in der Folge „Bewegungsmangel und Verfettung"[47] erleidet. Die Beobachtung, dass „man ja nicht gerade den Eindruck [bekommt], dass die Leute exzessiv Sport treiben oder sich viel zu gesund ernähren"[48] manifestiert sich in sichtbaren „Hüftgold"[49] und wird durch nicht näher benannte Studien untermauert, die zeigen sollen, dass die Deutschen sich nicht nur immer weniger bewegen, sondern auch stetig an Körpergewicht zulegen.[50] Zuschreibungen von Faulheit, Disziplinlosigkeit und Kontrollverlust gehen einher mit der Zeichnung eines Subjekts, welches sich scheinbar nicht den Normen und Regeln eines erwünschten Gesundheitsverhalten und eigenverantwortlichen Handelns unterwirft und somit die Gegenfigur der hier beschriebenen Subjektform darstellt. Dass im Diskurs definiert wird, was als „belohnenswertes gesundes Verhalten"[51] gilt, trägt auch dazu bei, dass sich das Bild dessen, was als ein gesellschaftlich akzeptiertes Gesundheitsverhalten eingeordnet wird, weiter verschiebt. Somit lassen sich auch hier bei der Einteilung in ‚erwünschte' und ‚nicht erwünschte' Subjekte klassistische, ableistische und fettfeindliche Tendenzen im Diskurs feststellen.

Das „optimierungsbedürftige Subjekt": Nobody is perfect
Neben dem „fitten Subjekt" und dem „eigenverantwortlich handelnden Subjekt" lässt sich auf Basis des Diskurses noch eine weitere Subjektform herausarbeiten, die ebenfalls wieder Überschneidungen mit den anderen beiden Idealformen

---

[43] Vgl. Kressbach: Breath work, S. 185 f., Elman: Find Your Fit, S. 3774.
[44] Vgl. Schüll: Data for life: Wearable technology and the design of self-care, S. 2.
[45] Maak: E-Mails im Blut, 2014.
[46] O. A.: Fitness-Tracker kaufen, 2021.
[47] Maak: E-Mails im Blut, 2014.
[48] Moorstedt: Richtig verbunden, 2015.
[49] O. A.: Fitness-Tracker kaufen, 2021.
[50] Vgl. Internetredaktion Barmer: Quantified Self, 2019.
[51] Schwinn: Gesundheit ist mehr als Ziffern und Kurven, 2018.

7.1 Subjektivierungsanalyse: Subjektproduktion im Wearable-Dispositiv

aufweist. Die Anrufungen, um die es nun hier geht, verweisen auf die Generierung von mehr Wissen und der Ergründung bisher unbekannter ‚Wahrheiten' über den eigenen Körper, aus dieser Perspektive „vervollständigt die Technik den menschlichen Körper."[52] Das Individuum wird dabei also als unvollständiges und unwissendes Subjekt angesprochen, das sich seines Optimierungsbedarfs bewusst sein soll. Aus diesem Grund möchte ich diese Subjektform als *„optimierungsbedürftiges Subjekt"* bezeichnen. Die erstrebenswerte Norm, die hier diskursiv vermittelt wird, ist, dass möglichst viele Aspekte des Lebens quantifizierbar gemacht werden sollten, die im Anschluss Ziel von Optimierungsbestrebungen werden. Wie bei den anderen beiden Subjektformen wird auch für diese erwünschte Form das Wearable als passendes Werkzeug präsentiert, u. a. sein Verhalten, seine Aktivität oder seine Gesundheit zu optimieren.[53] Das geschieht insbesondere dadurch, dass immer wieder betont wird, dass nur Wearables in der Lage seien, dieses Wissen zu bergen[54] bzw. in den Körper hineinzuschauen.[55] Damit werden erst durch diese Wissensproduktion bestimmte Aspekte kontrollierbar und damit steuerbar und optimierbar,[56] die „zahlenbasierte Selbstanalyse ersetzt gefühltes Wissen durch messbare Ergebnisse."[57] „Blindspots"[58] sind so nicht länger akzeptabel.

Eine andere Strategie in der Produktion des „optimierungsbedürftigen Subjekts" ist die stetige diskursive Rahmung des Wearables als „personal assistant,"[59]

---

[52] Willmroth: Regieraum des Lebens, 2014

[53] Vgl. z. B. Dunn/Runge/Snyder: Wearables and the medical revolution, S. 432; Zhu et al.: Social Networkout, S. 975; Duus/Cooray: How we discovered the dark side of wearable fitness trackers, 2015; Internetredaktion Barmer: Quantified Self, 2019.

[54] Vgl. Prasopoulou: A half-moon on my skin, S. 291; Gilmore: Everywear, S. 2528; Crawford/Lingel/Karppi: Our metrics, ourselves, S. 494; Gabriels/Coeckelbergh: Technologies of the self and other S. 119; Zimdars: The Self-Surveillance Failures of Wearable Communication, S. 26.

[55] Vgl. Gabriels/Coeckelbergh: Technologies of the self and other, S. 125.

[56] Vgl. Sanders: Self-tracking in the Digital Era, S. 45; Internetredaktion Barmer: Quantified Self, 2019.

[57] Ebd.

[58] Schüll: Data for life: Wearable technology and the design of self-care, S. 9.

[59] Motti/Caine: Micro interactions and Multi dimensional Graphical User Interfaces in the Design of Wrist Worn Wearables, S. 1713.

Coach[60] oder Manager.[61] Auch dadurch wird das Subjekt als ein unvollständiges angesprochen, welches die Hilfe einer Technologie benötigt, um den Mangel auszugleichen, nicht mehr plan- und hilflos zu sein[62] und es endlich „vom Sofa ins gute Leben [zu schaffen]."[63] Verstärkt wird die Anrufung nach einer umfassenden Optimierung durch Aufforderungen zum ständigen Vergleich und Teilen der erhobenen Daten.[64] Optimierungsappelle breiten sich dabei in verschiedene Lebensbereiche aus. Neben der eigenen Fitness, Gesundheit und Gestaltung des Alltags ist dies auch die Optimierung der Arbeitsproduktivität, die hier oftmals unkritisch gefordert wird.[65]

Im Kontrast zur Subjektform des „optimierungsbedürftigen Subjekts" wird auch hier wieder ein Anti-Subjekt produziert. Dieses entzieht sich den Optimierungsanforderungen und der vorgegebenen Nutzung von Wearables, indem es die Geräte widerständig nutzt, entweder in Form einer „soft resistance,"[66] und der Unterbrechung der ständigen Datenerhebung[67] oder in einer deutlicheren Form des Widerstands, wie es beim Projekt „Unfit Bits" der Fall ist. Unter dem Motto „Free your fitness data from yourself"[68] werden hier auf kreative Weise Möglichkeiten vorgeschlagen, wie man Aktivitätsdaten produziert, um Versicherungsvorteile zu erlangen, indem man beispielsweise seinen Tracker an einem Metronom befestigt und den Schrittzähler somit zu „übertölpeln."[69] Des Weiteren steht dem „optimierungsbedürftigen Subjekt" ein Subjekt gegenüber, welches seine Wearable-Nutzung selbst begrenzt, indem es Funktionen nicht nutzt oder bestimmte Aspekte bewusst nicht vermessen möchte, um sich dort keinen Optimierungslogiken zu unterwerfen.

Zum Abschluss dieses Teils der Analyse möchte ich festhalten, dass es innerhalb des Wearable-Dispositivs bestimmte erwünschte und unerwünschte

---

[60] Vgl. Chen/Zdorova/Nathan-Roberts: Implications of Wearables, Fitness Tracking Services, and Quantified Self on Healthcare, S. 1069.
[61] Vgl. Gabriels/Coeckelbergh: Technologies of the self and other, S. 124.
[62] Vgl. Grauvogl: An der Biomarkt-Kasse scheitert die Smartwatch, 2018.
[63] Knoke: Diese Fitnessarmbänder sind besser als die Apple Watch, 2016.
[64] Vgl. Budzinski/Schneider: Smart Fitness, S. 93.
[65] Vgl; Zhu et al.: Social Networkout, S. 979; Budzinski/Schneider: Smart Fitness, S. 100; Xue: A review on intelligent wearables, S. 288 f.
[66] Schüll: Data for life: Wearable technology and the design of self-care, S. 4.
[67] Vgl. Gorm/Shklovski: Episodic use, S. 2514.
[68] Unfit Bits: Startseite, http://www.unfitbits.com/ (zuletzt geprüft 11.01.2022).
[69] Moorstedt, Michael: Von der Apple Watch zur elektronischen Fußfessel. Süddeutsche Zeitung, 2016, https://www.sueddeutsche.de/digital/internet-kolumne-netznachrichten-1.2803855 vom 04.01.2016 (zuletzt geprüft 12.02.2021).

Subjektformen gibt, die im Diskurs auch zueinander positioniert werden. Das Ideal stellt dabei ein nach Fitness strebendes, eigenverantwortlich handelndes, sich selbst optimierendes Subjekt dar, welches durch die gouvernementale Macht nicht nur geformt wird, sondern die Anrufungen internalisiert hat und sich durch die Nutzung eines Wearables auch selbst gemäß den kommunizierten Erwartungen formt.

7.1.2 Subjektivierungsweisen

Im Folgenden möchte ich gemäß der in Abschnitt 7.1.1 herausgearbeiteten Subjektideale des „fitten Subjekts", des „eigenverantwortlich handelnden Subjekts" und des „optimierungsbedürftigen Subjekts" analysieren, wie sich diese zu meinem Interviewmaterial verhalten und in Form von Subjektivierungsweisen zu Tage treten. Wie in Abschnitt 4.2.3 erläutert, geht es bei dieser Perspektive darum zu untersuchen, wie sich die Befragten selbst zu den vermittelten Anforderungen der jeweiligen Subjektformen positionieren und wie sich diese in ihrer Wearable-Nutzung widerspiegeln – wie die Macht der Subjektivierungsappelle also in den Alltagspraktiken wirksam wird.

Auf einer allgemeinen Ebene möchte ich noch einmal aufgreifen, dass Wearables im Alltag ihrer Nutzer*innen unterschiedliche Rollen einnehmen können, wie ich bereits in Abschnitt 5.2.2 zeigen konnte. So setzen Katharina Z., Bernd B. und zum Teil auch Leon O. ihr Gerät hauptsächlich als Motivator für die Steigerung der physischen Aktivität ein. Eher die Funktion eines Werkzeugs zur Effizienzsteigerung nimmt es hingegen bei Annika L. und David G. ein, für Janina F. und Simon J. ist das Wearable ein „Coach am Handgelenk"[70] und im Leben von Michaela N. und Torsten D. wird die *Apple Watch* zur Kontrollinstanz über die eigene Gesundheit. Dies weist bereits darauf hin, dass sich die Nutzer*innen das Wearable zu Eigen machen, um genau das für sie passende Werkzeug zu formen.

Erwartungen an das „fitte Subjekt": Wie fit bin ich?
Beginnen möchte ich mit der Subjektform des „fitten Subjekts", zu welchem sich zahlreiche Bezüge im Interviewmaterial herstellen lassen. Die diskursiv vermittelten Anforderungen an das „fitte Subjekt" spiegeln sich dabei deutlich in den

---

[70] Boehringer: Alles was messen, was geht, 2017.

Praktiken der Befragten wider, von denen einige angaben, dass sie ihr Wearable zum Tracken sportlicher Aktivitäten nutzen,[71] aber auch im Alltag auf das Erreichen gesetzter Aktivitätsziele achten, wie z. B. jeden Tag eine bestimmte Anzahl von Schritten zu laufen.[72] Ohnehin ordnen die Befragten Sport, Fitness und Bewegung als wichtige Bestandteile ihres Lebens ein, insbesondere eine regelmäßige, besser noch tägliche Aktivität wird als sehr wesentlich empfunden.[73] So wird zum Teil auch die Tagesgestaltung anhand der Aktivitätsziele ausgerichtet und im Zweifel doch nochmal ein Spaziergang eingeschoben, um die Vorgaben zu erfüllen.[74] Das schließt an die diskursive Rahmung der mangelnden Bewegung als „Sünde des 21. Jahrhunderts"[75] an, der sich auch keine*r der Befragten schuldig machen will. Verbunden mit dem „fitten Subjekt" zeigt sich hier auch die bereits angesprochene *Sportification*[76] von Alltagstätigkeiten, indem Sportlogiken auf Aktivitäten wie das Spazierengehen übertragen und so mit dem Erreichen bestimmter Ziele und dem Einsatz von persönlichem Fleiß verknüpft werden.[77] Einen besonderen Symbolwert haben dabei die schon häufiger erwähnten 10.000 Schritte, die als eine Art diskursiv anerkannter Kennwert zu gelten scheinen, die ein „fittes Subjekt" markieren.[78]

Um diese Anforderungen eines aktiven Lebensstils umzusetzen, wird das Wearable von den Befragten als passendes Werkzeug zur Selbstbildung empfunden, indem es sie an die regelmäßige Bewegung erinnert,[79] sie zu mehr Bewegung motiviert[80] und ihnen so aktiv dabei hilft, fitter zu werden.[81] Die Internalisierung der Erwartungen an das „fitte Subjekt" zeigen sich u. a. auch in den Erzählungen der Befragten darüber, dass sie statt des Aufzugs die Treppen nutzen,[82] oder

---

[71] Vgl. z. B. Interview Annika L., 17; Interview Michaela N., 17; Interview Simon J., 7.
[72] Vgl. Interview Annika L., 17; Interview Janina F., 67; Interview David G., 67.
[73] Vgl. Interview Annika L., 19 und 64; Interview Michaela N., 31; Interview Leon O., 13 und 37; Interview Janina F., 13, 51 und 81; Interview Katharina Z., 16.
[74] Vgl. Interview Katharina Z., 16; Interview Janina F., 17 und 67.
[75] Zeh: Der vermessene Mann, 2012.
[76] Vgl. Grupe: Sport and Culture, S. 21.
[77] Vgl. Interview Michaela N., 78; Interview Annika L., 44; Interview Bernd B., 11; Interview David G., 15; Interview Janina F., 13; Interview Katharina Z., 34.
[78] Vgl. Interview Katharina Z., 5; Interview David G., 67; Interview Janina F., 13.
[79] Vgl. Interview Annika L., 46; Interview David G., 15; Interview Bernd B., 11.
[80] Vgl. Interview Janina F., 51; Interview Katharina Z., 5; Interview Bernd B., 11; Interview Leon O., 13; Interview Michaela N., 11.
[81] Vgl. Interview Janina F., 19; Interview Katharina Z., 5.
[82] Vgl. Interview Annika L., 44; Interview Michaela N., 31.

kurze Strecken eher zu Fuß statt mit dem Auto zurücklegen.[83] Im Zuge dessen ordnen die Befragten sich selbst der erwünschten Subjektform zu, beispielsweise Katharina Z., die ehemals „sehr, sehr starkes Übergewicht"[84] hatte, sich nun aber als sehr aktiv beschreibt und dank des Wearables erreichen konnte, dass „meine Fitness [hochgeht], mein Gewicht [runtergeht]."[85] Die Erfüllung der Anforderungen des „fitten Subjekts" hat für sie zu vielen Veränderungen im Leben geführt, die sie als positiv bewertet: Das Gefühl, aktiver zu sein, sich mehr zu bewegen und ein hoher Gewichtsverlust.[86] Durch Rahmungen wie diese wird gleichzeitig aber auch die unerwünschte Subjektform thematisiert. Dieses Anti-Subjekt zum „fitten Subjekt" nimmt sein Leben nicht selbst in die Hand, ihm wird Faulheit zugeschrieben, es nutzt stets den Aufzug statt der Treppen, macht keinen Sport, Bewegung ist kein selbstverständlicher Teil des Alltags und selbst kurze Strecken werden mit dem Auto zurückgelegt. Von diesem grenzen sich die Befragten ab, indem sie auf den Stellenwert von Aktivität und Fitness in ihrem Leben verweisen, auf die *Drei Ringe*, die abends in der Regel geschlossen sind[87] und ihr Wearable, das mit ihnen zufrieden ist: „Haste gut gemacht, haste toll gemacht."[88]

Anforderungen des „eigenverantwortlich handelnden Subjekts": Besser auf sich aufpassen

Eng verknüpft mit dem „fitten Subjekt" ist das „eigenverantwortlich handelnde Subjekt", zu welchem sich die Befragten ebenfalls in Beziehung setzen. Anhand des Interviewmaterials lässt sich zeigen, dass die Befragten als Personen wahrgenommen werden möchten, die ihr Leben selbst in die Hand nehmen, indem sie sich gesund ernähren, auf ihr Körpergewicht achten und in sich hineinhören – letzteres dann mit Hilfe ihres Wearables.[89] Hier wird somit die Umsetzung der Anforderung an das „eigenverantwortlich handelnde Subjekt" nach der ‚Instandhaltung' des eigenen Körpers deutlich. Insofern zeigt sich das Wearable als passendes Werkzeug, denn es sorgt dafür, ein besseres Verständnis für den eigenen Körper zu entwickeln. Auf dieser Basis geben die Befragten an, dass sie

---

[83] Vgl. Interview Katharina Z., 28.
[84] Interview Katharina Z., 5.
[85] Interview Katharina Z., 5.
[86] Vgl. Interview Katharina Z., 28.
[87] Vgl. Interview Janina F., 67; Interview Michaela N., 23.
[88] Interview Bernd B., 11.
[89] Vgl. Interview Torsten D., 62; Interview Katharina Z., 22 und 24; Interview Michaela N., 21 und 37; Interview Leon O., 37.

ihre eigene Leistungsfähigkeit besser einschätzen können, um das Training entsprechend anzupassen, sie feinfühliger sind gegenüber Signalen des Körpers, sie ein positives Kontrollgefühl empfinden und sie sich bei Bedarf selbst begrenzen, indem sie wissen, was ihnen guttut.[90] Eigenverantwortlich erfolgt auch die Einhaltung u. a. von Aktivitätszielen, wie das Schließen der *Drei Ringe*[91] oder der Einsatz von Frühwarnsystemen wie im Fall der *Apple Watch*.[92]

Insbesondere in Bezug auf Letzteres ermöglicht das Wearable den Zugang zu exklusivem Wissen über den eigenen Körper, welches mögliche Vorteile bietet, wenn wie im Fall von Torsten D. gesundheitliche Komplikationen entdeckt werden können.[93] Erst auf Grundlage dieses Wissens, dessen Produktion auf Eigeninitiative beruht, konnten weitere Maßnahmen ergriffen werden und lässt für den Betroffenen die Frage unbeantwortet, was passiert wäre, wenn er das Gerät nicht genutzt hätte.[94] Diese Überlegung greift die Frage auf, inwiefern Unwissenheit zu verantworten ist, wenn man durch den Einsatz von Wearables und damit ein eigenverantwortlichen Handeln Schlimmeres verhindern kann, so wie hier im Beispiel das Risiko eines potenziellen Schlaganfalls reduziert werden konnte.[95] Problematisch ist auch hier wieder die Stärkung einer *Healthism*-Perspektive[96], denn so erscheint es, als ob Gesundheit durch das richtige Verhalten – die Nutzung einer *Apple Watch* – planbar und steuerbar wäre. Auffällig ist auch, dass sich bei den Befragten eine Internalisierung von Risikofaktoren feststellen lässt, die wiederum eigenverantwortlicher Interventionen bedürfen, u. a. Stress, Alter oder Übergewicht.[97] Das Wearable wird demnach als Werkzeug eines eigenverantwortlichen Gesundheitsverhaltens verstanden und bietet seinen Nutzer*innen die regelmäßige Kontrolle bestimmter Körperwerte, liefert dadurch Sicherheit und Beruhigung.[98]

Auch auf das diskursiv vermittelte Anti-Subjekt nehmen die Befragten indirekt Bezug, wenn sie sich selbst als „eigenverantwortlich handelndes Subjekt" darstellen und sich dann von denen abgrenzen, die nicht so auf sich achten, „wie man

---

[90] Vgl. Interview Simon J., 50 und 66; Interview Annika L., 19; Interview Janina F., 47; Interview Katharina Z., 34.
[91] Vgl. Interview Michaela N., 23; Interview Janina F., 67.
[92] Vgl. Interview Torsten D., 43; Interview Michaela N., 21.
[93] Vgl. Interview Torsten D., 45.
[94] Vgl. Interview Torsten D., 49.
[95] Vgl. Interview Torsten D., 54.
[96] Vgl. Crawford: Healthism and the medicalization of everyday life, S. 368.
[97] Vgl. Interview Katharina Z., 22; Interview David G., 15; Interview Torsten D., 43.
[98] Vgl. Interview Michaela N., 21 und 51; Interview Torsten D., 17 und 66.

auf sich achten sollte"[99], die beispielsweise rauchen, ein hohes Körpergewicht haben oder andere Risikofaktoren erfüllen.

Bemühungen des „optimierungsbedürftigen Subjekts": Immer besser werden
Die dritte Subjektform, zu der sich die Befragten positionieren, betrifft die des „optimierungsbedürftigen Subjekts". Diese beruht zunächst einmal auf der Annahme, dass durch die Nutzung eines Wearables exklusives Wissen über den Körper und das eigene Verhalten produziert wird. Auf Basis dieser Daten können dann Optimierungsbemühungen ansetzen. Das „optimierungsbedürftige Subjekt" ist demnach zuerst auch ein neugieriges, es möchte Zusammenhänge entdecken, Optimierungsmöglichkeiten erkennen und Daten vergleichen, etwas, was auch von den Befragten als attraktiv empfunden wird.[100] Um den Optimierungsfortschritt zu kontrollieren, spielt der regelmäßige Blick auf das Display ihres Wearables eine wichtige Rolle, z. B. die Kontrolle der Schließung der *Drei Ringe*.[101] Generell scheint die Sichtbarkeit der gemessenen Aspekte essentiell zu sein für deren Optimierung,[102] denn so könne man „[s]ich selbst anschauen."[103] Sich selbst als „optimierungsbedürftiges Subjekt" zu sehen, scheint aber nicht negativ verstanden zu werden, sondern eher als motivierender Anreiz. Man könne „das Maximum aus sich rausholen"[104], „die beste Version seiner selbst sein"[105] und „selbst immer besser werden".[106] Die Befragten möchten als optimierungswillig, und effizient, als stets an sich arbeitend wahrgenommen werden, als jemand, der sich immer neue Ziele setzt, die es zu erreichen gilt.[107]

Um diesen internalisierten Anforderungen nachzukommen, wird das Wearable als ideales Werkzeug verstanden, um das „optimierungsbedürftige Subjekt" dabei zu unterstützen, indem es z. B. zu Aktivität aufruft oder durch gamifizierende Elemente die Nutzer*innen motiviert.[108] Dabei wird das Wearable auf der

---

[99] Interview Torsten D., 73.
[100] Vgl. Interview Simon J., 26 und 62; Interview David G., 7.
[101] Vgl. Interview Annika L., 58; Interview David G., 7; Interview Michaela N., 23.
[102] Vgl. Interview Simon J., 48; Interview Michaela N., 51; Interview Katharina Z., 28; Interview Torsten D., 66.
[103] Interview Janina F., 43.
[104] Interview Torsten D., 87.
[105] Interview Janina F., 57.
[106] Interview Simon J., 58.
[107] Vgl. Interview Katharina Z., 36; Interview David G., 7; Interview Annika L., 58; Interview Bernd B., 66.
[108] Vgl. Interview Torsten D., 87; Interview Annika L., 50.

einen Seite zwar von einigen explizit mit der Steigerung sportlicher Leistungen verbunden,[109] nicht immer geht es aber unbedingt um eine Optimierung von Körper und Verhalten. Auch eine Optimierung im Sinne einer Effizienzsteigerung im Alltag wird als etwas wahrgenommen, bei dem die Funktionen des Wearables hilfreich sein können.[110] Gemäß der Aussage „Das Leben einfacher machen, mit Hilfe der technischen Möglichkeiten"[111] kann man bei den Befragten beobachten, dass sie ihr Wearable als Werkzeug zur Selbstbildung individuell auf die eigenen Bedürfnisse angepasst nutzen, sich das Gerät so zu eigen machen.[112] Als solches formt es das „optimierungsbedürftige Subjekt" in verschiedenen Bereichen des Lebens, in denen die Befragten einen Optimierungsbedarf erkennen. Doch nicht alle Bedarfe sind direkt mit der Nutzung des Wearables verknüpft, die Befragten identifizieren ganz unterschiedliche Anforderungsbereiche und ordnen diese als Erwartungen an das „optimierungsbedürftige Subjekt" ein. Michaela N. verbindet den Begriff der Selbstoptimierung mit dem des Ehrgeizes und der Forderung, immer mehr zu erreichen.[113] Leon O. verweist auf Optimierungsbestrebungen in den Bereichen des Ausbaus des kulturellen Kapitals und der Optimierung eines nachhaltigen Lebensstils.[114] Und Simon J. spricht eine Optimierung des alltäglichen Tagesablaufs an, der idealerweise möglichst effizient gestaltet ist und mit einem Flow verbunden ist.[115]

Das Anti-Subjekt zum „optimierungsbedürftigen Subjekt" ist ein Subjekt, welches sich den Optimierungsforderungen widersetzt, entweder, indem es das Spiel nicht mitspielt und sich den Anrufungen nach der Intensivierung der Nutzung und Steigerung der Messoptionen nicht unterwirft, oder aber indem es aktiven Widerstand leistet. Erstere Form einer „soft resistance"[116] zeigt sich auch in den Praktiken der Befragten, die sich selbst als Nutzer*innen darstellen, die sich nicht von ihrem Wearable vereinnahmen lassen, sondern selbst über Art und Umfang ihrer Nutzung entscheiden.[117] So geben viele der Befragten an, dass sie das Gerät nur gezielt nutzen und nicht rund um die Uhr tragen, was ihrem

---

[109] Vgl. Interview Simon J., 7; Interview Janina F., 57.
[110] Vgl. Interview Annika L., 50; Interview Janina F., 53.
[111] Vgl. Interview David G., 57.
[112] Vgl. Interview Katharina Z., 18; Interview David G., 45.
[113] Vgl. Interview Michaela N., 61.
[114] Vgl. Interview Leon O., 49.
[115] Vgl. Interview Simon J., 58.
[116] Schüll: Data for life: Wearable technology and the design of self-care, S. 4.
[117] Vgl. Interview Annika L., 13; Interview David G., 7; Interview Bernd B., 17; Interview Katharina Z., 42; Interview Leon O., 33; Interview Janina F., 16; Interview Simon J., 13.

7.1 Subjektivierungsanalyse: Subjektproduktion im Wearable-Dispositiv

Selbstverständnis einer selbstbestimmten Nutzung entspricht. Entgegen den diskursiv vermittelten Anrufungen nach einer Intensivierung der Nutzung, vermessen die Befragten nicht zwangsläufig alles, nur weil es vermessen werden kann.[118] Mehr noch machen sie sich das Gerät zu eigen, indem gewünschte Funktionen nach Bedarf an- und abgeschaltet oder so eingestellt werden, dass sie den eigenen Bedürfnissen näherkommen.[119] Als Gründe für die Begrenzung der Nutzung werden verschiedene Aspekte genannt, z. B. die Zunahme der Nutzungszeit, die ständige Erreichbarkeit, der Verlust der Technikfreiheit, das Gefühl von Stress und Druck oder der Umstand, dass sie bei sich keinen Optimierungsbedarf im entsprechenden Bereich sehen.[120] So zeigt sich das Muster einer Wearable-Nutzung, die von einer Widerständigkeit geprägt ist, indem bestimmte Messoptionen als nicht sinnvoll eingestuft werden und demnach auch nicht genutzt werden, was auch als eine Form der Selbstbegrenzung verstanden werden kann. Es besteht jedoch auch immer die Gefahr, dass eine solche Selbstbegrenzung nicht funktioniert und Nutzer*innen sich immer wieder neue Ziele setzen, die potenziell auch gesundheitsschädlich sein können. Katharina Z. berichtet davon, dass sie bei der Reduzierung ihres Körpergewichts das Ziel wiederholt nach unten korrigiert hat – das Wearable interveniert in so einem Fall nicht.[121]

Abschließend lässt sich festhalten, dass sich anhand der befragten Personen sehr gut exemplarische Wechselwirkungen zwischen Subjektformierungen und Subjektivierungsweisen darstellen lassen. Die Art und Weise, wie sich die Befragten implizit zu den von mir herausgearbeiteten Subjektformen positionieren, veranschaulicht, wie die entsprechenden Erwartungen internalisiert sind, dies trifft insbesondere für das „fitte Subjekt" und das „eigenverantwortlich handelnde Subjekt" zu. Beim „optimierungsbedürftigen Subjekt" wird gut deutlich, dass, wie in Abschnitt 4.2.3 erläutert, Subjektivierungsprozesse auch immer die Möglichkeit des Widerstands bieten, indem auch im Rahmen der Unterwerfung unter die Anforderungen des „optimierungsbedürftigen Subjekts" eine Handlungsmacht bleibt.[122]

---

[118] Vgl. Interview David G., 27; Interview Bernd B., 39; Interview Simon J., 17 und 40; Interview Michaela N., 41 und 90; Interview Katharina Z., 20.

[119] Vgl. Interview Bernd B., 11 und 27; Interview Janina F., 31; Interview David G., 15.

[120] Vgl. Interview Annika L., 33; Interview Bernd B., 17; Interview Simon J., 17 und 40; Interview Michaela N., 90 und 94; Interview Katharina Z., 42; Interview Janina F., 19 und 61; Interview Leon O., 33.

[121] Vgl. Interview Katharina Z., 38.

[122] Vgl. Saar: Analytik der Subjektivierung, S. 20.

7.2 Verhältnis Praktiken, Objektivationen und Subjektivierungen

Zum Abschluss dieses Kapitels geht es nun um die Verhältnisbestimmung der diskursiven und nicht-diskursiven Praktiken, der Objektivationen und der Subjektivierungen, was der dritten Leitfrage meiner Dispositivanalyse entspricht. Insbesondere soll hier noch einmal die „Blickrichtung auf nicht-diskursive Praktiken"[123] eingenommen werden, auch um potenzielle Aspekte zu identifizieren, die bisher noch nicht im Diskurs thematisiert werden.[124] Dabei schaue ich mir im Folgenden einige Knotenpunkte im Netz des Dispositivs an, deren thematische Ausrichtung sich als wiederkehrende Muster bei meiner Analyse besonders hervorgetan haben.

Körpergefühl und Körperwissen

Beginnen möchte ich mit einem zentralen Thema, in welchem Aspekte aus den Untersuchungen der diskursiven und nicht-diskursive Praktiken, Objektivation und Subjektivierungen zusammenlaufen. Dies betrifft die Produktion von Körperwissen durch die Nutzung von Wearables und damit auch die Frage nach dem Einfluss dieses Wissens auf das eigene Körpergefühl. Wearables werden vermarktet als Geräte, die es ermöglichen, den Körper besser zu verstehen[125] und „wichtige Informationen immer im Blick [zu behalten],"[126] indem es sie sichtbar macht.[127] Dieses Narrativ wird auch im Diskurs verstärkt, indem das Wearable als *Detector* dargestellt wird, welcher exklusives Wissen hervorbringt.[128] Auch die Artefaktanalyse hat noch einmal das breite Spektrum an Messoptionen aufgezeigt, die ein Wearable bereithält, darunter Körperwerte des Schlafverhaltens, der Herzfrequenz oder der physischen Aktivität, die für Privatpersonen ohne ein solches Gerät nicht ohne weiteres erhebbar sind. Durch Wearables erhalten die

---

[123] Bührmann/Schneider: Vom Diskurs zum Dispositiv, S. 100.

[124] Vgl. ebd., S. 101.

[125] Vgl. z. B. Garmin: Venu 2 Plus, https://www.garmin.com/de-DE/p/730659 (zuletzt geprüft 17.02.2022); Fitbit: Fitbit Sense, https://www.fitbit.com/global/de/products/smartwatches/sense?sku=512BKBK; (beide zuletzt geprüft 17.02.2022); Oura Health: Why Oura, https://ouraring.com/why-oura/, (zuletzt geprüft 18.02.2020).

[126] Xiaomi: Mi Watch, https://www.mi.com/de/mi-watch/ (zuletzt geprüft 17.02.2022).

[127] Vgl. Huawei: Huawei Watch GT Runner, https://consumer.huawei.com/de/wearables/watch-gt-runner/ (zuletzt geprüft 17.02.2022).

[128] Vgl. Xue: A review on intelligent wearables, S. 291; Crawford/Lingel/Karppi: Our metrics, ourselves, S. 485; Fleming: Fitness trackers: healthy little helpers or no-good gadgets?, 2015; Chen: The Sad Truth About Sleep-Tracking Devices and Apps, 2019.

Nutzer*innen also einen Zuwachs an Wissen. Dies inszeniert auch eine Überlegenheit des vermessenden Subjekts im Kontrast zu sich nicht vermessenden Subjekten, denn durch die Vermessung ergibt sich die Möglichkeit, mehr zu wissen „als die meisten anderen"[129], „mehr als der Normalbürger."[130] Durch die Selbstvermessung versteht man sich besser, hat einen Einblick in sein Inneres und kann mit den gewonnenen Informationen sogar schwere gesundheitliche Komplikationen verhindern.[131] Zudem stellt das produzierte Wissen die Basis für Optimierungsbemühungen dar, was sich auch im Rahmen der Untersuchung der nicht-diskursiven Praktiken gezeigt hat: Da, wo Daten entstehen und Aspekte sichtbar gemacht werden, können auch bestimmte Ziele gesetzt werden, sei es das Erreichen eines Schrittziels, die Verbesserung der Laufzeiten oder die Integration von mehr Aktivität in den Alltag.[132]

In Bezug auf das Verhältnis von Wearable-Nutzung und Körpergefühl existiert im Diskurs sowohl die Position, dass sich das eigene Körpergefühl durch die Nutzung verschlechtert, als auch die, dass es sich verbessert. Im Rahmen meiner Dispositivanalyse bestätigt sich diese Uneindeutigkeit, denn für beide Positionen finden sich Anhaltspunkte. So bescheinigt der Diskurs Wearables eine hohe Reliabilität und Validität für einige Messoptionen[133], was dafür sorgt, dass Nutzer*innen dem Gerät eine hohe Objektivität und Unbestechlichkeit zuschreiben. Auch die Artefaktanalyse hat gezeigt, dass ein automatisches Tracking durch die eingebauten Spezialsensoren kaum manipuliert werden kann, was ebenfalls zur Glaubwürdigkeit des Wearables beiträgt. Dies kann unter Umständen dazu führen, dass sich Nutzer*innen eher auf die Daten verlassen als auf das eigene Körpergefühl. Insbesondere unter Berücksichtigung des Aspekts, dass die Wearable-Daten nicht kontextualisiert werden und nicht in der Lage sind, ein Gesamtbild der Nutzer*innen zu berücksichtigen, ist dies als problematisch einzuordnen, wie diese Aussage aus einer Studie von Melissa Zimdars illustriert:

---

[129] Willmroth: Regieraum des Lebens, 2014.

[130] Zeh: Der vermessene Mann, 2012.

[131] Vgl. Haghayegh et al.: Performance assessment of new-generation Fitbit technology in deriving sleep parameters and stages, S. 57; Chen/Zdorova/Nathan-Roberts: Implications of Wearables, Fitness Tracking Services, and Quantified Self on Healthcare, S. 1069; Riedl: Smartwatch mit analoger Anzeige, 2020; Martin-Jung: Wenn der Mensch zum bloßen Datenlieferanten wird, 2016.

[132] Vgl. Interview Janina F., 27; Interview Katharina Z., 38; Interview Annika L., 58.

[133] Vgl. Zambotti et al.: A validation study of Fitbit Charge 2™ compared with polysomnography in adults, S. 472; Kooiman et al.: Reliability and validity of ten consumer activity trackers, S. 1; Shcherbina et al.: Accuracy in Wrist-Worn, Sensor-Based Measurements of Heart Rate and Energy Expenditure in a Diverse Cohort, S. 9.

> I took the arbitrary numbers from my fitness tracker and claimed them, as absolutely truth. Sure—I was losing weight. But my overall health was in a dismal place. It's no wonder that I was completely disconnected with my hunger and fullness cues... Fitness trackers discourage you from listening to your body.[134]

Aber auch für die andere Position, dass durch die Wearable-Nutzung eine Verbesserung des Körpergefühls möglich ist, finden sich Aussagen in meinem Interviewmaterial. So berichten die Befragten, dass die Selbstvermessung dazu beigetragen hat, ihren Körper besser zu verstehen, sensibler mit ihm umzugehen und mehr auf ihn zu hören.[135] In der Diskussion um das Verhältnis von Körpergefühl und Körperwissen bei der Nutzung von Wearables stützen sich die heterogenen Elemente des Dispositivs also gegenseitig in ihren jeweiligen Argumentationssträngen.

Fitness als „Schlüssel zum gesunden Leben"[136]
Ein weiterer zentraler Punkt im Wearable-Dispositiv stellt das Thema Fitness dar. In einer Gesellschaft, in der laut Juli Zehs Beobachtung mangelnde Bewegung als „Sünde des 21. Jahrhunderts"[137] gehandelt wird, trägt das Wearable-Dispositiv dazu bei, ein Paradigma zu stärken, das Fitness und einen aktiven Lebensstil als „moral responsibility"[138] kommuniziert. Meine Subjektivierungsanalyse hat gezeigt, wie sich diskursiv vermittelte Appelle an das Subjekt richten, stets „in Form zu bleiben"[139] und so den „Schlüssel zum gesunden Leben"[140] selbst in der Hand – bzw. in diesem Fall am Handgelenk – zu haben. Denn das Wearable wird als das ideale Werkzeug zur Selbstbildung präsentiert, die Anforderungen an ein „fittes Subjekt" umzusetzen, das ein aktives Leben führt, Bewegung und sportlichen Aktivitäten einen hohen Stellenwert in seinem Alltag einräumt und bestimmte Erwartungen erfüllt. Zu diesen Erwartungen zählen beispielsweise die

---

[134] Zimdars: The Self-Surveillance Failures of Wearable Communication, S. 36. Bei der Aussage handelt es sich um einen Auszug aus einem Blog-Beitrag von Emily Murray, vgl. https://emilymurrayrd.com/2018/10/05/i-stopped-wearing-my-fitbit-heres-what-happened/ (zuletzt geprüft 05.10.2018).

[135] Vgl. Interview Annika L., 19; Interview Simon J., 66; Interview Katharina Z., 34.

[136] Garmin: Vivoki Aktivitätsmonitor, https://buy.garmin.com/de-DE/p/150042 (zuletzt geprüft 16.09.2021).

[137] Zeh: Der vermessene Mann, 2012.

[138] Millington: Fit for prosumption, S. 1185.

[139] Haase: Fitnesstracker: Jeder Schritt zählt, 2020.

[140] Garmin: Vivoki Aktivitätsmonitor, https://buy.garmin.com/de-DE/p/150042 (zuletzt geprüft 16.09.2021).

Nutzung von Treppen statt dem Aufzug[141] und nach Möglichkeit das Erreichen der ‚magischen Grenze' von 10.000 Schritten am Tag.[142] Es grenzt sich so von dem entsprechenden Anti-Subjekt ab, welchem ein inaktiver und passiver Lebensstil zugeschrieben wird. Diesen Aspekt möchte ich zu einem späteren Zeitpunkt noch einmal aufgreifen und problematisieren.

In direktem Zusammenhang mit der Stärkung von Fitness als Leitgedanke im Alltag steht die *Sportification*, also die Übertragung von Sportlogiken auf sportfremde Bereiche.[143] Auch hier stützen sich diskursive und nicht-diskursive Praktiken, Objektivationen und Subjektivierungen gegenseitig. Im Interviewmaterial lässt sich dies exemplarisch daran zeigen, dass die Befragten ihre Spaziergänge mit Leistungslogiken verknüpfen.[144] Im Diskurs wird – wenn auch nur am Rande – ebenfalls problematisiert, dass Aktivitäten, die im allgemeinen Verständnis eher einem Erholungszweck dienen, nun quantifiziert und mit Leistungsimperativen belegt werden.[145] Dies lässt sich anhand der Artefaktanalyse nochmal verdeutlichen, die gezeigt hat, wie bei der *Fitbit Versa* Aktivitäten wie Schlaf, Entspannung oder Yoga quantifiziert und somit einer Optimierungslogik zugeführt werden. Auch hier wirken die unterschiedlichen Elemente des Dispositivs insofern zusammen, als dass sie ein Fitness-Paradigma unterstützen, das einen bestimmten Lebensstil befördert, der Aktivität, Leistung und Bewegung hochstilisiert.

Gesundheit und Eigenverantwortung
Ein weiterer Knotenpunkt, den ich im Laufe meiner Analyse identifizieren konnte, stellt das eigenverantwortliche Gesundheitsverhalten dar. Wie gezeigt, entspricht es einem zentralen Diskursmuster, dass der Wearable-Nutzung große Potenziale im Gesundheitsbereich zugeschrieben werden, u. a. indem es zu einer Erhöhung der physischen Aktivität beitragen kann und somit zu einer Reduktion potenzieller Risikofaktoren. Des Weiteren gibt es vielversprechende Konzepte zur Verarbeitung der Wearable-Daten für die Erforschung und das Management chronischer

---

[141] Vgl. Biselli: Wearables und Fitnessapps verbreiten sich mit Hilfe der Krankenkassen, Regierung verkennt Datenschutzprobleme, 2016; o. A.: Fitness-Tracker kaufen, 2021; Schüll: Data for life: Wearable technology and the design of self-care, S. 9; Sanders: Selftracking in the Digital Era, S. 49; Interview Annika L., 44; Interview Michaela N., 31.

[142] Vgl. Wolfangel: Dieser Wille, sein Leben zu verändern, 2017; Tapper: A step too far?, 2019; Knoke: Diese Fitnessarmbänder sind besser als die Apple Watch, 2016; Interview David G., 67; Interview Janina F., 13; Interview Katharina Z., 5.

[143] Vgl. Grupe: Sport and Culture, S. 21.

[144] Vgl. Interview Janina F., 51; Interview Katharina Z., 16; Interview Michaela N., 78.

[145] Vgl. Zimdars: The Self-Surveillance Failures of Wearable Communication, S. 36.

Erkrankungen sowie im Bereich der personalisierten Medizin.[146] Als Präventionsinstrument kann speziell die *Apple Watch* durch ihr integriertes Frühwarnsystem zudem mögliche Komplikationen von Vorhofflimmern, wie z. B. Schlaganfälle, unter Umständen reduzieren.[147] Ein solcher exemplarischer Fall befindet sich auch in meinem Interviewmaterial, in dem das Gerät tatsächlich als ein solches Frühwarnsystem zum Einsatz kam.[148]

Ein Aspekt, welcher im Diskurs eher zu kurz kommt, sind etwaige negative gesundheitliche Effekte der Wearable-Nutzung, wie Stress, Druck, Zwangshandlungen und das Triggern gesundheitsschädlicher Verhaltensweisen, von denen die Befragten aus ihren Alltagspraktiken berichten.[149] Berichte wie diese aktualisieren den Diskurs dementsprechend, denn bisher dominiert dort eine positive Verknüpfung von Wearables und Gesundheit. Diesen Aspekt der potenziell negativen Auswirkungen des Wearable-Dispositivs werde ich in Abschnitt 8.3 nochmal aufgreifen.

Ein Punkt, in dem die Elemente des Dispositivs wieder zusammentreffen, ist die Verbindung von Gesundheit mit dem Thema Eigenverantwortung. Das Dispositiv produziert Subjekte, die nicht mehr von außen diszipliniert werden müssen, sondern die Anrufungen verinnerlicht haben.[150] Das strategische Interesse eines eigenverantwortlichen, gesundheitsfördernden Verhaltens, welches idealerweise zur Entlastung des Gesundheitssystems beiträgt und durch die Erhaltung individueller Arbeitsmarktfähigkeit die Wirtschaft stärkt, wird so zum internalisierten Eigeninteresse. Wearables werden dabei als Werkzeuge eingesetzt, welche gleichzeitig motivierend und kontrollierend sind und so zur idealen Technologie der Eigenverantwortung werden. „We do better, when someone's watching. Even when we're the ones doing the watching."[151] Eigenverantwortung wird so zum „Muster des Erstrebenswerten"[152], die Anrufungen, die sowohl diskursiv, als auch durch das Gerät selbst vermittelt werden, halten dazu an, sich um sich selbst zu kümmern und die Verantwortung für die eigene Gesundheitsförderung und Prävention zu übernehmen. Als solche „eigenverantwortlich handelnde Subjekte"

---

[146] Vgl. z. B. Piwek et al.: The Rise of Consumer Health Wearables, S. 3; Strath/Rowley: Wearables for Promoting Physical Activity, S. 62; Fleming: Fitness trackers: healthy little helpers or no-good gadgets?, 2015; Internetredaktion Barmer: Quantified Self, 2019.
[147] Vgl. Häusler/Breithardt/Endres: Schlaganfallprävention bei Vorhofflimmern, S. 409.
[148] Vgl. Interview Torsten D., 43 und 47.
[149] Vgl. Interview Simon J., 50; Interview Janina F., 71; Interview Leon O., 27; Interview Katharina Z., 38.
[150] Vgl. Zimdars: The Self-Surveillance Failures of Wearable Communication, S. 26.
[151] Parker-Pope: To Create a Healthy Habit, Find an Accountability Buddy, 2021.
[152] Reckwitz: Subjekt, S. 140.

möchten die Befragten aus meinem Analysematerial auch wahrgenommen werden, als Individuen, die ihr Leben selbst in die Hand nehmen und aktiv möglichen Risikofaktoren entgegenwirken.[153] Der bereits in Abschnitt 5.3 angesprochene Aspekt, dass in dieser Konstellation eine Art geteilte Eigenverantwortung vorliegt, zeigt sich auch noch mal in der Subjektivierungsanalyse. In der Art, wie das Wearable das Subjekt formt und gleichzeitig zur Selbstformung eingesetzt wird, erweisen sich Fragen nach Nutzung und Wirkung oft als komplexer als im Diskurs dargestellt.

Auch die Problematisierung des Paradigmas der Eigenverantwortung ist ein Aspekt, der im Diskurs zu kurz kommt. Das bereits angesprochene Problem des *Healthism*-Prinzips wird auch bei Betrachtung der Subjektivierungsanalyse deutlich. Durch die diskursiven Anrufungen an die erwünschte Subjektform, sich eigenverantwortlich um die Einhaltung eines gesundheitsfördernden Lebensstils zu kümmern, kommt es zu einer Verschiebung der Zuständigkeiten und die mit dem Begriff des *Healthism* bezeichnete Sichtweise von Gesundheit als einem steuerbaren Zustand wird verstärkt. Wenn die Wissensproduktion wie im Fall des Frühwarnsystems auf Eigeninitiative beruht, dann ergibt sich daraus die Frage, ob auf Basis der technischen Möglichkeiten „blind spots"[154] im Zusammenhang mit dem eigenen Gesundheitszustand noch akzeptabel sind. Diese Annahme beinhaltet die Gefahr von Schuldzuweisungen an Subjekte, die in diesem Zusammenhang als Anti-Subjekte wahrgenommen werden, denen Verantwortungs- und Disziplinlosigkeit zugeschrieben und die anhand ihrer Risikofaktoren bemessen werden. Diese Problematisierung möchte ich im Folgenden nochmal aufgreifen.

Diskriminierende Strukturen
In meiner Analyse, speziell im Rahmen der Artefakt- und Subjektivierungsanalyse, konnte ich aufzeigen, dass ausgehend vom Gerät und vom Diskurs bei der Wearable-Nutzung nur bestimmte Nutzer*innengruppen angesprochen und andere wiederum ausgeschlossen werden. Diskursiv vermittelte normative Regeln zeigen auf, wie das Wearable intendiert zu nutzen ist und welche Erwartungen an die Nutzung gekoppelt sind, die es für die Nutzer*innen zu erfüllen gilt. In erster Linie bedeutet dies, dass Personen angesprochen werden, die einen aktiven

---

[153] Vgl. Interview Torsten D., 62; Interview Michaela N., 21 und 37; Interview Katharina 22 und 24; Interview Leon O., 37.
[154] Schüll: Data for life: Wearable technology and the design of self-care, S. 9.

Lebensstil verfolgen oder gewollt sind, dies zu tun, die Optimierungsbestrebungen nachgehen und einen planbaren Alltag haben.[155] Damit einher gehen auch bestimmte Körperbilder, die von einer ‚regulären' Funktionstüchtigkeit und ständiger Bereitschaft zur Aktivität ausgehen:

> Wearables assume bodies that are regularly and consistently in motion, and a linear relationship of increasing fitness, generically defined. Aging and differently abled bodies bring into relief the underlying presumptions of physical and subjective normality at work in wearable self-trackers.[156]

Problematisch an der Etablierung dieser Normen ist, dass es neben den ‚optimalen' Körpern und dem erwünschten Verhalten auch immer Abweichungen geben muss, die als Kontrastfolie der Idealform gegenüberstehen.[157] Dies zeigt sich in der Produktion von Anti-Subjekten durch das Wearable-Dispositiv: Dieses ist antriebslos, inaktiv, ist übergewichtig, übernimmt keine Verantwortung für sein Leben und seinen Gesundheitszustand. Sein Lebensstil wird pathologisiert und als möglicher Kostenfaktor für das Gesundheitssystem eingeordnet. Betroffene Personen geraten in einen gesellschaftlichen Rechtfertigungsdruck, sind unter Umständen Diskriminierungen oder sogar Anfeindungen ausgesetzt. Eine solche Perspektive, die Fitness und gesundheitliche Eigenverantwortung als moralische Verpflichtung rahmt, blendet individuelle Lebensrealitäten aus, die von gesundheitlicher Ungleichheit, unterschiedlich befähigten Körpern und persönlichen Umständen geprägt sind. Diese Pathologisierung von Personen, die die diskursiv vermittelten Anforderungen an Fitness, Eigenverantwortung und Optimierung nicht erfüllen können oder wollen, kann somit auch als ableistisch, klassistisch und fettfeindlich benannt werden.

Herstellung von Optimierungsbedarfen
In meiner Analyse konnte ich zeigen, dass die Wearable-Nutzung geprägt ist von den drei Logiken der Selbstvermessung, der *surveillance*, *routinisation* und *performance*,[158] für welche jeweils auch Funktionen im Gerät implementiert sind. Wearables müssen somit als Werkzeuge zur Selbstoptimierung verstanden werden. Die genaue Art und Weise der Nutzung ist durch das Gerät

---

[155] Vgl. Beuth: Ist das Avantgarde oder nervt das nur?, 2015; Crawford/Lingel/Karppi: Our metrics, ourselves, S. 485; Elman: Find Your Fit, S. 3761.
[156] Crawford/Lingel/Karppi: Our metrics, ourselves, S. 485.
[157] Vgl. Zeh: Der vermessene Mann, 2012.
[158] Vgl. Pharabod/Nikolski/Granjon: La mise en chiffres de soi, S. 108 ff.

7.2 Verhältnis Praktiken, Objektivationen und Subjektivierungen

selbst nicht vorgegeben, es hält zunächst erstmal eine Reihe von Optimierungsoptionen bereit und fungiert gleichzeitig als motivierende und kontrollierende Instanz, die individuell aufgestellten Ziele umzusetzen. Dafür muss zunächst dieser individuelle Optimierungsbedarf hergestellt werden: Indem das Subjekt im Wearable-Dispositiv als ein optimierungsbedürftiges Subjekt angesprochen wird, welche nur über unvollständige Informationen über sich selbst verfügt, soll es sich seines Optimierungsbedarfs bewusst werden. Das Wearable soll dann dabei helfen, exklusives Körperwissen zu produzieren und sichtbar zu machen, um einzelne Aspekte zum Ziel von Optimierungsbestrebungen zu machen. Verstärkt werden die Anrufungen nach einer umfassenden Selbstoptimierung durch Aufforderungen zur Vergleichskommunikation der eigenen Daten sowohl durch den Diskurs als auch durch das Gerät selbst. Diese Anrufungen umfassen sowohl Optimierungsanforderungen im Bereich der Selbsteffektivierung wie auch der Selbststeigerung[159], wie auch die Analyse der nicht-diskursiven Praktiken noch einmal bestätigt.[160] Hier zeigt sich in erster Linie eine positive Positionierung zu Praktiken der Selbstoptimierung, die Befragten verknüpfen damit ein erwünschtes Bild eines aktiven, an sich arbeitenden, fleißigen und effizienten Subjekts, welches motiviert ist und seine Ziele erreicht. Trotzdem weisen sie auch auf mögliche negative Effekte hin, wie das Gefühl von Stress und Druck im Zuge der Erfüllung ihrer Ziele.[161] In einem Verständnis davon, „[s]ich selbst besser [zu] mach[en]"[162] wird Selbstvermessung außerdem zu einer bedeutenden Zukunftspraktik, denn Optimierung betrifft auch immer die Antizipation des zukünftigen Ergebnisses.[163] Dabei geht es nicht nur um die Optimierung des eigenen Körpers, Optimierungsbestrebungen zielen u. a. auch auf eine effizientere Tagesgestaltung oder einen nachhaltigeren Lebensstil ab.[164]

Doch nicht immer steht die Verwirklichung einer „perfektionierte[n] Version [seiner]selbst"[165] im Mittelpunkt. Etwas, wo die nicht-diskursiven Praktiken auf eine Lücke im Diskurs verweisen, ist eine Wearable-Nutzung, in der sich Nutzer*innen nicht den Optimierungsanforderungen unterwerfen, sondern die

---

[159] Vgl. Meißner: Selbstoptimierung durch Quantified Self?, S. 224.
[160] Vgl. z. B. Interview Bernd B., 63; Interview Simon J., 7; Interview Annika L., 54; Interview Leon O., 37.
[161] Vgl. Interview Simon J., 50; Interview Janina F., 71; Interview Leon O., 27.
[162] Interview Torsten D., 87.
[163] Vgl. Duttweiler: Daten statt Worte, S. 272.
[164] Vgl. Interview Annika L., 50; Interview Leon O., 49; Interview Janina F., 53, Interview Simon J., 58.
[165] Zeh: Der vermessene Mann, 2012.

von experimentierenden Praktiken geprägt ist.[166] Zudem hat meine Analyse gezeigt, dass trotz Praktiken der Selbstoptimierung auch eine Selbstbegrenzung und widerständige Nutzung möglich ist.[167] So wird in diesem Zusammenhang deutlicher, als es im Diskurs der Fall ist, dass Selbstvermessungspraktiken sich sehr individuell ausgestalten können und eine Ablehnung bestimmter Messoptionen nicht ausschließen. Die Inhaltsanalyse der Interviews verdeutlicht, dass es kein „ganz oder gar nicht" gibt, sondern eine Begrenzung der Nutzung aus ganz unterschiedlichen Gründen erfolgt, u. a. weil in bestimmten Bereichen kein Optimierungsbedarf gesehen wird, eine Messoption nicht als sinnvoll erachtet wird, oder eine Messoption mit negativen Emotionen verknüpft ist.[168] Auch das kann schon als „soft resistance"[169] eines Anti-Subjekts verstanden werden, was sich den Optimierungsanforderungen (zum Teil) entzieht und damit die vollständige Datenerhebung unterbricht.

Intensivierung der Nutzung

Das strategische Interesse unterschiedlicher Akteursgruppen im Wearable-Dispositiv beläuft sich auf der Aggregation immer umfangreicherer Datensätze, denn insbesondere Sport- und Gesundheitsdaten stellen ein wertvolles Wirtschaftsgut dar.[170] Um diesen Datenzuwachs zu gewährleisten, ist es demnach notwendig, eine Intensivierung der Wearable-Nutzung zu motivieren, z. B. indem immer neue Möglichkeiten angeboten werden, um eine individuelle Nützlichkeit („perceived usefulness"[171]) herzustellen. An diesem Knotenpunkt des Dispositivs laufen auch die herausgearbeiteten idealen Subjektformen zusammen, denn die „fitten", „eigenverantwortlich handelnden" und „optimierungsbedürftigen Subjekte" sind gleichzeitig auch datenliefernde Subjekte.[172] Dass eine solche Intensivierung der Nutzung tatsächlich stattfindet, wird auch in den Erzählungen der Befragten deutlich, die zeigen, wie sich abseits von Selbstvermessungspraktiken die Wearable-Nutzung im Alltag ausbreitet, durch Funktionen, die das

---

[166] Vgl. Interview Leon O., 9; Interview Bernd B., 27; Interview Janina F., 13.

[167] Vgl. Interview Bernd B., 27; Interview David G., 15; Interview Janina F., 31.

[168] Vgl. z. B. Interview Annika L, 33; Interview Simon J., 17; Interview Michaela N., 90.

[169] Schüll: Data for life: Wearable technology and the design of self-care, S. 4.

[170] Budzinski/Schneider: Smart Fitness, S. 99.

[171] Chen/Zdorova/Nathan-Roberts: Implications of Wearables, Fitness Tracking Services, and Quantified Self on Healthcare, S. 1066.

[172] Vgl. auch Martin-Jung: Wenn der Mensch zum bloßen Datenlieferanten wird, 2016.

Leben komfortabler und effizienter gestalten.[173] Nicht immer funktioniert die Intensivierung der Nutzung aber auf allen Ebenen. Wie bereits bei der Widersetzung gegenüber Optimierungsanforderungen angesprochen, treffen auch hier die Nutzer*innen individuelle und bewusste Entscheidungen darüber, welche Funktionserweiterungen sie für sich als sinnvoll empfinden und welche nicht. Dadurch entziehen sie sich auch hier einer dauerhaften Datenerhebung, wenn sie ihr Gerät nur gezielt statt rund um die Uhr tragen.[174] Ein weiterer Effekt der Ausweitung der Nutzung ist auch die ständige Erreichbarkeit durch die Kommunikationsfunktionen der Geräte. Dies führt zur Entwicklung eines Selbstverständnisses seitens der Befragten, sich als immer verfügbar und allzeit bereit zu inszenieren.[175] Wie ihr Gerät sind auch sie „always on."[176]

Zwischen Kontrolle und Fremdsteuerung
Ein letzter Knotenpunkt ist die Wahrnehmung des Wearables seitens der Nutzer*innen. Auf der einen Seite kann das Wearable als Kontrollmedium verstanden werden, das eine hilfreiche Orientierungsfunktion einnimmt und eine Bewältigungsstrategie im Angesicht wachsender Optimierungsanforderungen sein kann. Hinweise dafür, dass Wearables diese Rolle einnehmen können, finden sich sowohl im Diskurs[177], als auch in den Alltagspraktiken.[178] Gleichzeitig sorgt es aber auch für eine Zunahme der Optimierungsanforderungen, exemplarisch genannt werden können hier die Quantifizierung von Schlaf oder Entspannung. Zudem gibt es sowohl im Diskurs als auch in den Alltagspraktiken Anhaltspunkte dafür, dass das Wearable nicht immer nur als hilfreiches Werkzeug wahrgenommen wird, sondern auch als Instanz mit Eigenleben:

> I think my problem with the Fitbit is that it is almost presented as a judge and jury. It is almost humanized. Accentuates a guilty conscience, and provides an artificial external validation for my life.[179]

---

[173] Vgl. Interview David G., 43; Interview Torsten D., 83; Interview Annika L. 2; Interview Katharina Z., 18.

[174] Vgl. Interview Annika L., 33; Interview Bernd B., 15; Interview Simon J., 17.

[175] Vgl. Interview Annika L., 13; Interview Janina F., 17 und 53; Interview Torsten D., 79; Interview Michaela N., 65.

[176] Gilmore: Everywear, S. 2525.

[177] Vgl. Paluch/Tuzovic: Persuaded self-tracking with wearable technology, S. 443; Schüll: Data for life: Wearable technology and the design of self-care, S. 7; Millington: Fit for prosumption, S. 1192.

[178] Vgl. Interview Michaela N., 21 und 51; Interview Torsten D., 17; Interview Leon O., 27.

[179] Ward et al.: Embodied display, S. 101.

Auch eine Reihe von Nutzer*innen aus anderen Studien berichten über negative Erfahrungen mit der Kontrolle durch das Wearable, welche sich für sie nicht wie eine Selbstkontrolle, sondern wie eine Fremdkontrolle angefühlt hat.[180] Allerdings ist die Wahrnehmung des Wearables als lebendiges Gegenüber nicht zwangsläufig negativ konnotiert, wie sowohl diese Studien als auch mein Interviewmaterial zeigen. Dort wird das Gerät als personifizierter Coach, Trainer oder Alltagsbegleiter verstanden, von welchem insbesondere Lob als positiv und bestärkend aufgenommen wird: „I love my Fitbit Flex because it gives me a pat on the back every night."[181]

Um die Kernaspekte dieser Verhältnisbestimmung zwischen diskursiven und nicht-diskursiven Praktiken, Objektivationen und Subjektivierungen noch einmal zusammenzufassen: In einigen thematischen Bereichen stützen sich die Elemente des Dispositivs gegenseitig in ihren Aussagen. Das ist u. a. der Fall, wenn es um die Frage nach den Effekten der Wearable-Nutzung auf das Körpergefühl geht, in der Verstärkung eines Fitness-Paradigmas durch die Wearable-Nutzung sowie der gesundheitlichen Eigenverantwortung. In anderen Bereichen bringt die Analyse der nicht-diskursiven Praktiken, der Objektivationen und Subjektivierungen Aspekte hervor, die noch nicht oder nur teilweise Gegenstand im Diskurs sind. Dies betrifft u. a. mögliche negative Effekte der Wearable-Nutzung auf die Gesundheit, die Problematisierung ableistischer, klassistischer und fettfeindlicher Strukturen sowie die Möglichkeit der Widerständigkeit auch in der alltäglichen Nutzung. Diese Aspekte werde ich in Abschnitt 9.3 als mögliche Anschlüsse an diese Arbeit noch einmal aufgreifen.

---

[180] Vgl. Zimdars: The Self-Surveillance Failures of Wearable Communication, S. 34; Gorm/Shklovski: Episodic use, S. 2513; Tapper: A step too far?, 2019.

[181] Fleming: Fitness trackers: healthy little helpers or no-good gadgets?, 2015. Siehe auch Interview Bernd B., 11 und 35; Interview Janina F., 35.

Gesellschaftstheoretische Kontextualisierung

8

„See the whole picture."[1]

„Eine dauerhafte Transformation."[2]

„Sie hält dich in Verbindung. Mit allem, was dir wichtig ist."[3]

Den Abschluss meiner Dispositivanalyse bildet die Betrachtung des Verhältnisses zwischen dem Wearable-Dispositiv und der Gesellschaft, insbesondere der Existenzbedingungen des Dispositivs, seinen Funktionen und der möglichen Folgen, die aus seinem Bestehen resultieren. Wie in Abschnitt 2.3 erläutert, antworten Dispositive stets auf einen gesellschaftlichen Notstand, können gleichzeitig aber auch neue Notstände produzieren.[4] Im Folgenden möchte ich demnach gemäß meiner in Abschnitt 4.2.4 vorgestellten analyseleitenden Fragestellungen untersuchen, welcher Art gesellschaftlicher Notstand dem Wearable-Dispositiv vorausgeht (Abschnitt 8.1), welche Funktionen es in diesem Kontext einnimmt (Abschnitt 8.2) und welche Auswirkungen erkennbar sind, die sich aus der Existenz des Dispositivs ergeben (Abschnitt 8.3). Bei dieser Vorgehensweise verknüpfe ich die theoretischen Vorarbeiten mit den bisherigen Ergebnissen meiner Dispositivanalyse. Mit der Bearbeitung dieser vierten Leitfrage nach der gesellschaftstheoretischen Kontextualisierung ist meine Dispositivanalyse abgeschlossen.

---

[1] Oura Ring, https://ouraring.com/ (zuletzt geprüft 27.03.2022).

[2] Xiaomi: Mi Smart Band 4, https://www.mi.com/de/mi-smart-band-4/ (zuletzt geprüft 09.02.2022).

[3] Apple: Apple Watch, https://www.apple.com/de/watch/ (zuletzt geprüft 17.02.2022).

[4] Vgl. Weich: Selbstverdatungsmaschinen, S. 80.

8.1 Steigende Anforderungen als gesellschaftlicher Notstand

In der folgenden Betrachtung des gesellschaftlichen Notstands möchte ich die Rahmenbedingungen herausarbeiten, die eine Etablierung der Wearables überhaupt erst ermöglicht haben. Die hohen Absatzzahlen von Wearables lassen den Schluss zu, dass es eine breite Masse von Nutzer*innen gibt, die sich aus der Nutzung der Geräte die Erfüllung ihrer Bedürfnisse versprechen. Diese Bedürfnisse lassen sich rückbinden an einen gesellschaftlichen Notstand, der von steigenden Anpassungsleistungen und Anforderungen an das Individuum geprägt ist und Überforderung zur Folge hat. Diese Einordnung gegenwärtiger westlicher Gesellschaften wird durch verschiedene Zeitdiagnosen gestützt.[5] Durch die Beschleunigung sozialer Prozesse und die damit einhergehende permanente Anpassung sozialer Praktiken in unterschiedlichen gesellschaftlichen Feldern und Lebensbereichen sowie durch die Bewältigung von Abstiegs- und Ausschlussängsten kommt es zu einem Anwachsen der Erwartungen an das Individuum und zu einer Steigerung der Subjektivierungsappelle. Dies schließt an Agamben an, der ebenfalls eine Zunahme der Dispositive und damit einer einer Vermehrung der Subjektivierungsprozesse beobachtet.[6]

> In Verbindung mit kulturellen Perfektionierungsnormen werden Optimierungsanstrengungen somit auf unterschiedlichen Ebenen zu Leitlinien der Lebensgestaltung, die den Individuen mehr und mehr abverlangen.[7]

Diese Anforderungen können von außen an das Individuum herangetragen oder selbst auferlegt sein – eine Unterscheidung ist oftmals nicht möglich, da externe Anforderungen häufig auch internalisiert werden[8] – und sorgen für Überforderung und konfligierende Ambitionen im Alltag.[9] Ein großer Teil der Optimierungsanforderungen lässt sich dabei im Arbeitsleben verorten, wo sich

---

[5] Vgl. z. B. King et al.: Überforderung als neue Normalität; Fuchs/Iwer/Micali: Einleitung; Nassehi, Armin: Unbehagen. Theorie der überforderten Gesellschaft, München: C.H. Beck, 2021.

[6] Vgl. Agamben: Was ist ein Dispositiv?, S. 27.

[7] King et al.: Überforderung als neue Normalität, S. 229.

[8] Vgl. Fuchs/Iwer/Micali: Einleitung, S. 9.

[9] Vgl. King, Vera/Gerisch, Benigma/Rosa, Hartmut: „Einleitung: Lost in Perfection-Optimierung zwischen Anspruch und Wirklichkeit", in: Vera King/Benigma Gerisch/Hartmut Rosa (Hg.), Lost in Perfection. Zur Optimierung von Gesellschaft und Psyche, Berlin: Suhrkamp, 2021, S. 7–21, S. 7.

Arbeitnehmer*innen u. a. mit zunehmender Intensivierung der Arbeitsprozesse, Digitalisierung, Mobilität und vermehrtem Konkurrenzdruck konfrontiert sehen.[10] In diesem Zusammenhang stellt insbesondere die zunehmende Entgrenzung von Arbeit eine Herausforderung dar, die neue Anpassungsleistungen erforderlich macht.[11] Das Anwachsen von Optimierungsanforderungen spiegelt sich auch in meiner Dispositivanalyse wider, beispielsweise in dem Verhältnis zwischen diskursiven und nicht-diskursiven Praktiken (Abschnitt 5.3), in welchem das Ausmaß der (internalisierten) Erwartungen an das Subjekt in den Bereichen Gesundheit, Fitness, Effizienz, Arbeit oder Alltagsgestaltung gut illustriert wird.

Diese Gemengelage kann in Überforderung münden, die dafür sorgt, dass der Einzelne nicht zur Ruhe kommt und durch die antagonistischen Anforderungen nie mit irgendwas fertig wird.[12] Das lässt sich mit dem Begriff der Selbststeigerung von Meißner in Verbindung bringen, der ebenfalls darauf verweist, dass es Ziele von Selbstoptimierung gibt, die nicht miteinander vereinbar sind.[13] Eine Folge davon können sogenannte „Überforderungskrankheiten" sein, die in den letzten Jahren in westlichen Gesellschaften einen starken Anstieg zu verzeichnen haben, dazu zählt beispielsweise Burnout.[14] Überforderung entsteht immer dort, wenn Subjekte mit ihren zur Verfügung stehenden Ressourcen ihre eigenen bzw. internalisierten und an sie herangetragenen Anforderungen nicht mehr erfüllen können, „sich ihnen ohnmächtig unterworfen fühlen."[15] Auch im wissenschaftlichen Diskurs wird die Überforderung im Kontext des sozialen Wandels verhandelt, so u. a. bei Richard Sennett, bei dem das „flexible Subjekt" ständig wechselnde Anpassungsleistungen erbringen muss[16] oder bei Armin Nassehi,

---

[10] Vgl. Fuchs/Iwer/Micali: Einleitung, S. 7.

[11] Zum Diskurs über die Entgrenzung der Arbeit siehe z. B. Gottschall, Karin/Voß, G. G. (Hg.): Entgrenzung von Arbeit und Leben. Zum Wandel der Beziehung von Erwerbstätigkeit und Privatsphäre im Alltag, München/Mering: Rainer Hampp Verlag, 2005 sowie Jurczyk, Karin/Schier, Michaela/Szymendersk, Peggy/Lange, Andreas/Voß, G. G.: Entgrenzte Arbeit – entgrenzte Familie. Grenzmanagement im Alltag als neue Herausforderung, Berlin: Edition Sigma, 2009.

[12] Vgl. Bröckling: Das unternehmerische Selbst, S. 70 f. Mit dieser Aussage schließt Bröckling an Deleuze an, der die Gesellschaft als eine Kontrollgesellschaft beschreibt, in man „nie mit irgend etwas [sic!] fertig wird". Deleuze: Unterhandlungen, S. 257.

[13] Vgl. Meißner: Selbstoptimierung durch Quantified Self?, S. 224.

[14] Vgl. Fuchs/Iwer/Micali: Einleitung, S. 7.

[15] Ebd., S. 9.

[16] Vgl. Sennett, Richard: Der flexible Mensch. Die Kultur des neuen Kapitalismus, Berlin: Berlin Verlag, 1998, S. 57 ff.

der eine „gesellschaftstheoretische Überforderungsdiagnose"[17] stellt. Bröcklings „unternehmerisches Selbst"[18] setzt diese Reihe fort, denn auch hier geht es um die Erfüllung von sich verändernden Anforderungen an das Individuum als Arbeitnehmer*in. In diesem Zusammenhang verweist Bröckling auch auf William Bridges, der in den 1990er-Jahren im Zuge des Wandels des Arbeitsmarkts empfahl: „Definieren Sie sich eindeutig als Produkt und stellen Sie dann eine umfassende Marktforschung an."[19] Anknüpfend daran möchte ich diese Aussage aktualisieren zu „Definieren Sie sich als Projekt und stellen Sie dann umfassende Optimierungsbestrebungen an." Diese Projektförmigkeit des Selbst kann als zentrale Anforderung an Subjekte in gegenwärtigen Gesellschaften verstanden werden. Jede*r wird demnach dazu angehalten, eigenverantwortlich „permanent am Kurswert der eigenen Person zu arbeiten."[20] Laut Bröckling bestehe regelrecht ein „gesellschaftlicher Sog"[21] zur Selbstoptimierung mit ständigen Appellen zur Weiterbildung und „lebenslangem Lernen."[22] Auch Selke ergänzt in diesem Kontext, dass „alles, was hilft, planmäßig und zweckgerichtet vorzugehen und damit die persönlichen Erträge zu optimieren"[23] willkommen ist. Diese Ausgangssituation stellt eine gesellschaftliche Problemlage dar. Dispositive als Antworten auf Notstände wie diese, sind demzufolge dann als erfolgreich einzuordnen, wenn sie die durch die Notlage produzierten Bedürfnisse (temporär) erfüllen können.[24] Die steigenden Anforderungen an das Subjekt gehen mit Überforderungstendenzen einher, was den Bedarf nach „stabilisierenden Ressourcen"[25] erhöht. Diese Funktion kann das Wearable unter Umständen übernehmen, indem dieses die Kontrolle über bestimmte, individuell bedeutsame Aspekte des Lebens ermöglicht. Dies zeigt sich in meiner Analyse z. B. bei Michaela N., die ihren Gesundheitszustand oder Katharina Z., die die Einhaltung ihrer gesetzten

---

[17] Nassehi: Unbehagen, S. 16.
[18] Bröckling: Das unternehmerische Selbst.
[19] Bridges, William: Ich & Co. Wie man sich auf dem neuen Arbeitsmarkt behauptet, Hamburg: Hoffmann und Campe, 1996, S. 138; Vgl. Bröckling: Das unternehmerische Selbst, S. 66.
[20] Ebd., S. 46.
[21] Ebd., S. 7.
[22] Ebd., S. 71 f.
[23] Selke, Stefan: „Ausweitung der Kampfzone. Rationale Diskriminierung durch Lifelogging und die neue Taxonomie des Sozialen", in: Stefan Selke (Hg.), Lifelogging. Digitale Selbstvermessung und Lebensprotokollierung zwischen disruptiver Technologie und kulturellem Wandel, Wiesbaden: Springer, 2016, S. 309–339, S. 312.
[24] Vgl. Hans: Das Medien-Dispositiv, S. 24.
[25] King et al.: Überforderung als neue Normalität, S. 229.

8.1 Steigende Anforderungen als gesellschaftlicher Notstand

Ziele mit Hilfe des Wearables kontrolliert. Zudem ermöglicht ein Wearable die Quantifizierung der zu kontrollierenden Bereiche, was den Nutzer*innen Struktur und Sicherheit bietet.[26] Wie in Abschnitt 3.1.2 bzw. 3.2.2 erläutert, sind es gerade Quantifizierungspraktiken, die eine solche Orientierungsfunktion erfüllen können. So lassen sich sowohl im Diskurs als auch bei den Alltagspraktiken Hinweise darauf feststellen, dass Wearables als Werkzeuge eingesetzt werden können, um wachsende Optimierungsanforderungen zu bewältigen.[27] Diese Funktionen des Wearable-Dispositivs werde ich in Abschnitt 8.2 aufgreifen.

Neben dem Wearable existieren noch andere Antworten auf den Notstand der steigenden Anforderungen, exemplarisch zu nennen ist hier die wachsende Anzahl von verfügbarer Ratgeberliteratur.[28] So ordnet Wiebke Wiede auch die Funktion von Lebensratgebern so ein, dass sie „eine projektförmige, stetig fortsetzende Selbstaktualisierung"[29] unterstützen und somit versprechen, der Überforderung etwas entgegenzusetzen. Andere Beispiele sind die Entwicklung einer Achtsamkeits-Industrie[30], eines Coaching-Markts[31] oder Praktiken des Neuroenhancements.[32] Auch diese Phänomene können, so wie das Wearable,

---

[26] Vgl. Selke: Einleitung Lifelogging, S. 3.

[27] Vgl. Paluch/Tuzovic: Persuaded self-tracking with wearable technology, S. 443; Schüll: Data for life: Wearable technology and the design of self-care, S. 7; Millington: Fit for prosumption, S. 1192; Vgl. Interview Michaela N., 21 und 51; Interview Torsten D., 17; Interview Leon O., 27.

[28] Zum Diskurs über Ratgeberliteratur siehe z. B. Senne, Stefan/Hesse, Alexander: Genealogie der Selbstführung. Zur Historizität von Selbsttechnologien in Lebensratgebern, Bielefeld: transcript, 2019; Peter-Paul Bänziger/Stefanie Duttweiler/Philipp Sarasin et al. (Hg.): Fragen Sie Dr. Sex! Ratgeberkommunikation und die mediale Konstruktion des Sexuellen, Berlin: Suhrkamp, 2010.

[29] Wiede: Subjekt und Subjektivierung, 2020, S. 27 f.

[30] Achtsamkeit bzw. Mindfulness können auch als Subjektivierungsanforderungen verstanden werden, mit dem „achtsamen Selbst" als Subjektideal. Vgl. Hardering, Friedericke/Wagner, Greta: „Vom überforderten zum achtsamen Selbst? Zum Wandel von Subjektivität in der digitalen Arbeitswelt", in: Thomas Fuchs/Lukas Iwer/Stefano Micali (Hg.), Das überforderte Subjekt. Zeitdiagnosen einer beschleunigten Gesellschaft, Berlin: Suhrkamp, 2018, S. 258–278, S. 259. Siehe auch Purser, Ron/Loy, David: Beyond McMindfulness. The Huffington Post, 2013, https://www.huffpost.com/entry/beyond-mcmindfulness_b_3519289 vom 31.08.2013 (zuletzt geprüft 21.03.2022).

[31] Zur Entwicklung eines Persönlichkeitsbildungs- und Coachingmarkts siehe z. B. Girkinger, Michael: Einmal Glück und Erfolg, bitte! Über das Glück und seine Vermarktung in der Persönlichkeitsbildung. Eine Untersuchung zur Kultur der Selbstoptimierung, Marburg: Tectum, 2012.

[32] Zum Neuroenhancement bzw. Cognitive Enhancement siehe z. B. Wagner: Selbstoptimierung; Franke, Andreas G.: Hirndoping & Co, Berlin/Heidelberg: Springer, 2019.

individuelle Bewältigungsstrategien in Bezug auf Optimierungsanforderungen darstellen.

8.2 Funktionen des Wearable-Dispositivs

Wie soeben dargestellt, sind Dispositive dann erfolgreich, wenn sie die aus dem Notstand heraus resultierenden Bedürfnisse zumindest zeitweise erfüllen können.[33] Somit soll es in diesem Teilkapitel um die Funktionen gehen, die das Wearable-Dispositiv im
Kontext des gesellschaftlichen Notstands einnehmen kann. Diese sehe ich auf Basis meiner Vorarbeiten in vermittelnden, steuernden und produktiven Funktionen.

Im Zuge der individuellen Überforderung, die durch wachsende Anforderungen in unterschiedlichen dispositiven Anordnungen entstehen kann, steigt das Bedürfnis nach Orientierung und Kontrolle. Das Wearable-Dispositiv vermittelt das Wissen darüber, dass Wearables als Werkzeuge zur Alltagsbewältigung dazu geeignet sind, bestimmte Aspekte des Lebens besser in den Griff zu bekommen, seien es die Gesundheit, die Fitness oder das äußere Erscheinungsbild. Dies geschieht u. a. dadurch, dass kommuniziert wird, durch das Wearable den Körper und das eigene Verhalten lesbar und damit steuerbar machen zu können. Stefan Selke bezeichnet Selbstvermessungspraktiken in diesem Zusammenhang auch als „privatisierte Kontingenzreduktion"[34], weil sich die Nutzer*innen dadurch auf ihre Körper als „Maßstabsebene des Beherrschbaren"[35] fokussieren. Diese Kontingenzreduktion geschieht, indem Wearables exklusives Körperwissen produzieren, welches den Nutzer*innen ein positives Kontrollgefühl übermittelt.

> Die Lust an der boomenden digitalen Selbstverdatung korrespondiert vor allem mit der Angst vor Kontrollverlust in modernen Gesellschaften, Gefahren werden in (berechenbare) Risiken und (erwartbare) Sicherheiten zerlegt, um so die Beherrschbarkeit der Welt zu suggerieren. Im Zwischenraum zwischen diffusen Erwartungen und vorenthaltenen Erfüllungen etablieren sich neue Versuche die omnipräsente Unsicherheit der Welt zu minimieren.[36]

---

[33] Vgl. Hans: Das Medien-Dispositiv, S. 24.
[34] Selke: Ausweitung der Kampfzone, S. 315.
[35] Ebd.
[36] Ebd., S. 314.

8.2 Funktionen des Wearable-Dispositivs

Exemplarisch zeigen lässt sich diese Funktion der Vermittlung von Sicherheit anhand meiner Interviews, in denen sowohl Michaela N. als auch Torsten D. davon berichten, wie das Wearable die Unsicherheit hinsichtlich ihrer Herzgesundheit reduziert.

> Also für mich ist das einfach beruhigend. (1) <u>Weil</u>, es hat auch einfach durch diese Herzgeschichte ähm ein Frühwarnsystem. (1) Und ich vertraue dem. (1) Ich/ es hat Gott sei Dank noch nie angeschlagen. (1) Äh und deshalb schlafe ich auch (lacht leicht) damit. Weil, es gibt mir einfach ein beruhigendes Gefühl. Und wenn ich unruhig wäre, da kann ich draufschauen, wie mein Puls zum Beispiel geht oder mache mir ein EKG. (1) Das beruhigt mich einfach.[37]

> Also für mich war es einfach so gewesen, dass/ dass ich halt, wenn ich halt morgens drauf gucke, kann ich halt genau das nachts sehen, ob ich es nochmal hatte oder eben nicht. Ob mein Puls niedrig war, durchgängig war oder ob es nochmal Episoden gab, wo er eben nochmal ganz hoch gegangen ist. Das sieht man ganz gut. (1) Und, hm, dann weiß ich eben, ich hatte es nochmal oder ich hatte es eben nicht. Und, für mich ist es halt jeden Morgen irgendwie cool zu sehen, das halt nichts war.[38]

Diese Sicherheit wird nicht nur durch das Gerät allein, sondern durch das gesamte Dispositiv produziert, indem die Funktion des Wearables als potenzieller Lebensretter sowohl durch diskursive wie auch nicht-diskursive Praktiken und Objektivationen vermittelt wird.

Aber auch bei den anderen Befragten, bei denen es nicht vornehmlich um ein Kontrollbedürfnis in gesundheitlicher Hinsicht geht, werden die vermittelnden, steuernden und produktiven Funktionen des Wearable-Dispositivs deutlich. So zeigt sich in mehreren Fällen, dass eine Orientierung am Wearable eine stabilisierende Ressource im Alltag der Nutzer*innen darstellt. Das Handlungsfeld wird durch das Wearable-Dispositiv vorstrukturiert und leitet gewünschte Verhaltensweisen an, die auf die Regierung von gesunden, produktiven und fitten Subjekten abzielen. Das Wearable führt seine Nutzer*innen dementsprechend durch den Tag und steuert ihr Verhalten durch die positive Bestärkung entsprechender Aktivitäten in Form von Lob, virtuellen Medaillen oder der Visualisierung der *Drei Ringe*.[39] Dieser Art der Belohnungen lassen sich motivierende und stabilisierende Effekte zuschreiben, indem sie den Nutzer*innen ein unmittelbares Feedback über ihre alltäglichen Erfolge geben und ihnen somit das Gefühl von Machbarkeit vermitteln. Ferner wird es von den Befragten als positiv empfunden, sich vom

---

[37] Interview Michaela N., 51.
[38] Interview Torsten D., 66.
[39] Vgl. Interview Bernd B., 11; Interview Janina F., 35; Interview Annika L., 44.

Wearable anleiten zu lassen und somit die Verantwortung ein Stück weit aus der Hand zu geben – so sehe ich auch eine gewisse Entscheidungsmüdigkeit als Symptom der zahlreichen Anforderungen und der individuellen Überforderung an. Das Wearable wird so zu einer Instanz, die ‚auf mich aufpasst' und ‚mein Leben im Blick hat.' Das zeigt sich in den Interviews auch in der Art und Weise, wie vom Wearable als personifizierter Gegenstand gesprochen wird.[40] Es lässt sich somit abschließend festhalten, dass das Wearable-Dispositiv Sicherheit und Orientierung produziert, indem es Wissen vermittelt, Verhalten anleitet und Entscheidungen abnimmt.

8.3 Auswirkungen des Wearable-Dispositivs

Nachdem ich die gesellschaftlichen Rahmenbedingungen und die Funktionen des Wearable-Dispositivs skizziert habe, soll es im Folgenden um seine Auswirkungen gehen, die auf Basis meiner Dispositivanalyse erkennbar sind. Wie in Abschnitt 8.2 beschrieben, können Wearables stabilisierende Ressourcen in einem von unterschiedlichen Anforderungen geprägten Alltag sein und dabei individuelle Bedürfnisse nach Orientierung und Kontrolle erfüllen. Diese Zuschreibungen zeigen sich sowohl im Diskurs[41] als auch in den Alltagspraktiken meiner Interviewpartner*innen.[42] Auf der anderen Seite können Wearables aber auch dazu beitragen, die Mechanismen einer Quantifizierungsgesellschaft weiter zu verstärken. Diese Mechanismen umfassen für mich, wie in Abschnitt 3.1 aufgezeigt, eine ständige Datenproduktion, eine zunehmende Nutzung quantitativer Daten als Handlungs- und Entscheidungsgrundlage sowie die (Weiter)Entwicklung einer „quantitativen Mentalität".[43] In der Nutzung von Wearables sehe ich eine Intensivierung dieser drei Aspekte. So steigt durch die Erweiterung der Funktionsbereiche von Wearables die Datenproduktion und damit die Datenmenge an und betrifft dabei auch Bereiche, in denen vorher keine Daten erhoben wurden, beispielsweise eine Vermessung des Schlafverhaltens oder der Herzfrequenz. In diesen neu entstehenden, umfangreichen Datensätzen steckt, wie bereits argumentiert, viel Potenzial, das zurzeit aus unterschiedlichen Gründen nicht ausgeschöpft

---

[40] Vgl. z. B. Interview Bernd B., 70; Interview David G., 15; Interview Janina F., 21.

[41] Vgl. z. B. Sharon/Zandbergen: From data fetishism to quantifying selves; Paluch/Tuzovic: Persuaded self-tracking with wearable technology, S. 443; Schüll: Data for life: Wearable technology and the design of self-care, S. 7; Millington: Fit for prosumption, S. 1192.

[42] Vgl. Interview Michaela N., 21 und 51; Interview Torsten D., 17; Interview Leon O., 27.

[43] Porter: Trust in numbers, S. 118.

8.3 Auswirkungen des Wearable-Dispositivs

wird, u. a. für die Forschung im Bereich der personalisierten Medizin, aber auch für die Medizinindustrie. So werden die Wearable-Daten zum potenziellen Biokapital, bei dem die wissenschaftliche Wissensproduktion nicht mehr von der kapitalistischen Wertproduktion zu trennen ist.[44]

Eine weitere Auswirkung des Wearable-Dispositivs im Zusammenhang mit der Datenerhebung ist die Förderung einer quantitativen Mentalität, indem Nutzer*innen in einen Konflikt mit dem eigenen Körpergefühl geraten können, wenn den Messwerten eine höhere Glaubwürdigkeit zugeschrieben wird und nicht quantifizierte bzw. nicht sichtbar gemachte Aspekte ihres Alltags in den Hintergrund treten.[45] Dies schließt an den Diskurs an, der noch einmal verdeutlicht, dass viele bedeutende Repräsentationen in unserer Gesellschaft „numerical pictures"[46] und somit quantitativer Art sind. Dadurch verschiebt sich auch ein Verständnis davon, was als relevante Information einzuordnen ist, denn dies sind sowohl in der privaten wie auch in der öffentlichen Kommunikation in der Regel Informationen, die sich leicht erheben, darstellen und vermitteln lassen können. Auch im Zusammenhang mit Selbstvermessungspraktiken kann diese Etablierung des „statistischen Blicks"[47] als problematisch wahrgenommen werden, wie Pamela Ward in einer autoethnographischen Studie beschreibt:

> I cringed when the program said it wanted to 'get to know' me. I don't like the notion of 'it…big brother,' whatever you want to refer to this entity as, 'getting to know me' I don't want to be 'known.' It is interesting that getting to know me means getting to know my measurements.[48]

Das Heranziehen von Daten als Entscheidungsgrundlage zeigt sich ebenfalls anhand der Analyseergebnisse. Dort gibt es mehrere Beispiele dafür, in denen Entscheidungen bezüglich der Tagesgestaltung, der aktuellen Leistungsfähigkeit, der Ausführung des Trainings oder der Einschätzung der eigenen Gesundheit auf

---

[44] Vgl. Lemke, Thomas: Biopolitik zur Einführung, Hamburg: Junius, 2007, S. 140 ff. Siehe auch Sunder Rajan, Kaushik: Biocapital: Duke University Press, 2006, S. 34 f. Auch Deborah Lupton macht auf die Bedeutung von Self Tracking-Daten als digitales Biokapital aufmerksam. Lupton: Self-Tracking Modes, 2014, S. 14.

[45] Vgl. Interview Katharina Z., 28; Interview Michaela N., 17; Interview Simon J, 48.

[46] Espeland/Stevens: A Sociology of Quantification, S. 422.

[47] Wehner/Passoth/Sutter: Gesellschaft im Spiegel der Zahlen, S. 62.

[48] Ward et al.: Embodied display, S. 99 f.

Basis der Wearable-Daten gefällt werden.[49] Hier lässt sich eine ähnliche Kritik anbringen, wenn solche Entscheidungen aufgrund der Datenlage gefällt und nicht quantifizierbare Aspekte vernachlässigt werden, z. B. jene, die „jenseits aller Funktionsoptimierung zu einem gelungenen Tag [gehören]"[50].

Des Weiteren lässt sich argumentieren, dass Wearables zwar für einzelne Bereiche Überforderung entgegenwirken und dort eine stabilisierende Ressource darstellen können, gleichzeitig aber in anderen Bereichen für die Produktion neuer Optimierungsanforderungen sorgen, die eine individuelle Überforderung möglicherweise noch verstärken. Durch den Fokus auf quantifizierbare Optimierungsaspekte wird das Individuum immer mehr als „Humankapital" gerahmt, das durch genügend Investitionen in sich selbst, für Leistung und Gesundheit selbst verantwortlich ist.[51] Diese Perspektive greift auch Leon O. in den Interviews auf, indem er die Anforderungen an den Einzelnen einem kapitalistisch geprägten Leistungsprinzip zuordnet. Er vermutet, dass es häufig nicht mehr um die eigene Person geht, sondern alles auf erbrachte und zu erbringende Leistungen externalisiert wird.[52] Den Optimierungsdrang begreift er als gesellschaftliches Phänomen, welches er durch die Vergleichbarkeit in den sozialen Medien befeuert sieht, die den Druck auf die einzelne Person erhöht. Praktiken der Selbstvermessung seien in diesem Zusammenhang in der Lage, das Kontroll- und Sicherheitsbedürfnis ein Stück weit zu stillen.[53]

Eine weitere Folge des Wearable-Dispositivs ist, wie ich in der Analyse zeigen konnte, das Aufrechterhalten bestimmter Paradigmen, wie dies eines bestimmten Bilds von Gesundheit, das gekennzeichnet ist von Eigenverantwortung, Fitness und Selbstoptimierung – diese Aspekte kommen unter der bereits beschriebenen *Healthism*-Perspektive zusammen.[54] Gesundheit wird dabei zu einer Frage der richtigen Einstellung und passenden Steuerung. „Er [der Körper] wird zur ‚Baustelle' und die an ihn gebundene Gesundheit zur Ersatzreligion."[55] In der Medienberichterstattung wird *Healthism* auch als „Gesundheitswahn" umschrieben und problematisiert, dass Krankheit aus dieser Perspektive als Versagen

---

[49] Vgl. Interview Michaela N., 51; Interview Janina F., 17; Interview David G., 15; Interview Leon O., 27; Interview Simon J., 66.
[50] Maak: E-Mails im Blut, 2014.
[51] Vgl. Lemke: Biopolitik zur Einführung, S. 138 ff. Siehe auch Bourdieu: Ökonomisches Kapital – Kulturelles Kapital – Soziales Kapital, S. 54 f.
[52] Vgl. Interview Leon O., 49.
[53] Vgl. Interview Leon O., 25.
[54] Vgl. Crawford: Healthism and the medicalization of everyday life, S. 368.
[55] Selke: Ausweitung der Kampfzone, S. 317.

verstanden wird.[56] In den Hintergrund tritt dabei, dass es sozial und kulturell konstruiert ist, was als das Beste für die Gesundheit gilt, wie Jonathan M. Metzl erläutert.[57] So sind beispielsweise die Vorstellungen von Gesundheit und Krankheit sehr stark an die äußerliche Erscheinung von Menschen gebunden,[58] die normativen Vorgaben, wie jemand auszusehen und sich zu verhalten hat, um als gesund zu gelten, werden dabei auch durch das Wearable-Dispositiv kommuniziert. Dahinter steckt eine machtvolle Technik, denn indem körperliche Aktivität und schlanke Körper nicht nur mit ästhetischen oder ökonomischen Argumenten bestärkt werden, sondern Gesundheit als übergeordnetes Ziel mit diesem Körperideal in Verbindung gebracht wird, ist es gesellschaftlich viel akzeptierter, Fitness und Schlankheit auch (laut) zu fordern. Um diese Technik zu illustrieren, zieht Metzl exemplarisch Publikumszeitschriften heran, das Vorgehen lässt sich aber ebenso auf den Wearable-Diskurs übertragen.

> *Men's Health* meanwhile subdivides health into categories of Sex, Fitness, and Nutrition and instructs readers on ways to obtain buns of steel or build 'razor sharp abs' in an effort to 'get noticed', and then get laid, by the girl next door. Calling such language *sexism* or *cultural narcissism* would mobilize a particular critique. But calling it health allows these and other magazines to seamlessly construct certain bodies as desirable while relegating others as obscene. The result explicitly justifies particular corporeal types and practices, while implicitly suggesting that those who do not play along suffer from ill health.[59]

Gleichzeitig zeigt sich so also auch die Pathologisierung der Anti-Subjekte, die sich den Anforderungen nach Fitness und dem erwünschten Gesundheitsverhalten nicht unterwerfen. Individuen werden dabei aufgrund ihrer Risikofaktoren bewertet und kategorisiert.[60] Das wirft auch die Frage nach der Benennungsmacht[61] auf. Diese lässt sich laut H. Gilbert Welch bei der Medizinindustrie verortet werden, die es geschafft ein Verständnis von „Gesundheit als die Abwesenheit

---

[56] Vgl. Bartens, Wener: Wenn sich Kranke als Versager fühlen. Süddeutsche Zeitung, 2016, https://www.sueddeutsche.de/gesundheit/medizin-darf-s-ein-bisschen-mehr-sein-1.2881280-0 vom 29.02.2016 (zuletzt geprüft 15.05.2021).
[57] Vgl. Metzl, Jonathan M.: „Introduction. Why Against Health?", in: Jonathan M. Metzl/Anna Kirkland (Hg.), Against Health. How Health Became the New Morality, S. 1–11, S. 2.
[58] Vgl. ebd.
[59] Ebd., S. 3.
[60] Vgl. ebd., S. 2.
[61] Vgl. Bourdieu: Sozialer Raum und ‚Klassen', S. 23 ff.

von Anomalien"[62] zu etablieren. Dieser Perspektive liegt auch ein Wandel eines pathogenetischen zu einem salutogenetischen Blick auf Gesundheit zu Grunde: Krankheit ist nicht mehr etwas, auf das man beim Eintreten entsprechender Symptome reagiert und sich behandeln lässt, sondern der Fokus liegt auf der Erhaltung von Gesundheit, auf Gesundheitsförderung und Prävention.[63] ‚'

> In the past, people sought health care because they were sick. Now the medical-industrial complex seeks patients. It encourages those with minor symptoms to be evaluated and urges those who feel well to get 'checked' just to make sure nothing is wrong. So, if health is the absence of abnormality, the only way to know you are healthy is to become a customer. But healthy people aren't great customers […] The money is in those in whom an abnormality can be found.[64]

Diese Macht, die Bereiche von normal und abnormal, gesund und krank zu bestimmen und ihre Grenzen zu verschieben, konnte man, wie in Abschnitt 3.2 skizziert, schon bei der Entwicklung von Personenwaagen und den dazugehörigen Gewichtstabellen beobachten, in der Quantifizierungsgesellschaft setzt sich das nun fort. Nicht zuletzt besteht ein strategisches Interesse seitens der Medizinindustrie daran, diese Normbereiche aufrechtzuerhalten, so dass Individuen diese internalisieren, damit ein „Unwohlsein bei Abweichungen [beginnt]"[65]. Um diesen Abweichungen entgegenzuwirken, sollen dann Werkzeuge wie Wearables eingesetzt werden. Selbstvermessung kann insofern auch zu einer Somatisierung beitragen, wenn gemessene Aspekte und Abweichungen Erkrankungen zugeordnet werden.[66] Erwähnenswert ist in diesem Zusammenhang, dass Gesundheitsförderung seitens der Anbieter zwar als Kaufargument für Wearables angeführt wird, es, um die in Deutschland komplizierte Zulassung als Medizinprodukt zu

---

[62] Vgl. Welch, H. G.: To Overhaul the System, ‚Health' Needs Redefining. The New York Times, 2009, https://www.nytimes.com/2009/07/28/health/views/28essa.html vom 27.07.2009 (zuletzt geprüft 10.03.2022).

[63] Das Gesundheits-Krankheit-Kontinuum entspannt sich zwischen einem imaginären Gesundheits- und einem Krankheitspunkt. „An jedem seiner Punkte besteht ein labiles, immer wieder neu auszubalancierendes komplexes Gleichgewicht zwischen salutogenetischen Prozessen (welche die körperliche, seelische und soziale Regulationsfähigkeit sichern bzw. unterstützen) und pathogenetischen Vorgängen (welche die körperliche, seelische und soziale Regulations- und Anpassungsfähigkeit überlasten, überfordern bzw. hemmen)." Franzkowiak, Peter: Gesundheits-Krankheits-Kontinuum, 2018, https://leitbegriffe.bzga.de/alphabetisches-verzeichnis/gesundheits-krankheits-kontinuum/ vom 13.06.2018 (zuletzt geprüft 22.03.2022).

[64] Welch: To Overhaul the System, ‚Health' Needs Redefining, 2009.

[65] Mau: Das metrische Wir, S. 252 ff.

[66] Vgl. Abend/Fuchs: Introduction. The Quantified Self and Statistical Bodies, S. 12.

8.3 Auswirkungen des Wearable-Dispositivs

umgehen, aber als Lifestyle-Produkt vermarktet werden muss.[67] Dieser Blick auf exemplarische Folgen des Wearable-Dispositivs soll aufzeigen, wie das Dispositiv zum Bestehen bestimmter Machtstrukturen beiträgt und insbesondere bei Fragen nach Pathologisierung, Körperidealen und Gesundheitsförderung politisches Potenzial enthält. Somit produziert bzw. verstärkt das Dispositiv auch neue gesellschaftliche Notstände, so wie hier die Entstehung neuer Optimierungsanforderungen oder die Festigung von sozial konstruierten Normen von Gesundheit und Krankheit. Diese können auch als nicht-intendierte Nebenfolgen des Dispositivs verstanden werden.

Mit dieser Betrachtung des gesellschaftlichen Notstands als Existenzbedingung des Wearables-Dispositivs, den ich in einer Gesellschaft sehe, die von steigenden Optimierungsanforderungen geprägt ist, den Funktionen, die das Wearable-Dispositiv in diesem Kontext einnimmt und seinen gesellschaftlichen Folgen, ist meine Dispositivanalyse abgeschlossen. Die Kernergebnisse dieser Analyse und die Reflektion meines methodischen Vorgehens, möchte ich im abschließenden Kapitel 9 formulieren.

---

[67] Vgl. Kutsche, Katharina: Endlich besser schlafen. Süddeutsche Zeitung, 2017, https://www.sueddeutsche.de/wissen/schlafstoerungen-1.4550146 vom 05.08.2019 (zuletzt geprüft 25.01.2022).

Teil V
Schlussteil

Fazit und Ausblick 9

Durch meine Dispositivanalyse konnte ich deutlich machen, wie die unterschiedlichen Elemente im Dispositiv über ihre gemeinsame strategische Ausrichtung zusammenwirken und dadurch spezifische Machtgefüge entstehen. Somit möchte ich für die folgende Schlussbetrachtung die einzelnen Elemente und ihre Zusammenhänge noch einmal aufzeigen (Abschnitt 9.1). Im Anschluss folgt die Reflektion meiner Arbeit, bei der ich auch auf ihre Limitationen eingehe und meine eingesetzte Methode bzw. den Forschungsstil der Dispositivanalyse diskutiere (Abschnitt 9.2). Den Abschluss bildet ein Ausblick auf mögliche thematische Anschlüsse an diese Arbeit, die sich konkret aus meiner Analyse heraus ergeben haben (Abschnitt 9.3).

9.1 Schlüsselergebnisse

Im Rahmen der Untersuchung der Praktiken war es mein Ziel, Diskursmuster sowie diskursiv vermitteltes Wissen über Wearables zu rekonstruieren und zu untersuchen, wie dieses sich in Alltagspraktiken widerspiegelt. Eine solche Untersuchung sollte gleichzeitig auch eine Forschungslücke bezüglich des Alltagswissens über Wearables schließen, die ich im Vorfeld identifizieren konnte. Auf die Reflektion der Forschungslücken werde ich in Abschnitt 9.2 weiter eingehen. Für die Untersuchung der diskursiven Praktiken habe ich zunächst den Spezialdiskurs analysiert, der gezeigt hat, dass die Überzeugung eines positiven Effekts von Wearables auf die Gesundheit dominiert und sich viele Forschungsarbeiten deshalb auf die Intensivierung der Nutzung und Verbesserung der User Experience fokussieren. Im Interdiskurs lag der Schwerpunkt mehr auf der Zuschreibung, dass Wearables ein Werkzeug zur Selbstoptimierung darstellen, welches unverzichtbare Vorteile für Gesundheit, Produktivität und Lebensführung bietet. Neben diesen Versprechen ist der Interdiskurs zudem geprägt von dystopischen Narrativen hinsichtlich Datenmissbrauch und Dauerüberwachung. Als übergreifende Diskursmuster konnte ich u. a. herausarbeiten, dass im Wearable-Diskurs ein eigenverantwortliches Gesundheitsverhaltens bestärkt wird, dass die Intensivierung der Nutzung ein strategisches Interesse des Diskurses darstellt und dass ein Fokus auf den gesundheitlichen Potenzialen liegt.

Als nächstes erfolgte die Betrachtung der nicht-diskursiven Praktiken, für die ich neun episodische Interviews geführt und analysiert habe, um zu untersuchen, welche Funktionen das Wearable im Alltag seiner Nutzer*innen hat. Hier konnte ich aufzeigen, dass Wearables ganz unterschiedliche Rollen einnehmen können, mal als Alltagsbegleiter, mal als Werkzeug zur Optimierung, als Kontrollinstanz oder als Trainingscoach. Die Heterogenität der möglichen Motive und Nutzungspraktiken, die ich ganz zu Beginn der Arbeit skizziert habe, ist durch die qualitativen Daten noch einmal deutlich geworden. Im Diskurs hingegen wird die (Alltags)Nutzung in der Regel entweder sehr allgemein und undifferenziert besprochen oder aber es werden ‚Extremfälle' thematisiert, wie z. B. *Quantified Self*-Nutzer Florian Schumacher, dessen Praktiken weit über die der Alltagsnutzer*innen hinausgehen.[1]

Anschließend folgte die Verhältnisbestimmung der diskursiven und nichtdiskursiven Praktiken. Dabei lag der Fokus auf der Frage, inwiefern die Alltagspraktiken den Wearable-Diskurs stützen, aktualisieren oder verändern. Hier konnte ich zeigen, dass der Diskurs überwiegend durch die nicht-diskursiven Praktiken gestützt wird, ihn in einigen Aspekten aber auch aktualisiert. Dies betrifft u. a. den Einsatz des Wearables als Werkzeug zur Selbstbegrenzung, also die Möglichkeit, sich mit Hilfe des Wearables gegen Optimierungsanforderungen zu stellen. Des Weiteren ergab sich aus meinem Untersuchungsmaterial, dass Praktiken des Vergleichs kaum auf überindividueller Ebene erfolgen, während *Social Competing* und *Social Sharing* im Diskurs häufig als Nutzungspraktiken angeführt werden. Ob dies nur meine Stichprobe betrifft oder Vergleiche bei der Wearable-Nutzung generell weniger dominant sind als angenommen, müsste weitere empirische Forschung überprüfen. So erweist sich die Untersuchung des Dispositivs hier als produktiv, indem neue Verhältnisse im Netz der heterogenen Elemente aufgezeigt werden konnten.

Der zweite Schritt meiner Dispositivanalyse richtete sich auf die Objektivationen und damit im Rahmen meines Forschungsdesigns auf die Frage, welches

---

[1] Vgl. Koller: Ich messe, also bin ich, 2012; Willmroth: Regieraum des Lebens, 2014; Wolfangel: Dieser Wille, sein Leben zu verändern, 2017.

9.1 Schlüsselergebnisse

Wissen sich aus dem Wearable als Gegenstand selbst rekonstruieren lässt, welche Art der Nutzung es vorgibt und in welche Kontexte es eingebettet ist. Diese Betrachtung habe ich mit Hilfe einer Artefaktanalyse vorgenommen, die noch einmal wichtige Erkenntnisse in Bezug auf die Infrastruktur von Wearables hervorgebracht hat, sowie sie u. a. gezeigt hat, dass zwar unterschiedliche Nutzungskontexte im Gerät angelegt sind, gleichzeitig aber einige Personengruppen von der Nutzung ausgeschlossen werden. In der anschließenden Verhältnisbestimmung zwischen diskursiven Praktiken und Vergegenständlichungen lag der Fokus dann auf der Untersuchung der Frage, inwiefern das aus dem Gegenstand rekonstruierte Wissen den Diskurs stützt oder erweitert. Erweiterungen konnte ich u. a. mit den Themen Produktionsbedingungen, Rohstoffgewinnung und Nachhaltigkeit identifizieren. Auch dieser Teil der Dispositivanalyse hat sich als produktiv erwiesen, indem es den Blick auf das Wearable nochmal erweitert hat.

Der dritte Teil der Dispositivanalyse fokussierte dann die Subjektivierungen und damit die Frage danach, welche Subjekte das Wearable-Dispositiv produziert und welche Anforderungen an sie diskursiv vermittelt werden. Des Weiteren ging es darum, wie sich Nutzer*innen zu diesen Erwartungen positionieren und welche Prozesse der Selbstformung ausgemacht werden können. Dafür habe ich die Subjektformierungen und Subjektpositionen aus dem Diskursmaterial sowie die Subjektivierungsweisen aus den Interviews rekonstruiert. Für ersteres ergaben sich bestimmte ,erwünschte' Subjekte, die durch das Wearable-Dispositiv produziert werden und sich durch die Nutzung des Wearables selbst formen. Inwiefern die diskursiv vermittelten Normen und Regeln dann von den Nutzer*innen internalisiert werden, zeigte dann die Analyse der Subjektivierungsweisen, die deutlich machte, dass die Befragten als fit, eigenverantwortlich und sich optimierend wahrgenommen werden möchten. Dabei ergab sich aber auch, dass Subjektivierungsprozesse in einem bestimmten Handlungsspielraum auch Möglichkeiten des Widerstands bereithalten. Die Verhältnisbestimmung zwischen den Praktiken, Objektivationen und Subjektivierungen brachte einige Aspekte hervor, die den Diskurs stützen, u. a. bestätigt sie die positive Verknüpfung von Wearables und Gesundheit, das Vorantreiben eines Fitness-Paradigmas sowie einer *Sportification*[2] im Alltag und die Intensivierung der Nutzung durch Erweiterung der Funktionsbereiche. Wiederum andere Aspekte, die ich durch diese Untersuchung der Verhältnisse bestimmen konnte, aktualisieren den Diskurs, u. a. das Auftreten von möglichen negativen Gesundheitseffekten im Zuge der Wearable-Nutzung, die Pathologisierung von Personen, die sich den Anrufungen nicht unterwerfen

---

[2] Vgl. Grupe: Sport and Culture, S. 21.

können oder wollen oder die individuelle Ablehnung bestimmter Messoptionen trotz intensiver Nutzung der Geräte.

Der vierte und letzte Teil meiner Dispositivanalyse betraf dann in Kapitel 8 den gesellschaftlichen Notstand, auf den das Wearable-Dispositiv antwortet, die Funktionen des Dispositivs sowie seine Auswirkungen. Bei dieser Betrachtung verlasse ich die Ebene der einzelnen Elemente des Dispositivs und nehme eine übergeordnete Perspektive auf das Verhältnis von Wearable-Dispositiv und Gesellschaft ein. Ich konnte darlegen, dass ich die steigenden Anforderungen und Subjektivierungsappelle, die in einer individuellen und gesellschaftlichen Überforderung münden, als Notstand einordne, auf welche u. a. das Wearable-Dispositiv antwortet. Durch die steuernden, vermittelnden und produktiven Funktionen des Dispositivs können damit für die betroffenen Individuen eine Kontingenzreduktion sowie das Gefühl von Kontrolle und Sicherheit erreicht werden. Illustriert durch Beispiele aus meinen Interviews konnte ich auch zeigen, dass es von den Befragten als positiv eingeordnet wird, Verantwortung und Entscheidungen zum Teil an das Wearable abzugeben. Doch auch wenn das Wearable-Dispositiv auf der einen Seite die durch den Notstand produzierten Bedürfnisse zeitweise befriedigen kann, konnte ich argumentieren, dass auf der anderen Seite neue Notstände entstehen bzw. verstärkt werden. Dies umfasst neue Optimierungsanforderungen an das Subjekt sowie das Aufrechterhalten von Paradigmen, die eine Pathologisierung und Normierung von Körpern, Verhalten und Gesundheit vorantreiben.

Im Gesamtbild zeigt die Dispositivanalyse, wie die einzelnen Elemente im Dispositiv aufeinander verweisen, Funktionen füreinander haben und Muster bilden, die sich zu strategischen Interessen formen.[3] So legitimiert der Spezialdiskurs z. B. die Nutzung von Wearables, indem dieser das Wissen darüber produziert, dass positive Effekte auf die Gesundheit zu erwarten sind. Der Interdiskurs und die Objektivationen vermitteln die Subjektanforderungen, die dementsprechend die Nutzungspraktiken steuern. Die Praktiken wiederum, insbesondere die widerständigen, können den Diskurs aktualisieren. Zusammen ergeben die Elemente ein Dispositiv, welches gemäß meiner zu Beginn formulierten These, gesamtgesellschaftlich als „stabilisierende Ressource"[4] wirkt, gleichzeitig aber auch neue Anforderungen produziert.

---

[3] Vgl. Röhle: Strategien ohne Strategen, S. 176.
[4] King et al.: Überforderung als neue Normalität, S. 229.

9.2 Reflektion der Arbeit

Nachfolgend möchte ich meine Arbeit reflektieren und dabei sowohl auf die Aspekte eingehen, in denen ich durch mein Forschungsdesign einen Mehrwert zu anderen Arbeiten herausarbeiten und Forschungslücken schließen konnte, als auch auf Herausforderungen und Limitierungen, die sich im Verlauf der Arbeit gezeigt haben, beginnen möchte ich mit Ersterem: Durch meine Dispositivanalyse konnte ich Aspekte sichtbar machen, die durch eine reine Betrachtung des Diskurses nicht zu Tage getreten wären. Dies betrifft z. B. die Erweiterung des Blicks auf die gesamte Infrastruktur des Wearables, Aspekte der Nachhaltigkeit und Produktionsbedingungen der Geräte oder die Möglichkeiten der widerständigen Nutzung. Damit hat sich bewahrheitet, dass eine Dispositivanalyse dazu geeignet ist, das Untersuchungsfeld im Gegensatz zu einer reinen Diskursanalyse zu erweitern.[5] Der Forschungsstil der Dispositivanalyse erfordert durch seinen multiperspektivischen Ansatz ein komplexes Forschungsdesign, welches individuell entsprechend der Forschungsfragen und des Untersuchungsgegenstands zusammengestellt werden muss. Dies hat sich zwar als aufwendig, aber auch als gewinnbringend erwiesen und bringt durch die Multiperspektivität viel Potenzial für die Erforschung von Mediendispositiven mit. Bislang haben sich Forschungsarbeiten zu Wearables in der Regel auf einzelne Aspekte konzentriert, wie z. B. die Kommunikation mit und über Wearables,[6] ihre Ubiquität,[7] ihre medizinischen Potenziale[8] oder die Nutzungsmotivation.[9] Durch die Perspektivierung von Wearables als Dispositiv konnte ich hingegen die Zusammenhänge zwischen diesen und weiteren Aspekten der Wearable-Nutzung analysieren sowie u. a. mit Nachhaltigkeit oder Selbstbegrenzung neue Themen hervorbringen, die bis jetzt nicht oder kaum im Zusammenhang mit Wearables erforscht wurden.[10] Dadurch konnte ich mit meiner Arbeit einen Mehrwert schaffen.

Durch das komplexe Forschungsdesign und die Untersuchung von diskursiven und nicht-diskursiven Praktiken, Objektivationen und Subjektivierungen sowie

---

[5] Vgl. Jäger/Jäger: Von der Diskurs- zur Dispositivanalyse, 2000, S. 8; Dreesen/Kumiega/Spieß: Diskurs und Dispositiv als Gegenstände interdisziplinärer Forschung, S. 10.

[6] Vgl. Kreitzberg et al.: What is Your Fitness Tracker Communicating?

[7] Vgl. Gilmore: Everywear.

[8] Vgl. Dunn/Runge/Snyder: Wearables and the medical revolution.

[9] Vgl. Friel/Garber: Who Uses Wearable Activity Trackers and Why?

[10] Mögliche Forschung, die sich hier anschließen kann, skizziere ich in Abschnitt 9.3.

der gesellschaftstheoretischen Kontextualisierung ergibt sich zwar eine umfassendere Perspektive auf Wearables, als es andere Arbeiten ermöglichen, aber erlaubt es dafür nicht überall in die Tiefe zu gehen. Als eine Limitation der Arbeit sehe ich demnach einige Abstriche bei der Detailtiefe. So konnte ich im Rahmen der Untersuchung des Wearable-Dispositivs zwar viele Aspekte herausarbeiten, aber nicht alle im gleichen Ausmaß diskutieren. Einschränkungen habe ich so z. B. bei den Themen Datensicherheit oder Gamification vorgenommen und verweise an dieser Stelle auf andere Arbeiten, die eher einen solchen Schwerpunkt gesetzt haben.[11] Hinzu kommt, dass es sowieso nicht möglich ist, ein Dispositiv vollständig zu erfassen und so auch meine Analyse, geprägt von der Materiallage und meinen Vorannahmen als Forschende, immer nur unvollständig sein kann. Eine solche Vollständigkeit ist aber auch nicht das Ziel einer Dispositivanalyse, vielmehr geht es darum, das Zusammenwirken der heterogenen Elemente im Dispositiv zu untersuchen und herauszuarbeiten, wie bestimmte Subjektformen produziert werden.[12] Ebenfalls ist es unter Umständen nicht möglich, dass alle Leitfragen der Dispositivanalyse im gleichen Umfang bearbeitet werden können, da die Gewichtung von Forschungsdesign, Untersuchungsgegenstand und Forschenden beeinflusst wird.[13]

Bestimmte Limitationen für meine Arbeit ergeben sich allein aus dem Dispositivbegriff selbst, so wäre es auch möglich gewesen, das Wearable theoretisch anders zu perspektivieren, z. B. als Aktant im Rahmen der Akteur-Netzwerk-Theorie oder als Nahkörpertechnologie. Weitere Limitationen beruhen auf meinen Entscheidungen für das Forschungsdesign. Hier wären auch alternative Methoden für die Untersuchung der einzelnen Elemente des Dispositivs denkbar gewesen, beispielsweise eine wissenssoziologische Diskursanalyse für die diskursiven Praktiken[14], biographische Interviews[15] für die nicht-diskursiven Praktiken,

---

[11] Für Arbeiten zur Datensicherheit und Wearables siehe z. B. Classen et al.: Anatomy of a Vulnerable Fitness Tracking System; Cilliers: Wearable devices in healthcare. Für die Auseinandersetzung mit Selbstvermessung und Gamification siehe z. B. Reichert: Digitale Selbstvermessung; Whitson, Jennifer R.: „Gaming the Quantified Self", in: Surveillance & Society Nr. 1/2/11. Jg. (2013), S. 163–176.

[12] Vgl. Hans: Das Medien-Dispositiv, S. 25.

[13] Vgl. Bührmann/Schneider: Vom Diskurs zum Dispositiv, S. 95.

[14] Vgl. Keller, Reiner: „Wissenssoziologische Diskursanalyse", in: Reiner Keller/Andreas Hirseland/Werner Schneider et al. (Hg.), Handbuch sozialwissenschaftliche Diskursanalyse. Band 1: Theorien und Methoden, Wiesbaden: VS Verlag, 2011, S. 125–158.

[15] Vgl. Rosenthal, Gabriele/Fischer-Rosenthal, Wolfram: „Analyse narrativ-biographischer Interviews", in: Uwe Flick/Ernst von Kardorff/Ines Steinke (Hg.), Qualitative Forschung. Ein Handbuch, Reinbek bei Hamburg: Rowohlt, 2015, S. 456–468.

9.2 Reflektion der Arbeit

die *Walkthrough Method* zur App-Analyse für die Objektivationen[16] und eine interpretative Subjektivierungsanalyse für die Subjektivierungen.[17] Die Entscheidung für eine andere Methodenkombination hätte ggf. wiederum andere Ergebnisse hervorgebracht, genauso wie meine getroffenen Entscheidungen mich zu bestimmten Ergebnissen geführt haben. Die Wahl des Forschungsdesigns erschien mir für meinen Untersuchungsgegenstand vielversprechend, insbesondere in Bezug auf meinen Wunsch, Alltagspraktiken und Alltagswissen zu untersuchen. Wie beschrieben, ist der Bereich des Alltagswissens ein Bereich, der bisher wenig in den Blick genommen wurde und auch bei Foucault wird der Alltagsdiskurs zwar mitgedacht, aber nicht gesondert thematisiert. Insofern ergibt sich durch das Methodendesign meiner Arbeit ein Mehrwert, indem ich diese Alltagspraktiken und den dortigen Bezug auf diskursiv vermitteltes Wissen berücksichtige. Im Hinblick darauf, können Theorie und Empirie hier voneinander lernen, denn für mein Empfinden weisen Dispositivtheorien insofern Lücken auf, als dass Alltagsdiskursen und Alltagspraktiken zu wenig Aufmerksamkeit zukommen. Ein weiterer Punkt betrifft in diesem Zusammenhang die Subjektproduktion, bei der häufig Extremtypen konstruiert werden, während meine Analyse verdeutlicht hat, dass es bei der Produktion von Subjektformen Überschneidungen und Graustufen gibt.

Im Zuge der Reflektion meines Forschungsprozesses bin ich zu der Überlegung gekommen, dass es eventuell von Vorteil gewesen wäre, die episodischen Interviews zu einem späteren Zeitpunkt zu führen, da sich im Laufe der Dispositivanalyse weitere Themenbereiche und Aspekte eröffnet haben, die auch für eine Untersuchung der nicht-diskursiven Praktiken spannend gewesen wären, z. B. das Thema Nachhaltigkeit. Zudem wäre es im Nachhinein ggf. gewinnbringend gewesen, zusätzlich Personen zu befragen, die in der Vergangenheit ein Wearable genutzt haben, es nun aber nicht mehr nutzen. So hätte ich vielleicht noch mehr über die subjektiv wahrgenommenen Anforderungen, Ablehnungsgründe und Widerstandspraktiken erfahren können.

Eine weitere notwendige Limitation ergibt sich aus dem Untersuchungsgegenstand selbst. In den Jahren, in denen ich mich nun schon mit der Erforschung von Wearables beschäftige, haben sich nicht nur die technischen Möglichkeiten

---

[16] Vgl. Light, Ben/Burgess, Jean/Duguay, Stefanie: „The walkthrough method. An approach to the study of apps", in: New Media & Society Nr. 3/20. Jg. (2018), S. 881–900.

[17] Vgl. Bosančić, Saša: „Die Forschungsperspektive der Interpretativen Subjektivierungsanalyse", in: Alexander Geimer/Steffen Amling/Saša Bosančić (Hg.), Subjekt und Subjektivierung. Empirische und theoretische Perspektiven auf Subjektivierungsprozesse, Wiesbaden: Springer, 2019, S. 43–64.

stark erweitert, auch Spezial- und Interdiskurs – und damit das ganze Dispositiv – haben sich dementsprechend verändert. Dies lässt sich besonders gut am Beispiel des häufig in dieser Arbeit thematisierten Frühwarnsystems der *Apple Watch* illustrieren. Diese Funktion ist erst seit März 2019 in Europa verfügbar[18] und hat somit auch erst ab diesem Zeitpunkt das Narrativ des „Lebensretters am Handgelenk" im Diskurs etabliert, was wiederum die Praktiken beeinflusst hat. Aktuell geht die technische Entwicklung dahingehend weiter, als dass z. B. für die *Apple Watch* die Funktion einer Blutzuckermessung geplant ist, auch das hat meiner Meinung nach das Potenzial, den Diskurs maßgeblich zu verändern.[19] In einem Forschungsprozess, der sich mit Medientechnologien auseinandersetzt, die sich in einem vergleichsweise hohen Tempo weiterentwickeln, muss dementsprechend abgewogen werden, inwiefern man auf neu hinzukommende Aspekte eingehen kann. So habe ich beispielsweise für die Diskursanalysen keine Texte mehr berücksichtigt, die nach Januar 2021 erschienen sind und muss somit Entwicklungen ausklammern, die seitdem stattgefunden haben.

9.3 Anschlüsse

Meine Analyse des Wearable-Dispositivs und der darin enthaltenen Machtgefügen, insbesondere in den Bereichen Gesundheitsverhalten, Eigenverantwortung und Selbstoptimierung, leistet einen Beitrag für die Kultur- und Sozialwissenschaften und liefert Anschlüsse für weiterführende Forschung. Im Folgenden möchte ich somit auf einige dieser Anschlüsse eingehen, die sich unmittelbar aus dieser Arbeit heraus anbieten. Dies sind u. a. anknüpfende Untersuchungen der Wearable-Nutzung aus Perspektive der Mediennutzungs- und Medienwirkungsforschung. Meine qualitative Untersuchung hat Nutzungsmuster hervorgebracht, wie beispielsweise die Nutzung von Wearables als Werkzeug der Selbstbegrenzung oder die gezielte individuelle Ablehnung von Messoptionen, die anhand einer größeren Stichprobe quantitativ überprüft werden könnten. Auch Fragen, die im Diskurs wenig oder sehr ambivalent diskutiert werden, könnten durch eine entsprechende Studie noch einmal gezielt in den Blick genommen werden,

---

[18] Vgl. Lin, Lance/Rothberg, Nikki: ECG app and irregular rhythm notification on Apple Watch available today across Europe and Hong Kong. Apple, 2019, https://www.apple.com/newsroom/2019/03/ecg-app-and-irregular-rhythm-notification-on-apple-watch-available-today-across-europe-and-hong-kong/ vom 07.04.2022 (zuletzt geprüft 27.03.2019).

[19] Vgl. Schwan, Ben: Apple-Watch-Sensoren: Temperatur und Blutzucker lassen auf sich warten, 2022, https://www.heise.de/news/Apple-Watch-Sensoren-Temperatur-und-Blutzucker-lassen-auf-sich-warten-6322273.html vom 11.01.2022 (zuletzt geprüft 08.04.2022).

9.3 Anschlüsse

beispielsweise die Auswirkungen der Wearable-Nutzung auf das eigene Körpergefühl oder die Frage, inwiefern Wearables eine Orientierungsfunktion übernehmen können.

Anschließend an Betrachtungen der Nutzung wäre die Einnahme einer queeren Perspektive auf Selbstvermessungspraktiken. Im Anschluss an Bo Rubergs Verständnis von queerem Gaming im Sinne eines „playing the ‚wrong' way"[20] bzw. den „non-normative pleasures of play"[21], könnte auch eine widerständige Nutzung von Wearables als queeres Self-Tracking verstanden werden, so wie es z. B. beim Projekt „Unfit Bits"[22] der Fall ist. Das eröffnet eine neue Perspektive auf Fragen nach Normen und Abweichungen hinsichtlich „straighter" und „queerer" Nutzung von Selbstvermessungstechnologien.

Ein anderes Thema, welches wie in meiner Analyse gezeigt, eine Forschungslücke darstellt, ist die vollständige Betrachtung des ‚Lebenszyklus' eines Wearables, welcher Fragen nach der Rohstoffgewinnung genauso miteinschließt, wie die nach Produktionsbedingungen, Nachhaltigkeit und Entsorgung. Insbesondere das Machtverhältnis zwischen einem Produktionsprozess mit externen Effekten für den Globalen Süden und einer Nutzung im Globalen Norden bleibt für die Endnutzer*innen unsichtbar. Aus Perspektive einer Mediengeologie steht demnach die Frage danach im Raum, welche „premediatic media materials"[23] wie das in Wearables und vielen weiteren Technologien verbaute Lithium unsere Mediennutzung eigentlich erst ermöglichen.

Die Betrachtung ökonomischer Interessen im Wearable-Dispositiv ist ebenfalls etwas, auf das ich in dieser Arbeit kaum eingehen konnte, die aber in Verbindung mit den herausgearbeiteten Machtverhältnissen eine interessante Forschungsperspektive sein könnte. Insbesondere in Zusammenhang mit der Gesundheitsindustrie und der Weiterverarbeitung der beim Tracking entstandenen Daten ergeben sich in Verbindung mit den dargestellten Potenzialen von Wearables und einem Paradigma der Eigenverantwortung interessante Fragestellungen für die weitere Erforschung. Auch andere ökonomische Aspekte können in diesem Zusammenhang relevant sein, z. B. wie die zukünftige Entwicklung des Marktes aussieht und welche Technologien in Smartwatches und Fitnesstracker integriert werden können. Auch hier verweise ich noch einmal auf die mögliche Integration der Blutzuckermessung durch die *Apple Watch* und deren Bedeutung

---

[20] Ruberg, Bonnie: Video games have always been queer, New York: New York University Press, 2019, S. 18.
[21] Ebd., S. 25.
[22] http://www.unfitbits.com/ (zuletzt geprüft 11.01.2022).
[23] Parikka: A geology of media, S. 4.

auf einem Markt mit mehreren Millionen potenziellen neuen Nutzer*innen alleine in Deutschland.[24]

Im Zusammenhang mit Gesundheitsthemen hat meine Dispositivanalyse verdeutlicht, dass der Fokus auf den positiven Effekten auf die Gesundheit liegt, die mit der Wearable-Nutzung einhergehen, mögliche negative Effekte hingegen nur am Rande verhandelt werden. So können Selbstvermessungspraktiken auch zu einem „self-disimprovement"[25], also einer „Verschlimmbesserung des Selbst" führen, indem Zwang und Suchtsymptome mit ins Spiel kommen, beispielsweise durch ein Unwohlsein, wenn die Trackingfunktion des Wearables bei einer Aktivität ausfällt.[26] Ansätze davon zeigen sich auch in meinen Interviews, wenn die Befragten davon sprechen, von der Wearable-Nutzung „angefixt" zu sein[27] oder einen „Tracking-Zwang"[28] spüren. Auch andere gesundheitsgefährdende Verhaltensweisen können durch die Wearable-Nutzung entstehen oder verstärkt werden, dazu gehören z. B. Essstörungen.[29] Im Hinblick auf diese Aspekte der „dark side of wearable fitness trackers"[30] sehe ich noch weiteren Forschungsbedarf.

Einen anderen Anschluss sehe ich in dem Aspekt, dass ich in meiner Dispositivanalyse ableistische, klassistische und fettfeindliche Strukturen identifizieren konnte. Das Wearable-Dispositiv unterstützt das Narrativ, dass Gesundheit, Fitness und Schlankheit abhängig sind vom eigenen Verhalten, von Fleiß und Disziplin und lässt dabei u. a. die Diskussion um soziale und gesundheitliche Ungleichheit außer Acht. So könnte ein interessanter Ansatzpunkt für die weitere Forschung sein, Wearables aus einer Perspektive der Disability Studies bzw. Critical Media Access Studies[31] zu untersuchen, beispielsweise Gerard Goggins

---

[24] Vgl. Bundesministerium für Gesundheit: Diabetes mellitus, 2021.
[25] Motyl, Katharina: „Compulsive Self-Tracking. When Quantifying the Body Becomes an Addiction", in: Ulfried Reichardt/Regina Schober (Hg.), Laboring Bodies and the Quantified Self. transcript Verlag, 2020, S. 167–188, S. 167.
[26] Vgl. ebd., S. 168.
[27] Vgl. Interview David G., 43 und 67; Interview Janina F., 35.
[28] Interview Simon J., 48–50.
[29] Vgl. Greene, Amanda K./Brownstone, Lisa M.: „„Just a place to keep track of myself'. Eating disorders, social media, and the quantified self", in: Feminist Media Studies Nr. 2/4. Jg. (2021), S. 1–18; Simpson, Courtney C./Mazzeo, Suzanne E.: „Calorie counting and fitness tracking technology. Associations with eating disorder symptomatology", in: Eating behaviors/26. Jg. (2017), S. 89–92.
[30] Duus/Cooray: How we discovered the dark side of wearable fitness trackers, 2015.
[31] Vgl. Ellcessor, Elizabeth: Restricted access. Media, disability, and the politics of participation, New York/London: New York University Press, 2016; Alper, Meryl: „Critical Media

9.3 Anschlüsse

Framework[32] dazu zu nutzen, um Wearables nochmal konkret auf ihre Zugangs- und Nutzungsmöglichkeiten hin zu analysieren. Auch Betrachtungen von Wearables aus Perspektive der Fat Studies und Critical Health Studies würden den Diskurs an dieser Stelle erweitern.[33]

Als einen letzten möglichen Anschluss möchte ich den Einsatz von Wearables und anderen Selbstvermessungstechnologien zur Selbstformung anführen. Wie in der Analyse gezeigt, kann das Wearable ein Werkzeug darstellen, um die Anforderungen an das Subjekt umzusetzen, indem es dadurch geformt wird und sich damit selbst formt.[34] Angelehnt an Ulrich Bröckling[35] lässt sich diese „Selbst-Bildung"[36] im doppelten Sinne verstehen: Das Subjekt stellt immer sowohl die bildende als auch die zu bildende Instanz dar. Im Zuge der gesellschaftlich geforderten permanenten Anpassungs- und Optimierungsleistungen ist auch eine kontinuierliche Produktion von Subjektwissen gefordert, die u. a. durch Selbstvermessung geleistet werden kann.[37] Nicht zuletzt erfordert die Transformation von erhobenen Daten zu Information und letztlich zu Wissen auch eine grundlegende Medien- und Datenkompetenz.[38] Dies macht das Wearable und seine Nutzung auch zu einem relevanten Gegenstand für die medienpädagogische Forschung, ebenso wie das in meiner Analyse angesprochene Zusammenspiel von Verantwortungsübernahme und -delegation an das Wearable, was ich als „geteilte Eigenverantwortung" bezeichnet habe, im Kontext der Selbstbildung.

Insgesamt zeigt sich für die Themen Wearables und Selbstvermessung, dass sie, obwohl bereits intensiv erforscht, viele weitere Anschlüsse bieten. Dies hängt auch damit zusammen, dass das Wearable-Dispositiv Überschneidungen mit anderen Dispositiven aufweist, wie auch in dieser Arbeit gezeigt. Exemplarisch zu nennen seien hier das Fitness-Dispositiv, der Diskurs um Selbstoptimierung oder

---

Access Studies: Deconstructing Power, Visibility, and Marginality in Mediated Space", in: International Journal of Communication/15. Jg. (2021), S. 840–861.

[32] Vgl. Goggin, Gerard: „Disability and haptic mobile media", in: New Media & Society Nr. 10/19. Jg. (2017), S. 1563–1580.

[33] Vgl. Lupton, Deborah: „Digital media and body weight, shape, and size. An introduction and review", in: Fat Studies Nr. 2/6. Jg. (2016), S. 119–134.

[34] Vgl. Gabriels/Coeckelbergh: Technologies of the self and other, S. 121; Reichert: Digitale Selbstvermessung, S. 74; Wiede: Subjekt und Subjektivierung, 2020, S. 23.

[35] Vgl. Bröckling: Das unternehmerische Selbst, S. 21.

[36] Rode: Selbst-Bildung im und durch Self-Tracking, S. 160.

[37] Vgl. Burgfeld-Meise, Bianca/Dehmel, Lukas: „Subjektwissen als Bildungsperspektive junger Erwachsener", in: MedienPädagogik: Zeitschrift für Theorie und Praxis der Medienbildung/42. Jg. (2021), S. 237–258, S. 256.

[38] Vgl. Prietl/Houben: Einführung Datengesellschaft, S. 15 ff.

Zukunftstechnologien. Letzterer ist von einer Reihe utopischer wie dystopischer Visionen geprägt, was den Blick auf die Handgelenke in der Zukunft betrifft: Längst kann das Wearable dort nicht mehr nur die Herzfrequenz messen, auch Blutsauerstoff und Blutzuckerwert werden nun dauerhaft erhoben, verglichen und bewertet.[39] „Vorwärts in die Zukunft"[40]. Neue Wearable-Technologien wie elektronische Tattoos und unter die Haut eingesetzte Sensoren bieten uns allen ein Upgrade.[41] „We are all cyborgs now."[42] Durch die langjährige Sammlung und Zusammenführung unterschiedlicher Daten über den Körper, das Verhalten und die Bewegungsmuster konnte mittlerweile komplexes Wissen über uns und unser Umfeld produziert werden.[43] „Noch mehr Individualismus"[44]. Ebenso ist mittlerweile eine individuelle Identifikation möglich, das Wearable weiß genau, wer wir sind und erkennt uns bereits am Herzschlag.[45] „Auf zu neuen Zielen."[46]

---

[39] Eine Erhebung des Blutzuckers durch die *Apple Watch* soll in wenigen Jahren möglich sein. Vgl. Schwan: Apple-Watch-Sensoren: Temperatur und Blutzucker lassen auf sich warten, 2022.

[40] Apple: Apple Watch, https://www.apple.com/de/watch/ (zuletzt geprüft 17.02.2022).

[41] Vgl. z. B. Lopez/Afrin/Nepal: Examining the design, manufacturing and analytics of smart wearables, S. 8; Budzinski/Schneider: Smart Fitness, S. 97.

[42] Duus/Cooray: How we discovered the dark side of wearable fitness trackers, 2015.

[43] Vgl. Schmundt: Falsch vermessen, 2017; Schmieder/Werner: Hautnah, 2016.

[44] Samsung: Gear Fit2 Pro, https://www.samsung.com/de/watches/galaxy-fit/gear-fit2-pro-black-sm-r365nzkndbt/ (zuletzt geprüft 17.02.2022).

[45] Zukünftig soll es möglich sein, den Herzschlag von Personen ‚auszulesen' und damit eine eindeutige Identifikation zu gewährleisten. Vgl. Kretschmar: Wir wissen, wie und wo du schlägst, 2019. Aktuelle Geräte können noch nicht zwischen unterschiedlichen Träger*innen unterscheiden. Vgl. Lopez/Afrin/Nepal: Examining the design, manufacturing and analytics of smart wearables, S. 10.

[46] Samsung: Fenix 6, https://www.garmin.com/de-DE/p/641449 (zuletzt geprüft 17.02.2022).

Literaturverzeichnis

Abend, Pablo/Fuchs, Mathias: „Introduction. The Quantified Self and Statistical Bodies", in: Pablo Abend/Mathias Fuchs/Ramón Reichert et al. (Hg.), Digital Culture & Society (DCS). Vol. 2, Issue 1/2016 – Quantified Selves and Statistical Bodies, Bielefeld: transcript, 2016, S. 5–21.

Adelmann, Ralf: Listen und Rankings. Über Taxonomien des Populären, Bielefeld: transcript, 2021.

Agamben, Giorgio: Was ist ein Dispositiv?, Zürich/Berlin: Diaphanes, 2008.

Agre, Philip E.: „Surveillance and capture. Two models of privacy", in: The Information Society Nr. 2/10. Jg. (1994), S. 101–127.

Ahlrichs, Domenika/Hansen, Lina: Wearable Ava: eine Innovation zur Messung der fruchtbaren Tage. Vogue, 2017, https://www.vogue.de/beauty/beauty-tipps/zyklus-fruchtbarkeit-tracking-ava-app vom 27.01.2017 (zuletzt geprüft 26.02.2021).

Ahmad Tarar, Ammar/Mohammad, Umair/K Srivastava, Soumya: „Wearable Skin Sensors and Their Challenges. A Review of Transdermal, Optical, and Mechanical Sensors", in: Biosensors Nr. 6/10. Jg. (2020).

Alper, Meryl: „Critical Media Access Studies: Deconstructing Power, Visibility, and Marginality in Mediated Space", in: International Journal of Communication/15. Jg. (2021), S. 840–861.

Althusser, Louis: Ideologie und ideologische Staatsapparate. Aufsätze zur marxistischen Theorie, Hamburg, Berlin: VSA Verlag, 1977.

Altman, Lawrence K.: Who Goes First? The Story of Self-Experimentation in Medicine, Berkeley: University of California Press, 1998.

Anderson, Ben: „Preemption, precaution, preparedness. Anticipatory action and future geographies", in: Progress in Human Geography Nr. 6/34. Jg. (2010), S. 777–798.

Appel, Holger: Sport mit Garmin. Frankfurter Allgemeine, 2017, https://www.faz.net/aktuell/technik-motor/datensammler-sport-mit-garmin-14993855.html vom 29.04.2017 (zuletzt geprüft 12.02.2021).

Apple: Apple Watch Nike, https://www.apple.com/de/apple-watch-nike/ (zuletzt geprüft 30.08.2018).

Apple: Apple Watch, https://www.apple.com/de/watch/ (zuletzt geprüft 17.02.2022).

Arthur, Charles: Wearables: one-third of consumers abandoning devices. The Guardian, 2014, https://www.theguardian.com/technology/2014/apr/01/wearables-consumers-abandoning-devices-galaxy-gear vom 01.04.2014 (zuletzt geprüft 25.01.2022).

Bänziger, Peter-Paul/Duttweiler, Stefanie/Sarasin, Philipp et al. (Hg.): Fragen Sie Dr. Sex! Ratgeberkommunikation und die mediale Konstruktion des Sexuellen, Berlin: Suhrkamp, 2010.

Bartens, Wener: Wenn sich Kranke als Versager fühlen. Süddeutsche Zeitung, 2016, https://www.sueddeutsche.de/gesundheit/medizin-darf-s-ein-bisschen-mehr-sein-1.2881280-0 vom 29.02.2016 (zuletzt geprüft 15.05.2021).

Baudry, Jean-Louis: „Das Dispositiv. Metapsychologische Betrachtungen des Realitätseindrucks", in: Robert F. Riesinger (Hg.), Der kinematographische Apparat. Geschichte und Gegenwart einer interdisziplinären Debatte, Münster: Nodus, 2003, S. 41–62.

Baudry, Jean-Louis: „Ideologische Effekte erzeugt vom Basisapparat", in: Robert F. Riesinger (Hg.), Der kinematographische Apparat. Geschichte und Gegenwart einer interdisziplinären Debatte, Münster: Nodus, 2003, S. 27-39.

Baureithel, Ulrike: Bringschuld für Datenspenden. taz, 2018, https://taz.de/Big-Data-fuer-die-Forschung/!5477716/ vom 27.01.2018 (zuletzt geprüft 12.02.2021).

Benning, Nils-Hendrik/Knaup, Petra/Rupp, Rüdiger: „Comparison of accuracy of activity measurements with wearable activity trackers in wheelchair users: a preliminary evaluation", in: GMS Medizinische Informatik, Biometrie und Epidemiologie Nr. 2/16. Jg. (2020), S. 1–9.

Berres, Irene: Du bist doch krank. Spiegel Online, 2017, https://www.spiegel.de/gesundheit/diagnose/fitnessarmbaender-wie-wearables-die-medizin-revolutionieren-koennten-a-1129754.html vom 19.01.2017 (zuletzt geprüft 20.01.2022).

Berres, Irene/Weber, Nina: Die Kasse trainiert mit. Spiegel Online, 2015, https://www.spiegel.de/gesundheit/ernaehrung/apple-watch-und-co-was-soll-die-krankenkasse-bezuschussen-a-1046835.html vom 07.08.2015 (zuletzt geprüft 30.01.2022).

Beuth, Patrick: Apple schafft ein neues Statussymbol. Zeit Online, 2015, https://www.zeit.de/digital/mobil/2015-03/apple-watch-preise-verkaufsstart/komplettansicht vom 09.03.2015 (zuletzt geprüft 10.02.2021).

Beuth, Patrick: Ist das Avantgarde oder nervt das nur?, 2015, https://www.zeit.de/digital/mobil/2015-05/apple-watch-test vom 05.05.2015 (zuletzt geprüft 12.02.2021).

Beuth, Patrick: Vermessen und verkauft, 2015, https://www.zeit.de/digital/mobil/2015-04/quantified-self-apple-watch-geschaeftsmodelle vom 20.04.2015 (zuletzt geprüft 12.02.2021).

Biermann, Kai: Der Computer am Handgelenk. Zeit Online, 2013, https://www.zeit.de/digital/mobil/2013-01/smartwatch-wearable-computer vom 07.01.2013 (zuletzt geprüft 12.02.2021).

Biselli, Anna: Wearables und Fitnessapps verbreiten sich mit Hilfe der Krankenkassen, Regierung verkennt Datenschutzprobleme. Netzpolitik.org, 2016, https://netzpolitik.org/2016/wearables-und-fitnessapps-verbreiten-sich-mit-hilfe-der-krankenkassen-regierung-verkennt-datenschutzprobleme/ vom 26.07.2016 (zuletzt geprüft 12.02.2021).

Bode, Matthias/Kristensen, Dorthe B.: „The digital doppelgänger within. A study on self-tracking and the quantified self movement", in: Domen Bajde/Robin Canniford (Hg.), Assembling Consumption. Researching Actors, Networks and Markets, New York: Routledge, 2015, S. 119–134.

Boehringer, Simone: Alles was messen, was geht. Süddeutsche Zeitung, 2017, https://www.sueddeutsche.de/wirtschaft/minicomputer-am-koerper-alles-messen-was-geht-1.3369197 vom 08.02.2017 (zuletzt geprüft 12.02.2021).

Borgelt, Claus: „Historische Personenwaagen. Eine Bilder-Reise von den Anfängen um 1880 bis in die Mitte des 20. Jahrhunderts", in: Maß und Gewicht Nr. 12(2011), S. 69–88.

Bortz, Jürgen/Schuster, Christof: Statistik für Human- und Sozialwissenschaftler, Berlin/Heidelberg: Springer, 2010.

Bosančić, Saša: „Die Forschungsperspektive der Interpretativen Subjektivierungsanalyse", in: Alexander Geimer/Steffen Amling/Saša Bosančić (Hg.), Subjekt und Subjektivierung. Empirische und theoretische Perspektiven auf Subjektivierungsprozesse, Wiesbaden: Springer, 2019, S. 43–64.

Bourdieu, Pierre: Sozialer Raum und ‚Klassen'. Leçon sur la leçon. Zwei Vorlesungen, Frankfurt am Main: Suhrkamp, 1985.

Bourdieu, Pierre: „Ökonomisches Kapital – Kulturelles Kapital – Soziales Kapital", in: Margareta Steinrücke (Hg.), Die verborgenen Mechanismen der Macht, Hamburg: VSA Verlag, 2015, S. 49-80.

Braun, Michael/Nürnberg, Volker: „Verhaltensbasierte Versicherungstarife – innovative E-Health-Initiative oder Ausstieg aus der Solidargemeinschaft?", in: Gesundheits- und Sozialpolitik Nr. 1/69. Jg. (2015), S. 70–75.

Bridges, William: Ich & Co. Wie man sich auf dem neuen Arbeitsmarkt behauptet, Hamburg: Hoffmann und Campe, 1996.

Bröckling, Ulrich: „You are not responsible for being down, but you are responsible for getting up. Über Empowerment", in: Leviathan Nr. 3/31. Jg. (2003), S. 323–344.

Bröckling, Ulrich: Das unternehmerische Selbst. Soziologie einer Subjektivierungsform, Frankfurt am Main: Suhrkamp, 2007.

Bröckling, Ulrich: „Anruf und Adresse", in: Andreas Gelhard/Thomas Alkemeyer/Norbert Ricken (Hg.), Techniken der Subjektivierung, Paderborn: Fink, 2013, S. 49–59.

Bublitz, Hannelore/Bührmann, Andrea D./Hanke, Christine/Seier, Andrea: „Diskursanalyse – (k)eine Methode? Eine Einführung", in: Hannelore Bublitz (Hg.), Das Wuchern der Diskurse. Perspektiven der Diskursanalyse Foucaults, Frankfurt am Main/New York: Campus, 1999, S. 10–21.

Budzinski, Oliver/Schneider, Sonja: „Smart Fitness. Ökonomische Effekte einer Digitalisierung der Selbstvermessung", in: List Forum für Wirtschafts- und Finanzpolitik Nr. 2/43. Jg. (2017), S. 89–124.

Bührmann, Andrea D./Schneider, Werner: Vom Diskurs zum Dispositiv. Eine Einführung in die Dispositivanalyse, Bielefeld: transcript, 2008.

Bundesministerium der Justiz und für Verbraucherschutz/Bundesamt für Justiz: Bundesdatenschutzgesetz. BDSG, 2017.

Bundesministerium für Gesundheit: Diabetes mellitus Typ 1 und Typ 2, 2021, https://www.bundesgesundheitsministerium.de/themen/praevention/gesundheitsgefahren/diabetes.html vom 28.06.2021 (zuletzt geprüft 16.09.2021).

Burgfeld-Meise, Bianca/Dehmel, Lukas: „Subjektwissen als Bildungsperspektive junger Erwachsener", in: MedienPädagogik: Zeitschrift für Theorie und Praxis der Medienbildung/42. Jg. (2021), S. 237–258.

Calechman, Steve: 10,000 steps a day – or fewer?, 2019, https://www.health.harvard.edu/blog/10000-steps-a-day-or-fewer-2019071117305 vom 11.07.2019 (zuletzt geprüft 28.02.2020).

Cameron, William B.: Informal Sociology. A casual introduction to sociological thinking, New York: Random House, 1963.

Canhoto, Ana I./Arp, Sabrina: „Exploring the factors that support adoption and sustained use of health and fitness wearables", in: Journal of Marketing Management Nr. 1–2/33. Jg. (2017), S. 32–60.

Cercós, Robert/Goddard, William/Nash, Adam/Yuille, Jeremy: „Coupling Quantified Bodies. Affective Possibilities of Self-Quantification", in: Pablo Abend/Mathias Fuchs/Ramón Reichert et al. (Hg.), Digital Culture & Society (DCS). Vol. 2, Issue 1/2016 – Quantified Selves and Statistical Bodies, Bielefeld: transcript, 2016, S. 177–182.

Cevolini, Alberto: „Zahlen, Zahlenverhältnisse, Zahlensucht", in: Alberto Cevolini (Hg.), Die Ordnung des Kontingenten. Beiträge zur zahlenmäßigen Selbstbeschreibung der modernen Gesellschaft, Wiesbaden: Springer, 2014, S. 9-37.

Chamorro-Premuzic, Tomas: Wearable devices: tracking your every step may not make you happier. The Guardian, 2015, https://www.theguardian.com/media-network/2015/jul/17/wearable-devices-technology-monitor-behaviour-wellbeing vom 17.07.2015 (zuletzt geprüft 12.02.2021).

Chen, Brian X.: The Sad Truth About Sleep-Tracking Devices and Apps. The New York Times, 2019, https://www.nytimes.com/2019/07/17/technology/personaltech/sleep-tracking-devices-apps.html vom 17.07.2019 (zuletzt geprüft 25.01.2022).

Chen, Brian X.: The New Apple Watch Measures Your Blood Oxygen. Now What?, 2020, https://www.nytimes.com/2020/09/17/technology/personaltech/new-apple-watch-blood-oxygen-level-review.html vom 22.12.2020 (zuletzt geprüft 20.01.2022).

Chen, Katherine/Zdorova, Mary/Nathan-Roberts, Dan: „Implications of Wearables, Fitness Tracking Services, and Quantified Self on Healthcare", in: Proceedings of the Human Factors and Ergonomics Society Annual Meeting Nr. 1/61. Jg. (2017), S. 1066–1070.

Choe, Eun K./Lee, Nicole B./Lee, Bongshin/Pratt, Wanda/Kientz, Julie A.: „Understanding quantified-selfers' practices in collecting and exploring personal data", in: Matt Jones/Philippe Palanque/Albrecht Schmidt et al. (Hg.), Proceedings of the 32nd annual ACM conference on Human factors in computing systems – CHI '14, New York: ACM Press, 2014, S. 1143–1152.

Cilliers, Liezel: „Wearable devices in healthcare. Privacy and information security issues", in: Health Information Management Nr. 2–3/49. Jg. (2020), S. 150–156.

Classen, Jiska/Wegemer, Daniel/Patras, Paul/Spink, Tom/Hollick, Matthias: „Anatomy of a Vulnerable Fitness Tracking System", in: Proceedings of the ACM on Interactive, Mobile, Wearable and Ubiquitous Technologies Nr. 1/2. Jg. (2018), S. 1–24.

Clawson, James/Pater, Jessica A./Miller, Andrew D./Mynatt, Elizabeth D./Mamykina, Lena: „No Longer Wearing: Investigating the Abandonment of Personal Health-Tracking Technologies on Craigslist", in: Kenji Mase/Marc Langheinrich/Daniel Gatica-Perez et al. (Hg.), Proceedings of the 2015 ACM International Joint Conference on Pervasive and Ubiquitous Computing – UbiComp '15, New York: ACM Press, 2015, S. 647–658.

Colgan, Joanna C./Bopp, Melissa J./Starkoff, Brooke E./Lieberman, Lauren J.: „Fitness Wearables and Youths with Visual Impairments. Implications for Practice and Application", in: Journal of Visual Impairment & Blindness Nr. 5/110. Jg. (2018), S. 335–348.

Crawford, Kate/Lingel, Jessa/Karppi, Tero: „Our metrics, ourselves. A hundred years of self-tracking from the weight scale to the wrist wearable device", in: European Journal of Cultural Studies Nr. 4–5/18. Jg. (2015), S. 479–496.

Crawford, Robert: „Healthism and the medicalization of everyday life", in: International Journal of Health Services Nr. 3/10. Jg. (1980), S. 365–388.

Czerniawski, Amanda M.: „From Average to Ideal. The Evolution of the Height and Weight Table in the United States, 1836–1943", in: Social Science History Nr. 2/31. Jg. (2007), S. 273–296.

Deleuze, Gilles: Unterhandlungen. 1972–1990, Frankfurt am Main: Suhrkamp, 1993.

Diaz-Bone, Rainer: „Die französische Epistemologie und ihre Revisionen. Zur Rekonstruktion des methodologischen Standortes der Foucaultschen Diskursanalyse", in: FQS Forum: Qualitative Sozialforschung Nr. 2/8. Jg. (2007), Art. 24.

Diaz-Bone, Rainer/Hartz, Ronald: „Einleitung. Dispositivanalyse und Ökonomie", in: Rainer Diaz-Bone/Ronald Hartz (Hg.), Dispositiv und Ökonomie. Diskurs- und dispositivanalytische Perspektiven auf Märkte und Organisationen, Wiesbaden: Springer VS, 2017, S. 1–38.

Didžiokaitė, Gabija/Saukko, Paula/Greiffenhagen, Christian: „The mundane experience of everyday calorie trackers. Beyond the metaphor of Quantified Self", in: New Media & Society Nr. 4/20. Jg. (2017), S. 1470–1487.

Distelmeyer, Jan: Machtzeichen. Anordnungen des Computers, Berlin: Bertz + Fischer, 2017.

Donath, Andreas: Apple verbietet Weiterverkauf von Gesundheitsdaten. golem.de, 2014, https://www.golem.de/news/ios-8-apple-verbietet-weiterverkauf-von-gesundheitsdaten-1408-108900.html vom 29.08.2014 (zuletzt geprüft 15.02.2022).

Donath, Andreas: Blutzuckermessung per Apple Watch, 2021, https://www.golem.de/news/smartwatch-blutzuckermessung-per-apple-watch-2101-153666.html vom 26.01.2021 (zuletzt geprüft 16.09.2021).

Dorer, Johanna: „Das Internet und die Genealogie des Kommunikationsdispositivs. Ein medientheoretischer Ansatz nach Foucault", in: Andreas Hepp/Rainer Winter (Hg.), Kultur – Medien – Macht. Cultural Studies und Medienanalyse, Wiesbaden: VS Verlag, 2006, S. 353–365.

Döring, Nicola/Bortz, Jürgen: Forschungsmethoden und Evaluation in den Sozial- und Humanwissenschaften, Berlin/Heidelberg: Springer, 2016.

dpa: Wearables: Schönes Spielzeug oder Technologie der Zukunft? Focus Online, 2015, https://www.focus.de/gesundheit/diverses/gesundheit-wearables-schoenes-spielzeug-oder-technologie-der-zukunft_id_4564874.html vom 23.03.2015 (zuletzt geprüft 12.02.2021).

dpa: Datenschleuder Fitnessarmband, 2017, https://www.welt.de/regionales/nrw/article164022369/Datenschleuder-Fitnessarmband.html vom 26.04.2017 (zuletzt geprüft 12.02.2021).

Dredge, Stuart: Is 'sitting the new cancer'? What Apple CEO Tim Cook really meant. The Guardian, 2015, https://www.theguardian.com/technology/2015/feb/11/tim-cook-apple-sitting-the-new-cancer vom 11.02.2015 (zuletzt geprüft 04.02.2022).

Dreesen, Philipp/Kumiega, Lukasz/Spieß, Constanze: „Diskurs und Dispositiv als Gegenstände interdisziplinärer Forschung. Zur Einführung in den Sammelband", in: Philipp Dreesen/Lukasz Kumiega/Constanze Spieß (Hg.), Mediendiskursanalyse. Diskurse – Dispositive – Medien – Macht, Wiesbaden: VS Verlag, 2012, S. 9–22.

Drucker, Peter F.: The Age of Discontinuity. Guidelines to Our Changing Society, Burlington: Elsevier Science, 2013.

Dunn, Jessilyn/Runge, Ryan/Snyder, Michael: „Wearables and the medical revolution", in: Personalized Medicine Nr. 5/15. Jg. (2018), S. 429–448.

Duttweiler, Stefanie: „Daten statt Worte?! Bedeutungsproduktion in digitalen Selbstvermessungspraktiken", in: Thorben Mämecke/Jan-Hendrik Passoth/Josef Wehner (Hg.), Bedeutende Daten. Modelle, Verfahren und Praxis der Vermessung und Verdatung im Netz, Wiesbaden: Springer VS, 2018, 251–276.

Duttweiler, Stefanie/Passoth, Jan-Hendrik: „Self-Tracking als Optimierungsprojekt?", in: Stefanie Duttweiler/Robert Gugutzer/Jan-Hendrik Passoth et al. (Hg.), Leben nach Zahlen. Self-Tracking als Optimierungsprojekt?, Bielefeld: transcript, 2016, S. 9–42.

Duus, Rikke/Cooray, Mike: How we discovered the dark side of wearable fitness trackers. The Conversation, 2015, https://theconversation.com/how-we-discovered-the-dark-side-of-wearable-fitness-trackers-43363 vom 19.06.2015 (zuletzt geprüft 30.01.2022).

Ellcessor, Elizabeth: Restricted access. Media, disability, and the politics of participation, New York/London: New York University Press, 2016.

Elman, Julie P.: „"Find Your Fit". Wearable technology and the cultural politics of disability", in: New Media & Society Nr. 10/20. Jg. (2018), S. 3760–3777.

Espeland, Wendy N./Sauder, Michael: „Rankings and diversity", in: Southern California Review of Law and Social Justice Nr. 3/18. Jg. (2009), S. 587–608.

Espeland, Wendy N./Stevens, Mitchell L.: „Commensuration as a Social Process", in: Annual Review of Sociology 24. Jg. (1998), S. 313–343.

Espeland, Wendy N./Stevens, Mitchell L.: „A Sociology of Quantification", in: European Journal of Sociology Nr. 3/49. Jg. (2008), S. 401–436.

Europäisches Parlament: Parlament will Verbrauchern in der EU „Recht auf Reparatur" einräumen. Europäisches Parlament, 2020, https://www.europarl.europa.eu/news/de/press-room/20201120IPR92118/parlament-will-verbrauchern-in-der-eu-recht-auf-reparatur-einraumen vom 25.11.2020 (zuletzt geprüft 31.03.2022).

Festinger, Leon: „A Theory of Social Comparison Processes", in: Human Relations Nr. 2/7. Jg. (1954), S. 117–140.

Fitbit: Introducing Fitbit Versa, 2018, https://www.youtube.com/watch?v=JnqKU-y01hk vom 29.03.2018 (zuletzt geprüft 07.12.2021).

Fitbit: Startseite, https://www.fitbit.com/de/home (zuletzt geprüft 11.02.2020).

Fitbit: Accessories, https://www.fitbit.com/global/de/products/accessories (zuletzt geprüft 05.12.2021).

Fitbit: Fitbit Versa. Bedienungsanleitung Version 2.6, 2021, https://help.fitbit.com/manuals/manual_versa_de.pdf (zuletzt geprüft 06.12.2021).

Fitbit: Fitbit Sense, https://www.fitbit.com/global/de/products/smartwatches/sense?sku=512BKBK (zuletzt geprüft 17.02.2022).

Fitbit: Startseite, https://www.fitbit.com/de/home (zuletzt geprüft 17.02.2022).

Fleming, Amy: Fitness trackers: healthy little helpers or no-good gadgets? The Guardian, 2015, https://www.theguardian.com/lifeandstyle/2015/sep/28/fitness-trackers-healthy-helpers-motivation-inefficient vom 28.09.2015 (zuletzt geprüft 20.01.2022).

Flick, Uwe: Qualitative Sozialforschung. Eine Einführung, Reinbek bei Hamburg: Rowohlt, 2016.

Foucault, Michel: Überwachen und Strafen. Die Geburt des Gefängnisses, Frankfurt am Main: Suhrkamp, 1977.

Fitbit: Dispositive der Macht. Über Sexualität, Wissen und Wahrheit, Berlin: Merve, 1978.

Fitbit: Archäologie des Wissens, Frankfurt am Main: Suhrkamp, 1981.
Fitbit: Der Wille zum Wissen. Sexualität und Wahrheit 1, Frankfurt am Main: Suhrkamp, 1983.
Fitbit: Schriften in vier Bänden. Dits et Ecrits. Band II. 1970–1975, Frankfurt am Main: Suhrkamp, 2002.
Fitbit: Schriften in vier Bänden. Dits et Ecrits. Band III. 1976–1979, Frankfurt am Main: Suhrkamp, 2002.
Fitbit: Schriften in vier Bänden. Dits et Ecrits. Band IV. 1980–1988, Frankfurt am Main: Suhrkamp, 2005.
Fitbit: Die Ordnung des Diskurses, Frankfurt am Main: Fischer Taschenbuch, 2012.
Frank, Tenney: „Roman Census Statistics from 508 to 225 B.C", in: The American Journal of Philology Nr. 4/51. Jg. (1930), S. 313–324.
Franke, Andreas G.: Hirndoping & Co, Berlin/Heidelberg: Springer, 2019.
Franzkowiak, Peter: Gesundheits-Krankheits-Kontinuum, 2018, https://leitbegriffe.bzga.de/alphabetisches-verzeichnis/gesundheits-krankheits-kontinuum/ vom 13.06.2018 (zuletzt geprüft 22.03.2022).
Franzkowiak, Peter: Prävention und Krankheitsprävention, 2022, https://leitbegriffe.bzga.de/alphabetisches-verzeichnis/praevention-und-krankheitspraevention/ vom 14.03.2022 (zuletzt geprüft 27.03.2022).
Friel, Ciarán P./Garber, Carol E.: „Who Uses Wearable Activity Trackers and Why? A Comparison of Former and Current Users in the United States", in: American Journal of Health Promotion Nr. 7/34. Jg. (2020), S. 762–769.
Fröhlich, Gerrit: Medienbasierte Selbsttechnologien 1800, 1900, 2000. Vom narrativen Tagebuch zur digitalen Selbstvermessung, Bielefeld: transcript, 2018.
Frommeld, Debora: „„Fit statt fett": Der Body-Mass-Index als biopolitisches Instrument", in: Curare: Zeitschrift für Medizinethnologie Nr. 1+2/36. Jg. (2013), S. 5–16.
Froschauer, Ulrike: „Artefaktanalyse", in: Stefan Kühl (Hg.), Handbuch Methoden der Organisationsforschung. Quantitative und qualitative Methoden, Wiesbaden: VS Verlag, 2009, S. 326-347.
Fuchs, Thomas/Iwer, Lukas/Micali, Stefano: „Einleitung", in: Thomas Fuchs/Lukas Iwer/Stefano Micali (Hg.), Das überforderte Subjekt. Zeitdiagnosen einer beschleunigten Gesellschaft, Berlin: Suhrkamp, 2018, S. 7–24.
Gabriels, Katleen/Coeckelbergh, Mark: „'Technologies of the self and other'. How self-tracking technologies also shape the other", in: Journal of Information, Communication and Ethics in Society Nr. 2/17. Jg. (2019), S. 119–127.
Galloway, Anne: „Intimations of everyday life. Ubiquitous computing and the city", in: Cultural Studies Nr. 2–3/18. Jg. (2004), S. 384–408.
Garmin: Vivoki Aktivitätsmonitor, https://buy.garmin.com/de-DE/DE/p/150042 (zuletzt geprüft 16.09.2021).
Garmin: Fenix 6, https://www.garmin.com/de-DE/p/641449 (zuletzt geprüft 17.02.2022).
Garmin: Venu 2 Plus, https://www.garmin.com/de-DE/p/730659 (zuletzt geprüft 17.02.2022).
Geimer, Alexander/Amling, Steffen/Bosančić, Saša: „Einleitung: Anliegen und Konturen der Subjektivierungsforschung", in: Alexander Geimer/Steffen Amling/Saša Bosančić (Hg.), Subjekt und Subjektivierung. Empirische und theoretische Perspektiven auf Subjektivierungsprozesse, Wiesbaden: Springer, 2019, S. 1–15.

Gemkow, Johannes: Die Mediatisierung des Wissens. Eine Dispositivanalyse zur Rolle der Medienkompetenz, Wiesbaden: Springer VS, 2021.

Gentrup, Anne: Defizite bei Datenkraken. ÄrzteZeitung, 2017, https://www.aerztezeitung.de/Wirtschaft/Defizite-bei-Datenkraken-310660.html vom 28.04.2017 (zuletzt geprüft 12.02.2021).

Geyer, Siegfried: Soziale Ungleichheit und Gesundheit/Krankheit. Bundeszentrale für Gesundheitliche Aufklärung (BZgA), 2021, https://leitbegriffe.bzga.de/systematisches-verzeichnis/allgemeine-grundbegriffe/soziale-ungleichheit-und-gesundheitkrankheit/ vom 16.11.2021 (zuletzt geprüft 07.02.2022).

gfu Consumer & Home electronics: Home Electronic Market Index Quartal 1–4 / 2021, 2021, https://gfu.de/wp-content/uploads/2022/03/HEMIX_Q1-4_2021.pdf (zuletzt geprüft 08.04.2022).

Gilmore, James N.: „Everywear. The quantified self and wearable fitness technologies", in: New Media & Society Nr. 11/18. Jg. (2016), S. 2524–2539.

Girkinger, Michael: Einmal Glück und Erfolg, bitte! Über das Glück und seine Vermarktung in der Persönlichkeitsbildung. Eine Untersuchung zur Kultur der Selbstoptimierung, Marburg: Tectum, 2012.

Gitelman, Lisa/Jackson, Virginia: „Introduction", in: Lisa Gitelman (Hg.), ‚Raw data' is an oxymoron, Cambridge (Massachusetts): The MIT Press, 2013, S. 1–14.

Gläser, Martin: Medienmanagement, München: Vahlen, 2014.

Godrej, Farah: „The Neoliberal Yogi and the Politics of Yoga", in: Political Theory Nr. 6/45. Jg. (2017), S. 772–800.

Goggin, Gerard: „Disability and haptic mobile media", in: New Media & Society Nr. 10/19. Jg. (2017), S. 1563–1580.

Gorm, Nanna/Shklovski, Irina: „Episodic use. Practices of care in self-tracking", in: New Media & Society Nr. 11–12/21. Jg. (2019), S. 2505–2521.

Gottschall, Karin/Voß, G. G. (Hg.): Entgrenzung von Arbeit und Leben. Zum Wandel der Beziehung von Erwerbstätigkeit und Privatsphäre im Alltag, München/Mering: Rainer Hampp Verlag, 2005.

Gram-Hansen, Sandra B.: „Family wearables – what makes them persuasive?", in: Behaviour & Information Technology Nr. 1/24. Jg. (2019), S. 1–13.

Grauvogl, Alexandra: An der Biomarkt-Kasse scheitert die Smartwatch. Welt, 2018, https://www.welt.de/wirtschaft/webwelt/article181753520/Garmin-Fenix-5-Plus-So-sch laegt-sich-die-mobile-Bezahlfunktion-im-Test.html vom 04.10.2018 (zuletzt geprüft 12.02.2021).

Greene, Amanda K./Brownstone, Lisa M.: „„Just a place to keep track of myself'. Eating disorders, social media, and the quantified self", in: Feminist Media Studies Nr. 2/4. Jg. (2021), S. 1–18.

Grupe, Ommo: „Sport and Culture-The Culture of Sport", in: International Journal of Physical Education Nr. 2/31. Jg. (1994), S. 15–26.

Gupta, Anil/Dhiman, Neeraj/Yousaf, Anish/Arora, Neelika: „Social comparison and continuance intention of smart fitness wearables. An extended expectation confirmation theory perspective", in: Behaviour & Information Technology Nr. 2/21. Jg. (2020), S. 1–14.

Haase, Uwe-Folker: Fitnesstracker: Jeder Schritt zählt. Die Techniker, 2020, https://www.tk.de/techniker/magazin/digitale-gesundheit/fitnesstracker/fitness-tracker-jeder-schritt-zaehlt-2006070 vom 10.01.2020 (zuletzt geprüft 12.02.2021).

Hagen, Patrick: Die Daten nutzen. Süddeutsche Zeitung, 2015, https://www.sueddeuts che.de/wirtschaft/generali-die-daten-nutzen-1.2495917 vom 27.05.2015 (zuletzt geprüft 12.02.2021).

Haghayegh, Shahab/Khoshnevis, Sepideh/Smolensky, Michael H./Diller, Kenneth R./Castriotta, Richard J.: „Performance assessment of new-generation Fitbit technology in deriving sleep parameters and stages", in: Chronobiology International Nr. 1/37. Jg. (2020), S. 47–59.

Han, Byung-Chul: Müdigkeitsgesellschaft, Berlin: Matthes & Seitz, 2010.

Han, Byung-Chul: Psychopolitik. Neoliberalismus und die neuen Machttechniken, Frankfurt am Main: Fischer Taschenbuch, 2015.

Hans, Jan: „Das Medien-Dispositiv", in: Tiefenschärfe Nr. WS 2001/02(2001), S. 22–28.

Hardering, Friedericke/Wagner, Greta: „Vom überforderten zum achtsamen Selbst? Zum Wandel von Subjektivität in der digitalen Arbeitswelt", in: Thomas Fuchs/Lukas Iwer/Stefano Micali (Hg.), Das überforderte Subjekt. Zeitdiagnosen einer beschleunigten Gesellschaft, Berlin: Suhrkamp, 2018, S. 258–278.

Hauck, Mirjam: Die Zukunft gehört den Hologrammen. Süddeutsche Zeitung, 2020, https:// www.sueddeutsche.de/digital/augmented-reality-datenbrille-hololens-microsoft-1.475 6247 vom 16.01.2020 (zuletzt geprüft 19.02.2021).

Häusler, Karl G./Breithardt, Günter/Endres, Matthias: „Schlaganfallprävention bei Vorhofflimmern", in: Nervenheilkunde Nr. 06/31. Jg. (2018), S. 409–418.

Heintz, Bianca: „Zahlen, Wissen, Objektivität: Wissenschaftssoziologische Perspektiven", in: Andrea Mennicken/Hendrik Vollmer (Hg.), Zahlenwerk. Kalkulation, Organisation und Gesellschaft, Wiesbaden: VS Verlag, 2007, S. 65–85.

Heintz, Bianca: „Numerische Differenz. Überlegungen zu einer Soziologie des (quantitativen) Vergleichs", in: Zeitschrift für Soziologie Nr. 3/39. Jg. (2010), S. 162–181.

Hern, Alex: Fitness tracking app Strava gives away location of secret US army bases. The Guardian, 2018, https://www.theguardian.com/world/2018/jan/28/fitness-tracking-app-gives-away-location-of-secret-us-army-bases vom 28.02.2018 (zuletzt geprüft 02.08.2021).

Hickethier, Knut: „Dispositiv Fernsehen. Skizze eines Modells", in: Montage AV Nr. 1/4. Jg. (1995), S. 63–83.

Hickethier, Knut: „Das Medien-Dispositiv oder eine Theorie des Mediensubjekts. Eine Erwiderung", in: Tiefenschärfe Nr. SoSe 2002(2002), S. 28–30.

Hickethier, Knut: Einführung in die Medienwissenschaft, Stuttgart/Weimar: Metzler, 2010.

Hoffmann-La Roche AG/Urban & Fischer: Roche Lexikon Medizin, München: Urban & Fischer, 2003.

Hotz, Sebastian: El Hotzo, Tweet vom 07.03.2021, 18:13 Uhr, https://twitter.com/elhotzo/sta tus/1368610827553697800 (zuletzt geprüft 09.02.2022).

Houben, Daniel/Prietl, Bianca (Hg.): Datengesellschaft. Einsichten in die Datafizierung des Sozialen, Bielefeld: transcript, 2018.

Hoy, Matthew B.: „Personal Activity Trackers and the Quantified Self", in: Medical reference services quarterly Nr. 1/35. Jg. (2016), S. 94–100.

Huawei: Übersicht Wearables, https://consumer.huawei.com/de/wearables/ (zuletzt geprüft 17.02.2022).

Huawei: Huawei Watch Fit, https://consumer.huawei.com/de/wearables/watch-fit-new/ (zuletzt geprüft 17.02.2022).

Huawei: Huawei Watch GT Runner, https://consumer.huawei.com/de/wearables/watch-gt-runner/ (zuletzt geprüft 17.02.2022).

Hyde, Eric T./Omura, John D./Fulton, Janet E./Weldy, Andre/Carlson, Susan A.: „Physical Activity Surveillance Using Wearable Activity Monitors. Are US Adults Willing to Share Their Data?", in: American Journal of Health Promotion Nr. 6/34. Jg. (2020), S. 672–676.

Igo, Sarah E.: The averaged American. Surveys, citizens, and the making of a mass public, Cambridge (Massachusetts): Harvard University Press, 2008.

International Data Corporation (IDC): Wearables Deliver Double-Digit Growth for Both Q4 and the Full Year 2021, According to IDC, 2022, https://www.idc.com/getdoc.jsp?containerId=prUS48935722 vom 08.03.2022 (zuletzt geprüft 08.04.2022).

Internetredaktion Barmer: Quantified Self – Wie nützlich und sinnvoll ist das sogenannte Self-Tracking? Barmer, 2019, https://www.barmer.de/gesundheit-verstehen/gesellschaft/quantified-self-30728 vom 29.04.2019 (zuletzt geprüft 12.02.2021).

Iwersen, Ann-Kristin: Zukunftstrends der Datensammlung: Wearables und biometrische Tattoos. Barmer, 2019, https://www.barmer.de/gesundheit-verstehen/gesellschaft/wearables-tattoos-106136 vom 05.08.2019 (zuletzt geprüft 12.02.2021).

Jäger, Margarete/Jäger, Siegfried: Von der Diskurs- zur Dispositivanalyse, 2000, https://www.diss-duisburg.de/2000/05/von-der-diskurs-zur-dispositivanalyse/print/ vom 27.05.2000 (zuletzt geprüft 09.11.2021).

Jäger, Siegfried: „Diskurs und Wissen. Theoretische und methodische Aspekte einer Kritischen Diskurs- und Dispositivanalyse", in: Reiner Keller/Andreas Hirseland/Werner Schneider et al. (Hg.), Handbuch sozialwissenschaftliche Diskursanalyse. Band 1: Theorien und Methoden, Wiesbaden: VS Verlag, 2011, S. 91–127.

Jäger, Siegfried: Kritische Diskursanalyse. Eine Einführung, Münster: Unrast, 2015.

Jawbone: Tweet vom 27.12.2014, 01:17 Uhr, https://twitter.com/jawbone/status/548633718261161985?lang=de (zuletzt geprüft 01.03.2022).

Jung, Nora: Bei Diäten ungeeignet. Süddeutsche Zeitung, 2017, https://www.sueddeutsche.de/wirtschaft/wearables-bei-diaeten-ungeeignet-1.3632722 vom 18.08.2017 (zuletzt geprüft 26.01.2022).

Jurczyk, Karin/Schier, Michaela/Szymendersk, Peggy/Lange, Andreas/Voß, G. G.: Entgrenzte Arbeit – entgrenzte Familie. Grenzmanagement im Alltag als neue Herausforderung, Berlin: Edition Sigma, 2009.

Kammler, Clemens: „Archäologie des Wissens", in: Clemens Kammler/Rolf Parr/Ulrich J. Schneider (Hg.), Foucault-Handbuch. Leben – Werk – Wirkung, Stuttgart/Weimar: Metzler, 2014, S. 51–62.

Kannengießer, Sigrid: Digitale Medien und Nachhaltigkeit. Medienpraktiken für ein gutes Leben, Wiesbaden: Springer Fachmedien Wiesbaden, 2022.

Karanasiou, Argyro P./Kang, Sharanjit: „My Quantified Self, my FitBit and I", in: Digital Culture & Society Nr. 1/2. Jg. (2016), S. 123–142.

Karsch, Fabian/Roche, Matthias: „Die Vermessung des Selbst. Digitale Selbstvermessung zwischen Empowerment, Medikalisierung und neuer Technosozialität", in: Arne Manzeschke/Fabian Karsch (Hg.), Roboter, Computer und Hybride. Was ereignet sich zwischen Menschen und Maschinen?, Baden-Baden: Nomos, 2016, S. 145–160.

Keller, Reiner: „Wissenssoziologische Diskursanalyse", in: Reiner Keller/Andreas Hirseland/Werner Schneider et al. (Hg.), Handbuch sozialwissenschaftliche Diskursanalyse. Band 1: Theorien und Methoden, Wiesbaden: VS Verlag, 2011, S. 125–158.

Keller, Reiner/Hirseland, Andreas/Schneider, Werner/Viehöver, Willy: „Zur Aktualität sozialwissenschaftlicher Diskursanalyse. Eine Einführung", in: Reiner Keller/Andreas Hirseland/Werner Schneider et al. (Hg.), Handbuch sozialwissenschaftliche Diskursanalyse. Band 1: Theorien und Methoden, Wiesbaden: VS Verlag, 2011, S. 7–33.

Kelly, Norene/Gilbert, Stephen B.: „The Wearer, the Device, and Its Use. Advances in Understanding the Social Acceptability of Wearables", in: Proceedings of the Human Factors and Ergonomics Society Annual Meeting Nr. 1/62. Jg. (2018), S. 1027–1031.

Kerner, Charlotte/Burrows, Adam/McGrane, Bronagh: „Health wearables in adolescents. Implications for body satisfaction, motivation and physical activity", in: International Journal of Health Promotion and Education Nr. 4/57. Jg. (2019), S. 191–202.

King, Vera/Gerisch, Benigma/Rosa, Hartmut: „Einleitung: Lost in Perfection-Optimierung zwischen Anspruch und Wirklichkeit", in: Vera King/Benigma Gerisch/Hartmut Rosa (Hg.), Lost in Perfection. Zur Optimierung von Gesellschaft und Psyche, Berlin: Suhrkamp, 2021, S. 7–21.

King, Vera/Gerisch, Benigma/Rosa, Hartmut/Schreiber, Julia/Salfeld, Benedikt: „Überforderung als neue Normalität. Widersprüche optimierender Lebensführung und ihre Folgen", in: Thomas Fuchs/Lukas Iwer/Stefano Micali (Hg.), Das überforderte Subjekt. Zeitdiagnosen einer beschleunigten Gesellschaft, Berlin: Suhrkamp, 2018, S. 227–257.

Kinsey, Alfred C./Pomeroy, Wardell B./Martin, Clyde E.: Sexual Behavior in the human male, Philadelphia: Saunders, 1949.

Knoke, Felix: Diese Fitnessarmbänder sind besser als die Apple Watch. Süddeutsche Zeitung, 2016, https://www.sueddeutsche.de/digital/wearables-diese-fitnessarmbaender-sind-besser-als-die-apple-watch-1.3161819 vom 18.09.2016 (zuletzt geprüft 12.02.2021).

Köhn, Rüdiger: Kleine Alleskönner ersetzen das Smartphone. Frankfurter Allgemeine, 2018, https://www.faz.net/aktuell/wirtschaft/digitec/der-markt-mit-digitalen-sportuhren-waechst-15418798.html vom 28.01.2018 (zuletzt geprüft 12.02.2021).

Kollek, Regine/Trojan, Alf: Prädiktive Medizin und individualisierte Medizin, 2017, https://leitbegriffe.bzga.de/alphabetisches-verzeichnis/praediktive-medizin-und-individualisierte-medizin/ vom 04.01.2017 (zuletzt geprüft 05.04.2022).

Koller, Catharina: Ich messe, also bin ich. Zeit Online, 2012, https://www.zeit.de/2012/07/WOS-Quantified-Self vom 09.02.2012 (zuletzt geprüft 12.02.2021).

Koo, Helen S./Fallon, Kris: „Preferences in tracking dimensions for wearable technology", in: International Journal of Clothing Science and Technology Nr. 2/29. Jg. (2017), S. 180–199.

Kooiman, Thea J. M./Dontje, Manon L./Sprenger, Siska R./Krijnen, Wim P./van der Schans, Cees P./Groot, Martijn de: „Reliability and validity of ten consumer activity trackers", in: BMC sports science, medicine & rehabilitation/7. Jg. (2015), S. 1–11.

Kostka, Genia: „China's social credit systems and public opinion. Explaining high levels of approval", in: New Media & Society Nr. 7/21. Jg. (2019), S. 1565–1593.

Krämer, Walter: So lügt man mit Statistik, Frankfurt/New York: Campus Verlag, 2015.

Kreitzberg, Daniel C./Dailey, Stephanie L./Vogt, Teresa M./Robinson, Donald/Zhu, Yaguang: „What is Your Fitness Tracker Communicating? Exploring Messages and Effects of Wearable Fitness Devices", in: Qualitative Research Reports in Communication Nr. 1/17. Jg. (2016), S. 93–101.

Kressbach, Mikki: „Breath work. Mediating health through breathing apps and wearable technologies", in: New Review of Film and Television Studies Nr. 2/16. Jg. (2018), S. 184–206.

Kretschmar, Daniél: Wir wissen, wie und wo du schlägst. taz, 2019, https://taz.de/Systeme-zur-Personenidentifizierung/!5614314/ vom 10.08.2019 (zuletzt geprüft 12.02.2021).

Kromeyer-Hauschild, K./Wabitsch, M./Kunze, D./Geller, F./Geiß, H. C./Hesse, V./Hippel, A. von/Jaeger, U./Johnsen, D./Korte, W./Menner, K./Müller, G./Müller, J. M./Niemann-Pilatus, A./Remer, T./Schaefer, F./Wittchen, H.-U./Zabransky, S./Zellner, K./Ziegler, A./Hebebrand, J.: „Perzentile für den Body-mass-Index für das Kindes- und Jugendalter unter Heranziehung verschiedener deutscher Stichproben", in: Monatsschrift Kinderheilkunde Nr. 8/149. Jg. (2001), S. 807–818.

Kuckartz, Udo: Qualitative Inhaltsanalyse. Methoden, Praxis, Computerunterstützung, Weinheim: Beltz Juventa, 2018.

Kutsche, Katharina: Endlich besser schlafen. Süddeutsche Zeitung, 2017, https://www.sueddeutsche.de/wissen/schlafstoerungen-1.4550146 vom 05.08.2019 (zuletzt geprüft 25.01.2022).

Le Grand, Julian: „Quasi-Markets and Social Policy", in: The Economic Journal Nr. 408/101. Jg. (1991), S. 1256–1267.

Leistert, Oliver: „‚Das ist ein Dispositiv, das geht, es läuft!'", in: Tiefenschärfe Nr. WS 2002/03(2002), S. 7–9.

Lemke, Thomas: Biopolitik zur Einführung, Hamburg: Junius, 2007.

Leschke, Rainer: „‚Die Einsamkeit des Mediendispositivs in der Vielheit der Medien.' Zur Logik des Wandels von der Ordnung des traditionellen zu der eines postkonventionellen Mediensystems", in: Julius Othmer/Andreas Weich (Hg.), Medien – Bildung – Dispositive. Beiträge zu einer interdisziplinären Medienbildungsforschung, Wiesbaden: Springer, 2015, S. 71–85.

Light, Ben/Burgess, Jean/Duguay, Stefanie: „The walkthrough method. An approach to the study of apps", in: New Media & Society Nr. 3/20. Jg. (2018), S. 881–900.

Lin, Lance/Rothberg, Nikki: ECG app and irregular rhythm notification on Apple Watch available today across Europe and Hong Kong. Apple, 2019, https://www.apple.com/newsroom/2019/03/ecg-app-and-irregular-rhythm-notification-on-apple-watch-availa ble-today-across-europe-and-hong-kong/ vom 07.04.2022 (zuletzt geprüft 27.03.2019).

Link, Jürgen: „Diskursanalyse unter besonderer Berücksichtigung von Interdiskurs und Kollektivsymbolik", in: Reiner Keller/Andreas Hirseland/Werner Schneider et al. (Hg.), Handbuch sozialwissenschaftliche Diskursanalyse. Band 1: Theorien und Methoden, Wiesbaden: VS Verlag, 2011, S. 433–458.

Link, Jürgen: „Diskurs, Interdiskurs, Kollektivsymbolik. Am Beispiel der aktuellen Krise der Normalität", in: Zeitschrift für Diskursforschung Nr. 1(2013), S. 7–23.

Link, Jürgen/Link-Heer, Ursula: „Diskurs/Interdiskurs und Literaturanalyse", in: Zeitschrift für Literaturwissenschaft und Linguistik Nr. 77/20. Jg. (1990), S. 88–99.

Lobe, Adrian: Jede Regung im Blick. Zeit Online, 2016, https://www.zeit.de/2016/21/ueberwachung-unternehmen-mitarbeiter-datenschutz vom 12.05.2016 (zuletzt geprüft 12.02.2021).

Lomborg, Stine/Frandsen, Kirsten: „Self-tracking as communication", in: Information, Communication & Society Nr. 7/19. Jg. (2015), S. 1015–1027.

Lomborg, Stine/Thylstrup, Nanna B./Schwartz, Julie: „The temporal flows of self-tracking. Checking in, moving on, staying hooked", in: New Media & Society Nr. 12/20. Jg. (2018), S. 4590–4607.
Lopez, Ximena/Afrin, Kahkashan/Nepal, Bimal: „Examining the design, manufacturing and analytics of smart wearables", in: Medical Devices & Sensors Nr. 3/3. Jg. (2020), S. 1–16.
Lueger, Manfred: Grundlagen qualitativer Feldforschung. Methodologie – Organisierung – Materialanalyse, Wien: WUV-Univ.-Verl., 2000.
Lueger, Manfred/Froschauer, Ulrike: Artefaktanalyse. Grundlagen und Verfahren, Wiesbaden: Springer, 2018.
Lupton, Deborah: „Self-tracking Cultures: Towards a Sociology of Personal Informatics", in: Tuck Leong (Hg.), Proceedings of the 26th Australian Computer-Human Interaction Conference on Designing Futures the Future of Design, New York: ACM, 2014, S. 77–86.
Lupton, Deborah: Self-Tracking Modes. Reflexive Self-Monitoring and Data Practices, 2014, https://papers.ssrn.com/sol3/papers.cfm?abstract_id=2483549v vom 19.08.2014 (zuletzt geprüft 24.06.2021).
Lupton, Deborah: „Digital media and body weight, shape, and size. An introduction and review", in: Fat Studies Nr. 2/6. Jg. (2016), S. 119–134.
Lupton, Deborah: The Quantified Self, New York, NY: John Wiley & Sons, 2016.
Lyall, Ben: „Fitness for sale. The value of self-tracking in secondhand exchange", in: The Information Society Nr. 3/35. Jg. (2019), S. 109–121.
Maak, Niklas: E-Mails im Blut. Frankfurter Allgemeine, 2014, https://www.faz.net/aktuell/feuilleton/apple-watch-e-mails-im-blut-13146657.html vom 10.09.2014 (zuletzt geprüft 12.02.2021).
Mahdawi, Arwa: The unhealthy side of wearable fitness devices. The Guardian, 2014, https://www.theguardian.com/commentisfree/2014/jan/03/unhealthy-wearable-fitness-devices-calories-eating-disorders-nike-fuelband vom 03.01.2014 (zuletzt geprüft 30.01.2022).
Majica, Marin: Bewegt euch! Zeit Online, 2013, https://www.zeit.de/digital/mobil/2013-10/NikeFuelband vom 16.10.2013 (zuletzt geprüft 12.02.2021).
Mämecke, Thorben: Das Quantifizierte Selbst. Zur Genealogie des Self-Trackings, Bielefeld: transcript, 2021.
Mämecke, Thorben/Passoth, Jan-Hendrik/Wehner, Josef: „Bedeutende Daten – Einführende Überlegungen", in: Thorben Mämecke/Jan-Hendrik Passoth/Josef Wehner (Hg.), Bedeutende Daten. Modelle, Verfahren und Praxis der Vermessung und Verdatung im Netz, Wiesbaden: Springer VS, 2018, S. 1–14.
Mann, Steve/Nolan, Jason/Wellman, Barry: „Sousveillance: Inventing and Using Wearable Computing Devices for Data Collection in Surveillance Environments", in: Surveillance & Society Nr. 3/1. Jg. (2003), S. 331–355.
Martin-Jung, Helmut: Wenn der Mensch zum bloßen Datenlieferanten wird. Süddeutsche Zeitung, 2016, https://www.sueddeutsche.de/digital/kommentar-daten-sind-nicht-alles-1.2840186 vom 30.01.2016 (zuletzt geprüft 12.02.2021).
Mattelart, Armand: Kleine Geschichte der Informationsgesellschaft, Berlin: Avinus, 2003.
Mau, Steffen: Lebenschancen. Wohin driftet die Mittelschicht?, Berlin: Suhrkamp, 2012.
Mau, Steffen: Das metrische Wir. Über die Quantifizierung des Sozialen, Berlin: Suhrkamp, 2017.
McClelland, David C.: The achieving society, New York: Irvington, 1976.

McDonough, Megan: Your fitness tracker may be accurately tracking steps, but miscounting calories. The Washington Post, 2016, https://www.washingtonpost.com/lifestyle/welness/fitbit-and-jawbone-are-accurately-tracking-steps-but-miscounting-calories/2016/05/24/64ab67e6-20fd-11e6-8690-f14ca9de2972_story.html vom 24.05.2016 (zuletzt geprüft 12.02.2021).

Meißner, Stefan: „Selbstoptimierung durch Quantified Self? Selbstvermessung als Möglichkeit von Selbststeigerung, Selbsteffektivierung und Selbstbegrenzung", in: Stefan Selke (Hg.), Lifelogging. Digitale Selbstvermessung und Lebensprotokollierung zwischen disruptiver Technologie und kulturellem Wandel, Wiesbaden: Springer, 2016, S. 217–236.

Members Health Fund Alliance: Hack your health: a guide to tracking yourself to a happier, healthier you. The Guardian, 2020, https://www.theguardian.com/members-health-fund-alliance-health-before-profit/2020/feb/19/hack-your-health-a-guide-to-tracking-yourself-to-a-happier-healthier-you vom 18.02.2020 (zuletzt geprüft 26.01.2022).

Merkens, Hans: „Auswahlverfahren, Sampling, Fallkonstruktion", in: Uwe Flick/Ernst von Kardorff/Ines Steinke (Hg.), Qualitative Forschung. Ein Handbuch, Reinbek bei Hamburg: Rowohlt, 2015, S. 286–299.

Merton, Robert K.: „The Matthew Effect in Science. The reward and communication systems of science are considered", in: Science (New York, N.Y.) Nr. 3810/159. Jg. (1968), S. 56–63.

Metzl, Jonathan M.: „Introduction. Why Against Health?", in: Jonathan M. Metzl/Anna Kirkland (Hg.), Against Health. How Health Became the New Morality, S. 1–11.

Millington, Brad: „Fit for prosumption: interactivity and the second fitness boom", in: Media, Culture & Society Nr. 38/8. Jg. (2016), S. 1184–1200.

Montgomery, Kathryn/Chester, Jeff/Kopp, Katharina: „Health Wearables. Ensuring Fairness, Preventing Discrimination, and Promoting Equity in an Emerging Internet-of-Things Environment", in: Journal of Information Policy/8. Jg. (2018), S. 34–77.

Moore, Phoebe: „Agiles Arbeiten und Messung des Affektiven". Aus dem Englischen übersetzt von Britta Grell, in: Florian Butollo/Sabine Nuss (Hg.), Marx und die Roboter. Vernetzte Produktion, Künstliche Intelligenz und lebendige Arbeit, Berlin: Dietz, 2019, S. 237–254.

Moore, Phoebe/Robinson, Andrew: „The quantified self: What counts in the neoliberal workplace", in: New Media & Society Nr. 11/18. Jg. (2016), S. 2774–2792.

Moorstedt, Michael: Von der Apple Watch zur elektronischen Fußfessel. Süddeutsche Zeitung, 2016, https://www.sueddeutsche.de/digital/internet-kolumne-netznachrichten-1.2803855 vom 04.01.2016 (zuletzt geprüft 12.02.2021).

Moorstedt, Michael: Alexa, wie geht es mir?, 2020, https://www.sueddeutsche.de/digital/amazon-halo-gadget-tracker-1.5014899 vom 01.09.2020 (zuletzt geprüft 11.01.2022).

Moorstedt, Tobias: Richtig verbunden. Süddeutsche Zeitung Magazin, 2015, https://sz-magazin.sueddeutsche.de/technik/richtig-verbunden-81187 vom 26.04.2015 (zuletzt geprüft 12.02.2021).

Mosel, Michael: „Das Computerspiel-Dispositiv. Analyse der ideologischen Effekte beim Computerspielen", in: Michael Mosel (Hg.), Gefangen im Flow? Ästhetik und dispositive Strukturen von Computerspielen, Boizenburg: Hülsbusch, 2009, S. 153–179.

Motti, Vivian G./Caine, Kelly: „Micro interactions and Multi dimensional Graphical User Interfaces in the Design of Wrist Worn Wearables", in: Proceedings of the Human Factors and Ergonomics Society Annual Meeting Nr. 1/59. Jg. (2016), S. 1712–1716.

Motyl, Katharina: „Compulsive Self-Tracking. When Quantifying the Body Becomes an Addiction", in: Ulfried Reichardt/Regina Schober (Hg.), Laboring Bodies and the Quantified Self. transcript Verlag, 2020, S. 167–188.

Nafus, Dawn/Sherman, Jamie: „This One Does Not Go Up to 11: The Quantified Self Movement as an Alternative Big Data Practice", in: International Journal of Communication/8. Jg. (2014), S. 1784–1794.

Nassehi, Armin: Unbehagen. Theorie der überforderten Gesellschaft, München: C.H. Beck, 2021.

Neff, Gina/Nafus, Dawn: Self-Tracking, Cambridge, Massachusetts/London, England: The MIT Press, 2016.

Neves, Barbara B./Matos, João M. de/Rente, Rita/Martins, Sara L.: „The ‚Non-aligned': Young People's Narratives of Rejection of Social Networking Sites", in: YOUNG Nr. 2/23. Jg. (2015), S. 116–135.

Norberg, Patricia A./Horne, Daniel R./Horne, David A.: „The Privacy Paradox. Personal Information Disclosure Intentions versus Behaviors", in: Journal of Consumer Affairs Nr. 1/41. Jg. (2007), S. 100–126.

Nosthoff, Anna-Verena/Maschewski, Felix: Das vermessene Selbst. Frankfurter Allgemeine, 2020, https://www.faz.net/aktuell/feuilleton/debatten/amazons-fitnesstracker-halo-will-uns-rundum-vermessen-17124226.html?premium vom 30.12.2020 (zuletzt geprüft 12.02.2021).

o. A.: Sly children fool exercise study. BBC News Channel, 2009, http://news.bbc.co.uk/2/hi/uk_news/england/london/8143364.stm vom 10.07.2009 (zuletzt geprüft 03.05.2021).

o. A.: Fitness-Tracker kaufen: Auf diese Features sollten Sie achten. Focus Online, 2021, https://www.focus.de/shopping/service/fitness-tracker-kaufen-diese-fitness-tracker-und-smartwatches-sorgen-fuer-spass-am-sport_id_11189248.html vom 04.01.2021 (zuletzt geprüft 12.02.2021).

O'Neill, Christopher: „Haptic media and the cultural techniques of touch. The sphygmograph, photoplethysmography and the Apple Watch", in: New Media & Society Nr. 10/19. Jg. (2017), S. 1615–1631.

O'Brien, Tara/Troutman-Jordan, Meredith/Hathaway, Donna/Armstrong, Shannon/Moore, Michael: „Acceptability of wristband activity trackers among community dwelling older adults", in: Geriatric Nursing Nr. 2 Suppl/36. Jg. (2015), 21–25.

Olbrisch, Miriam/Wiedmann-Schmidt: Auf Schritt und Tritt. Der Spiegel, 2015, https://www.spiegel.de/spiegel/print/d-136184620.html vom 11.07.2015 (zuletzt geprüft 12.02.2021).

Oura Health: Why Oura, https://ouraring.com/why-oura/, (zuletzt geprüft 18.02.2020).

Oura Health: What Makes the Oura Ring Different?, https://ouraring.com/blog/the-oura-difference/ (zuletzt geprüft 22.02.2021).

Oura Health: Oura Ring Heritage Silver, https://ouraring.com/product/heritage-silver (zuletzt geprüft 17.02.2022).

Oura Health: Oura Ring, https://ouraring.com/ (zuletzt geprüft 27.03.2022).

Paluch, Stefanie/Tuzovic, Sven: „Persuaded self-tracking with wearable technology. Carrot or stick?", in: Journal of Services Marketing Nr. 4/33. Jg. (2019), S. 436–448.

Pantzar, Mika/Ruckenstein, Minna: „The heart of everyday analytics. Emotional, material and practical extensions in self-tracking market", in: Consumption Markets & Culture Nr. 1/18. Jg. (2014), S. 92–109.

Parikka, Jussi: A geology of media, Minneapolis: University of Minnesota Press, 2015.

Parker-Pope, Tara: To Create a Healthy Habit, Find an Accountability Buddy. The New York Times, 2021, https://www.nytimes.com/2021/01/08/well/live/habits-health.html vom 08.01.2021 (zuletzt geprüft 12.02.2021).

Passoth, Jan-Hendrik/Wehner, Josef: „Quoten, Kurven und Profile – Zur Vermessung der sozialen Welt. Einleitung", in: Jan-Hendrik Passoth/Josef Wehner (Hg.), Quoten, Kurven und Profile. Zur Vermessung der sozialen Welt, Wiesbaden: Springer, 2013, S. 7–23.

Paulus, Stefan: Das Geschlechterregime. Eine intersektionale Dispositivanalyse von Work-Life-Balance-Maßnahmen, Bielefeld: transcript, 2012.

Payer, Peter: „Zur Geschichte der öffentlichen Personenwaagen in Wien", in: Forum Stadt Nr. 3/39. Jg. (2012), S. 308–314.

Perez, Marco V./Mahaffey, Kenneth W./Hedlin, Haley/Rumsfeld, John S./Garcia, Ariadna/Ferris, Todd/Balasubramanian, Vidhya/Russo, Andrea M./Rajmane, Amol/Cheung, Lauren/Hung, Grace/Lee, Justin/Kowey, Peter/Talati, Nisha/Nag, Divya/Gummidipundi, Santosh E./Beatty, Alexis/Hills, Mellanie T./Desai, Sumbul/Granger, Christopher B./Desai, Manisha/Turakhia, Mintu P.: „Large-Scale Assessment of a Smartwatch to Identify Atrial Fibrillation", in: The New England Journal of Medicine Nr. 20/381. Jg. (2019), S. 1909–1917.

Pharabod, Anne-Sylvie/Nikolski, Véra/Granjon, Fabien: „La mise en chiffres de soi", in: Réseaux Nr. 1/177. Jg. (2013), S. 97–129.

Pink, Sarah/Sumartojo, Shanti/Lupton, Deborah/La Heyes Bond, Christine: „Mundane data. The routines, contingencies and accomplishments of digital living", in: Big Data & Society Nr. 1/4. Jg. (2017), 205395171770092.

Piwek, Lukasz/Ellis, David A./Andrews, Sally/Joinson, Adam: „The Rise of Consumer Health Wearables. Promises and Barriers", in: PLoS medicine Nr. 2/13. Jg. (2016), 1–9.

Polar: Polar Unite, https://www.polar.com/de/unite (zuletzt geprüft 09.02.2022).

Porter, Theodore M.: Trust in Numbers. The Pursuit of Objectivity in Science and Public Life, Princeton, N.J.: Princeton University Press, 1996.

Prasopoulou, Elpida: „A half-moon on my skin. A memoir on life with an activity tracker", in: European Journal of Information Systems Nr. 3/26. Jg. (2017), S. 287–297.

Prietl, Bianca/Houben, Daniel: „Einführung. Soziologische Perspektiven auf die Datafizierung der Gesellschaft", in: Daniel Houben/Bianca Prietl (Hg.), Datengesellschaft. Einsichten in die Datafizierung des Sozialen, Bielefeld: transcript, 2018, S. 7–32.

Pschyrembel, Willibald: Pschyrembel. Klinisches Wörterbuch, Berlin/New York: de Gruyter, 2007.

Purser, Ron/Loy, David: Beyond McMindfulness. The Huffington Post, 2013, https://www.huffpost.com/entry/beyond-mcmindfulness_b_3519289 vom 31.08.2013 (zuletzt geprüft 21.03.2022).

Quantified Self: Startseite, https://quantifiedself.com/ (zuletzt geprüft 14.06.2019).

Rawassizadeh, Reza/Price, Blaine A./Petre, Marian: „Wearables: Has the Age of Smartwatches Finally Arrived?", in: Communications of the ACM Nr. 1/58. Jg. (2015), S. 45–47.

Reckwitz, Andreas: Subjekt, Bielefeld: transcript, 2008.

Reichert, Ramón: „Digitale Selbstvermessung. Verdatung und soziale Kontrolle", in: ZfM – Zeitschrift für Medienwissenschaft Nr. 2/7. Jg. (2015), S. 66–77.

Reichert, Ramón: „Social Surveillance. Praktiken der digitalen Selbstvermessung in mobilen Anwendungskulturen", in: Stefanie Duttweiler/Robert Gugutzer/Jan-Hendrik Passoth et al. (Hg.), Leben nach Zahlen. Self-Tracking als Optimierungsprojekt?, Bielefeld: transcript, 2016, S. 185–200.

Reichertz, Jo: Gemeinsam interpretieren. Die Gruppeninterpretation als kommunikativer Prozess, Wiesbaden: Springer VS, 2013.

Reichertz, Jo: „Die Bedeutung der Subjektivität in der Forschung", in: FQS Forum: Qualitative Sozialforschung Nr. 3/16. Jg. (2015), Artikel 33.

Reigeluth, Tyler: „Warum ‚Daten' nicht genügen. Digitale Spuren als Kontrolle des Selbst und als Selbstkontrolle", in: ZfM – Zeitschrift für Medienwissenschaft Nr. 13/7. Jg. (2015), S. 21–34.

Reisigl, Martin: „Elementardiskurs", in: Daniel Wrana/Alexander Ziem/Martin Reisigl et al. (Hg.), DiskursNetz. Wörterbuch der interdisziplinären Diskursforschung, Berlin: Suhrkamp, 2014, S. 129–130.

Rempen, Andreas: „Standards zur Ultraschalluntersuchung in der Frühschwangerschaft. Empfehlung der DEGUM-Stufe III der Deutschen Gesellschaft für Ultraschall in der Medizin", in: Zeitschrift fur Geburtshilfe und Neonatologie Nr. 4/205. Jg. (2001), S. 162–165.

Riedl, Thorsten: Smartwatch mit analoger Anzeige. Süddeutsche Zeitung, 2020, https://www.sueddeutsche.de/wirtschaft/braucht-man-das-smartwatch-mit-analoger-anzeige-1.5024656 vom 08.09.2020 (zuletzt geprüft 12.02.2021).

Riedl, Thorsten: Wenn das Armband Kalorien zählt, 2020, https://www.sueddeutsche.de/wirtschaft/digitale-fitnessuhren-wenn-das-armband-kalorien-zaehlt-1.5090085 vom 28.10.2020 (zuletzt geprüft 12.02.2021).

Ritzer, Ivo/Schulze, Peter W.: „Mediale Dispositive", in: Ivo Ritzer/Peter W. Schulze (Hg.), Mediale Dispositive, Wiesbaden: Springer, 2018, S. 3–24.

Rode, Daniel: „Selbst-Bildung im und durch Self-Tracking. Ein analytisch-integrativer Systematisierungsversuch zur Subjektkultur des 'neuen Spiels' digitaler Selbstvermessung", in: Daniel Rode/Martin Stern (Hg.), Self-Tracking, Selfies, Tinder und Co. Konstellationen von Körper, Medien und Selbst in der Gegenwart, Bielefeld: transcript, 2019, S. 151–182.

Röhle, Theo: Der Google Komplex. Über Macht im Zeitalter des Internets, Bielefeld: transcript, 2010.

Rosenthal, Gabriele/Fischer-Rosenthal, Wolfram: „Analyse narrativ-biographischer Interviews", in: Uwe Flick/Ernst von Kardorff/Ines Steinke (Hg.), Qualitative Forschung. Ein Handbuch, Reinbek bei Hamburg: Rowohlt, 2015, S. 456–468.

Ruberg, Bonnie: Video games have always been queer, New York: New York University Press, 2019.

Ruckenstein, Minna: „Visualized and Interacted Life. Personal Analytics and Engagements with Data Doubles", in: Societies Nr. 1/4. Jg. (2014), S. 68–84.

Ruoff, Michael: Foucault-Lexikon. Entwicklung – Kernbegriffe – Zusammenhänge, Paderborn: Wilhelm Fink, 2018.

Saar, Martin: „Analytik der Subjektivierung. Umrisse eines Theorieprogramms", in: Andreas Gelhard/Thomas Alkemeyer/Norbert Ricken (Hg.), Techniken der Subjektivierung, Paderborn: Fink, 2013, S. 17–27.

Samsung: Galaxy Fit, https://www.samsung.com/de/wearables/galaxy-fit-r370/SM-R370NZKADBT/ (zuletzt geprüft 18.02.2020)

Samsung: Gear Fit2 Pro, https://www.samsung.com/de/watches/galaxy-fit/gear-fit2-pro-black-sm-r365nzkndbt/ (zuletzt geprüft 17.02.2022).

Sarasin, Philipp: Michel Foucault zur Einführung, Hamburg: Junius, 2006.

Schadwinkel, Alina: Die 10.000 Fragezeichen. Zeit Online, 2015, https://www.zeit.de/wissen/gesundheit/2015-04/quantified-self-fitness-gesundheit-wissenschaft vom 20.04.2015 (zuletzt geprüft 25.01.2022).

Schaupp, Simon: Digitale Selbstüberwachung. Self-Tracking im kybernetischen Kapitalismus, Heidelberg: Verlag Graswurzelrevolution, 2016.

Schindler, Ehrenfried/Pschyrembel Redaktion: Vorhofflimmern. Pschyrembel Online, 2018, https://www.pschyrembel.de/Vorhofflimmern/K0NW4 vom 01.05.2018 (zuletzt geprüft 16.09.2021).

Schloots, Franziska: „,Understand what's happening within'. Selbstkontrolle mit Personenwaage, Wearable und habit tracker", in: ffk Journal Nr. 7(2022), S. 74–91.

Schmieder, Jürgen: Ein Band, sie zu knechten. Süddeutsche Zeitung, 2016, https://www.sueddeutsche.de/digital/ces-in-las-vegas-ein-band-sie-zu-knechten-1.2806748 vom 07.01.2016 (zuletzt geprüft 12.02.2021).

Schmieder, Jürgen/Werner, Kathrin: Hautnah. Süddeutsche Zeitung, 2016, https://www.sueddeutsche.de/wirtschaft/technik-am-leib-hautnah-1.2809712 vom 08.01.2016 (zuletzt geprüft 26.01.2022).

Schmundt, Hilmar: Falsch vermessen. Der Spiegel, 2017, https://www.spiegel.de/spiegel/print/d-149011673.html vom 13.01.2017 (zuletzt geprüft 20.01.2022).

Schröder, Thorsten: Wearables sind die Lösung, nur für welches Problem? Zeit Online, 2014, https://www.zeit.de/digital/mobil/2014-03/sxsw-wearables vom 11.03.2014 (zuletzt geprüft 25.01.2022).

Schröter, Jens: Das Netz und die virtuelle Realität, Bielefeld: transcript, 2004.

Schüll, Natasha D.: „Data for life: Wearable technology and the design of self-care", in: BioSocieties Nr. 11/3. Jg. (2016), S. 1–17.

Schwan, Ben: Apple-Watch-Sensoren: Temperatur und Blutzucker lassen auf sich warten, 2022, https://www.heise.de/news/Apple-Watch-Sensoren-Temperatur-und-Blutzucker-lassen-auf-sich-warten-6322273.html vom 11.01.2022 (zuletzt geprüft 08.04.2022).

Schwartz, Hillel: Never satisfied. A cultural history of diets, fantasies and fat, New York: Free Press, 1986.

Schwinn, Michaela: „Gesundheit ist mehr als Ziffern und Kurven". Süddeutsche Zeitung, 2018, https://www.sueddeutsche.de/gesundheit/gesundheit-daten-digitalisierung-1.4119141 vom 23.10.2018 (zuletzt geprüft 12.02.2021).

Sebayang, Andreas: Apple Watch warnte 0,5 Prozent der Studienteilnehmer. golem.de, 2019, https://www.golem.de/news/vorhofflimmern-apple-watch-warnte-0-5-prozent-der-studienteilnehmer-1903-140068.html vom 18.03.2019 (zuletzt geprüft 11.01.2022).

Selke, Stefan: „Ausweitung der Kampfzone. Rationale Diskriminierung durch Lifelogging und die neue Taxonomie des Sozialen", in: Stefan Selke (Hg.), Lifelogging. Digitale Selbstvermessung und Lebensprotokollierung zwischen disruptiver Technologie und kulturellem Wandel, Wiesbaden: Springer, 2016, S. 309–339.

Selke, Stefan: „Einleitung. Lifelogging zwischen disruptiver Technologie und kulturellem Wandel", in: Stefan Selke (Hg.), Lifelogging. Digitale Selbstvermessung und Lebensprotokollierung zwischen disruptiver Technologie und kulturellem Wandel, Wiesbaden: Springer, 2016, S. 1–21.

Senne, Stefan/Hesse, Alexander: Genealogie der Selbstführung. Zur Historizität von Selbsttechnologien in Lebensratgebern, Bielefeld: transcript, 2019.

Sennett, Richard: Der flexible Mensch. Die Kultur des neuen Kapitalismus, Berlin: Berlin Verlag, 1998.

Sharon, Tamar: „Self-Tracking for Health and the Quantified Self. Re-Articulating Autonomy, Solidarity, and Authenticity in an Age of Personalized Healthcare", in: Philosophy & Technology Nr. 1/30. Jg. (2017), S. 93–121.

Sharon, Tamar/Zandbergen, Dorien: „From data fetishism to quantifying selves. Self-tracking practices and the other values of data", in: New Media & Society Nr. 11/19. Jg. (2016), S. 1695–1709.

Shcherbina, Anna/Mattsson, C. M./Waggott, Daryl/Salisbury, Heidi/Christle, Jeffrey W./Hastie, Trevor/Wheeler, Matthew T./Ashley, Euan A.: „Accuracy in Wrist-Worn, Sensor-Based Measurements of Heart Rate and Energy Expenditure in a Diverse Cohort", in: Journal of personalized medicine Nr. 2/7. Jg. (2017).

Shen, Yiran/Du, Bowen/Xu, Weitao/Luo, Chengwen/Wei, Bo/Cui, Lizhen/Wen, Hongkai: „Securing Cyber-Physical Social Interactions on Wrist-Worn Devices", in: ACM Transactions on Sensor Networks Nr. 2/16. Jg. (2020), S. 1–22.

Shove, Elizabeth/Pantzar, Mika/Watson, Matt: The dynamics of social practice. Everyday life and how it changes, Los Angeles: SAGE, 2012.

Simpson, Courtney C./Mazzeo, Suzanne E.: „Calorie counting and fitness tracking technology. Associations with eating disorder symptomatology", in: Eating behaviors/26. Jg. (2017), S. 89–92.

Singer, Natasha: The Hot New Covid Tech Is Wearable and Constantly Tracks You. The New York Times, 2020, https://www.nytimes.com/2020/11/15/technology/virus-wearable-tracker-privacy.html vom 15.11.2020 (zuletzt geprüft 12.02.2021).

Sjöklint, Mimmi/Constantiou, Ioanna D./Trier, Matthias: „The Complexities of Self-Tracking – An Inquiry into User Reactions and Goal Attainment", in: ECIS (Hg.), ECIS 2015 Completed Research Papers, AIS Electronic Library, 2015, S. 1–15.

Smechowski, Emilia: „Das ist ja Mamas und mein Geheimnis". Süddeutsche Zeitung, 2019, https://www.sueddeutsche.de/digital/kinder-smartwatch-sicherheit-1.4258567 vom 31.01.2019 (zuletzt geprüft 12.02.2021).

Spehr, Michael: Motivation am Plastikband. Frankfurter Allgemeine, 2013, https://www.faz.net/aktuell/technik-motor/technik/fitness-tracker-motivation-am-plastikband-12215599.html vom 09.06.2013 (zuletzt geprüft 12.02.2021).

Spehr, Michael: Wie man im Bett ist, 2018, https://www.faz.net/aktuell/technik-motor/digital/apps-fuer-die-schlafanalyse-im-test-15598787.html vom 19.05.2018 (zuletzt geprüft 30.01.2022).

Statista: Von welcher Marke sind Ihre persönlichen Smartwatches/Fitness-Tracker? Statista, 2022, https://de.statista.com/prognosen/999765/deutschland-beliebteste-smartwatch-marken vom 08.02.2022 (zuletzt geprüft 26.03.2022).

Statista Digital Market Outlook: Nutzerentwicklung bei Wearables und Fitness-Apps in Deutschland in den Jahren 2017 bis 2024, 2022, https://de.statista.com/statistik/daten/studie/1046996/umfrage/marktentwicklung-von-wearables-und-fitness-apps-in-deutschland/ vom 25.01.2022 (zuletzt geprüft 09.02.2022).

Stauff, Markus: Das neue Fernsehen, Münster/Berlin/Hamburg/London/Wien: LIT.

Steinke, Ines: „Gütekriterien qualitativer Forschung", in: Uwe Flick/Ernst von Kardorff/Ines Steinke (Hg.), Qualitative Forschung. Ein Handbuch, Reinbek bei Hamburg: Rowohlt, 2015, S. 319–331.

Strath, Scott J./Rowley, Taylor W.: „Wearables for Promoting Physical Activity", in: Clinical chemistry Nr. 1/64. Jg. (2018), S. 53–63.

Sunder Rajan, Kaushik: Biocapital: Duke University Press, 2006.

Süssenguth, Florian: „In Gesellschaft der Daten. Ein kurzer Problemaufriss", in: Florian Süssenguth (Hg.), Die Gesellschaft der Daten. Über die digitale Transformation der sozialen Ordnung, Bielefeld: transcript, 2015, S. 7–14.

Swan, Melanie: „The Quantified Self. Fundamental Disruption in Big Data Science and Biological Discovery", in: Big data Nr. 2/1. Jg. (2013), S. 85–99.

Tapper, James: A step too far? How fitness trackers can take overour lives. The Guardian, 2019, https://www.theguardian.com/lifeandstyle/2019/nov/10/counting-steps-fitness-trackers-take-over-our-lives-quantified-self vom 10.11.2019 (zuletzt geprüft 12.02.2021).

Thiele, Matthias: „Vom Medien-Dispositiv- zum Dispositiv-Netze-Ansatz. Zur Interferenz von Medien- und Bildungsdiskurs im Klima-Dispositiv", in: Julius Othmer/Andreas Weich (Hg.), Medien – Bildung – Dispositive. Beiträge zu einer interdisziplinären Medienbildungsforschung, Wiesbaden: Springer, 2015, S. 87–108.

Thommen, Jean-Paul: Lexikon der Betriebswirtschaft. Managementkompetenz von A bis Z, Zürich: Versus, 2008.

Tinsobin, Eva: Das Kino als Apparat. Medientheorie und Medientechnik im Spiegel der Apparatusdebatte, Boizenburg: Hülsbusch, 2008.

Traue, Boris: „Dispositivanalyse", in: Daniel Wrana/Alexander Ziem/Martin Reisigl et al. (Hg.), DiskursNetz. Wörterbuch der interdisziplinären Diskursforschung, Berlin: Suhrkamp, 2014, S. 125–126.

Tudor-Locke, Catrine/Craig, Cora L./Brown, Wendy J./Clemes, Stacy A./Cocker, Katrien de/Giles-Corti, Billie/Hatano, Yoshiro/Inoue, Shigeru/Matsudo, Sandra M./Mutrie, Nanette/Oppert, Jean-Michel/Rowe, David A./Schmidt, Michael D./Schofield, Grant M./Spence, John C./Teixeira, Pedro J./Tully, Mark A./Blair, Steven N.: „How many steps/day are enough? For adults", in: International Journal of Behavioral Nutrition and Physical Activity/8. Jg. (2011), S. 1–17.

Turkle, Sherry: „Always-On/Always-On-You. The Tethered Self", in: James E. Katz (Hg.), Handbook of Mobile Communication Studies: The MIT Press, 2008, S. 121–138.

Unfit Bits: Startseite, http://www.unfitbits.com/ (zuletzt geprüft 11.01.2022).

Vec, Miloš: Qualitätsmessung: M. Vec: Die vergessene Freiheit. Steuerung und Kontrolle der Geisteswissenschaften unter der Prämisse der Prävention. H-Soz-Kult, 2009, https://www.hsozkult.de/debate/id/diskussionen-1107 vom 05.06.2009 (zuletzt geprüft 28.12.2019).

Vormbusch, Uwe/Kappler, Karolin: „Leibschreiben. Zur medialen Repräsentation des Körperleibes im Feld der Selbstvermessung.", in: Thorben Mämecke/Jan-Hendrik Passoth/Josef Wehner (Hg.), Bedeutende Daten. Modelle, Verfahren und Praxis der Vermessung und Verdatung im Netz, Wiesbaden: Springer VS, 2018, S. 207–230.

Wagner, Greta: Selbstoptimierung. Praxis und Kritik von Neuroenhancement, Frankfurt: Campus, 2017.

Waldschmidt, Anne/Klein, Anne/Tamayo Korte, Miguel/Dalman-Eken, Sibel: „Diskurs im Alltag – Alltag im Diskurs: Ein Beitrag zu einer empirisch begründeten Methodologie sozialwissenschaftlicher Diskursforschung", in: FQS Forum: Qualitative Sozialforschung Nr. 2/8. Jg. (2007), Art. 15.

Ward, Pamela/Sirna, Karen/Wareham, Anne/Cameron, Erin: „Embodied display. A critical examination of the biopedagogical experience of wearing health", in: Fat Studies Nr. 1/7. Jg. (2017), S. 93–104.

Wegner, Jochen: Futur perfekt. Süddeutsche Zeitung Magazin, 2020, https://www.zeit.de/zeit-magazin/2020/51/technologie-zukunft-vertikale-farmen-starlink-kuenstliche-intelligenz vom 16.12.2020 (zuletzt geprüft 12.02.2021).

Wehner, Josef/Passoth, Jan-Hendrik/Sutter, Tilmann: „Gesellschaft im Spiegel der Zahlen – Die Rolle der Medien", in: Friedrich Krotz/Andreas Hepp (Hg.), Mediatisierte Welten. Forschungsfelder und Beschreibungsansätze, Wiesbaden: VS Verlag, 2012, S. 59–85.

Weich, Andreas: Selbstverdatungsmaschinen. Zur Genealogie und Medialität des Profilierungsdispositivs, Bielefeld: transcript, 2017.

Weiguny, Bettina: Der Chip und ich. Frankfurter Allgemeine, 2014, https://www.faz.net/aktuell/wirtschaft/hightech-am-koerper-der-chip-und-das-ich-13029982.html vom 05.07.2014 (zuletzt geprüft 20.01.2022).

Welch, H. G.: To Overhaul the System, ‚Health' Needs Redefining. The New York Times, 2009, https://www.nytimes.com/2009/07/28/health/views/28essa.html vom 27.07.2009 (zuletzt geprüft 10.03.2022).

Whitson, Jennifer R.: „Gaming the Quantified Self", in: Surveillance & Society Nr. 1/2/11. Jg. (2013), S. 163–176.

Wiede, Wiebke: Subjekt und Subjektivierung, 2020, http://docupedia.de/zg/Wiede_subjekt_und_subjektivierung_v3_de_2020 vom 15.12.2020 (zuletzt geprüft 14.12.2021).

Willmroth, Jan: Regieraum des Lebens. Süddeutsche Zeitung, 2014, https://www.sueddeutsche.de/digital/quantified-self-regieraum-des-lebens-1.2058004 vom 23.07.2014 (zuletzt geprüft 12.02.2021).

Winkler, Hartmut: Der filmische Raum und der Zuschauer. 'Apparatus' – Semantik – 'Ideology', Heidelberg: Winter, 1992.

Wolfangel, Eva: „Dieser Wille, sein Leben zu verändern". Süddeutsche Zeitung, 2017, https://www.sueddeutsche.de/wissen/selbstoptimierung-dieser-wille-sein-leben-zu-veraendern-1.3638817 vom 25.08.2017 (zuletzt geprüft 25.01.2022).

Wrana, Daniel/Ziem, Alexander/Reisigl, Martin et al. (Hg.): DiskursNetz. Wörterbuch der interdisziplinären Diskursforschung, Berlin: Suhrkamp, 2014.

Xiaomi: Mi Band, https://www.mi.com/global/miband#04. (zuletzt geprüft 19.02.2020).

Xiaomi: Mi Smart Band 4, https://www.mi.com/de/mi-smart-band-4/ (zuletzt geprüft 09.02.2022).

Xiaomi: Mi Watch, https://www.mi.com/de/mi-watch/ (zuletzt geprüft 17.02.2022).

Xue, Yukang: „A review on intelligent wearables. Uses and risks", in: Human Behavior and Emerging Technologies Nr. 4/1. Jg. (2019), S. 287–294.

Yetisen, Ali K./Martinez-Hurtado, Juan L./Ünal, Barış/Khademhosseini, Ali/Butt, Haider: „Wearables in Medicine", in: Advanced Materials Nr. 30(2018), 1–26.

Zambotti, Massimiliano de/Goldstone, Aimee/Claudatos, Stephanie/Colrain, Ian M./Baker, Fiona C.: „A validation study of Fitbit Charge 2™ compared with polysomnography in adults", in: Chronobiology International Nr. 4/35. Jg. (2018), S. 465–476.

Zeh, Juli: Der vermessene Mann. Tages-Anzeiger, 2012, https://www.tagesanzeiger.ch/leben/gesellschaft/der-vermessene-mann/story/14508375 vom 11.07.2012 (zuletzt geprüft 12.02.2021).

Zhu, Yaguang/Dailey, Stephanie L./Kreitzberg, Daniel/Bernhardt, Jay: „‚Social Networkout'. Connecting Social Features of Wearable Fitness Trackers with Physical Exercise", in: Journal of Health Communication Nr. 12/22. Jg. (2017), S. 974–980.

Zillien, Nicole/Fröhlich, Gerrit: „Reflexive Selbstverwissenschaftlichung. Eine empirische Analyse der digitalen Selbstvermessung.", in: Thorben Mämecke/Jan-Hendrik Passoth/Josef Wehner (Hg.), Bedeutende Daten. Modelle, Verfahren und Praxis der Vermessung und Verdatung im Netz, Wiesbaden: Springer VS, 2018, S. 233–249.

Zima, Peter V.: Theorie des Subjekts. Subjektivität und Identität zwischen Moderne und Postmoderne, Tübingen: A. Francke Verlag, 2017.

Zimdars, Melissa: „The Self-Surveillance Failures of Wearable Communication", in: Journal of Communication Inquiry Nr. 1/45. Jg. (2021), S. 24–44.

Zinkant, Kathrin: Das Recht auf Unvernunft. Süddeutsche Zeitung, 2016, https://www.sueddeutsche.de/wirtschaft/gesundheitsbranche-das-recht-auf-unvernunft-1.3258063 vom 18.11.2016 (zuletzt geprüft 11.01.2022)

CPSIA information can be obtained
at www.ICGtesting.com
Printed in the USA
LVHW061231200323
741984LV00003B/83